中国社会科学院老学者文库

追梦与现实

——中东欧转轨25年研究文集

马细谱◎著

中国社会科学出版社

图书在版编目（CIP）数据

追梦与现实：中东欧转轨 25 年研究文集／马细谱著 . —北京：
中国社会科学出版社，2016.5
（中国社会科学院老学者文库）
ISBN 978 - 7 - 5161 - 7486 - 9

Ⅰ.①追…　Ⅱ.①马…　Ⅲ.①体制改革—中欧—文集②体制
改革—东欧—文集　Ⅳ.①D751.021 - 53

中国版本图书馆 CIP 数据核字（2016）第 017929 号

出 版 人　赵剑英
责任编辑　刘志兵
责任校对　周　昊
责任印制　戴　宽

出　　　版　中国社会科学出版社
社　　　址　北京鼓楼西大街甲 158 号
邮　　　编　100720
网　　　址　http://www.csspw.cn
发 行 部　010 - 84083685
门 市 部　010 - 84029450
经　　　销　新华书店及其他书店

印刷装订　三河市君旺印务有限公司
版　　　次　2016 年 5 月第 1 版
印　　　次　2016 年 5 月第 1 次印刷

开　　　本　710 × 1000　1/16
印　　　张　33.25
插　　　页　2
字　　　数　436 千字
定　　　价　122.00 元

序　言

　　1989—1990 年，原东欧社会主义国家先后向新的多元政治体制和市场经济过渡。这是 20 世纪发生的重大历史事件之一，是国际社会主义运动史上的一次重大挫折。中国学者称其为"东欧剧变"，并将剧变后的原东欧国家称为中东欧国家。原东欧各国社会制度剧变始于波兰、匈牙利、民主德国和捷克斯洛伐克，旋即波及东南欧的保加利亚、罗马尼亚和阿尔巴尼亚，最后结束于南斯拉夫联邦。

　　原东欧的这种社会制度的根本性变化，有人说是西方策划和操纵的结果，也有人说是东欧自身问题爆发使然。不过，有一点十分明确，东欧动荡未稳，欧洲联盟（欧盟）的前身欧洲共同体就向其发出了"邀请函"，请君入盟。但加入欧盟的条件一清二楚：原东欧国家必须彻底抛弃社会主义制度，取消共产党的领导，接受西方价值观，使社会全盘欧化。欧美学者把这称作"融入欧洲一体化"过程，并美其名曰"欧盟东扩"。

　　弹指一挥间，25 年过去了！过去的这 25 年，是中东欧国家进行政治、经济和社会重大变革的时期。头 10 年，中东欧国家生产滑坡，经济崩溃，政局混乱，无政府主义泛滥，是苦苦求索而又痛苦的 10 年。它们在急流汹涌的江河中争先恐后地游泳，无法到达想象的彼岸。此时，欧盟的政治目的已经达到，经济上不愿慷慨解囊，中东欧国家"回归欧洲"的梦想可望而不可即；直到 15

年后的 2004 年和 18 年后的 2007 年，近半数中东欧国家才加入了北大西洋公约组织（北约）和欧盟。至今，仍有部分原东欧国家在争取加盟入约，需要苦苦哀求，耐心等待。

公正地说，25 年来，大多数中东欧国家政局已经稳定，经济获得迅速发展，对外政策也日趋多元化。政治体制的转轨更是优于经济体制的变更。欧盟东扩为中东欧国家"回归欧洲"创造了一个历史上独一无二的过程和机会。但是，近年来，由于欧盟内部问题频发，特别是 2008 年开始的全球性金融经济危机和 2010 年出现的欧债危机，欧盟东扩已经不再被列入欧盟的首要议事日程。同时，又由于 2004 年的"历史性东扩"和 2007 年罗马尼亚和保加利亚两个巴尔干国家的"突击入盟"所留下的后遗症，欧盟迄今仍心有余悸，尤其是"老欧洲"国家从此患上了"扩容疲劳症"。所以，欧盟近期内不会从西巴尔干国家中吸纳新成员。分析认为，除克罗地亚于 2013 年 7 月正式入盟之外，西巴尔干其他国家入盟均被推至 2020 年，甚至 2025 年之后。目前，欧盟的"疲劳论""衰退论""前途未卜论"油然而生，今日之欧盟受到越来越多的质疑和挑战。欧盟欲想富有生命力，必须抛弃傲慢与偏见，进行认真的反思和改革。

中东欧欧盟新成员国加入欧盟已经 10 年，但它们感到仍是欧盟里的"二流国家""二等公民"，各国普遍出现了新的贫困化、失业率居高不下、政局不稳、经济发展疲软现象。它们的经济和生活水平要赶上西欧老成员国比原来想象的 20—30 年要长得多，至少得 30—40 年，甚至更长。它们渴望在欧盟得到公正、平等的待遇一时难以实现，于是对欧盟的不满情绪上升，民粹主义和欧洲怀疑主义也在中东欧国家的精英、政党乃至整个社会中蔓延。同时，尽管它们转轨的模式基本相同，但转轨所产生的效果却明显不同，而且各国、各地区之间的差距有拉大的趋势。造成这种状况的原因很多，既有历史的、传统的、文化的和宗教方面的原因，也有欧盟支持力度不够和区别对待政策的原因，既有内在的因素，也有外在的因素。

中东欧这25年云谲波诡、大事频发、惊天动地，它们犹如一部部纪录片在我们眼前一幕又一幕掠过。中东欧国家经过动荡、疼痛和呻吟，在挣扎，在变化。一方面在朝着稳定和发展的方向前进；另一方面又遭遇经济产生的困难和社会造成的裂痕，至今仍旧像一朵乌云笼罩在人们的头顶，挥之不去。25年来，中东欧国家的转轨过程并没有因为他们参加北约、欧盟而结束，道路依然漫长。

25年来，东欧剧变和欧盟东扩这两个形影相随的历史性事件不仅在中东欧，而且在世界其他国家和学术界引起广泛的关注、热烈的讨论、不同的评价和激烈的争论。在众多的看法和观点中，对这两个事件既有人表示肯定和喜悦，也有人感到不满和担忧。如何评价和看待25年来中东欧社会的走向，应该从中吸取什么样的经验教训，这是一切关心和从事中东欧问题研究的人员必然会碰到和提出的问题。

当原东欧国家纷纷蜕变的时候，我于1990年至1994年由文化部借调到中国驻保加利亚大使馆文化处任一等秘书工作。其间，我有机会出差到过其他一些东欧国家。可以说，我是东欧变革的目击者和见证人。中东欧发生的事情曾令我惊讶，同时也激起我关注和研究中东欧现象的兴趣。我们国家与原东欧国家曾经是"同根同祖"的友好国家。我们建设社会主义的道路相同，有过伟大的理想和抱负，取得过同样辉煌的成就，也犯过类似的错误。但是，东欧现实社会主义却遭到了失败，镰刀斧头的旗帜降落下来。而具有中国特色的社会主义事业却蒸蒸日上，红旗在中华大地高高飘扬。东欧剧变像一面历史镜子时刻在提醒我们保持警惕，不断地克服前进道路上的诸多困难，不断地对社会主义进行改革和创新。东欧现实社会主义的失败并不说明整个社会主义事业的失败和没有前途。摔倒了，站立起来，继续前进，社会主义仍然具有光明的历史前景。目前被世人称赞的"中国奇迹"就是最好的证明。

我从 1998 年 2 月退休以来，受聘于国务院发展研究中心欧亚社会发展研究所任特约研究员和室主任至今。在该所，我于 1998 年、2004 年、2006 年、2007 年、2009 年、2010 年、2013 年先后访问了塞尔维亚、罗马尼亚、保加利亚、波兰、匈牙利、捷克、克罗地亚、阿尔巴尼亚、马其顿、奥地利、瑞士、意大利和土耳其等国。上述出访活动使我听到许多中东欧国家政要和专家的谈话，亲眼看到这些国家的变化。当然，还收集了一些报刊和图书资料。这给我退休后的生活和工作带来了极大的好处，为撰写文章和书稿奠定了坚实的基础。

本文集正是 1990—2014 年我公开发表的大部分时政文章和论文以及研究报告的集锦，共计 70 余篇，可以称为研究报告集，是我个人对中东欧转轨以来研究的一些粗浅的、不全面的，甚至是片面的观察与思考。当然，在我所表述的文字中很可能带有较强的个人色彩和情绪。我希望我迈出的这一步，我的研究见解能够引起同行的共鸣。到目前为止，我国出版了一些涉及中东欧转轨的论文集和个别专题著作。我想，如果能够再出版几部十几部类似的研究报告，那时我们就会对东欧剧变和欧盟东扩及其影响获得更加完整的认识，得出更加深刻的结论。那时我们的研究成果将产生影响现实的力量，也能为我们国家的发展和政治经济改革提供有益的启示。

这些文章按照欧盟东扩与东欧"回归"欧洲、中东欧转轨道路漫长、南斯拉夫解体与科索沃独立、中东欧民族主义与未来社会主义四个专题分别编排，而未按时间顺序，是为了把内容相对接近的文章集中在一起，便于阅读，利于思考。这些内容表达了这 25 年里我对上述问题的基本观点，而不是对整个中东欧转轨的研究和评价。这里既有研究性学术文章，也有一般综合性评述，还有一些批评性、争论性文章，更多的是对中东欧 25 年里国际问题、热点问题、重大事件和人物的短小政论、时评文章，而内部报告和篇幅较长的论文则没有收录。此次编辑出版文集时，全部文稿保留了原来的学术观点和政治分析，并没有进行任何文字修改和技术处理。这是为了尊重历史事实，为了反映我当时的真实看法和观点。这样做，于历史、于后人都有益无弊。可以聊以自慰的是，我当时的观点和见解在很大程度上得到了历史和时间的验证，基本上是正确的，某些观点和预测，特别是一些资料至今仍具有一定的参考价值和现实意义，这也是我愿意把这些文字收集整理成册而不使它们湮灭的原因吧。

这里需要特别重申，文集中的看法和观点只是我个人的愚见，也是一家之言，既不代表我所在单位，更不代表官方。文章内容和观点仅供有关研究人员参考，文责完全自负。

读者通过阅读本文集，可以对中东欧转轨 25 年来的政治经济社会问题有清晰的了解，从中还可以看出中国与中东欧国家和欧盟关系发展的脉络。如果某些内容和观点能够启迪今人、昭示后世，我将感到莫大的欣慰。让我们记住这段历史，继续坚持具有中国特色的社会主义，为人类社会的发展作出我们的贡献。

敝帚自珍，谨以此文集奉献给读者。当然，这部研究报告集在编辑过程中可能存在纰漏，敬请专家、读者指正。

马细谱敬启
2015 年春于北京

目　　录

第一篇　欧盟东扩与东欧"回归"欧洲

第二篇　中东欧转轨道路漫长

第 一 篇

欧盟东扩与东欧"回归"欧洲

1989—1990 年，原东欧社会主义国家向多元政治体制和市场经济过渡，中国学者称其为"东欧剧变"，并将剧变后的原东欧国家称为中东欧转轨国家。原东欧各国社会制度变革始于波兰、匈牙利、民主德国和捷克斯洛伐克，旋即波及东南欧的保加利亚、罗马尼亚和阿尔巴尼亚，最后结束于南斯拉夫联邦。

中东欧国家转轨不是通过战争或外部占领实现，呈现非暴力性；同时，转轨又具有强烈的外部约束性，参加北约和欧盟成为转轨的重要标志；转轨的主要目标是社会"西化"。

中东欧各国经过 25 年的政治经济转轨，社会已由混乱转入正常发展轨道。它们中有的国家已参加了北约和欧盟，有的正在争取加盟入约，其中大多数国家政局和社会都相对稳定，经济形势普遍好转，对外政策也渐趋理性，即以亲美但不脱离欧洲为主线，开展多方位外交，同时强调维护本国本民族的利益。

中东欧各国由于历史上民主传统和经济发展水平不同，又由于民族、宗教、文化等方面的原因，中欧国家与东南欧国家之间的发展差距不仅没有在欧盟范围内得到缩小，反而有拉大的趋势。同样，欧盟新成员国与老成员国之间的差距也很难在可以预见的时期内拉平。

近年来，中东欧国家的经济复苏进程有两个明显特征：一是缓慢并脆弱，二是国家间发展的不平衡。在欧债危机持续、欧元区经济仍不景气的情况下，中东欧国家的 GDP 增长比预期的要差。波罗的海三国相对较好，波、捷、匈等国发展也遇到诸多困难，巴尔干国家则处境艰难。

近年来，中国和中东欧国家关系进入一个崭新和务实的发展阶段，中国领导人主动出访并与中东欧十六国政府首脑会晤，提出切实可行举措，举行双边经贸论坛，努力发挥地方积极性，与欧盟密切协调，相向而行，双边关系正在向着合作双赢的良好方向前进。这条合作之路一定会越走越宽广，务实合作的成果一定会越来越丰硕，共同发展的前景一定会越来越美好。

第 一 章

欧盟东扩及其影响

第一节　欧盟东扩政策面临考验

中东欧国家入盟之利弊

欧盟东扩和中东欧入盟是双赢的结果

2004 年 4 月，北约从 19 个成员国增加到 26 个；5 月，欧盟从 15 个成员国扩大到 25 个。再过些年，欧盟将拥有近 5 亿人口和更多成员，实现"统一的大欧洲"，成为一支超级国际政治经济力量和多极世界中的一极。

欧盟和北约是两个不同的组织，它们的一体化进程是分开进行的，但都是扩大和联合的过程。加入欧盟和北约的新成员，特别是原社会主义国家，都是联合的欧洲大家庭里不可分割的一部分。双扩既是这两个组织的战略需要，也是各申请国的既定目标。

欧盟走过了一条从一个地区组织变成全欧洲共同体的艰难曲折道路。这次欧盟向东扩展，实现了"15 + 10"，总人口超过4.5 亿。这一数字比美国和俄罗斯的人口总和还多。扩大后的欧盟约占世界贸易的 19%，占世界国内生产总值的 1/4。它的对外直接投资占全世界的 46%，吸收的外国直接投资占全世界的 24%。

欧盟早在 1994 年就作出了吸收中东欧国家入盟的战略性决定。欧盟认为，这一次"扩大是欧洲政治上的需要，也是历史的必然"。也就是说，东欧剧变后，一方面欧盟要抓住机会扩充成员，以实现"大欧洲"思想；另一方面东欧原社会主义国家想搭上西去的列车，以达到"回归欧洲"的目的。所以，十几年来，中东欧国家为了加入欧盟进行了不懈的努力。

在政治方面，这些国家的政党一致认同多党竞争是结束过去一党垄断和促进社会发展的"最佳途径"。通过制定新宪法和一系列立法，政治改革的任务比较快地完成了，建立了多党议会民主制和法制。

在经济方面，这些国家无一例外地进行了私有化，即把国有企业通过出售的方式转变为以市场为杠杆的企业。土地私有化已经完成，大部分的企业私有化也基本结束，开始大量引进外国的投资、高新技术和先进的管理经验。例如，在匈牙利 100 个最大的企业中，有 70 个是外资企业。它们占匈国内生产总值的 50% 以上。私有经济成分在中东欧国家国民经济中的比重一般达到70%—80%。这些国家已基本实现市场经济。经济增长速度为年均 3%—5%，这超过了欧盟老成员国的速度。

在社会方面，中东欧国家遇到了最痛苦的改革，至今这一过程尚未结束。诸如社会保险、医疗制度和文教卫生等体制都触及社会各阶层乃至每个人的切身利益，有人得益、有人受损，人群之间和国家之间的贫富差距仍在拉大。所以，这方面的改革任务艰巨，难度较大。

在外交方面，中东欧国家彻底改变了战略伙伴和结盟的关系。它们离开经互会和华约后，进入北约，参加欧盟，把亲美欧大国作为对外政策的基本目标。在摆脱苏联的控制后，与俄罗斯保持一定的距离。

中东欧在加盟入约问题上取得突破，对我国有可能产生某种不利的影响

有识之士指出，无论欧盟还是中东欧的现存制度，都要经受一次带转折性的考验。有人还认为，这是一次"震撼式"挑战。且不说欧盟此次扩张要改变自身的法律和制度，中东欧国家更是要为"欧洲一体化进程"付出包括牺牲部分国家利益在内的代价。

例如，为了融入欧洲，入盟候选国必须政治上全盘西化、经济上全面开放、军事上彻底"北约化"。于是，中东欧各国国民经济的战略部门和关键行业要面向欧盟私有化，由外国资本控制；进出口贸易首先应在欧盟统一市场内进行，变成老成员国的原料基地和产品销售市场；内政外交也要全面倒向西方，从而沦为欧盟的"二等公民"。为了入盟，波兰、罗马尼亚和保加利亚要为北约和美国开放军事基地，斯洛伐克和保加利亚需要关闭能赚取外汇的核电站，塞尔维亚要在科索沃独立问题上作出牺牲，马其顿要向境内的阿尔巴尼亚族妥协，等等。

为此，我们更应加强对策研究，提高危机感。中东欧国家入盟给我们带来的一些不利影响，主要表现为下面几个问题。

1. 要防止在对东欧剧变和改制转轨认识问题上出现反弹。回顾 15 年来中东欧国家改制转轨和入盟的进程，今天越来越有必要对这种社会剧变所产生的结果进行更加冷静的思考。

首先，剧变对原东欧社会主义国家造成了灾难性后果。这些国家的社会主义制度遭到毁灭，经济下滑到了危机的程度。剧变后，中东欧国家民族矛盾不断，社会不稳定，国家出现分裂，人民不团结，70%—80% 的人生活贫困，两极分化严重，百姓怨声载道，精神和道德水准倒退。中东欧复辟了资本主义，这是一个不争的事实。

其次，十几年来，中东欧国家也取得了一定的进步，社会经济正在稳步发展。特别是最近两三年，这种趋势越来越明显。从现在起，这些国家之所以能够陆续被接纳入盟，说明它们在政治和经济发展方面，履行和达到了欧盟的一些基本要求。这些要求包括政治上拥有稳定的民主机制，法律至上，保障人权和保护少数民族权利；经济上实行有效的市场经济，经得起欧盟内部市场竞争的压力。

因此，面对这种蛊惑，我们除继续"沉着应对"外，还需要高度警惕这种颇具影响力的挑战和心理战。毫无疑问，东欧发生制度变化，是社会主义制度遭受的重大挫折。但绝不能由此得出社会主义运动已彻底失败、社会主义的理论也不正确和社会主义根本没有前途的结论。我们还应该看到，中东欧国家融入欧洲是个漫长的过程，在未来的 10—20 年里仍是"磨合期"，而真正达到欧盟的平均经济水平恐怕比这个时间还要长得多。

2. 要防止在政治体制改革问题上进行简单类比。前些年开始，中东欧学者普遍认为，政治体制方面的改革优于经济体制改革，取得了值得肯定的成就。所谓政治形势好于经济形势，主要是指东欧国家无一例外地废除了垄断性政治体制，通过了新宪法，基本确立了多党议会民主政治制度；有了思想、信仰和言论自由，有了个人和集体结社的自由；还有了由民主机制产生的总统、议会、政府，等等。与此同时，他们还发表煽动性评论说，中国的经济改革非常成功，堪称东欧学习的榜样，但政治体制改革相对滞后。这无疑又使我们面临新的压力，增加了加速政党体制和国家政治体制改革的紧迫感。

3. 要警惕经贸关系的发展受到欧盟的更大制约和干预。中东欧国家跟欧盟地理上相连，人员交流频繁，物流通畅，运输成本低，有许多经贸合作的优势。从中东欧各国的对外贸易统计资料看，它们 60%—70% 的进出口贸易是同欧盟成员国进行的。欧盟还是中东欧国家最大的投资国，它基本上控制了入盟国和入盟候选国的银行、大企业、交通、电信、能源等重要经济部门，拥有最多和最大的合资或独资企业。今后几年，随着大多数中东欧国家入盟，西欧大型跨国企业将加速东移，或收购波、捷、匈等国的国营企业，或在那里投资建厂，以加大高新技术的开发和转让。同样，中东欧的企业也将西进，寻找新商机。它们迈向欧洲信息化社会的步伐无疑会进一步加快。显然，这一进程有可能给我国同中东欧的经贸关系造成消极的影响。因为自入盟之日起这些国家将采用欧盟统一的贸易政策面向中国市场。

鉴于目前我国与中东欧国家经济项目规模小、数量少，没有形成强大的生产能力，外贸中我方又存在巨额顺差、双方贸易严重失衡。所以，一旦这些国家受到欧盟特殊限制，抑或采取所谓反倾销措施，这对我国与这些国家的贸易额的进一步扩大会产生一定影响。

另外，我们对其他一些消极因素也要有清醒的认识和充分的思想准备。例如，中东欧新成员国法制不健全，社会上存在一小股右翼反华势力，它们在处理台湾问题、西藏问题和人权问题时可能制造麻烦，同我国出现摩擦。一旦受到美国煽动，它们可能会追随美国的立场。

中东欧国家入盟利大于弊，也给我们带来了进一步加强中欧合作的机遇

对中东欧国家来说，加入欧盟和进一步融入欧洲一体化，将给这些国家带来许多政治、经济方面的好处。首先，政治上将按照欧盟的要求，健全和完善法律制度，巩固民主化成果，在社会制度的各个方面全面融入欧洲。其次，经济上将注入欧盟的活力，利用欧盟的高新技术和资本，逐步缩短跟欧盟老成员国经济发展的差距。据称，入盟国要达到欧盟的平均经济水平原来需要30—50年的时间，入盟后用20—30年的时间即可做到。再次，财政上可以获得欧盟诸如入盟基金、农业基金、结构基金、地区发展基金等补贴；同时，由于实现了人员和劳动力的流动，亦可赚取一定数量的外汇。还有，安全上可以得到北约和欧盟的保护，彻底从东西方"冷战"的夹缝中走出来，抵御俄罗斯的压力。所以，波兰报纸认为，入盟是波兰"几百年来从未有过的机遇"，是"走向繁荣富强的起点"。

欧盟也认为10个新成员国加入欧盟是顺理成章的事情。欧盟的扩大"将最终消除由于第二次世界大战、东西方对抗和冷战造成的欧洲分裂"。

同样，对于中东欧国家入盟，我们也可以持谨慎的乐观态度。如果说东欧剧变以来，我们奉行的是"韬光养晦"的外交政策，那么随着原东欧国家的入盟，我们的外交策略自然应进入"有所作为"的时代。中东欧国家入盟正好为我们搭起了一个新的平台，也为我们加强和扩大与欧盟的关系创造了新的机会。

目前，中东欧国家的政党都同我国建立了正式联系，同我国关系较好，其领导人大都实现了访华。我国与中东欧之间既无悬而未决的问题，又无根本利害冲突，巩固和加强双方在各个领域的合作，符合各自的利益和愿望。这些国家同我国的贸易额到2003年底已超过76亿美元，预期不久将超过100亿美元。双方经济合作水平还不高，仍有较大的发展余地。

从1998年以来的四五年里，中国对欧盟10个新成员国的出口已经增加两倍以上，即从23.74亿欧元增长到了2003年的76.32亿欧元。下表反映了1998—2003年10个新成员国从中国的进口增长情况（单位：百万欧元）：

年份 新成员国	1998	1999	2000	2001	2002	2003
塞浦路斯	72	94	144	158	158	220
捷克共和国	495	582	824	643	731	1275
爱沙尼亚	33	45	170	429	325	156
匈牙利	388	571	1018	1472	1994	2725

年份 新成员国	1998	1999	2000	2001	2002	2003
拉脱维亚	13	14	25	30	47	57
立陶宛	53	61	91	140	132	261
马耳他	25	42	61	99	131	86
波兰	1044	1144	1495	1809	1681	2128
斯洛伐克	149	149	211	285	228	445
斯洛文尼亚	102	126	147	177	191	279
总计	2374	2828	4186	5242	5618	7632

资料来源：欧洲统计局（又见欧盟驻华代表团编印的手册《更加统一，更加多样》，第29页）。

　　这样，中东欧国家在入盟前和入盟后，都使我们面临着机遇，可以说有不少有利因素：（1）在政治上，欧盟承认台湾是中国领土的一部分，反对制造"两个中国"。欧盟对台政策会对新成员国产生一定的影响和约束，在台湾、西藏和人权等问题上新成员国会趋于慎重。（2）在经贸方面，随着欧元坚挺和货币统一，新成员国会规范经贸活动，改善投资环境，提高产品质量，这为我们带来了商机和投资机会。（3）欧盟已几次制定对华关系文件，最近我国也有了对欧盟政策文件，这是加强和发展双方关系的准则。我国与欧盟就人权问题进行着广泛的交流和对话。（4）中东欧国家与我国有过相当长一段时期的友好交往，有进一步扩大合作的经验和基础。

　　特别是经贸合作方面的机会和潜力不小。入盟后，新成员国的关税也会降低到欧盟的水平。这样，中国企业在与新成员国的贸易将因关税的降低而受益。欧盟的扩大还意味着中国可接受更多国家的普遍优惠制（普惠制）。随着欧盟的扩大，所有新老成员国都将对中国的制成品和半制成品给予普惠制。中国企业将从中受益，因为它们将享受优惠关税，从而增加出口，增加利润。

　　中东欧国家入盟，会成为促进中国与这些国家进一步合作的有利因素，为双方的经贸发展创造良好的条件。同时，中国与中东欧国家存在的一些贸易不规范的不利因素将会被逐渐消除。尽管这些国家加入了欧盟，但它们也致力于发展同其他国家和非欧盟成员国的经贸合作。

（原载《欧盟东扩与世界格局》，研讨会文集，2004 年）

欧盟为何欲暂停东扩

2004 年，欧盟完成自己历史上一次最大规模东扩时曾欣喜若狂，称在"彻底结束社会主义制度"和"实现民主化"方面取得了"历史性的胜利"。然而，时隔两年，欧盟却对 2007 年 1 月 1 日有条件地接纳保加利亚和罗马尼亚表现出烦躁不安，颇有微词。欧盟委员会主席巴罗佐 2006 年 9 月 25 日公开表示："1957 年以来的第五次扩大可能是很长时间内的最后一次。"这意味着保罗两国加入后，欧盟的大门开始关闭。欧盟为什么不想继续"扩大战果"呢？一句话，欧盟患上了东扩"疲劳症"和"恐惧症"。这些症状集中反映在以下几个方面。

1. 欧盟经济不景气，失去继续东扩的活力和能力。早在 2000 年欧盟制定里斯本战略时，就提出欧盟 GDP 的年均增长率应为 3%。但直到今天，大多数老成员国还远远低于这个水平。欧盟的经济增长速度、就业率和创新能力远低于其他洲，尤其是亚洲。受能源和服务价格上涨的影响，人民的实际生活水平在下降。尽管欧盟采取了一系列措施，力图改变停滞不前的状况，但各成员国的民族利益常常制约着欧盟内部统一市场的发展。近年来，欧盟日益增长的保护主义、民族主义、虚无主义和东扩的巨额开支延缓了其经济发展。2006 年 5 月，欧盟东扩代表奥里·雷恩在欧洲议会承认，东扩要考虑欧盟的吸纳能力和自身的准备。因此，继续东扩有可能放慢速度。

2. 老成员国对东扩心存疑虑，支持率越来越低。目前，欧盟内部对继续扩大持悲观态度的人居多。2005年，围绕欧盟宪法草案的讨论并最后遭到法国、荷兰等国的否决，实际上是对进一步扩大投了反对票。欧盟中的多数公民认为，欧洲既有地理界线，也有政治和文化界线。同样，东扩也应该有个范围，不是越大越好。他们说，如果让土耳其、乌克兰、格鲁吉亚或高加索地区的国家都入盟，那欧盟还有什么共同的政治和经济基础、共同的文化和价值观！据2006年7月英国《金融时报》在《欧盟多数人感到厌倦，希望停止扩大》一文中讲到，"老欧洲"对继续东扩的支持率在不断下降：2003年，15个老成员国的支持率为47%，10个候选国的支持率为66%；到了2006年，老成员国支持的人为41%，反对的人达46%。如果把10个新成员国计算在内，目前在整个欧盟范围内，支持欧盟进一步扩大的人只有45%，不到一半。而持反对意见的人也达到42%—53%。在德国，支持者仅占28%，反对者却高达66%。欧盟中多数人对"政治东扩"感到厌倦，不愿继续"埋单"，希望停止扩大。

概括起来，欧盟纳税人普遍存在"三怕"：一怕成百上千亿的欧盟基金和补贴让成员国瓜分，减少自己的社会福利。他们说，2004年吸收10个新成员，欧盟将花费1000亿欧元（到2009年）；保、罗两国到2009年也将需要450亿欧元。这种代价太高。二怕自己的工作岗位被新成员国廉价的打工者所取代，失去工作机会。据英国政府统计，2004年5月至2006年6月，在英国找到工作的东欧人有60万人，德国也向新成员国工人发放了50万个工作许可证。波兰每年出国谋生的人高达50万人。三怕基督教文明受到冲击，引发教派矛盾。在欧盟25个成员国中，天主教国家最多，只有希腊和塞浦路斯是东正教国家。随着东扩的延伸，新入盟的将主要是东正教国家，还有伊斯兰教国家和地区，如土耳其、阿尔巴尼亚、波黑、科索沃等。届时，欧盟就会跟中东国家共边界，与伊斯兰教派共处，人们确有担心的道理。

3. 欧盟领导人也意识到，盲目东扩会失宠于民，并威胁自身的领导地位。欧盟总部的决策者和主要成员国领导人发现，近两年他们的决策效率低下，屡遭失败。欧盟宪法表决近乎流产，英法工人罢工和学生罢课，恐怖威胁加剧，关于欧盟的预算和财政问题争吵不休，这些都是向继续东扩发出的挑战信号。如果他们不正视现实，不尊重民意，不遵守游戏规则，他们就得不到选民的支持，就会失去自己的权力。于是，最近围绕欧盟东扩及其前景问题的讨论异常激烈。有人认为，欧盟一体化的潜力已达到极限。既然内部消化不良、疲惫乏力，那就应该开始"休整"或"暂停"，甚至"刹车"，以利于今后"再战"。尽管这不是理想的一招，但欧盟中的保守主义者和社会民主党人都同意这种观点。也有人提出，欧洲一体化进程要继续下去，但必须改变观念，选择新的模式。欧洲的历史、政治、经济、民族、文化是多元的，一体化也不可能"一刀切"。有的国家想加入欧盟，有的国家愿意留在外面，还有的国家甚至想出去。但这并不影响各国为建设欧洲大厦作出各自的努力和贡献。所以，欧盟同一部分申请国或候选国建立"特殊的伙伴关系"乃明智之举。或者说，东扩还存在"第三条道路"。这些国家将以最紧密的方式保持与欧盟的伙伴关系，但它们不一定享受欧盟的完全成员国地位，作为欧盟拥有特权的邻居，同样可以参加欧洲的一体化进程。例如，瑞士和挪威等国并不是欧盟成员国，但它们跟欧盟的关系非常密切。欧洲有大小40多个国家，难道都要入盟才是最正确的选择吗？还有人强调，欧盟应该放弃政治野心，转而注意经济效应。1993年欧盟在确定吸收中东欧入盟申请国时，规定了三条标准：一是政治标准，即民主、法制国家、人权、尊重少数民族权利；二是经济标准，即有效的市场经济；三是接受欧洲法则。但是，现在中东欧国家的政党格局和社会制度发生了根本性的变化，欧盟不能再把政治标准作为唯一的标准，地缘战略已不再是最主要的东扩因素。因此，欧盟在没有找到新的"接纳机制"和出路、改革其机构使之能提高吸纳新成员的能力之前，应该停止继续东扩的战略和策略。

4. 实际上，中东欧国家加入欧盟，是由欧盟掏腰包，由欧盟纳税人"埋单"，而真正获益的是美国。由于入盟之前中东欧申请国必须先进入由美国掌控的北约，所以美国待这些国家入约后，就力挺它们入盟，甚至派专家到候选国帮助它们出具"达标"的证明，把社会经济发展的沉重包袱扔给了欧盟。美国则一方面夸奖这些国家代表"新欧洲"，并向它们出售军火，美其名曰帮助它们加强"国防与安全"，从而获取政治和经济好处；另一方面又加紧为自己寻找合适的军事战略基地，把矛头指向俄罗斯等国。美已与保加利亚和罗马尼亚签署了建立多个军事基地的条约，并将择机在波兰修建反导弹基地，在捷克部署早期预警雷达站，等等。西巴尔干和土耳其等国更是愿意向美提供军事基地，以换取入盟资本。

（原载《中国社会科学院院报》2006 年 11 月 7 日第 3 版）

东扩之后欧盟面临新考验

欧盟 2004 年第一次东扩包括中东欧波兰、匈牙利、捷克、斯洛伐克、斯洛文尼亚等 10 个国家，迈出了一大步；2007 年吸纳保加利亚和罗马尼亚，跨出了一小步；下一步看准西巴尔干国家，怎么走还在犹豫不决。欧盟狂热扩大后，内部的贫富差距比它历史上任何时期都更加悬殊。在政治、经济和社会方面存在较为发达的西欧和相对落后的中东欧，实际上出现了两个欧盟；而在中东欧，又可以分为三个部分：第一批入盟的中欧国家，第二批入盟的保加利亚和罗马尼亚以及候选入盟的西巴尔干国家。这就是说，欧盟并不是一个统一的政治经济共同体。所谓欧洲一体化，完全是把地缘政治、西欧意识形态和价值观放在首位，至于经济、外交、能源、人民生活水平等都是第二位的问题。所以，从东扩的结果来看，老成员国产生了东扩"疲劳症"和"恐惧症"，而新成员国则出现了东扩"后遗症"。东扩不能取代各国的民族、历史、宗教和文化特征。任何强加于人的做法只会激起欧盟内部的民族主义活跃，使内部出现难以愈合的裂痕。所以，东扩有其积极的一面，同时也产生了一些消极影响。东扩已造成"综合征"，折射出欧盟一些深层问题，欧盟面临新的挑战和考验。

欧盟东扩出现了"疲劳症"

1. 欧盟老成员国经济出现衰退。21 世纪初，欧盟开始实施它历史上最雄心勃勃的东扩计划。当它由 15 个成员国变成 27 个后，它的面积扩大，人口增加，为它未来成为多极世界中的一极奠定了基础。欧盟从东扩中得到了地缘政治上的好处，而加入俱乐部的新成员国也确实利大于弊。但是，欧盟并没有因此在经济和军事上强大起来，新入盟国却从此处于边缘地位。

由于近年来石油价格攀高和受美国次贷危机影响，欧洲经济不稳，欧元持续走低。德国、英国、西班牙等欧盟老成员国的经济出现了 2001 年以来最明显的低速增长。英国 2008 年的经济增长速度预计不会超过 1.2%。2006 年，欧盟的经济增长率曾达3%。欧洲央行曾预测 2008 年欧洲的经济增长为 1.52%—2.17%，现下调至 1.1%—1.7%。据经合组织预测，欧元区 15 国的经济增长率将从 2008 年 6 月预计的 1.7% 调降为 1.3%。2008 年 7 月，上述 15 国的通货膨胀率达 4.1%，远远超出欧洲央行预计的 2%。同期失业率也高达 7.3%。27 个成员国中西班牙最高，为 10.7%，德国为 7.3%。新成员国入盟头两三年经济快速增长，之后也都放慢了发展速度。捷克、波兰和斯洛伐克年增长保持在 5% 左右，匈牙利近两年为 1.5%—3%。欧盟成员国由于物价上涨过快，人民生活水平受到影响。这种情况致使主要经济大国德国等国的企业在中东欧的投资减少、利润降低。前几年，老成员国纷纷在匈牙利、捷克、波兰、斯洛伐克、罗马尼亚、保加利亚、乌克兰和塞尔维亚低价购地买房和其他不动产。在美国次贷危机的冲击下，西欧国家开始抛售在上述国家的不动产，以求低利润或保本。

奥地利是欧盟东扩的最大获利者。2003 年以来它同 12 个新成员国的贸易顺差增加了 3 倍。由于罗马尼亚、保加利亚和塞尔维亚以及波罗的海等国消费高，而经济水平低，通胀加剧，预算赤字指望外部资金，已出现财政危机。奥地利在保加利亚、罗马尼亚和斯洛文尼亚的投资高达 260 亿欧元，有很大的风险，不得不开始撤资。

国际分析人士认为，欧盟扩张越大，贫富差距、经济发展和生活水平的差距也越大，宗教矛盾也越突出。第一次东扩只有个别成员国是东正教国家，第二次接纳保加利亚和罗马尼亚也是两个东正教国家，第三次东扩到西巴尔干国家大部分是伊斯兰国家和东正教国家。欧盟很难制定行之有效的宗教和文化政策，以缓解民族和国家之间的摩擦。有人讥喻欧盟对外是"纸老虎"，对内是一台"生锈的机器"。我们不能说这都是欧盟东扩的结果，但东扩产生的后果确实令人担忧。

2.《里斯本条约》遭遇拒签危机。2007 年 10 月 19 日，欧盟成员国签署了《里斯本条约》以取代 2005 年险些导致欧盟分裂的《欧盟宪法条约》。该条约要求在 2009 年生效之前各成员国先批准通过。《里斯本条约》提出，要进一步巩固东扩成果，继续和改革一体化进程。首先，实现政治一体化，即把各成员国的主权越来越集中到欧盟的中央机构，如欧洲议会、欧盟委员会、欧洲法院，甚至要设"外交部长"职位；其次，实现经济一体化，即开展自由贸易和使更多的国家进入欧元区；最后，社会一体化，即随着欧盟国家之间边界开放和人员自由流动，使各民族国家的人民变成"欧盟公民"。欧洲向来以出理想家、思想家和创新家闻名，但理想变成现实需要时间，需要智慧。如果欧盟的如此"一体化"成功，那么民族国家的职能将大大削弱，各国公民的权利也无法得到保障。难怪该条约一出笼，爱尔兰和波兰就说"不"。

2008 年 6 月 12 日，爱尔兰第一个在全民公决中 53% 的人投票反对这个条约，全国投票率不超过 50%。这给了欧盟当头一棒。紧接着，7 月 2 日波兰总统卡钦斯基拒绝批准波兰议会已通过的《里斯本条约》，认为"眼下《里斯本条约》的问题已经毫无意义"。2008 年下半年法国担任欧盟轮值主席国，重点放在农业政策、移民和气候等问题上。欧盟政治精英们努力向成员国游说，寻找摆脱欧盟改革危机的出路，挽救该条约。欧盟宪法和《里斯本条约》都是东扩之后出现的新问题，后者的命运是否比前者好，还很难说。但这次条约受挫充分暴露出目前欧盟领导层和民众之间的隔阂，说明欧盟又一次面临民主信任危机。如果《里斯本条约》受阻，那就意味着继续东扩是不可能的。欧盟、北约顽固东扩，威胁世界其他国家的安全与利益，必然与其对应，欧盟、北约将自食其果。

3. 中东欧"移民潮"不堪重负。由于西欧人口老龄化速度加快和出生率降低，服务费用上涨，所以劳动力短缺，尤其是建筑业和服务行业尤为突出。在接受移民越来越严格的情况下，西欧老成员国往往通过各种渠道引进临时性打工者。中东欧国家入盟后，前往老成员国谋生的人数明显增多，其侨汇成为这些国家的一个重要收入来源。据国际移民组织的资料，2007 年底在德国有 90 万注册的东欧劳工：波兰人 32.4 万、斯洛伐克人 23 万、罗马尼亚人 20.2 万、保加利亚人 8.2 万和匈牙利人 2.7 万。这些劳工都停留 3 个月以上时间。但实际人数却远远成倍地高于这个数目。据欧盟的官方统计，每年有 150 万合法打工者和 35 万—50 万非法打工者进入西欧。仅在意大利和西班牙就有 150 万—200 万罗马尼亚工人，波兰有近 200 万人在西欧工作。2007 年波兰人从西欧汇往国内的钱高达 41 亿欧元，这还不包括银行以外的汇款和携带款。同一年罗马尼亚官方称来自西欧的劳务款有 47 亿欧元。罗报刊认为，实际劳务收入约 5 倍高于银行公布的数字。[①] 匈牙利工人每天都自由进出奥地利，他们的收入无法统计。另有资料说，劳工收入占波黑国内生产总值的 20%，占塞尔维亚和阿尔巴尼亚的 15% 以上。

　　西欧对东欧劳动力既需要又担心，主要是担心他们参与犯罪活动，当然也担心他们冲击本国的就业市场。还有，每年成百万的劳动力大军涌入，欧盟怎么解决这些人的人权和法律地位问题，应该制定什么样的移民政策，等等。面对滚滚而来的移民潮，欧盟意识到这是东扩后自东向西的一股洪流，但又不能修筑一堵墙将它挡住。于是，各老成员国各自为政，各显神通，制定了较为严厉的移民政策。西班牙遭遇 1993 年以来的最高失业率（2008 年 7 月达到约 11%），要求 100 万移民离境；英国境内定期有 70 万波兰人及 50 万非法移民，英推出近 40 年来最严格措施，对雇用非法移民的雇主处以 1 万英镑的罚款，多数英国人希望限制外来移民；德国本身有 300 多万失业者，它主张吸引高素质、受过高等教育的专门人才和技术熟练劳动者；法国决心尽量遏制移民潮，对自愿回到中东欧国家去的移民给予奖励金，等等。老成员国希望吸纳中东欧的技术移民，减少普通体力劳动者进入欧盟劳动力市场，而这又造成中东欧国家的智力人才大量外流，损害了新成员国的国家利益。2008 年 9 月 17 日，德国报刊公开写道："东欧

---

　　① 保加利亚文德国网站 2008 年 1 月 28 日文章《在西欧工作的东欧人将数十亿欧元汇往他们国内》。

工人是古老欧洲的现代奴隶。"

4. 中东欧反对东扩的声音依然存在。中东欧各国的共产党人纷纷表示，他们不支持或者有条件地支持成为欧盟的正式成员国，坚决反对参加北大西洋公约组织。他们认为，加入北约和欧盟，违背了民族利益，使自己国家丧失主权，处于半独立地位，沦为美欧的半殖民地。他们主张奉行本国的本民族的和平外交政策。例如，捷克和摩拉维亚共产党承认欧盟存在和东扩的现实，但拒绝欧盟这种组织形式。该党强调国家主权，要求捷克在欧盟内捍卫自己的"民族利益"；斯洛伐克共产党支持融入欧洲一体化进程，但从维护民族利益出发不赞同入盟时签订的条约。又如，南斯拉夫新共产党对加入欧盟和北约均持否定态度。它认为，北约是美国一手操纵的一个"具有全球侵略和反动目的的组织"，是一个反对共产主义的组织，是 1999 年入侵南斯拉夫的敌人。它发动了对阿富汗和伊拉克的战争。同样，欧洲联盟也是北约的一部分，是代表大资本家利益的国家集团。加入欧盟将会丧失政治、经济、文化、外交独立和失去民族特性，成为"二等公民"，变成西方的附庸和半殖民地。欧盟东扩的根本目的是"掠夺资源、控制市场和战略空间"[1]。

同时，在中东欧国家反对加入欧盟的不光是共产党。像捷克的极右政党共和党、保加利亚的极端民族主义政党"进攻党"（阿塔卡）和罗马尼亚的"大罗马尼亚党"等都担心欧洲一体化将使国家失去独立和主权，都认为国家为入盟而"牺牲了民族利益"，公开反对自己的国家进入欧盟。

东扩产生了"后遗症"

1. 新成员国纷纷成为美国军事基地。尽管新成员国组织上加入了欧盟俱乐部，但它们在军事上离不开美国，而经济上又需要

---

① 《南斯拉夫共产党宣言》，贝尔格莱德，2004 年，第 18—20 页。

俄罗斯。中国有句俗语，叫作"人在曹营心在汉"，借喻新成员国较为合适。

中东欧新成员国面对一系列导致国际局势紧张的事件，不得不屈从美国，寻求美国的"保护伞"，执行一条亲美路线。早在欧盟东扩前夕，中东欧各国政府就追随美国的单边主义政策、支持北约的扩张主义行径。它们纷纷支持以美国为首的北约 1999 年对主权国家南斯拉夫联盟狂轰滥炸，支持美国出兵阿富汗和入侵伊拉克，把自己国家绑上美国战车，提供陆地和空中走廊，甚至充当美军的牺牲品。

美国为了进一步控制巴尔干国家，2005—2006 年在罗马尼亚和保加利亚两国建立了 7 个军事基地，为美军从德国基地移师中东欧作准备。显然，美国在巴尔干修建军事基地的真实意图不是为了反对恐怖主义活动，也不是为了巴尔干国家的民主化和稳定，而是为了争夺和控制里海和中亚的石油天然气能源，并最大限度地挤压俄罗斯在该地区的空间，缩小其影响。

2008 年 7 月 8 日，美国国务卿赖斯和捷克外长施瓦岑贝格就在布拉格签署了关于美国在捷克兴建反导雷达预警基地总协定。协议规定，一旦欧洲遭到导弹袭击，美将优先向捷提供保护，承担保证捷免遭弹道导弹袭击的全部责任。美国在捷克和波兰部署反导系统是美全球战略布局的重要组成部分，把矛头指向俄罗斯，为北约下一步东扩做准备。俄媒体称这是"逼向俄战略核力量喉咙的刀子"，俄将作出强烈反应。

2008 年 8 月 20 日，波兰无视北约伙伴和欧盟成员国的异议以及俄罗斯的愤怒，在华沙同美国签署在波领土上部署美国导弹防御系统。外电纷纷评论说，波兰此举不会得到"更大的安全"，而是在冒"更大的风险"。它同传统的反俄派捷克一起"拥抱"美国，傲视欧盟，挑衅俄罗斯。

其他新入盟国和入盟候选国，也都愿意向美国献媚，把本国领土提供给美国建军事基地和导弹防御系统。一个所谓"统一的、共同的"欧盟到头来众叛亲离，被美军一个一个控制，这恐怕不是欧盟东扩的初衷。

现在"追美"风又从科索沃转到了高加索地区。在2008年8月的格鲁吉亚与俄罗斯冲突中，波兰、保加利亚和罗马尼亚都派军舰同美国和北约的舰艇一起在黑海"军演"，声援格鲁吉亚，抢占俄罗斯的地缘战略空间。俄反对北约东扩至乌克兰和格鲁吉亚，反对美国军事基础设施向它的边界线推进。如果北约一意孤行继续东扩，必然遭到俄罗斯的顽强抵抗。

新成员国同意在自己领土上修建美国军事基地，既违背了欧盟同俄罗斯的双边关系准则，又违背了北约同俄罗斯的协议原则。北约和欧盟都承诺在新成员国领土上不得部署北约的武装力量。否则，这将导致新的军备竞赛，而那些设有美国军事基地的国家首当其冲会成为俄的打击目标。

乌克兰和格鲁吉亚参加北约将使欧盟北约为这种地缘战略付出相应的代价。一旦冷战重新爆发，欧盟北约同俄罗斯对抗，前者可能降低条件，不顾纳税人的反对，加快双东扩的步伐。这样，这两个组织就有可能出现内部分裂，会像历史上任何一个庞大帝国一样由盛到衰，走向灭亡。难道欧盟和北约会为了一个格鲁吉亚而不惜同俄罗斯一搏？也许只有冷战年代蹩脚的政治家才会这么想，这么做。

2. 波兰在欧盟谋求大国地位的倾向加剧。波兰入盟后，多次表现出要求摆脱从属地位的强烈愿望，向老成员国伙伴说"不"。华沙希望在对俄罗斯和对美国的双边关系准则上，在批准欧盟重要文件方面拥有自己的独立政策和发言权。波兰是中东欧新入盟国家中唯一一个敢于同时向柏林和莫斯科叫板又不轻易向布鲁塞尔妥协的成员国。波兰的对外政策总是坚持民族利益优先，又掺杂着历史情感。

波兰面积 31 万多平方公里，人口 3800 多万，在国外的波侨有 2000 多万，其中在美国有 1060 万。波兰是欧盟第六大国，在中欧起着重要的地缘政治作用。波兰成为北约和欧盟的正式成员国，它便纳入了西欧和美国的政治、军事、经济和文化势力范围。它有 1000 多公里长的边界变成了欧盟的东部界线，这使它既想成为欧盟东线的"边裁"，又想充当进一步东扩的"发令员"。2007 年 12 月 21 日，波兰加入申根协定，它同立陶宛、德国、捷克和斯洛伐克长达 1880 公里的国界线全面开放。2011 年下半年波兰将成为欧盟轮值主席国。2012 年波兰将和乌克兰一起举办欧洲足球锦标赛。尽管这样，波兰仍认为它处于欧盟的边缘地带，受到西欧大国的歧视。所以，它在欧盟政治舞台上坚定地捍卫"波兰的利益"。2005 年波兰右翼政党法律与公正党和公民纲领党上台后，民族主义势力抬头，波兰同布鲁塞尔在一系列重大问题上唱对台戏，而同美国的"战略伙伴"关系却日益密切。波兰是美国在伊拉克战争中的忠实盟友，到 2007 年 11 月已在那里死亡 22 名军人，但波兰政府对此不以为然。美国利用波兰来抑制法国—德国轴心和牵制俄罗斯，使波兰和英国一起成为自己在欧盟东西方向的"特殊盟友"①。欧盟则视波兰为美国在自己内部的"特洛伊木马"，认为波兰的一些做法"太过分"。

3. 保加利亚和罗马尼亚未完全兑现入盟承诺。2007 年 1 月 1 日，保加利亚和罗马尼亚在部分领域还存在诸多问题的情况下加入了欧盟。这是保、罗两国长期努力的结果，也是欧盟地缘政治的需要。入盟近两年，保、罗两国在司法建设、反腐败的监督和农业基金与结构基金的运作管理方面，都没有严格遵守欧盟的纪律约束，以致遭到欧盟的严厉批评、警告和处罚。

2008 年 7 月，欧盟委员会发表监督报告称，罗马尼亚已建立

---

① 瓦莱丁·米哈伊洛夫：《波兰地缘政治独立倾向的今昔表现》，载［保］《星期一》2008 年第 3/4 期，第 62 页。

起发挥功能的体制，但其基础很脆弱，其在打击腐败和发挥议会作用方面"难以令人满意"。该报告指出保加利亚打击腐败不力，使用欧盟基金"缺乏监督检查和透明度"。欧盟委员会决定对保加利亚冻结 4.86 亿欧元的援助，以示惩罚。监督报告还指责保"高层领导人"为黑社会势力提供"政治保护伞"，对惩办诈骗团伙和刑事犯罪"软弱无力"。欧盟有关人士警告说，如果保、罗两国不采取行之有效的措施和兑现入盟时的承诺，它们加入欧元区和申根协定将变得非常困难。

对此，2008 年 7 月 25 日英国《经济学家》杂志的文章评论说，如果人们想知道欧盟是怎么以"最腐败的方式挥霍纳税人的钱"，那就请看看新成员国保加利亚和罗马尼亚的例子吧！尽管布鲁塞尔对保罗入盟以来的表现失望和愤怒，但它不敢贸然行动。因为欧盟一旦采取严厉措施，既怕动摇其他巴尔干国家入盟的信心，又怕刺激东南欧民族主义抬头。西欧老成员国的媒体一方面认为保罗滥用欧盟的基金和补贴，越来越成为欧盟的"负担"，另一方面又对欧盟的"宽松"政策不满，认为两个最新成员国的态度使"欧盟的形象受损"，使"欧盟的有关机构失去了信誉"，是"欧盟东扩中一个坏的信号"。如果欧盟委员会再不采取果断行动，这将意味着"东扩进程的结束"。

4. 俄罗斯欲控制东南欧的能源资源。2008 年初，俄天然气工业公司和意大利石油天然气公司（"埃尼"）经过近两年的策划，正式成立了叫作"南溪"的天然气管线共同公司。所谓"南溪"是指将由俄控制的中亚天然气从俄海岸穿过黑海海底，途经保加利亚、塞尔维亚和匈牙利输往意大利、中欧和西欧。为了实施该方案，俄于 2008 年 1 月 18 日、1 月 25 日和 2 月 28 日分别同保加利亚、塞尔维亚和匈牙利签署了关于修建和使用"南溪"天然气管道合作协议。俄通过能源资源重新塑造自己在东南欧国家的形象，并基本实现了借助控制该地区能源市场以保留其影响力的目的。

保加利亚是俄在东南欧的传统盟友。近20年来，尽管保在政治上、外交上和军事上已完全倒向西方，但保的经济和文化领域深受俄影响，尤其是石油和天然气完全依赖俄。2006年保俄贸易额达41多亿美元，俄是保第一大进口国，居保外贸的第二位。其中石油、天然气和核燃料以及煤就占37亿美元。在外国对保直接投资方面，俄也居第二位。俄保不仅签订了"南溪"天然气管道协议，而且俄保还在2006年签署了电力协议，由俄承担建造保"贝列内"核电站。俄已在保的能源政策中起着主导作用。塞尔维亚急于以优惠的条件让俄收购其石油工业公司51%的股份，既有自己的政治和经济需要，又符合俄的地缘战略利益。俄是塞的主要贸易伙伴和投资国。俄还帮助塞建地下天然气储存库和天然气分配中心，以及改造塞电力系统，使塞能源系统现代化。匈牙利顶住来自欧盟方面的压力，作为第一批欧盟东扩的成员国第一个站出来参加了"南溪"方案。近年来，匈俄经贸合作关系发展顺利，俄是匈的最大贸易伙伴，其中天然气和石油占有很大的比重。

俄同保、塞、匈三国成功地签订了"南溪"管道协议，美国和欧盟认为这是对已经存在的"纳布科"管线的公开对抗，在同美欧"争天然气、争市场"。这个项目不利于欧盟的共同能源政策，将在各成员国之间制造天然气供应困难和加剧能源竞争。这是往欧盟背后插了一刀。实际上，我们可以认为，俄的这张"能源牌"也是对欧盟东扩的一种报复，使俄在东南欧的地缘政治影响得到某种程度的恢复和加强。

欧盟东扩的"恐惧症"

欧盟东扩的最大"瓶颈"是西巴尔干国家的入盟问题。早在2003年底，欧盟和西巴尔干国家在希腊的萨洛尼卡举行了高级领导人会晤。在共同声明中明确指出："巴尔干的未来是加入欧盟。"但至今欧盟并没有就西巴尔干国家入盟规定一个明确的期限，只是从理论上和策略上讲西巴尔干属于欧洲的一部分，肯定要参与欧洲一体化进程。这样，西巴尔干国家的入盟问题便成为欧盟东扩的最大难题。欧盟东扩在这里又面临新的考验。

克罗地亚独立后，始终把加入北约和欧盟定为基本国策。2001年10月，克罗地亚与欧盟正式缔结了"稳定与联系协议"。2005年3月，欧盟开始同克罗地亚就入盟标准问题进行谈判。但是，欧盟因不满克罗地亚在同海牙法庭合作问题上"护短"和行动迟缓，而暂时中止了谈判，后又恢复。2006年11月欧盟委员会发表的入盟谈判年度评估报告充分肯定了克罗地亚的入盟谈判进程，同时指出了克在司法改革、反腐败及经济改革等方面的不足。2008年7月克罗地亚同阿尔巴尼亚一起在布鲁塞尔北约总部签署了两国加入北约的议定书，使两国的入约进程迈出了重要一步。

加入欧盟和北约是马其顿政府的既定国策和朝野共识。为了加入北约，8年前马其顿与阿尔巴尼亚和克罗地亚共同签署了《北大西洋—亚得里亚宪章》，试图借助美国的支持以捆绑式三国同时加入北约。但由于希腊在2008年的布加勒斯特北约峰会上一票否决，马未能如愿。尽管如此，马政府决心继续加快加盟入约进程。欧盟近期关于马其顿的报告认为：马其顿在经济、反腐、协调立法以及推动和完善司法改革方面的努力得到肯定，但地方分权第二阶段行动延迟、行政效率低下。同时，在承认科索沃独立问题上马其顿处于两难之中；马其顿与希腊关于马其顿国名的矛盾迄今没有解决，构成马"加盟入约"的一大障碍。

塞尔维亚加盟入约比其他中东欧国家要困难得多。它除了要解决政治体制和发展经济等许多问题外，还有对待科索沃问题的态度和同海牙国际法庭合作等问题。塞尔维亚议会在2008年9月同时批准了与欧盟签订的稳定与联系协议和同俄罗斯签署的能源合作协议，据称，有望2009年获得入盟候选国地位。它特别盼望同土耳其、克罗地亚和马其顿一起于2014年前后成为欧盟的正式成员国。

土耳其的入盟问题令欧盟头痛。土耳其的地缘战略和地缘政治地位十分重要，它作为北约老成员国和美国军事基地，若成为欧盟的最大成员国，有利于牵制和包围俄罗斯。土还扼守里海和中亚石油天然气的通道，是欧盟的重要能源生命线。所以早在1999年土就获得入盟候选国地位。欧盟同土的入盟谈判已在2005年10月启动。但欧盟中以法国、德国和荷兰为代表的一些老成员国和社会舆论反对东扩到土耳其。2008年9月土耳其领导人批评欧盟"不按规则办事"，一再拖延谈判，在35个谈判章节中目前只启动了6个。欧盟则要求土加速改革，解决有关言论自由、军队在社会生活中的作用、妇女儿童的权利、工人结社、修改宪法和司法改革等问题。欧盟同土耳其的谈判由于塞浦路斯问题而经常中断。

2008年4月欧盟在斯洛文尼亚召开题为"2008：西巴尔干国家决定性年"会议。欧盟和西巴尔干国家的与会代表认为，欧盟决定东扩到西巴尔干地区是"明智的和建设性的"，西巴尔干地区的人民和政府参与欧洲一体化，将给他们的"政治和经济生活创造美好的前景"。近20年来，欧盟对该地区重视不够，没有合理解决巴尔干危机，没有平息民族之间的冲突，致使本地区的安全局势动荡不定。与会者还指出，由于联合国安理会无法作出西巴尔干人民所期待的决议，所以"欧盟需要勇敢地承担起处理欧洲大陆问题的责任"。

尽管西巴尔干国家在加入欧盟和北约的道路上加强了民主和法制，经济有了发展，但该地区仍面临许多问题，如国家之间缺乏理解与合作、政局不稳定、法制不健全、巴尔干伊斯兰激进主义组织问题、科索沃单方面宣布独立、塞尔维亚选择欧洲前景步履艰难、波黑需要建立行之有效的国家机构、马其顿仍面临内忧外患等。总之，西巴尔干地区民族矛盾复杂，安全形势脆弱。它们的入盟道路漫长而曲折。

欧盟一再放话，西巴尔干国家入盟"不能按时间表"，而取决于"它们的改革"。法国表示，西巴尔干国家入盟不搞"捆绑式"，要分期分批，克罗地亚和塞尔维亚是应该优先考虑的关键国家，但不会是 2012 年。到 2020 年全部解决西巴尔干国家的入盟问题才是现实的。

从上可以看出，西巴尔干国家入盟将巩固和扩大欧盟的东扩成果，将进一步提升欧盟在本大陆的形象，确保巴尔干地区的稳定与安全。然而，欧盟要迈出这一步确实不容易。第一，西巴尔干入盟候选国政局不稳，经济政策改革不到位，还存在国内的少数民族问题和同邻国的关系问题；第二，本地区还存在悬而未决的地区问题甚至国际热点问题；第三，由于保加利亚和罗马尼亚的入盟表现不理想，没有起到"示范作用"，反而致使欧盟暂时关闭了东扩的大门；第四，欧盟各成员国内部对西巴尔干国家入盟无法达成共识和执行共同的外交与经济政策，继续东扩的阻力较大；第五，欧盟同美国和俄罗斯在该地区的利益冲突一时难以克服和解决。

（原载《欧亚社会发展研究 2008》）

2009 年欧洲议会选举的特点及其改革的迫切性

2009 年 6 月 4—7 日，欧洲议会选举在欧盟各成员国先后进行。7 日由欧盟集中公布了选举结果。27 个成员国的 3.75 亿人有权参加选举投票，但该届选举却出现创纪录的低选举率。中右翼人民党获得 39.5% 的支持率，比 2004 年高出 3%；中左翼社会党获得 26% 选票，居第二位，比上次的 27.6% 支持率稍低；民族主义政党和极右翼政党也进入了议会。在本届欧洲议会 736 个议席中，主要议会党团欧洲人民党占据 264 个席位，社会党 183 席，自由民主党 84 席，绿党集团 52 席。议会中半数议员是第一次当选，女议员占 35.3%。年龄最小的议员仅 25 岁，最大的 81 岁。这种力量对比的改变既反映了本届议会选举的特点，也凸显出这个机构改革的必要性。

本届选举的投票率创下新低

欧洲议会是代表欧盟各成员国人民的一个机构。欧洲议会的办公地点在卢森堡，每月定期在斯特拉斯堡举行一次会议，其他非常会议在布鲁塞尔举行。它作为世界上唯一一个直选的超国家议会，已拥有 30 年的历史。它的主要职能是制定法律、提出倡议和监督欧盟各个机构的预算。尽管它的作用不像欧盟委员会和欧洲理事会，但它的影响在不断增长，从调控金融市场到保护消费者权益和限制碳排放量等，它对欧盟委员会、欧洲理事会和成员国政府 70% 以上的立法拥有发言权。如果《里斯本条约》获得通过和生效，欧洲议会的立法权还会扩大到移民法、刑法以及能源政策、贸易政策、农业、渔业等领域。它通过的有关决议，越来越影响着 5 亿欧盟成员国人民的日常生活。

本次选举前夕，欧盟投入大量资金，以动员和鼓励各成员国的选民参加 2009 年的欧洲议会选举，但还是未能扭转大选低投票率的现实。1979 年该机构成立时选举率高达 63%，而 2004 年为 45.47%，出现历史最低记录。2009 年只有 43%，则创 30 年来新低。英国 2004 年的参选率为 38%，2009 年只有 28%。

不仅英国、葡萄牙和意大利等老成员国的投票率很低，而且以波兰等国为代表的新成员国选民的热情也不高。斯洛伐克选举的支持率特别低，仅为 19%。捷克作为欧盟轮值主席国选民的积极性只有 28%，是 27 个成员国中最低的国家之一。保加利亚的选举率为 37.49%，这对一个 2007 年 1 月刚入盟的国家来说也是相当低的。

选民积极性不高的原因是多方面的。人们认为，当前欧洲选民关心的问题是如何制止经济衰退和高失业率，早日克服金融和经济危机。他们对欧盟应对金融危机的措施不满，对欧盟的盲目东扩也心存疑虑。新老成员国中反对欧盟政策的人在增多，认为一切错误均"来自布鲁塞尔"，所以参选率不高。另外，欧洲议会是个高高在上、脱离普通群众的机构；议员拥有很多的特权，开支很大且不透明，议会也没有知名的领导人，公众对议会的活动不甚了解；还有，多数欧洲人重视各自国家的议会选举，对欧洲议会选举则比较冷漠。

欧洲左翼几乎在全欧洲受挫

自柏林墙倒塌 20 年来，欧洲中左翼力量一直在逐渐削弱。10 年前，代表欧洲中左翼的社会党或社会民主党一度在欧盟 13—15 个成员国中占据优势，而今天在 27 个成员国里只在 6 个国家占有一定的优势——西班牙、葡萄牙、英国、塞浦路斯、斯洛文尼亚和斯洛伐克。在德国、奥地利和荷兰，左翼作为少数派参加了联合政府。

这次欧盟成员国政府中的中左翼力量在选举中明显不如右翼力量。在 2004 年组成的欧洲议会 7 个党团中，欧洲社会党和欧洲人民党的席位最多，两个议会党团都超过 200 个席位。这次，英国、西班牙、捷克、拉脱维亚、匈牙利、爱尔兰、保加利亚、爱沙尼亚、葡萄牙、瑞典、希腊和斯洛文尼亚等国的中左翼执政党遭到失败。选民们因为经济危机或者国内问题（如英国工党的议会报销丑闻）不投执政党的票。西班牙反对派人民党赢得了 50 个席位中的 23 席，社会党只得到 21 席。据称，这跟西班牙经济危机加深、失业率高达 17% 有关。荷兰工党这次的支持率减少了 10%，降至 13.4%。

斯洛伐克社会民主党仅获得全国 13 个席位中的 5 个。保加利亚有 6 个党的 17 名代表进入欧洲议会，其中以执政的保加利亚社会党为首的三党联盟只获得 4 个席位。在 2009 年 7 月初进行的议会选举中，保加利亚社会党惨败，失去了执政地位。捷克公民民主党得到 31.41% 的支持票，居第一位；社会民主党位居第二（22.41%），捷摩共处于第三（14.20%）。斯洛文尼亚要选出 7 名代表，反对派民主党的选票也高于执政的社会民主党（20% 对 17%）。

中左翼失败主要是因为全球金融危机的冲击，它们不仅没有争取到人心，反而被右翼利用危机发难。右翼指责左翼在危机面前措施不力，想把银行国有化和重新调控市场，它们号召在危机面前"团结"起来反对左翼解决危机的政策。中左翼在支持社会弱势群体，关心就业方面确实存在失误。欧洲议会社会党党团主席马丁·舒尔茨承认，选票流失"这对欧洲社会民主党来说，是沉重的打击"，失败的根本原因，"是左翼内部的问题，跟左翼党派在欧洲议会的活动没有什么关联"。

欧洲右翼在选举中全面得势

中右翼的支持率不仅在法国、德国、意大利和波兰这样的大国较高，而且在一些中小国家也处于领先地位。在德国，默克尔领导的基督教民主联盟和基督教社会联盟的保守联盟得到 38.5% 的选票，而社会民主党得票仅为 21%。在法国，萨科齐的人民运动联盟得票率为 28%，超过社会党的 16.8%；在意大利，贝卢斯科尼领导的右翼政党"自由人民党"在丑闻不断的情况下仍得到 35.5% 的选票，左翼民主党只得到 26% 的选票。在荷兰，极右翼反穆斯林议员海尔特·维尔德斯领导的自由党的支持率位列第二，赢得 4 个席位，仅次于执政的基督教民主联盟。维尔德斯多次散布排外理念，宣扬关闭清真寺并在欧洲人口稠密的国家禁止移民。他曾经反对保加利亚和罗马尼亚加入欧盟，现在又说"土耳其作为一个伊斯兰国家永远都不应该加入欧盟"。在奥地利,执政的保守党人民党获得第一(29.7%),而汉斯·马丁领导的欧洲悲观论政党也获得 17.8% 的选票。爱尔兰反对派的选票也超过执政党 10%,这对 2009 年 10 月即将就《里斯本条约》举行第二轮全民公决的爱尔兰来说情况非常微妙。

中右势力在欧洲的崛起,使一些极右和偏激政党在选举中露头,并获得了进入本届议会的机会,如瑞典的盗版党、法国的国家阵线、英国的国家党、匈牙利的"尤比克"党、比利时佛兰德利益党、保加利亚"阿塔卡"党、丹麦人民党和荷兰自由党等。意大利分裂主义者以及爱尔兰反《里斯本条约》政党也都在竭力争取欧洲议会的席位。而且,选举后,英国保守党、捷克公民民主党和波兰"法律与公正党"等声称,它们将在新议会里结成新的中右集团,主张使欧盟成为各民族国家统一的欧盟,而不是一个统一的欧洲合众国;它们还说,《里斯本条约》不符合 21 世纪各民族国家和欧洲的利益。极右翼党派像荷兰、奥地利、丹麦、斯洛伐克、匈牙利、波兰、捷克、法国、英国、瑞士的反对欧洲一体化和反对移民以及反对伊斯兰的政党都在新一届议会拥有自己的代表。它们在选举的过程中,利用选举的机会,煽动选民们向执政当局表示强烈不满和抗议,如在拉脱维亚、希腊、爱尔兰、英国、西班牙和匈牙利等国组织游行示威。

在原东欧地区,反对派政党亦获得全面的胜利。匈牙利右翼政党"费德斯"以 56% 对 17% 大胜执政的社会民主党,在匈牙利 22 个欧洲议会议席中"费德斯"得到 14 个,社民党仅得到 4 个席位。分析人士认为,匈牙利执政党失败的主要原因是严重的经济危机影响了选民的投票倒向。斯洛文尼亚、爱沙尼亚和拉脱维亚(8 个席位)的执政党也遭到沉重打击。拉脱维亚中右翼政党公民联盟只比执政的"和谐中心"少 1 个百分点(19% 对 20%)。立陶宛的保守派联盟得到全国 12 个欧洲议会席位中的 4 个。罗马尼亚拥有 33 个议员席位，执政的社会民主党联盟和在野的自由民主党联盟各得 30% 选票。波兰的议会名额为 50 人，波兰的公民纲领党赢得 45.3% 的选票，保守党法律与公正党也得到 29.5% 的选票。塞浦路斯反对派保守党的选票也超过了执政的共产党人的选票。

6 月中旬，以捷克前总理托波拉内克为首的捷克公民民主党宣布，同以波兰前总理雅罗斯拉夫·卡钦斯基为首的"法律与公正党"在欧盟各成员国的家庭价值观和主权的基础上成立一个集团，叫作欧洲保守派和改革派集团。"法律与公正党"在波兰国内是一个反俄罗斯和反德国的政党，是欧洲悲观论者。以这两个政党为代表组成的新右翼派别包括 55 名欧洲议员，即英国保守党 26 名，波兰"法律与公正党"15 名，捷克公民民主论坛 9 名，比利时、芬兰、匈牙利、拉脱维亚和荷兰各 1 名。他们已超过绿党，成为欧洲议会的第四大党团。该议会党团的秘书长是英国保守派弗兰克·巴雷特。7 月 14 日，该集团在斯特拉斯堡举行了欧洲保守派和改革派第一次会议。

极右翼政党进入欧洲议会使欧盟感到担忧，会对欧盟的移民政策和对伊斯兰国家的态度产生消极影响。他们在欧洲议会增加席位，将使欧盟的决策和行动更加迟缓。民意调查表示，支持率下降最多的政党就是支持欧盟东扩的政党，而支持率增加的政党正好是持"欧洲怀疑论"的政党。右翼政党纷纷登台使欧盟面临严峻考验。7 月中旬，欧洲议会人民党的代表波兰前总理布泽克当选为本届欧洲议会主席。尔后，中左翼推举英国前首相布莱尔为欧盟委员会主席候选人失败，巴罗佐则宣布将在 9 月欧盟峰会上再次竞选欧盟委员会主席，他有可能连任。分析人士认为，如果巴罗佐连任，这也是欧盟中保守势力得势的表现。

欧洲议会正遭遇"形象危机"

欧洲议会的议员来自欧盟成员国的近 200 个政党。各国不同政党的利益和纲领与另一个成员国的政党利益和纲领往往有相似之处，于是，它们的共同语言就多一些，在议会结成了不同的议员党团。最大的有欧洲社会党和人民党议员党团，但欧洲议会没有权力监督各政党的活动。欧洲议会内部矛盾重重，常常争吵不休。上届议会拥有 781 名议员，任期 5 年。

德国拥有 99 个席位，是 27 个成员国之最。它往往指使其议员代表制定和通过对德国有利的法令，其他国家则难以做到。英国在议会只拥有 72 个席位，荷兰有 25 个席位，丹麦有 15 个席位。丹麦的欧洲议员认为，保加利亚（17 名）和罗马尼亚（33 名）在欧洲议会的议员代表不能多于丹麦、瑞典和芬兰。他们称，斯堪的纳维亚国家有更多的公开性、民主和社会福利，理应拥有较多的议员。保加利亚在欧洲议会的议员指出，丹麦代表的意见是"民族歧视"，不利于欧洲的统一。罗马尼亚的欧洲议员也强调，丹麦议员的发言是"幼稚可笑的"。所以，欧洲议会通过的法律是各国讨价还价的结果，满足不了任何人的要求。

不少分析人士认为，欧洲议会是一个有名的腐败机构，正遭遇"形象危机"。据法新社 2009 年 5 月 20 日的报道称，欧洲议会已成为"退休高官、闲散政客和名人集散地"。议员们出勤率低，工作不透明，却享受高额补贴。在这次选举前夕，欧洲媒体揭露了一些议员拿高薪，但从不干活。最近，欧洲议会公布的一份内部审计报告称，欧洲议会 2004 年有 785 名议员，每人每月最多可领取 1.55 万欧元人事费用补贴，仅这笔支出就占欧洲议会每年预算的 10%。一些议员将公务补贴用于个人用途，一些议员同有关公司勾结，参与伪造账目和洗钱活动。英国在上届欧洲议会共有 78 位议员，他们中有人将自己的亲属安排在自己的办公室工作，每人每年可挣约 5 万欧元。有的意大利议员在欧洲议会一年可捞取 15 万欧元。他们的收入和支出从来不透明。议员们每个月要分别在斯特拉斯堡和布鲁塞尔召开两次会议，开会期间每人每天的补助是 298 欧元。一位英国议员一年就报销了 6 万欧元议会补贴。

为了改变这种状况，该届议会规定，每位议员每月工作人员的工薪和办公室的租金为 25800 欧元，不得超过；不得将自己的夫人和子女安排在身边工作；还规定所有欧洲议员的工资平等，每月为 7665 欧元。到目前为止，欧洲议员的工资跟他们所在国家议员的工薪是一致的。新规定对新成员国的议员特别有利，而对老成员国不利。例如，意大利的上届欧洲议员每月拿 12000 欧元，是西班牙欧洲议员的 4 倍，是波罗的海三国立陶宛、爱沙尼亚和拉脱维亚的 10 倍，是保加利亚的 12 倍。

这些议员高官厚禄，无所事事，有时就对跟他们毫不相干的国家和问题指手画脚，发表所谓报告、声明，通过什么决议。西欧人士也认为，这个机构仅仅是欧盟的一个"不负责任的工具"，是一个"毫无意义的争吵俱乐部"。欧洲议会常常与欧盟步调不一，成为欧盟改革的最大阻力之一。

在中国人眼中，欧洲议会对华不甚友好。例如，2008 年 3 月，它不顾中国政府的反对执意通过了西藏问题反华决议。不过，今天我们也应该看到，新一届欧洲议会正处在一个重要的经济危机时刻，亟须改革。一是欧盟新成员国数量近 5 年来增加了 10 个，新成员国不同党派的欧洲议员占到欧洲议会总数的 1/3，会出现不同的声音。二是受到国际金融危机的巨大冲击，欧洲议员再也不能狂妄自大，一意孤行。欧洲人向来傲慢自大，好教训别人。他们从来不认为他们自己的国家需要改革，而认为他们国家的制度完美无瑕。这次金融和经济危机使他们认识到，他们也必须改革。三是由于欧洲中左翼和极右翼都进入欧洲议会，这一保守机构的运转和权力今后将受到一定的制约，不能为所欲为。欧洲议会既是一个官僚主义者的大杂烩，也是一个既得利益集团。其成员有过去的模特、电视主持人、王室成员、部长、西欧的前国家和政党领导人、苏联时期的领导人等等，持什么观点和立场的人都有。

所以，我们同欧洲打交道时，需要了解欧洲人的心理状态。我们处理同欧盟关系需要慎重，因为它有27个成员国，中欧关系不是双边关系，而是多边关系。

欧洲议会到了抛弃保守的、片面的欧洲价值观的时候了。参选率走低呼唤欧洲议会改革。欧洲议会到了不得不改革的时候，它今后肯定会发生某种变化，并调整包括对华政策在内的各种政策。在2009年7月中国新疆乌鲁木齐"7·5"恐怖暴力犯罪事件发生后，欧洲议会中的右派势力又想像2008年的拉萨事件一样，欲出台反华决议，为"东突"民族分裂主义分子张目。但这次议会中主持正义和公正的议员纷纷站出来指责右派在搞双重标准，干涉中国内政。他们指出，欧盟新老成员国也是多民族国家，也面临反对民族分裂和维护国家统一的任务。

人们看到，这次右翼虽然赢得了欧洲议会选举，但他们推行的新自由主义经济政策却接连失败。他们在欧洲政治上居主导地位，但不得不接受左翼的经济政策。这也是欧洲政坛的一种反常现象。欧洲议会面临摆脱经济危机、同气候变化作斗争、预防俄罗斯在冬季减少天然气供应等一系列棘手问题。

（原载《中国社会科学报》2009年7月16日第4版）

第二节　欧盟、美国、俄罗斯争夺中东欧

"新欧洲"之说是美国分裂欧洲的策略

对于新、老欧洲的划分，目前基本上有两种看法：一种认为老欧洲与新欧洲只是一种暂时的现象，迟早欧洲会"融为一体"，成为"大欧洲"；另一种则认为新老欧洲在经济上和政治上的差别

具有长期性，美国鼓吹的"新欧洲"已呈现轮廓，会为它的全球战略服务。我持前一种观点。

"新欧洲"是美国的策略手段

20 世纪 80 年代末 90 年代初，随着苏联解体，第二次世界大战后冷战年代形成的美苏两极世界不再存在。美国的霸权政策和单边主义进入巅峰状态。

近十几年来，美国不仅把它标榜的所谓"民主政体"和"自由市场经济"移植到东欧，而且采取"先发制人"的战争行动打击它认为的所谓"无赖国家"或"独裁制度"。不仅如此，它还对自己的欧洲盟国实行"分而治之"，图谋牵制和破坏欧洲一体化进程。特别是在波黑和平、科索沃危机和伊拉克战争等问题上，美国已经意识到欧洲的软弱无力，它称霸世界的帝国思想无限膨胀。

在这次发动对伊拉克战争前后，布什政府为了显示自己的实力，不惜激怒欧洲老盟友法、德等国，转而要求中东欧国家敞开国门，为美国提供政治上和军事上的支持。中东欧国家的领导人迫于美国的诱惑和压力，不顾国内绝大多数人的反对和欧盟老成员国法德的劝告，公开和半公开地站到了亲美立场上。这样，伊战前夕，美国宣布有 30 个国家支持它的侵略行动，其中主要包括原东欧国家、波罗的海国家和一些中亚国家。

正是在伊拉克战争问题上美国与欧洲出现分歧和裂痕的情况下，美国国防部部长拉姆斯菲尔德多次制造什么"老欧洲"和"新欧洲"这一模糊概念，试图重新祭起冷战年代的"铁幕"论，瓦解欧盟的内部团结，削弱欧盟制定共同外交政策和防务政策的努力。

美国此举的根本目的是要分裂欧洲。它支持中东欧国家加入北约和欧盟，让它们充当"特洛伊木马"，在欧洲遏制法德的影响，形成一股抗衡欧盟老成员国的力量。美国认为，中东欧是

"新兴民主国家"，走的是美国式"新自由主义"道路，是美国的"重要战略盟友"，会在各方面唯美国马首是瞻。而法德等国则"保守无能"，代表"老欧洲"，欲在国际体系中"独树一帜"，成了美国扩张主义的绊脚石。因此，美国要设法制止在古老大陆出现不利于它主宰世界的力量。"新欧洲"之说就是它的一个策略手段。

其实，这个理论并不新鲜。现在越来越多的材料披露，美国早在2001年"9·11"之前就制定了称霸世界的蓝图。为此，美国不仅要除掉国际恐怖主义，而且要阻止发达的工业国家挑战它的领导地位。根据这一逻辑，美国应成为世界上最强大的国家，拥有前卫的经济和军事技术，建立一支能在短期内迅速部署到地球任何角落的快速部队，发动"先发制人"的战争。也就是说，不是由联合国安理会，而是由白宫来决定谁是危险的敌人，什么时候给予军事打击。只要有需要，美国就会制造任何一个借口或一种理论，来干涉别国的内政。它们可以是"新欧洲""新北约"，也可以是"新联合国"。显然，这种帝国政策遭到美国盟友在内的绝大多数国家和人民的反对。

"新欧洲"论并不能帮美国多大忙。在伊拉克战后重建问题上，美国为了减少军队伤亡和洗刷战争责任，要求更多的国际维和部队与国际援助。但是，法、德等国都不愿向美国伸出援助之手。唯有中东欧新加入北约和申请加入北约的国家表现出一定的积极性，答应滥竽充数。波兰、捷克和匈牙利，还有保加利亚和罗马尼亚等国派出了少量后勤和医疗部队，但很难有什么作为。"新欧洲"国家的作用有限，难以达到美国当初的目的。即便这样，美国对这些国家的支持也高度赞赏并给予了及时的回报。

"回归欧洲"是中东欧各国的既定目标

目前看来，美国首先把波兰推到前台，让这只东欧剧变的"领头羊"成为"新欧洲"的代表，并在伊拉克战后重建中让波兰获得 1/5 的份额。然而，波兰领导人一再表示，该国加入北约和欧盟并不是为了站在德国或美国一边，促使两方对峙，而是要实现"回归欧洲"的既定目标。

波兰的态度也反映了其他中东欧国家的立场，因为北约和欧盟的扩大，才是这些国家的最终归宿。而且，它们要求早日加入欧盟的心情更加迫切。从这些国家的全民公决中也可以看得出来。许多中东欧国家的左翼对加入北约持保留态度，但对进入欧盟左右翼的观点却基本一致。所以，各国入盟的支持率一般都高于入约的支持率。显然，东扩对中东欧诸国是一次重新塑造国内制度和实现全面"欧化"的历史契机。

当然，"回归"的道路很不平坦。十多年来，它们仍然处于两股势力的阴影之中：要么亲西方，要么亲俄罗斯。这些国家左右翼势力轮番上台执政，基本上都并不怎么困难地选择了亲西方，彻底摆脱了"社会主义大家庭"时期的"主仆"关系。但是，它们在西欧和美国之间要明确作出决断却不那么容易，受到多方掣肘。

出于安全考虑，中欧的波、捷、匈已于 1999 年参加了北约，中东欧其他七国也将于 2004 年加入这个组织。显然，如果没有美国这把"保护伞"的首肯，这些国家进入不了北约；同样，为了社会、政治、经济和文化的发展，中东欧国家需要加入欧盟。而要实现这一目标，没有法、德等国的同意和支持也是不可能的。

这样，处于进退两难中的中东欧国家，明智的做法自然是奉行左右逢源的政策。在多数情况下，它们希望按照欧洲模式改造自己的国家，推行欧洲优先政策。例如，近年来中东欧国家大都抛弃了美国的自由市场经济模式，而接受德国的社会市场经济；马克和欧元在中东欧的影响早就超过了美元；欧盟国家在中东欧诸国的进出口贸易中均占 70% 左右，其投资也多于美国。尽管中东欧国家在社会和经济发展方面跟欧盟的差距很大，但它们指望在老成员国的帮助下，逐渐改变面貌，实现全面"回归"。应该说，中东欧的利益与西欧国家更接近，经贸关系更密切。

当然，新成员国融入欧盟有一个较长的过程。法律上规范，体制上接轨，经济上提升，外交上磨合，都不可能一蹴而就。像共同农业政策、预算分配方案、地区发展和人员流动等领域，新老成员国之间都会存在激烈的争论。新老成员国之间完全有可能存在种种矛盾，有些甚至是暂时还难以克服的矛盾。但这些矛盾并不会使它们彼此对立，或发生分裂。这种矛盾只是欧盟内部的矛盾。

因此，新成员国绝不可能在美国的扶植和煽动下，像过去以苏联为首那样抱团，形成一个"新东欧集团"，或者像美国期待的那样出现一个"新欧洲"。

一些"新欧洲主义者"也越来越意识到，原东欧国家未来的安全，也像它们未来的经济繁荣一样，都跟欧盟密不可分。回归欧洲的道路是通过布鲁塞尔，而不是经过华盛顿。有的中东欧学者形象地说，欧盟此次东扩更多的是像一对养育了多个子女而离异了40多年的夫妇，现在宣布"复婚"。新老成员国的结合不是"初恋"，而是真心诚意地"重归于好"。

基于这种认识和立场，中东欧国家的领导人常常把西欧同美国的关系比喻为父母间的关系。他们说，欧盟像一位慈母，帮助自己的子女走上过"殷实"生活的道路；而美国却像一个严厉的继父，怂恿自己的儿女充当他的"打手"。子女行为稍有不慎，就可能被父亲或母亲视为"背叛"。所以，子女谁也得罪不起，盼望父母和好，不要吵架。除波兰积极支持美国，想依赖美国的力量来遏制德国向东扩张外，其他中东欧国家，像匈牙利、罗马尼亚、保加利亚等国的领导人都表示，愿通过北约和欧盟这两个组织起协调作用，在欧美之间搭起一座桥梁，使这两个老盟友的关系更加密切。这种弥合欧美裂痕的努力能在多大程度上实现，现在还是个问号。

统一的欧洲是大势所趋

对于欧洲来说，历史和现实都要求有一个统一的欧洲，而不是带有创伤的"新欧洲"和"老欧洲"。

欧洲在过去的 50 年中走过了一段不寻常的道路。从 1951 年的煤钢联营到欧洲共同体和今日的欧洲联盟，欧洲通过物资、资本和服务的自由交流以及单一货币，正日益走向一体化和形成统一的市场。欧洲是文明和繁荣的象征，在民主传统和遵守国际法方面，尤其是在接纳新成员国方面，表现得比好斗的美国更加宽容、理智。

近一年来欧洲一体化进程说明，欧洲在加速联合，东西欧融合趋势不可阻挡。这一年，欧盟东扩取得了实质性进展：根据 2002 年 12 月的哥本哈根欧盟首脑会议精神，2003 年 4 月在雅典欧盟 15 个成员国与 10 个候选国的领导人签署了 10 国加入欧盟条约。它们将于 2004 年 5 月 1 日正式入盟。而且，罗马尼亚和保加利亚也将于 2007 年被接纳入盟（克罗地亚亦在积极争取同时入盟）。2002 年初，欧元顺利进入流通领域，在欧元区十二国首先实现了货币"一统天下"，成为仅次于美元的第二大国际货币，东西欧在经济和金融方面加强了合作。2003 年，欧盟制宪筹备委员会公布了宪法草案。这一年欧盟在马其顿和即将在波黑派出取代北约的"协和"部队，欧盟还计划建立独立的防御部队。这样，随着欧盟的扩大，东西欧的政治体制互动和更新会出现新的前景。东西欧的融合必将打破"冷战"时期东西欧的分界。欧盟作为一个超级国家共同体，将成为世界舞台上一支举足轻重的力量，并力求成为未来多极世界中的一极。

欧洲正满怀信心地走向联合和统一。这次伊拉克战争一方面使欧洲本身产生了分裂，冒出了一个所谓的"新欧洲"，它们被迫支持美国先发制人的单边主义政策；另一方面，这个事件再次推动和加速了欧洲的联合。伊拉克战争使以法、德等国为代表的西欧国家进一步认识到，只有加快实现欧盟东扩和欧洲的统一，欧洲才能有效影响和抵制美国的世界霸权主义。

同时，争取中东欧国家对欧盟的信任和支持，同美国争夺这个缓冲地带，这也是欧盟同美国较量的一张牌。因此，欧盟会坚定地推行东扩政策，并通过制度扩张来实施全面制度改革和促使一体化深化。

的确，新老欧洲的结合既会给双方带来好处，也会产生负面影响。几乎所有的欧盟问题专家在阐述积极和消极因素时都一致认为：欧盟的老成员国或新成员国都会从扩大中获益，引起制度互动和改革，这是一件双赢的事。这样看来，"新欧洲人"并不相信他们会形成"新欧洲"，而"老欧洲人"对此也反应平淡。他们相信会维护与美国的盟友关系，而不相信入盟候选国会背道而驰。

随着时间的推移，人们将会看到，欧盟的一体化进程会取得突破性进展，新老欧洲的区别将逐步缩小。未来的欧洲只有一个，那就是一个崭新的统一的大欧洲。

（原载《欧亚所年刊文集 2003》）

美国在巴尔干加紧修建军事基地

伊拉克战争爆发后，美国开始在欧亚两洲调整它的国外驻军。美军从西欧的德国基地移师中东欧，把在罗马尼亚和保加利亚建立新的军事基地作为美军在欧洲战略转移的第一步和实验地。

2004 年美国便开始同罗、保两国接触，要求修复和扩建几个基地。美国的理由很简单，罗、保已于 2004 年加入了北约，为了北约的"共同利益"，也为了罗、保的"国防安全"，在这两个国家建基地，有利于美军省时省钱地快速抵达中东和中亚一些潜在的"热点"地区。

美国认为，罗、保两国的地理位置对北约和欧盟来说"具有头等重要意义"。往东是黑海和里海，有多事的高加索和车臣；向西是前南斯拉夫麻烦不断的地区；东北方向是美国一直要推行民主化的俄罗斯和独联体国家；东南边则是与美国利益攸关的中东。显然，美国在巴尔干修建军事基地的真实意图不是为了反恐，也不是为了巴尔干的民主化和稳定，而是为了争夺和控制里海和中亚的石油能源，并最大限度地挤压俄罗斯在该地区的影响。

对于罗、保两国来说，能够向美军提供军事基地是求之不得的机遇，借此可以巩固执政的地位和进一步投靠美国。苏东剧变以后，中东欧国家比西欧国家对美国更加忠诚坚定。它们不仅牢记美国在推翻共产党和社会主义制度中的关键作用，而且感激美国在帮助它们参加北约和加入欧盟时的积极态度。所以，它们不顾一切地追随五角大楼攻打伊拉克，支持美国在全球推行单边主义和霸权主义政策。至于美国要在它们的领土上建立军事基地，它们更是鼎力相助。最近，在保议会辩论美保军事合作条约时，有的议员称，建立军事基地等于是把美国军校"搬到了"保加利亚，应为能同"世界上最强大的国家"签订协议而高兴。一些右派议员甚至狂呼："美国人来了，俄国人就别想再来！"

2005年1月，美国派遣北约欧洲盟军最高司令詹姆斯·琼斯将军访问保罗，受到两国领导人和军方的热情接待，并考察了两国推荐的六七个基地。琼斯表示，这些基地"在水路和空中方面拥有重要的战略地位，使其成为非常接近于完美的驻扎基地"。这些军事基地大都是苏联帮助修建的，基础设施较好，战略地位重要。其实，早在1999年北约发动入侵南斯拉夫的科索沃战争期间，美国就曾利用两国的空中走廊，并提出利用水路和陆路打击南斯拉夫。其后，美军启用过两国机场向阿富汗运送物资。2003年，美国攻打伊拉克时，美军的运输机也在两国的空军基地和海军港口起落过。据报刊的资料，日前罗保两国分别有860名和450名士兵驻扎在伊拉克，协助美军守城驻地，或提供训练、医疗、运输等服务。来自欧盟委员会的报告说，在美国秘密转移恐怖嫌疑人的"黑狱"事件中，美国军用飞机也到过罗马尼亚。

美国对保、罗两国支持美军行动的坚定态度感到满意。美国国会很快就批准了五角大楼在上述两国建立几个军事基地的计划及其拨款。为了尽快落实基地建设，美国于2005年7月派出近1500名士兵分别同保罗军队在候选基地举行了联合军事演习。美国驻保大使詹姆斯·帕迪尤在军演记者招待会上称，美国在保军演"会为资金短缺的当地政府带来上百万美元的好处"。

在罗马尼亚建立军事基地的进展非常迅速。罗中右政府在谈判中积极主动，志在加速入盟步伐。2005年12月6日，美罗在布加勒斯特签署了建立4个军事基地的协议，罗率先成为允许美军驻扎的前"华约"国家。其中，康斯坦察附近的"米哈伊尔"机场和巴格达附近的军事训练场就紧靠黑海，成为观察俄海军从黑海进入地中海的"岗哨"。

美在保加利亚领土上有3个军事基地："贝兹梅尔"和"伊格纳蒂耶沃公爵"两个空军基地；斯利文附近的"新村"靶场和爱托斯的军用仓库。3个基地集作战、运输和训练演习功能为一体，被视为理想的"战略轰炸机和空中加油的基地"。3个基地将常驻2500—3000名美军，每半年轮换一次。在轮换期最多可容纳5000人。

在谈判中，迫于社会舆论的压力和"阿塔卡"右翼激进参政党的强烈反对，保加利亚中左政府除与美签订军事合作协议主要文件外，还签署了包括社会保障、生态环境等几个附加协议。2006年4月28日，保副总理兼外交部部长伊·卡尔菲和美国务卿赖斯在北约外长索非亚会晤时正式签字。保议会已于 5 月 26 日以 150 票赞成、20 票反对和 2 票弃权批准了该条约。

条约规定，美军的行动应符合联合国安理会和北约的决定以及保加利亚宪法和法律，基地不得部署核武器，也不能针对第三国。年底或年初，美军可进驻基地。美国出资修建所有军事基地及其基础设施，美军撤走时这些设施都归保所有。美国对基地不付租金。一旦需要，北约成员国军队也可使用这些现代化设施。多个附加协定还就保公司参加修扩建基地和仓库工作、美军装备和供应物资的关税、外汇兑换、雷达使用和邮政服务等问题作出了规定。保美两国军事合作条约有效期为 10 年，保议会有权就美军在保基地做出延长或关闭的决定。外界舆论认为，保美条约跟罗美条约相比，美方对保的立场表现出了更大的"尊重"。

对于保、罗两国向美军"慷慨"提供军事基地，各方反应不一。欧盟和北约表示欢迎，并允诺给予保、罗两国各几千万欧元的"机场改造费"。俄罗斯对基地的用途产生疑虑，认为对它的国家安全构成"严重威胁"，反对北约违背承诺在"新成员国部署强大的军事力量"，称俄不会对此"熟视无睹"。美国和保、罗当局认为，这是双边关系中的"重大突破"，称基地条约是"历史性文件"。

但是，不管美国和保、罗如何掩饰和声称，军事基地仍然留下诸多疑问与思考。

第一，既然基地不针对第三国，也不用来反对罗、保"政府和当权者"，那么它们的"战略地位"和"重大意义"体现在哪里？它们会不会成为永久性军事基地？

第二，保、罗历史上从未允许过外国军事基地在本国的存在（"华约"时期亦如此），这次破天荒讨好美国，会不会产生负面作用？须知，保加利亚也是一个拥有 12%—15% 穆斯林人口的国家，从这里发起向中东穆斯林国家和其他地区进攻，其风险如何评估？

第三，军事合作条约是签订了，但还有一些有争议的问题尚未解决，或者说还有一些隐患，如对美军犯罪士兵的法律诉讼、基地指挥控制权、武器的种类和数量、基地悬挂国旗问题等等。

第四，保、罗急于向美军提供基地会获得经济上的好处，带动其他"产业"，并借助美国支持争取 2007 年按时入盟。在保、罗的带动下，其他中东欧国家，特别是西巴尔干渴望加盟入约的国家（如阿尔巴尼亚），都企盼美国在其领土上建立军事基地，竞相充当美国利益在该地区的传播者。所以，美国在中东欧的军事存在才刚刚开始。

第五，对于美国在中东欧国家"说一不二"的影响和该地区领导人对美国唯命是从的状况，我们应有清醒的认识；对中东欧新入盟国和加盟入约候选国的阳奉阴违态度，我们应加强调研，认真分析，做到未雨绸缪。

（原载《欧亚社会发展动态》2006 年第 25 期）

中东欧欲寻找新的天然气供应渠道

2005 年底 2006 年初的一场严寒使俄罗斯和中东欧国家出现了冻死人的现象。近两年中右势力在中东欧地区纷纷抬头，不断向俄罗斯叫板。这使俄开始调整和改变它对该地区的能源政策。

俄对亲西方的中东欧国家政治上已无回天之力，但希望通过经济上，特别是在能源上施加影响。俄主张按"市场关系"供应能源，要求用现汇购买天然气，并且减少了对波兰、匈牙利、斯洛伐克、克罗地亚和罗马尼亚等国的天然气供应量。而对其地缘政治地区，其影响力比美国和欧盟较大的地区，则实行较优惠的能源政策，如提供投资、给予补贴、易货贸易等。

中东欧国家对俄天然气和石油的依赖程度历来十分严重，长期以来这些国家69%—100%的天然气消费来自俄。这种能源结构和供需关系是社会主义年代形成的，短期内难以解决。当时俄的过境石油天然气管道也都修建在这些国家的领土上，而这些国家核电站的核燃料也几乎都从俄进口。同时，过去这些国家同阿塞拜疆、哈萨克斯坦和土库曼斯坦等国都没有直接的管线联系，也没有建立足够的储备油气库，所以油气都得靠俄供应。

多数中东欧国家受到俄罗斯与乌克兰天然气之争的影响和警示，纷纷采取措施寻找新的能源渠道。

1. 各国号召节约能源。其主要措施有：提高天然气使用效率或用代用品，加强储备，以防不测。匈牙利"莫尔"能源集团劝说大客户临时改用其他的能源。匈政府通过国家政策与投资大力扶持和鼓励企业发展可再生能源技术。波兰政府批准开始建立新的天然气管道和战略储备天然气库。保加利亚将加速改造和新建核电站，甚至实行按户按房间供给暖气。

2. 加强中东欧国家之间的地区能源协调和合作。1月25日，波兰、捷克、匈牙利、斯洛伐克、奥地利、斯洛文尼亚、克罗地亚和罗马尼亚八国在布达佩斯开会，讨论一旦俄罗斯因政治和技术原因削减天然气供应时，如何确保"天然气互助"，以共同解决能源问题。会上专门通过了一项共同计划，预计建立共同的天然气储备库；加速实施"纳布科"天然气管道方案，将里海地区的天然气输往欧盟；铺设地区性小型管线，在克罗地亚和波兰建立两个终端液化气站；等等。

3. 希望欧盟推行更积极的能源政策，制定共同的能源政策，向中东欧国家提供财政援助，以降低对俄罗斯天然气的依存度。中东欧国家出于政治上的需要，担心在能源方面越来越受俄的制约，故不愿就天然气问题直接同俄罗斯谈判或妥协，转而要求欧盟同俄举行谈判，以保障俄的天然气稳定供应。最近，波兰甚至主张建立一个不包括俄罗斯的欧洲—大西洋能源安全组织，以采取行动避免其成员的能源供应危机。这个组织既向欧盟成员国也向美国和土耳其等北约国家开放。欧盟领导人在 2006 年 3 月的布鲁塞尔峰会上，同意制定 25 个成员国的统一能源政策，在投资、科研和经济合作等方面共同努力。但欧盟认识到其能源安全取决于同俄罗斯的良好合作，因此拒绝了波兰的"能源北约"建议。欧盟一半的天然气靠俄提供。它已错过了 2004 年在同俄谈判加入世贸组织时获取能源优惠的机会，现在不得不慎重处理同俄的能源关系。

4. 欧盟和中东欧国家把更大的希望寄托在修建"纳布科"（NABUKO）天然气管线上。这是欧洲最昂贵、规模最大的天然气管道，需投资 45 亿—50 亿欧元。管道将里海地区和伊朗的天然气经过土耳其、保加利亚、罗马尼亚、匈牙利和奥地利 5 国输送到中欧和西欧。管线长约 3300 公里，每年输送能力为 255 亿—310 亿立方米。2003 年提出方案后，2005 年已基本落实财政、技术、销售和法律等方面的问题，努力争取 2007 年开始施工，2010 年建成。预计 2012 年起每年可通过该管道供应 80 亿—100 亿立方米天然气。铺设这条管道在一定程度上可以减少对俄罗斯天然气的依赖，甚至可以用较合理的竞争价格选择天然气供应渠道。

但远水解不了近渴。近年俄罗斯仍将在欧盟新老成员国天然气供应中起着举足轻重的作用。而且，中欧和东南欧任何一个能源方案几乎都离不开俄罗斯的积极参与和合作，这是一个不容忽视的现实。

其实，中东欧国家这种间接寻求俄天然气供应的办法，在经济上遭受的损失更大，受益的将是欧盟的大型能源公司。例如，德国作为俄能源的最大消费国，它 35% 的原油和 40% 的天然气从俄进口。但它通过与俄合作，不仅解决了本国的能源需要，而且利用中东欧私有化和市场开放的机会正在逐步垄断俄输往原东欧国家的天然气和电力。除筹划修建连接俄德的北欧天然气管道外，德国的最大能源康采恩 EONAG 将于 2006 年 4 月同俄天然气工业股份公司签订协议，在俄南部天然气开采区投资 10 亿欧元，占 24.5% 的股份。预计可开采约 7000 亿立方米天然气，供德国今后使用 10 年。另外该公司还将俄天然气转卖给匈牙利、波兰、捷克、斯洛伐克和斯洛文尼亚，以及瑞士、奥地利和荷兰等国。

　　另外，有的中东欧国家在同俄罗斯谈判能源，特别是石油和天然气问题时，采取了较为明智的态度，也同俄建立了良好的合作关系。保加利亚就是一个成功的范例。保从俄进口商品的 93% 是能源，其中俄天然气占保需要的 75%。保同俄的外贸逆差高达 26 亿美元，也主要是能源造成的。

　　保加利亚虽是一个小国，但它是俄向其他巴尔干国家输送天然气的转运站。早在 1998 年保俄两国就签订了到 2010 年的协定。到今年，每年从保过境的俄天然气约 170 亿立方米，主要输往土耳其、希腊和马其顿。每年向保提供约 30 亿立方米，其中 14 亿立方米作为过境费补偿。按每立方米 63 美元的低价计算，其余保还可以用商品和建筑业劳务偿还一部分债务。根据 2006 年 2 月保俄达成的协议，俄将继续履行原来的协议，不变更天然气价格和供应数量；保则承诺不给俄的过境天然气制造麻烦，同意俄天然气工业股份公司参与保天然气公司的私有化，并参加保核电站和热力公司的改建和私有化过程。应该说这是双赢的结果。所以，保加利亚没有出席 1 月 25 日的布达佩斯会议，对俄说三道四。

（原载《欧亚社会发展动态》2006 年第 16 期）

巴尔干油气管道之争

巴尔干能源之战紧锣密鼓

巴尔干国家既缺少石油和天然气，又资金短缺和技术落后。

但是，它们扼守着中亚里海油气通往地中海的咽喉，是美国、欧盟和俄罗斯能源战中的重要运输走廊。近10年来，美欧俄在巴尔干就兴建新的石油和天然气管线展开了激烈的较量，折射出大国能源争夺的新态势。巴尔干国家也积极配合。于是出现了多条管线方案，竞相成为把中亚里海地区油气输送到西欧和美国的新路线。这些管线竣工投产后，将为欧美能源供应的多样化和稳定化作出贡献。

这不仅是一场经济利益之争，也是政治利益之争。对美国和欧盟来说，石油和天然气不是简单的能源贸易，而涉及地缘政治、国家安全和民族利益。尽管它们声称"俄罗斯的油气是重要的，但不是唯一的"，但巴尔干的任何一个能源方案几乎都离不开俄的参与，这是它们不得不承认的现实。美欧千方百计要渗入和控制中亚里海地区，其目的之一是要争夺该地区的油气资源，极力削弱和排挤俄罗斯在该地区的主宰地位。美俄在里海一带追逐油气勘探开采权和垄断油气运输权，必然把"战场"延伸到巴尔干地区。

俄罗斯自身油气资源丰富，对里海沿岸国家的油气开采和运输有一定优先权，陆路运输线路只需扩建和延长，就能扩大它的油气出口。它在巴尔干地区有传统的影响和优势，是巴尔干国家油气主要供应国。它的天然气通过保加利亚输往其他巴尔干国家。所以，俄在加大开发中亚里海油气能源力度的同时，又努力推动其各大公司在巴尔干地区的能源投资与合作，尽量参股这些国家的能源项目。

巴尔干国家积极参与正在设计和兴建的油气管线，是认为管线所到之处能修建和改善它们的基础设施，增加就业岗位，获得可观的过境税收，有利于能源安全。在诸多方案中，土耳其处于最有利的地理和战略位置。无论里海油气走陆路还是过水路出口，都离不开土耳其。同时，它跟中亚国家的人种和文化有着密切的联系，对该地区进行了大量的直接和间接投资。它还是北约成员国，并同欧盟启动了入盟谈判。它是西方在该地区的重要盟友。土耳其在争建油气管线中拔得头筹，坐收其利，理所当然。希腊作为巴尔干地区目前唯一的北约欧盟成员国，拥有发达的航运业，它对从海上和陆路获得原油天然气充满自信，在美俄之间左右逢源。

在巴尔干地区，经过美俄欧盟 10 年来的竞争，有的油气管线计划被搁置，有的方案得到了实施，有的工程将破土动工，还有的蓝图在设计之中。美国主导的巴库—第比利斯—杰伊汉（BTC）输油线已捷足先登；"阿马保"（AMBO）输油线紧随其后；欧盟筹划的"纳布科"（NABUKO）天然气管道蓄势待发；俄罗斯支持的布尔加斯—亚历山德鲁波利斯石油管道欲后来居上。

横跨巴尔干半岛的几条管线的轮廓已呈现在人们眼前，这无疑会给欧洲的能源安全战略注入一剂强心针。然而，供销双方在这条油气运输道上走得不会太顺利，竞争、挑战、问题、困难无处不在。其一，美国、欧盟和俄罗斯都有各自的战略目标，它们对油气线路的走向和控股各有自己的打算，需要同过境国反复讨论谈判才能确定。其二，资金严重匮乏。国际银行和财团及油气公司怀疑巴尔干国家的投资环境和信任度，行动迟缓。其三，欧洲能源安全系于俄罗斯，俄同欧盟的能源政策至关重要。其四，巴尔干各国能源供销自成封闭体系，未能形成地区的或全球的开放系统，国与国之间协调起来相当困难。其五，管道途经国有一些组织借口保护生态环境、旅游、健康和安全等原因，阻挠管线方案的实施。

巴—杰线（BTC）先发制人

为了控制里海和中亚地区的石油资源，并跟俄罗斯和中国争夺哈萨克斯坦的石油，美国竭力倡导兴建从阿塞拜疆首都巴库，经格鲁吉亚首府第比利斯到土耳其地中海沿岸城市杰伊汉的石油管道。该线全长 1768 公里，地下埋深 1 米，整个造价 40 亿美元，年输油量可达 5000 万吨。美国和欧盟都认为，这条管线具有重要的经济、地缘和战略意义。这是第一条直接从里海到地中海的石油管道。它可以减少西方对俄罗斯和中东石油的依赖，确保能源供给，还可以缓解博斯普鲁斯海峡的拥堵和污染，并刺激管线经过地区阿塞拜疆、格鲁吉亚和土耳其等国家的经济发展和外国投资。

在美国的全力支持下，该管线 1992 年开始酝酿，1999 年签署协议，2002 年 9 月奠基建设。2006 年 7 月 13 日，在杰伊汉举行了巴—杰线正式开通典礼。30 个国家的 1200 名来宾出席，仪式非常隆重。里海的第一批原油途经阿、格、土输送到世界其他地区。预计，近几年，哈萨克斯坦的石油管线将连接到巴—杰线，哈已同巴库签订了这方面协议。一旦哈加入进来，该管线的输送能力还有可能提高，油源也更有保障。

美国对在里海能源之战中巴—杰线拔得头筹十分得意。布什总统在致典礼的贺信中称："美国坚定不移地支持管线工程，因为我们深信，该工程能够更可靠地确保能源安全，能够促进各参加国能源的多样化，能够加强地区合作和扩大国际投资。"美国许诺保卫管线的安全，防止恐怖袭击。如果需要，美国将动用其在巴尔干保、罗等国基地的军事力量和驻阿塞拜疆的"临时机动部队"。

据欧盟透露的材料，目前欧盟每昼夜从俄罗斯进口约 400 万桶石油，一部分运往法国、西班牙、意大利和希腊。以 2004 年为例，俄石油占了法国进口石油的 15%，意大利 20%，西班牙 12%，希腊 27%。英国石油公司（BP）控制巴—杰线 30.1% 的股份。这条管线的竣工显然使美、欧受益。所以，外电认为，这是"强权政治和石油地缘政治的杰作"，21 世纪的"能源大博弈"已经开场。

当然，土耳其也是这条管线的获利者。该管道有 1076 公里贯穿土耳其境内，估计每年运输过境税可达 2 亿—3 亿美元。所以，土称巴—杰线是"世纪工程"，是"21 世纪的土耳其丝绸之路"。为了在巴尔干油气运输中占据上风，土耳其建议沿巴—杰线铺设一条巴库—第比利斯—埃尔佐鲁姆天然气管道，将阿塞拜疆里海边"沙赫德尼兹"的天然气经土耳其输往欧洲。这一倡议受到欧洲重视，已着手勘探论证。一旦巴—埃天然气管道方案实现，杰伊汉将成为一个能源中心，土耳其将成为向欧盟提供天然气的四大主干线之一。

布尔加斯—亚历山德鲁波利斯线快马加鞭

早在 1993 年就有人提出了修建一条从保加利亚黑海港口城市布尔加斯到希腊爱琴海港口亚历山德鲁波利斯石油管线问题。后来这个计划一直停留在学者的设想和政府官员的讨论之中。

直到最近两三年受到巴—杰线进度加快的影响，这个方案才有了意向性结果。2004 年，希腊、保加利亚和俄罗斯三国负责能源和电力部门的专家和部长进行会晤，成立了专门委员会，就实施方案的各种经济和司法问题举行会谈，并制定了建设管线的共同方案和备忘录。2006 年 9 月 4 日三国正式达成政治协议。该输油管道长 285—312 公里。它的最大优点是管道将绕道土耳其严密控制的达达尼尔和博斯普鲁斯两海峡，把俄罗斯的原油从新俄罗西斯克用油轮经黑海运到布尔加斯港，然后输往希腊和地中海。预计第一期工程竣工后每年运输能力为 1500 万吨，第二期 2400 万吨，最终年输送 3500 万—5000 万吨石油。管道总投资约 7 亿美元。最终确定由秋明石油公司、英国石油公司（THK-BP）等公司参股。

对俄罗斯来说，修建布—亚线既经济又实惠，是地缘政治上的胜利。希腊和保加利亚都是东正教国家。海上运输避开了土耳其的黑海海峡，在战略上具有重要意义。如果希保两国海关对俄罗斯的设备和物资征收低关税，其管线的建设成本还可以节省许多。俄罗斯想把布—亚线作为本国石油管线系统的延伸线，由国营的石油运输公司来实施原油运输。俄方表示，除了俄罗斯的石油公司外，其他石油公司的石油不得通过该管道，以保障设施的安全和俄公司的多数股份原则。布—亚线的建设也为俄罗斯石油出口的多渠道和开展多边经济合作开辟了新前景。所以，俄认为这条管道是"目前讨论过的、绕道黑海海峡几个方案中最能接受的一个方案"。

预计，未来阿塞拜疆和哈萨克斯坦对布—亚线也会表现出兴趣。

希腊和保加利亚对建造布—亚线积极主动，认为这会对"国内石油产品市场的发展产生积极影响"。两国对该线避开土耳其的监控感到满意。它们觉得，从战略上考虑，这是最佳选择。从经济效益上看，有利于增加新的工作岗位，并促进管道通过地区的发展。该线建成后，将降低进口原油的价格，并提高本国石油公司的竞争力。所以，两国努力促成此线早日达成协议。

对布—亚线方案最不满意的是土耳其。对扼守黑海海峡咽喉的土耳其来说，它希望最大限度地参与途经其境内的石油天然气管线，垄断油气运输市场，获取政治上和经济上的好处。为此，还在策划布—亚线的过程中，土耳其就抛出了两条管线方案，诱使俄罗斯放弃布—亚线计划。第一个方案是从格鲁吉亚的苏普萨到杰伊汉的石油管道，全长约 580 公里。第二个方案是修建一条与黑海海峡平行的油管，从克尔科伊到伊布里克巴巴，长 193 公里。尽管这两个方案得到美国的支持，但俄罗斯兴趣不大，都难以实现。

目前，布—亚线正在落实之中。俄、保、希三国政府计划在 2006 年底 2007 年初签订协议。早期的勘探和投资论证等活动已经结束，三方关于投资和股份问题仍在继续谈判，尚未最终达成一致。俄罗斯要求 51% 乃至 60% 以上的股份，希、保两国如果是

49%，它们之间是否各占 24.5%，也未最后谈妥。另外，保加利亚觉得，每年 1 吨石油收 1 美元过境费太少，要求增加过境费和管道保养维修费。

布尔加斯—发罗拉线（AMBO）任重道远

布—发线于 2000 年开始筹划。2004 年 12 月，保加利亚、马其顿和阿尔巴尼亚三国政府签署修建一条横跨巴尔干半岛输油管道的备忘录，并发表了一项政治声明，就该管道穿过三国的过境税，选择美国公司作为投资、修建和管理公司，如何落实和实施方案等问题取得原则性共识。三国均表示支持和担保项目的实施。为此，三国决定成立巴尔干运输委员会，协调方案的谈判和制定未来的协定。同时，还确立了美国公司与三国各相关机构的合作机制。该管线因途经阿、马、保三国故又称"阿马保"（"AM-BO"）线。

该石油运送管线东起保加利亚的黑海港口布尔加斯，西迄阿尔巴尼亚的亚得里亚海港口发罗拉，全长约 913 公里。里海地区阿塞拜疆、哈萨克斯坦、土库曼斯坦和俄罗斯的原油可经此管道由黑海输往亚得里亚海，进入欧洲市场和美国市场。当年预计总造价 12 亿美元，美国银行已允诺投资 9 亿美元。年运油能力为 3500 万吨。原计划 2005 年开工，2008 年竣工。这是欧洲 8 号走廊的组成部分，具有"欧洲地区意义"。实际上，这是美国为控制世界石油市场而在巴尔干半岛采取的又一项举措，旨在与由俄罗斯和欧盟出资的布—亚输油管线竞争。

但该方案同巴尔干任何其他方案一样，也离不开俄罗斯的石油供应。俄把力量集中在南北走向的布—亚线上，而对美国贯穿东西的布—发线犹豫不决。该方案在很大程度上取决于俄的政治意图和经济利益，也取决于俄石油公司的态度。同时，希腊也力劝俄首先保障布—亚线，然后再考虑布—发线。

眼看布—发线遭到冷遇，2005 年 4 月美国公司提交了铺设布—发线的环境报告和社会效益评估报告。为节省经费，美公司建议：一是改变马其顿境内的路线，可比原设计方案缩短60—70公里；二是沿主干线增设一条并行的天然气管线，将天然气输送到意大利。

布—发线自然受到保、马、阿三国的欢迎。它们一致认为，管线"能解决一部分人的长期就业问题，能推动沿线地区的工业发展"。保预测，管线过境费给它带来的年利润为7000万到1亿美元，阿每年可从管线获利6000万美元，马也可以获利2400万—3000万美元。

2006年9月，阿、马、保三国政府签订了AMBO线协定，规定了统一的环境保护标准、油管通过三国的共同税收条例，还初步确定了管道所有人的利润分成原则以及起点站布尔加斯一次性征收管道过境税，然后分给三国政府。文件明确了管道在三国的走向，要求保马和马阿落实边境交界处的管道衔接问题。该协定要三国议会批准，使之具有法律效力。随后，三国联合工作小组将提交铺设管道的技术报告和环保评估报告。2007年将开始实施AMBO线方案。

该管线的基本问题是：（1）如何落实资金。由于建筑材料和劳动力涨价，该管线的造价已由原来的12亿美元升到15亿美元。美国和欧盟几家投资银行的名单还未确定和公布。（2）原油供应问题。美国公司承认，只有25%的原油可以从里海输送到该管线，在今后三四年通过谈判要力争确保50%的原油供给。而且，关键是要看俄罗斯的态度。（3）布尔加斯和发罗拉是著名的海滨旅游胜地，终始站的输油设施将污染环境，失掉大量的游客。保、阿两国的环保和旅游部门对修建该管线表示不满。

"纳布科"（NABUKO）天然气管线呼之欲出

2003年，欧洲议会提出一个能源方案，希望将里海和中东（主要指伊朗和未来的阿尔及利亚）的天然气经过土耳其、保加利亚、罗马尼亚、匈牙利和奥地利输送到中欧和西欧。为此，五国共同建立了一个叫作 Nabuko Gas Pipeline International 的国际公司，简称"纳布科"。

预计管线全长 3300 公里，最终每年输送能力为 255 亿—310 亿立方米天然气。造价为 50 亿—58 亿美元，不论流经每个国家管道的长短，都要求各出资 10 亿美元，每个国家拥有同等股份。终点总站设在奥地利，从那里将天然气输往法国、德国和其他欧盟国家。初步估计，每个国家每年因天然气过境将有近亿美元的收入。

该方案规定，五国政府应通过法律，由私人公司筹资。即便是国营公司，也要作为私人公司自由进入市场。例如，罗马尼亚将应承担 10 亿美元的 30% 由国家预算支出，剩下的 70% 由外国银行贷款，国家担保。最终操作由罗马尼亚天然气运输公司下属私人控股公司完成。"纳布科"在罗境内长 457 公里。罗积极参与该工程，旨在摆脱对俄罗斯天然气的直接依赖，并以较合理的价格选择新的天然气供应渠道。同时，罗马尼亚还倡议铺设从罗黑海港口城市康斯坦察到意大利的里雅斯特输油管道。该线跨越罗马尼亚、塞尔维亚、克罗地亚和斯洛文尼亚进入意大利，全长 1200 多公里。美国欧盟支持，但克、斯国内都反对该管线穿过，方案很难实现。

欧盟期盼尽快落实和实施"纳布科"工程。2005 年各方已就实施该方案的财政、技术、销售、法律、运输费用和过境税率等问题进行了协调，取得了一致。目前，欧洲开发与复兴银行、欧洲投资银行、世界银行和国际财团已答应进行投资和贷款。2006 年建设方案也已确定。期待 2007—2008 年全面开工，力争 2011 年建成投入使用。预计到 2015 年该管线将每年向欧洲提供 300 亿立方米天然气。到 2025 年，该管线能保障欧盟 10%—15% 的天然气需求量。所以，这条欧洲最昂贵、规模最大的天然气管道对欧盟经济发展和能源安全至关重要。

当然，这条管线仍处于准备阶段。欧盟可以实现石油进口渠道的多样化，但在近期它无法摆脱对俄天然气的严重依赖，远水一时解不了近渴。

（原载《欧亚形势与展望2006》）

第三节　俄罗斯与欧盟关系

俄罗斯与欧盟关系发展现状

1997年欧俄缔结伙伴和合作协议以来，双方已举行了26次峰会，每年分别在俄罗斯和欧盟成员国首都举行两次峰会。这些会议主要讨论贸易、投资、科学、自由流动、同犯罪和恐怖主义作斗争、共同的外交政策和安全政策、不扩散任何类型的武器、巴尔干和中东的长期稳定等问题。俄欧关系从俄的满怀希望或一厢情愿走向双方大吵大闹，经历摩擦到实现平等对话。但双方始终未能达成建立自由贸易区协议和签订新伙伴关系协议。

俄欧峰会已经形成机制

早在第二次世界大战结束阶段的1944年，法国总统戴高乐访问苏联时，便签订了法苏同盟和互助条约，法国视地缘政治利益高于意识形态分歧。20世纪70—80年代德国、法国和撒切尔当政时的英国都主张修建从苏联到西欧的天然气管道。1987年戈尔巴乔夫认为有必要建立"共同的欧洲大厦"。这时，美国认为，西欧与苏联接近损害了美欧的共同利益。苏东剧变后，俄罗斯与欧盟的关系开始疏远。普京执政期间，俄欧关系有所靠近，特别加强了与法国和德国的关系。

俄欧双边关系的法律基础是1994年6月签订并于1997年12

月 1 日生效的伙伴和合作协议。协议的主要方面涉及解决燃料供应、气候变化、有组织犯罪、与恐怖主义作斗争、维护中东和平，以及欧盟要求俄尊重国内的人权等问题。2003 年 5 月，俄欧商定进一步加深合作，在协议框架内建立四个领域的广泛合作。2005 年 5 月，俄欧高层会晤通过了实现多领域互相合作的路线图。

至今，俄欧之间已举行了 26 次最高级会晤。2008 年 6 月在俄举行俄欧第 21 次峰会，双方开始谈判签订新的合作协议以取代 1997 年生效的协议。到 2010 年 5 月双方官员就新协议问题已进行了 9 轮外交磋商。2008 年 11 月，欧俄第 22 轮领导人会晤在尼采举行，欧盟表示愿意重新启动与俄的贸易和政治协议谈判。当时波兰持保留态度，立陶宛坚决反对。会晤主要讨论格鲁吉亚冲突、欧洲集体安全和世界经济危机问题。在世界经济危机问题上，双方的观点和立场是一致的。

2010 年 6 月 1 日，梅德韦杰夫总统与欧洲理事会主席范龙佩及欧盟外长阿什顿举行俄欧第 25 次会晤，双方确定将在高科技、能源效益、科学研究、行之有效的司法体系、反对贪污腐败等领域开展合作。促使双方接近的一个重要原因是发生了国际金融危机和俄控制着约 40% 的欧元储备基金。2010 年 12 月 7 日，梅德韦杰夫总统与欧洲理事会主席范龙佩及欧盟委员会主席巴罗佐举行了 26 次峰会。双方聚焦如何推进"现代化伙伴关系"。这次峰会仍然没有签订新合作协议，但欧盟承诺支持俄加入世贸组织，这为俄 2011 年成为世贸组织成员扫清了道路。但是，这次峰会并未使双边关系出现突破。俄舆论界认为，俄欧关系发展还是"缺乏动力"。

梅德韦杰夫总统于 2009 年 5 月 12 日签署了《俄罗斯联邦 2020 年前国家安全战略》的指导性文件。其中宣布俄将"全面巩固与欧盟的互动机制"，包括在经济、外部和内部安全、教育、科学和文化等领域形成"共同的空间"。在公开的平等谈判的基础上建立欧洲—大西洋集体安全的公开体系符合俄长远的民族利益。俄希望尽快欧洲化，甚至有俄学者提出与欧盟建立"欧洲同盟"，欧盟也尝试同俄一道建设、发展和稳定欧洲，为欧盟的崛起创造条件。俄拥有欧盟所需要的原料，而欧盟拥有俄现代化所需要的技术，双方具有合作的潜力和基础。俄欧文化接近，俄罗斯人认为自己是欧洲人，俄 60% 的对外贸易面向欧盟。尽管一些"新欧洲"国家对俄心存芥蒂，但"老欧洲"的德、法、意等国与俄保持较好的关系。金融危机发生后，俄主动谋求与欧盟加深和扩大经贸合作，希望早日签订新合作伙伴协议。

欧盟至今没有制定对俄的统一政策，尽管俄在欧洲起着重要的作用。欧盟有时称俄是"战略伙伴"，有时称它为"现代化伙伴"。欧盟中有人认为，俄的外交政策是孤立和对国际合作不信任。俄则利用能源资源作为政治施压的手段，能源在俄欧关系中起着举足轻重的作用。

俄欧关系发展的几个主要障碍

毫无疑问，欧盟与俄罗斯需要维持紧密的伙伴关系，但双方对"伙伴关系"的理解是不同的。俄认为，"与欧盟的合作从来都不轻松"。伙伴关系首先是经济方面，而欧盟则主张就欧洲价值观进行对话。欧盟也主张与俄进行合作，但与此同时，欧盟又利用一系列问题向俄施压：（1）利用新入盟 10 国同苏联和俄罗斯打交道的经验，牵制俄罗斯。如利用波兰甚至罗马尼亚与俄长期的紧张关系。（2）利用欧盟和北约东扩到俄边界附近的俄传统势力范围，如"东部伙伴关系计划"的亚美尼亚、阿塞拜疆、白俄罗斯、格鲁吉亚、摩尔多瓦和乌克兰等国。（3）利用放宽和免签证制度和能源联系促使苏联各共和国远离俄罗斯。

实际上，俄欧之间仍存在一系列悬而未决的问题，有待逐步解决。

1. 俄罗斯"全面现代化"问题。俄提出的"全面现代化"，欲与经济发达国家建立"现代化联盟"和"创新领域伙伴关系"。问题是,包括欧盟在内的西方是否愿意让俄成为后危机时代高科技发展的新的竞争者。俄对西方的幻想与妥协很难换来它所期望的回报。俄欧之间在许多领域能够进行有效的合作,但在利益和价值观上存在重大差异,影响它们的真正全面合作。

2. 格鲁吉亚问题。在格鲁吉亚危机中,欧俄关系一度变冷,一度冻结欧盟与俄关于贸易和签证制度协议的谈判。但欧盟内部分歧严重,英国和以波兰为首的"新欧洲"国家支持欧盟对俄持强硬立场,而法国、德国、意大利等国主张通过对话恢复欧俄之间"已经失去的信任",不赞同孤立和制裁俄罗斯。今天欧盟认为,俄已经履行了大部分承诺,如停火、撤军、同意派驻欧盟观察员和在日内瓦开始谈判等。但俄不同意欧盟向南奥塞梯和阿布哈兹派遣维和人员或观察员。

3. 对乌克兰的争夺。2009年3月,乌欧签署欧盟参与乌克兰天然气管线改造计划的协议,接着乌克兰参加了欧盟的"东部伙伴关系计划",欧盟希望通过该计划维护乌克兰的社会经济和政治稳定,保证对欧盟的天然气过境输送。2009年4月,俄乌签署天然气供应及运输补充协议。2010年乌克兰总统大选,亲俄的亚努科维奇获胜,俄乌改善关系赢来了机会。两国将建立战略伙伴关系或曰特殊关系,对俄乌都有利,即俄希望把乌拉入自己的"特权利益区",而乌则希望通过修改两国天然气协议以保持乌的能源过境输送大国地位。乌克兰政治上倾向于欧盟,而经济上倚重俄罗斯,它在俄欧之间的取向十分重要。

4. 反导基地问题。美国决定在波兰和捷克建立反导基地,欧盟支持美国计划,俄罗斯强烈反对。在东欧部署反导防御系统问题上俄美分歧依旧,欧盟东欧成员国与俄在反导问题和美军基地问题上的矛盾也依然存在。俄把北约东扩视作最大的安全威胁,双方进行了反复较量。在2010年11月北约里斯本峰会期间,北约与俄发表的联合声明称"要在相互信任、透明和可预见性基础上，建立真正的现代战略伙伴关系"，还同意就建立战区导弹防御系统进行合作。但是双方能否共建反导系统还要看在一些涉及欧洲安全的问题上，双方作出多大程度的妥协和让步。

5. 能源问题。据称，欧洲对俄的天然气依赖从 1980 年的 80% 已降至目前的 40% 左右。尽管如此，欧洲仍是俄石油和天然气的最大出口市场。欧盟正在努力通过实现能源来源和供应路线多样化来加强自己的能源安全。俄则渴望能源出口从欧洲传统市场转移到亚洲，并正在改变单纯依赖能源和资源出口的战略。2006 年 1 月和 2008 年 12 月俄曾两次停止向乌克兰供气，致使一系列东欧国家断气挨冻。欧盟对俄能源领域的投资环境不满意，对俄输往欧盟的天然气价高和数量没有保障有意见，但又依赖俄，并且制定不了统一的能源政策，无法对俄采取统一行动。欧俄的能源争斗还表现在美国提出的建立"纳布科"天然气管线方案和俄罗斯的"南溪"方案的对抗上，不过纳布科管线由于欧盟内部意见不一致，迟迟难以落实。

6. 关于中东安全问题。2010 年 6 月，联合国 5 个常任理事国和德国通过了制裁伊朗的新决议草案，扩大了武器禁运和公海上监督伊朗船只等严格措施。同年 9 月下旬，俄宣布配合美国和欧盟对伊朗制裁，实行部分武器禁运和相关人员入境，向美欧示好。俄表示，它不会站在伊朗一边的真正原因不是为了与美国接近，而是因为伊朗没有接受国际社会的"建设性建议"。

7. 关于俄罗斯参加世界贸易组织问题。欧盟与俄罗斯的贸易协议中最关键的问题是钢材和纺织品。一旦俄加入世贸组织，欧俄之间的贸易协议则失效。2002 年起欧盟就承认了俄的市场经济地位，2004 年欧盟结束了与俄加入世贸组织的谈判，现在俄与欧盟成员国的多边谈判还在继续，直到 2010 年 12 月的俄欧第 26 次峰会欧盟才承诺支持俄加入世贸。

8. 关于免签证制度问题。2006 年在俄举行俄欧第 17 次峰会时，签订了逐渐取消签证协议和俄移民自由进入欧盟的协议。但后来欧盟一些老成员国反对取消对俄的签证制度，它们担心国内的移民问题，害怕犯罪率增加，担心将来在能源安全谈判和签订战略伙伴关系新协议时，失去"交换筹码"。所以一直没有取消对俄公民的签证制度。现在，俄在做德国的工作，希望它带头取消签证壁垒。

俄欧关系发展将是个漫长过程

一方面，最近 20 年来，欧盟对在俄罗斯推动的"民主化"进程受阻感到失望，其成绩没有它在原东欧地区那么显著，那么行之有效。另一方面，俄尽管不会与欧盟对抗，但它绝不会接受欧盟在东欧国家实行的"半殖民地发展道路"，也不会接受欧美强加于人的价值观，仍然在沿着自己的国家资本主义道路前进。所以，许多东欧学者认为，俄欧间发展关系在许多问题上很难达成谅解。至于俄欧欲建立稳定而又长期的地缘政治联盟要么是不可能的，要么将是"一个长期而又缓慢的过程"。其原因有四。

1. 俄罗斯一直坚持其帝国思想，想分裂欧盟。俄与东欧许多国家存在一些历史与现实问题。东欧国家纷纷加入北约寻求安全，俄认为这是对它的威胁。俄仍然坚持 16 世纪的帝国思想，把乌克兰、白俄罗斯视为自己的势力范围，竭力阻止它们加入北约欧盟。俄不想与欧盟总部进行密切联系，而是分别同欧盟的成员国进行接触和联系，以此分裂欧盟。俄与德、法、意在石油天然气领域的合作就包含离间和瓦解欧盟的意图。

2. 欧盟对俄罗斯没有统一的政策，常被俄利用。在对待俄的关系上，欧盟基本没有一个统一的政策。欧盟老成员国与前东欧新成员国之间、各成员国之间都存在一定的差别。例如，波兰、英国、捷克等国认为俄是极权政治，担心俄的"军事威胁"。而有的欧盟成员国则比较务实，主张发展与俄的关系。意大利从自己的能源需要出发，与俄保持着良好的经贸和能源关系，支持欧俄发展全面的合作关系。又如，2010 年 10 月，法国总统萨科齐称，"俄罗斯对欧洲未来是绝对不可缺少的伙伴"，欧、俄之间有"共同的安全空间"；希望欧盟的 27 个成员国和俄罗斯在国家安全、外交关系、经济政策、人权和移民等多个领域都组成紧密的联盟，尽一切努力使双边关系"重修旧好"。德国也基本持这种立场。

有的学者认为，欧盟同俄的关系是复杂的，没有统一的标准。这个问题一般可分三个层面，即：欧盟与俄罗斯；法德与俄罗斯；东欧新成员国与俄罗斯。在第一层面，欧俄有全面合作，有发展前景，但又充满诸多问题和矛盾；在第二层面，法德（甚至意大利）与俄经济利益密切，拥有良好合作关系；在第三层面，原东欧国家能源上依赖俄，但对俄持有戒心和担心，关系时好时坏。

3. 欧盟与俄罗斯的关系与欧盟对中国的关系区别很大。有的东欧学者指出，中国不主张分裂欧盟，而俄一直想分裂欧盟。中国加强与欧盟的关系不存在障碍和问题，而俄则存在诸多问题。有的学者强调，欧盟与中国发展关系是从经济方面考虑，而与俄发展关系是从政治方面考虑。欧盟在安全问题上与俄合作，但在新能源、新技术上不会与俄合作发展。

4. 欧俄要合作，但俄不会加入欧盟。俄欧关系实际上是"冷战"的继续，俄欧不可能建立联盟关系。欧盟不认为俄是敌人，俄则认为北约是对手。总的来说，俄不会加入欧盟，欧盟也不会接纳俄。俄罗斯与北约的关系尚不清楚。俄进入欧盟，意味着欧盟解体。

但是，欧俄合作可以为欧洲地区的安全和稳定作出共同的努力与贡献。欧俄之间建立稳定的合作关系，于欧盟、于俄罗斯都有好处。欧盟有高科技，俄有丰富的能源。俄欧相互都需要进行合作。

所以，有人预测，若干年后，俄欧关系有可能进入一个新的现实的发展阶段，将忘却过去的恩怨，在彼此接近与合作方面迈出实质性步伐，甚至不排除俄与欧盟建立某种形式的同盟关系。

（原载《世界问题研究》2011 年第 42 期，总第 2383 期）

中东欧国家对乌克兰危机表态各异

乌克兰危机以来，从中东欧各国政府的表态、领导人的讲话和报刊舆论综合来看，他们对乌克兰危机、对美国和欧盟制裁俄罗斯、对乌克兰冲突发展的态度和政策各不相同，步伐也不一致，各有各的考虑，对俄罗斯缺乏统一的立场。中东欧国家普遍担心俄罗斯和乌克兰的冲突加剧，引起能源价格波动，进而影响外来投资减少，使它们的经济发展速度下降。这种担忧并不是多余的。如果说欧洲大约40%的天然气供应来自俄罗斯，那么中东欧国家所占的比重还要多得多。

中东欧国家还担心出现"新的雅尔塔"，它们感到自身越来越不安全，受到威胁，害怕未来出现历史上曾经发生过的"德国—俄罗斯轴心"，"普京在欧洲重新划分边界"，欧洲再次成为类似当年希特勒和斯大林、斯大林与丘吉尔之间分割势力范围的地区。它们对1956年匈牙利事件和1968年的"布拉格之春"记忆犹新，害怕摩尔多瓦或芬兰会成为俄罗斯的下一个牺牲品。罗马尼亚总统特拉扬·伯塞斯库多次表示，西方应该明白，俄罗斯绝对不会满足于一个克里米亚。他说，普京"对多瑙河入海口虎视眈眈"。

随着乌克兰危机的发展变化，中东欧国家的立场基本上是从观望到反应激烈，再到目前的较为理智和温和，希望在欧俄之间寻求平衡。其中一个重要原因是绝大多数中东欧国家在能源上依赖俄罗斯；另外，在乌克兰居住着这些国家的少数民族，担心他们的生命财产安全；当然，更主要的是维护自己的国家和民族利益。这种现实处境在很大程度上影响到这些国家的表现。

到目前为止，中东欧国家对乌克兰危机的政策大致有三种情况：第一种，紧跟美欧，反应激烈，如波兰、罗马尼亚、阿尔巴尼亚和科索沃等国；第二种，较为克制，讲究分寸，如匈牙利、捷克和斯洛伐克等国；第三种，坚持平衡，不偏不倚，如塞尔维亚和保加利亚等国。

波罗的海三国坚决支持对俄罗斯进一步进行制裁。波兰和罗马尼亚对乌克兰事件的反应最为强烈。它们是中东欧最大的两个国家，分别在中欧和东南欧起着"领头羊"的作用。尽管波兰也严重依赖俄罗斯的天然气和石油供应，但波、罗两国都对俄罗斯存在历史恩怨、愤恨交加，主张大规模制裁俄罗斯。

特别是波兰，无论在沙皇俄国时期，还是在苏联时期，都受到俄罗斯扩张主义的侵害，所以对美国和欧盟实施的制裁政策持强硬态度，努力为乌克兰的反俄立场出谋划策。在乌克兰危机一开始，波兰就带头支持乌反对派。目前，波兰倡议欧盟成立欧洲能源联盟，使那些依赖俄罗斯天然气和石油的国家从其他渠道获得能源，摆脱俄罗斯的控制，从而使欧盟真正独立于俄罗斯的天然气和石油供应。

目前波兰对乌克兰问题的政策：一是要求美国与欧盟对俄罗斯采取更严厉的制裁措施；二是力求各国以及各国际金融机构向乌克兰新政府提供更多的援助；三是要求美国兑现其承诺，在受到侵略的情况下保护波兰。同时，波兰还向俄罗斯明确表示，乌克兰危机破坏了华沙与莫斯科近期在外交关系方面取得的进展，近年来两国之间改善关系的努力很快就会成为历史。

至于罗马尼亚，从历史上看，第二次世界大战前夕斯大林与希特勒签订了互不侵犯条约，致使罗失去了其北部和东北部的领土。从目前的情况看，罗之所以态度强硬，有着自己的政治目的：

更紧地控制摩尔多瓦，以便未来将摩尔多瓦并入罗马尼亚。在这个苏联加盟共和国，俄语是摩尔多瓦的第二大官方语言。早在1990年底，这个共和国内的德涅斯特河沿岸一个狭长地带的俄罗斯族就宣布脱离摩尔多瓦，成立"德涅斯特沿岸共和国"，至今未能得到国际社会承认，但该地区得到俄罗斯的军事（有1000名以上的俄军驻守在这里）和财政援助。乌克兰危机爆发后，这个谋求分裂的共和国再度成为地区热点问题。当克里米亚并入俄罗斯后，"德涅斯特沿岸共和国"也提出了要求俄罗斯联邦研究该"共和国"加入俄罗斯的问题。摩尔多瓦现执政的自由联盟执行疏远俄罗斯、亲欧盟的方针，主张争取在2014年6月与欧盟签署联系国协定。对摩尔多瓦这一届政府的举动，俄罗斯早在2013年就警告说，将停止进口摩尔多瓦的产品，并驱赶在俄打工的摩尔多瓦工人，停止天然气供应等。摩尔多瓦政治学家伊戈尔·巴塔认为："现在已经没有了游戏规则，俄罗斯在为所欲为。如果摩尔多瓦得不到与欧洲一体化的前景承诺，那摩尔多瓦就没有维护自身独立的任何希望。"同时，巴塔也认为，近期内俄罗斯不会强行入侵摩尔多瓦，莫斯科方面更多的是指望摩尔多瓦内部发生分裂，用经济手段施加压力，使摩尔多瓦疏远欧盟。

4月14日，在乌克兰东部地区纷纷要求实行联邦制，反对基辅临时政府的情况下，罗马尼亚总统伯塞斯库在罗电视台上声称，"我不反对俄罗斯，但是，我也不能闭眼不看现实"。他还说，实际上，黑海已经完全被俄罗斯军队控制，变成了俄罗斯的"内湖"。他认为，乌克兰当局在其东部的军事行动"完全合乎情理"，"只要不发生大规模流血冲突，俄罗斯就不会入侵乌克兰领土"。

捷克、斯洛伐克和匈牙利反对制裁，因为它们严重依赖俄罗斯的天然气和石油供应。同时，俄罗斯又是重要的贸易伙伴，也是投资国之一。

捷克高层对于乌克兰危机的表态，既有强硬表态，也有温和之声。捷政府在对俄制裁问题上左右摇摆，主张通过欧盟的东部伙伴关系计划和维谢格拉德集团的平台表达自身的政治立场。捷克总统泽曼表示，愿意充当乌克兰危机的调停人，召集相关各方进行联合谈判。他认为，谈判组应往返于基辅和莫斯科之间，而不是只固定在某一个地方。捷克总理索博特卡提醒，对俄制裁会影响捷克就业，可能危及欧洲经济增长，因此反对加大制裁，希望在欧盟框架内就此事进行谈判。捷克外交部部长扎奥拉莱克表示不必急于在乌克兰问题上采取强硬措施，只要俄军没有越过边境，欧盟就不应对俄进行制裁。乌克兰危机对捷克来说是个难题，因为捷乌双方有非常重要的经贸往来及较紧密的文化联系，此外，捷克境内还有大量乌克兰族人。经济战不仅不利于俄罗斯和乌克兰，也对这一地区其他国家乃至欧盟自身造成伤害。并且，单个国家对俄实施单方面制裁有损欧盟集体行动的效力。

匈牙利总理欧尔班刚在 2014 年 1 月访俄和普京会谈后，两国签署了扩建匈帕克什核电站的政府间协定，俄将为该项目提供 100 亿欧元贷款，匈方则重申匈参加"南溪"天然气管道建设的义务。另外，匈牙利政府在乌克兰事件中特别关心在乌克兰的近 20 万匈牙利族人的安全。欧尔班还特意走访了匈乌两国边界地区，听取了在那里的情况介绍。3 月初，匈和维谢格拉集团其他三国一起发表声明，对乌克兰局势表示忧虑，认为在亚努科维奇总统下台之后，乌克兰的局势将会不稳定，四国外长一致同意加强协调应对乌克兰难民越境涌入他们的国家，呼吁所有各方避免采取有可能产生破坏的任何行动。3 月中旬，维谢格拉德集团国家外长与德国外长会晤，认为任何针对俄罗斯的经济制裁都会对维谢格拉德集团国家造成严重影响，届时需要欧盟为这些国家提供帮助。

如果说波罗的海三国和波兰等国对俄国和苏联有着悲痛的历史回忆，那么，保加利亚、塞尔维亚等国则对俄国和苏联存在斯拉夫血统和文化上的情感联系。保加利亚和塞尔维亚的口号是：

"决不反对俄罗斯，也决不反对欧盟。"保加利亚不顾欧盟的反对，坚持与俄罗斯合建"南溪"天然气管道并计划让俄罗斯参与保加利亚的新核电站建设，俄将出资几十亿欧元。

乌克兰危机刚开始时，保加利亚执政的社会党及其政府持观望态度，对克里米亚并入俄罗斯也没有反对或承认。保加利亚极右翼政党"进攻党"还派代表团到克里米亚，支持俄罗斯的行动。保政府一再强调"保加利亚应该保持充分的平衡和理智"，主张欧盟、俄罗斯和乌克兰三方进行"政治对话"。

保加利亚总理奥雷沙尔斯基说，政府在乌克兰危机中的立场是明确的：第一，要动用一切政治的和外交的手段支持和保护保加利亚的少数民族（有25万—30万保加利亚少数民族生活在乌克兰）；第二，支持乌克兰的领土完整；第三，呼吁乌克兰政府执行使乌克兰境内所有公民接近和团结的政策，执行不要使紧张局势升级的政策。"我们和欧盟其他几个国家对制裁最不感兴趣，因为制裁很可能对几个东欧国家造成巨大损失。"保加利亚希望俄乌双方保持克制，"利用外交和政治手段解决冲突，不要采取其他对峙方式"，希望乌克兰当局执行各民族融合的政策，打击极右新民族主义集团，"尊重乌克兰境内所有公民，其中包括保加利亚族群的权利"。保主张授权联合国安理会派遣维和部队到乌克兰解除准军事组织，维护稳定。5月10日，保社会党领导人斯坦尼舍夫再次重申，保加利亚主张通过对话解决乌克兰危机，"保加利亚愿意成为解决乌克兰危机的桥梁"。

乌克兰事件发生后不久，欧盟期待西巴尔干国家在与欧盟一体化过程中在对外政策及一系列国际问题上能与欧盟协调一致，并威胁说此举对这些欧盟候选国和潜在候选国来说具有非常重要的意义。但除阿尔巴尼亚和科索沃对欧盟表示支持外，马其顿和黑山没有明确表态，波黑没有取得共识。塞尔维亚则在欧盟与俄罗斯之间搞平衡，美其名曰："不持立场。"

　　乌克兰危机爆发后，塞尔维亚处于进退两难的境地。塞是欧洲唯一一个与俄罗斯签订了自由贸易协定而又同欧盟签订了联系国协定的国家。所以，乌克兰危机使塞的处境极为尴尬。3月，塞尔维亚执政的进步党称，"当务之急是关注自身的问题"，而不要在乌克兰问题上选边站。塞总统尼科利奇以及离任总理达契奇和新任总理武契奇均表态强调，塞尔维亚入盟是塞的优先考量，同时俄罗斯也是塞的传统盟友，俄罗斯从未制裁过塞，塞也不会制裁俄罗斯。5月1日，塞尔维亚新政府外长伊维察·达契奇正式表态说，他的国家对乌克兰危机"保持中立态度"。他说，塞尔维亚绝不会参与对俄罗斯的任何制裁行动，"我们同俄罗斯有良好的关系，广泛的经济合作，希望西方尊重我们"。

　　当然，乌克兰局势存在许多不确定因素，动荡不定。在美欧大国的施压下，中东欧国家的态度和政策也许还会有变化，值得继续关注。

（原载《欧亚社会发展动态》2014年第12期）

第 二 章

中东欧国家加入欧盟的得与失

第一节　中东欧国家政治经济特点

剧变后中东欧国家政治体制的
演变及其地区差异

中东欧国家剧变已近 10 年了。回顾这些年的发展情况，可以看出这些国家政治体制的演变具有如下内容和特点：（1）多党议会民主制已初步形成，逐渐走向成熟；（2）各党派进一步分化和改组，形成以左、右翼两大势力较量为中心的轮流坐庄局面；（3）实现政治稳定，加速恢复和发展经济，参加北约和欧盟已成为中东欧大多数国家的主要努力目标。

中东欧国家的经济和政治形势在逐步好转，但进程参差不齐，差距日趋明显。尽管仍存在一些不稳定因素，但大的发展趋势已不可逆转。

多党议会民主制已基本建立

在近半个世纪的社会主义条件下，大部分东欧国家的政治体制是共产党一党制，部分国家是共产党领导下的多党合作制。20世纪 80 年代中期，在戈尔巴乔夫"新思维"和"公开性"的影响下，这种体制受到"政治多元化"思想的冲击，开始动摇。从

1989 年秋季起，中东欧诸国先后经历了一场剧变。

很快，这些国家的社会制度和政治制度发生了战后以来最重大的转折。它们在政治上实行多党议会民主制度，经济上推行以私有化为主的市场经济，而在外交上则主张"回归欧洲"，参加北大西洋公约组织和欧洲联盟。

特别是这些国家的政治体制变化更快。在短短的几个月里，各种政党和组织如雨后春笋般涌现。每个国家都出现了几十个甚至几百个大大小小的政党和组织。

如果我们将这些众多的党派分一分类，那么大致可概括如下：第一类，新老社会党组成的左翼集团。它包括新老社会党、社会民主党以及从前共产党分化出来的其他中左政党与组织（有的仍用共产党的名称）。它代表社会民主主义思想。该集团又有两种情况：一种是老社会党能够同新社会党合作，如波兰和匈牙利；一种是由于历史积怨太深，老社会党同新社会党很难合作，如捷克和保加利亚。第二类，新老资产阶级和小资产阶级政党组成的右翼集团。它包括恢复活动的第二次世界大战前和战后初期成立的各资产阶级和小资产阶级政党（包括农民党）以及剧变中大量形成的各种反对派政党和组织。从政治倾向看，多数党强调民主自由，崇尚西方；部分党派的民族主义情绪较重，如匈牙利和斯洛伐克。第三类，保皇党，主要在保、罗、波、阿、塞等国活动。

不管这些党派打的什么旗号和制定了什么样的竞选纲领，它们都是多党制和市场经济的拥护者。它们在近几年的政治斗争中，制定和通过了新宪法，选举产生了议会、政府和总统，实行立法、司法和行政三权分立，建立了新的政治体制。

尽管参加议会选举和总统竞选的党派多达几十个、上百个，但能获得 4%—6% 全国选票而进入议会"门槛"的政党一般只有五六个。以匈牙利为例，目前登记在册的政党共有 179 个，然而 90% 的政党有名无实，在政治生活中作用不大。1994 年和 1998 年议会大选时，最终只有 6 个政党能进入议会和组成议员团。因此，一些国家已制定新的政党法，改变过去几十人或几百人可以成立政党的规定。党派林立的现象将逐步得到扭转。

在实际生活和政治斗争中，各党派亲身体验和认识到，联合赢得胜利，分裂导致失败。所以，几年来各党派在加速分化改组过程中，逐渐形成了以左右翼两大集团轮流执政的局面。当然，这只是就总体而言，在现实政治斗争中，也不乏左、右翼在某些问题上交叉联合的现象。

左右翼两大势力的较量和变化

剧变后中东欧国家左、右两派政治力量此消彼长的现象时有发生，政权多次易手。近 10 年来，这些国家一般都举行了两三届总统选举和 3—5 届议会大选，政府更迭频繁。像保加利亚和罗马尼亚，已组建过七八届政府。这一方面说明中东欧国家的民主机制大体上能正常运转，尽管争夺选民和政权的斗争异常激烈，但权力交替一般能按照宪法原则和政治游戏规则进行，没有引起大的社会动荡；另一方面则说明多党议会民主制的基础还比较薄弱，民主机制发育不良，法制尚不健全，与西方的议会民主制比较还相差甚远。

1989 年 6 月，波兰统一工人党在大选中失利，在中东欧国家中出现了第一个由团结工会人士出任总理的政府。1993 年 9 月，以波兰社会民主党为首的民主左派联盟在议会选举中获胜，成立左翼联合政府。之后，在 1995 年 11 月的总统选举中，波社民党主席克瓦希涅夫斯基击败团结工会的瓦文萨，当选为总统。这样，波总统、议会和政府三大权力支柱均由民主左联掌握，被称为"红三角"。但在 1997 年 9 月第四次议会换届选举中，由近 40 个右翼政党和组织组成的团结选举运动战胜执政 4 年的民主左联，遂组织以布泽克为总理的新政府，波进入右翼政府和左翼总统的"共治"时期。在 1998 年 10 月的地方选举中，左翼略占上风。

　　1990 年 3—4 月，匈牙利进行国会选举，反对党民主论坛同独立小农党和基督民主人民党一起组成三党联合政府。匈社会党在 1994 年 5 月的第二次国会大选中取得 54% 以上的选票，获单独组阁权。但它摒弃前嫌同 1990 年最激进的反对党自由民主主义者联盟合作，建立了左翼联合政府。匈社会党在 1998 年 5 月的第三次大选中，尽管联合了社民党、匈工会全国联合会、农民联盟等传统左翼势力，却出乎大多数人的意料遭到失败。匈右翼反对派青民盟和独立小农党等实现联合，以微弱多数票取胜，组成了以欧尔班·维克多为总理的联合政府。

　　捷克斯洛伐克 1989 年 12 月成立过渡性"民族谅解政府"。1990 年 6 月进行第一次自由选举，公民论坛等反对党获胜。总统是公民论坛的哈维尔。1992 年 6 月第二次大选的结果是：在捷克共和国，以克劳斯为主席的公民民主党上台执政；在斯洛伐克共和国，以梅恰尔为主席的中左翼政党"争取民主斯洛伐克运动"取得胜利。1993 年 1 月捷克斯洛伐克解体为两个国家。1996 年 5 月第三次大选后，以捷公民民主党为首的中右翼继续掌权，这个政治联盟先后执政长达六七年之久。1997 年底，克劳斯政府因经济形势恶化和右翼政党内部分裂而集体辞职。捷社会民主党同捷摩共及其他左翼力量在议会超过右翼，打破了自 1989 年以来右翼一统天下的局面。1998 年 9 月，捷克大选时，捷社会民主党虽得票未过半数，但与右翼政党公民民主党达成谅解协议，组成了清一色的"少数派政府"。

　　1994 年，"争取民主斯洛伐克运动"成为议会第一大党，继续组织政府。由斯洛伐克共产党改名的民主左派党是议会第二大党，但它未参加联合执政。斯总统和总理属同一党派，但一直闹矛盾。1998 年 3 月初，总统科瓦奇结束了历时 5 年的任期，由于各党派意见不一，新总统一时难以选出。同年 9 月，执政多年的斯洛伐克民主运动在议会大选中失败，梅恰尔总理告别政坛。10

月底，组成以斯民主联盟领导人祖林为首的四党联合政府。

1989 年底到 1994 年秋，保加利亚先后更换了 5 届政府，即社会党政府、中派联合政府、民主力量联盟（简称民盟）政府、中派政府和看守政府。其中，清一色民盟右翼政府执政仅 11 个月。1994 年 12 月，保社会党在议会提前大选中，以 54% 的优势击败由十几个党派组成的民盟。社会党放弃一党政府，同一些中左小党联合，成立民主左翼联合政府，左翼控制着议会和政府，但总统却是来自民盟的热列夫。1996 年 10 月和 1997 年 4 月，保社会党接连在总统选举中和提前举行的议会大选中败在民盟手下。民盟同保农民联盟和人民联盟等小党组成了 1990 年以来的第八届政府。于是，总统、议会和政府又都落入右翼之手。

1989 年 12 月，罗马尼亚救国阵线成立，接管了全部政权。在 1990 年 5 月举行的第一次大选中，救国阵线主席伊利埃斯库当选为总统。1992 年 9 月大选后组成了以罗社会民主主义党为主的中左执政联盟。中左力量出任总统和议长，总理由无党派人士担任。在 1996 年 10 月的新一届议会和总统大选后，由三个主要右翼政党组成的联合政府上台执政。1998 年初，执政联盟内部发生危机，导致 3 月底乔尔贝亚总理辞职，4 月成立了以国家农民党总书记瓦西里为总理的新政府。这几个月来，有迹象表明，罗朝野各派都在为 1999 年提前大选做准备。

由阿尔巴尼亚劳动党更名的社会党直到 1992 年 3 月大选时才败给右翼的民主党，民主党主席贝里沙任总统。1996 年年中举行第三次议会大选，民主党以操纵和舞弊手段又一次"获胜"，独揽总统、总理和议长大权。1997 年初，阿爆发欺诈性"金字塔式集资事件"，民怨沸腾，暴力骚乱遍及全国，致使民主党政府垮台。同年 6 月，阿社会党在议会和总统选举中双双获胜，左翼开始重建国家。但 1998 年 9 月由于反对党一领导人被杀再次引发动乱，纳诺总理被迫辞职，以社会党为主的中立五党联盟政府遭到挑战。

从上述可以看出，中东欧国家左、右翼轮流坐庄，少的已轮换一遍，多的已轮换两三遍。

这里，需要指出的是，所谓"左派党"或"右派党"、"左翼势力"或"右翼势力"等，是一个综合体，并非指某一个具体的政党或组织。它只是反映了站在某一营垒中的各种政治力量的总称。左翼或右翼政党又各有自己的纲领，对社会发展持有不同的观点。而且，同一政党在不同时期和不同事件上，有时站在左翼一边，有时又倾向于右翼。这就是所谓的"党外有党，党内有派"。也就是说，在现实党派斗争中意识形态的作用越来越淡化。左翼表现温和化，右翼开始理智化。中间势力在剧变初期有过一定影响，在保加利亚曾两度组阁，至今也有"欧洲左翼"组织存在，故中派一度被人们看好。随后，中派发生分化，一部分自行衰亡，另一部分则分别转到中左联盟或中右联盟。

同时，还需要指出的是，左、右两大势力交替执政和易位属正常现象。有时是执政党政策失败或内部矛盾的结果，有时又是因一些突发事件所致。左翼和中左翼主张社会市场经济，实现民族和解，建立公民社会，维护国家和民族利益，关心社会保障和保护劳动者权益。他们代表社会民主主义思潮，并未把社会主义作为奋斗目标；右翼和中右翼主张自由市场经济，坚持"一步到位"的强硬转轨措施，加速社会两极分化，一味反对共产党和社会主义，盲目否定过去的一切，推行亲西方的"一边倒"外交政策。其实，左、右两大派的纲领区别并不大。在实行多党议会民主制、三权分立、私有化和回归欧洲等一系列重大问题上并没有多大分歧，有时甚至还能达成某种谅解和协议。但在具体步骤、方法和政策上则存在不同意见与争论，有时斗争异常激烈。

总的来说，无论哪一派在台上，中东欧国家的政治体制都在逐步巩固和发展。但是，每个国家政治体制的演变和政局的稳定程度又差异较大。

政治体制发展中的地区差异和三种类型

9 年来，中东欧国家各派政治力量都认为，市场经济、多党议会民主制和法制是国家发展的共同目标。然而，由于历史和现实的种种原因，整个地区的经济和政治发展出现了明显的不平衡。大体上可以将其区分为三种情况或归纳为三种类型：中欧、东南欧（即巴尔干）和前南斯拉夫地区。

中欧的波、捷、匈等国，过去的资产阶级民主和经济基础较好，文化和宗教传统跟西欧相同；转轨时期的政治斗争手段和激烈程度缓和些，阵痛轻些，因而政局也相对平静些。另外，这几个国家还得益于在社会主义时期曾进行过改革，经历过重大的历史事件，在党内外产生了一批具有改革思想的人物。再则，这些国家在向市场经济转变时，较快形成了自己的一套理论和具体措施，又重视本地区内的合作与协调，并得到国际组织和西方大国的大力支持，所以体制转轨和经济恢复均较快。

东南欧的阿、保、罗历史上议会民主脆弱，政党体制不发育；原来的经济基础差，属欧洲落后农业国；文化和宗教传统偏向保守和封闭；近年的政治与经济改革相对滞后；政局不够稳定，政府经常更换；经济波动大，面临的困难多。在经济转轨方面至今尚未制定出适合本国情况的政策和纲领，尚处在探索阶段。在政治斗争方面，街头暴力行动和恐怖事件还时有发生。

从经济发展情况看，也是如此。中欧国家经济连续保持增长，已步入良性循环。1997 年波、斯（洛伐克）、匈的国内生产总值分别增长 6.9%、6% 和 4.5%；市场经济运行正常，金融体制较健全；吸引外资较多，占前东欧地区外资总量的 70% 以上，外汇储备连年增加；通货膨胀率较低，1997 年捷、斯（洛伐克）的通胀率为 10.2% 和 6%，波为 13%、匈为 18.4%；对外贸易自由化；私有化速度快。

东南欧的罗、保、阿三国经济改革进程缓慢，经济体制转轨举步维艰；经济起伏不定，回升乏力；罗、保、阿曾一度出现复苏的"亮点"，但 1997 年国内生产总值仍呈负增长，分别为 - 1.5%、-7% 和 -15%；金融体制混乱，部分银行倒闭；通货膨胀率居高难下，投资风险较大；外汇储备捉襟见肘；私有化速度慢。

另外，国际组织和西方国家在政治支持、经济援助、投资贷款等方面对这些国家采取了不同的态度，在前南问题上持双重标准，也是形成差异的重要原因之一。

在"回归欧洲"方面，北约和欧盟已确定波、捷、匈为被接纳的首批成员国，而罗、保、阿在西方双东扩的"达标"道路上遇到许多障碍和困难，只能排在波、捷、匈等国的时间表之后。

前南斯拉夫地区的情况比较特殊。1992 年南联邦解体以来，在南联盟和马其顿有一支较稳定的左翼力量。该地区迄今也未完全摆脱由于分裂而引发的内战、民族纠纷和国际制裁等因素的困扰，工作重心一时难以转到政治和经济改革上来。斯洛文尼亚经济发展最快，政局最稳，争取到了首批加入欧盟的入场券；克罗地亚独立后经历了波黑内战和同境内塞族武装冲突的过程，现在政局相对较稳定；马其顿的政局发展亦受到波黑内战和科索沃危机的直接影响；南联盟处境艰难，美国和欧盟设置的"制裁外墙"尚未推倒，它们不时地利用波黑问题和科索沃问题施加压力。同时，黑山的独立倾向也日益明显。完全消除前南危机和波黑战争遗留下来的影响，合理解决科索沃危机，还需要作出艰苦的努力。

总之，中东欧国家剧变后经历了近 10 年的政治和经济磨难，在前进的道路上取得了不同程度的进展，相互间拉开了距离，出现了三种不同的类型。今后它们仍将在业已形成的格局下艰难地走向未来。

（原载《东欧中亚研究》1999 年第 2 期）

近两年来东南欧国家的政治经济形势

最近两年来，东南欧的保加利亚、罗马尼亚和阿尔巴尼亚政局仍有不同程度的动荡，议会民主制尚不巩固，市场经济处于初始阶段，经济在低谷中徘徊。"回归欧洲"的愿望近期难以实现。

多党议会民主制正在形成之中

剧变以来，东南欧各国众多的党派经过分化和改组，逐渐形成了以左、右翼两大势力为中心的轮流执政的局面。在 1989 年底开始的反对派政党夺权和出现大动荡的时候，罗马尼亚、阿尔巴尼亚和保加利亚三国的共产党经过改组，一度保持了执政地位。1991 年 10 月，保反对派民主力量联盟上台执政；1992 年 3 月阿右翼政党民主党击败社会党成为执政党；1992 年罗左翼力量组建社会民主主义党继续执政；1994 年 12 月，保社会党在选举中获胜，组成民主左翼联合政府；1996 年 10 月，罗中右翼政党以国家农民党、民主党和匈牙利族民主联盟为主上台执政；1997 年 4 月，保联合的民主力量击败保社会党，独揽全部政权；1997 年 6 月，阿社会党挫败民主党，重登政治舞台。

这里，我们看到保、罗、阿三国政府频繁更迭和政权易位时，各党派之间的斗争基本上能遵照多党议会民主制和宪法原则进行，政局大体稳定，没有出现剧变之初的那种大混乱和大动荡。这说明东南欧政治体制的转轨已基本完成，其大的发展趋势已不可逆转。而且，人民群众和各党派均已承认这种现实。

但是，由于东南欧国家议会民主制的传统脆弱，实行多党制的时间短和法制不健全，此外，有的政党还得到欧美大国不同利益集团的支持，所以这些国家的党派在争权夺利的斗争中，往往视对方为仇敌，政治上表现得很不成熟。一方面进行议会辩论；

另一方面又通过街头施压、恐怖活动、暴力甚至暗杀等残忍手段一心想搞垮对手，致使社会不能持续稳定，经济不能持续发展。

阿尔巴尼亚一直是中东欧国家中最动荡不定的国家。1997年3月发生全国性武装骚乱，破坏性极大，遂于同年6月提前大选。民主党选举失利后，其议员又拒绝参加议会的任何活动，使阿政局长期陷入僵局，他们还不断挑起事端，迫使社会党纳诺政府于1998年8月辞职。接着，社会党成立了以马伊科为首的中左联合政府。年底，民主党又鼓动大学生绝食，要求政府下台，企图让前总统贝里沙卷土重来。随后，阿政府同反对党举行会谈，才出现了缓解紧张关系的某种迹象。

1998年是罗马尼亚政坛的危机年。3月，执政的两党——国家农民党和民主党闹矛盾，导致乔尔贝亚总理辞职。秋季，匈族民主联盟威胁要退出政府，执政党内部冲突加剧。瓦西里政府上台后，执政联盟的内讧仍未解决，严重影响政府经济政策的制定和实施。有迹象表明，罗朝野各党派都在为今年提前大选做准备。第一大反对党社会民主主义党谋求联合议会内外一切中左力量，争取再度执政。

1998年保加利亚民盟政府在对内对外政策方面取得了一定的成绩，政局趋于稳定。它在西方的支持下有可能执政到2001年任期届满。

市场经济的框架尚未最终形成

如果说东南欧国家政治体制的转轨进程较为顺利，那么它们向市场经济过渡则相对要缓慢得多，困难得多。在罗、保、阿三国，市场经济的框架尚未最终形成，转轨的效果也不明显，比较符合各自国情的市场经济模式仍在探索之中。

东南欧国家过去的经济基础薄弱，是欧洲最落后的农业国；在转轨过程中开始阶段迷信"洋顾问""洋教条"，没有制定出符合本国情况的具体经济纲领；金融体制混乱，外来投资很少，经济回升乏力；受到前南斯拉夫地区危机的直接和间接影响，迄今其经济或在低谷中徘徊，或处于恢复性缓慢增长阶段。

1994 年前后，这些国家的经济一度出现过"亮点"，但很快又呈负增长。据保加利亚官方公布的数字，1996 年同 1990 年相比，国内生产总值下降了 22.6%，其中农业产值下降了 20.3%。1997 年 1—2 月的通货膨胀率高达 243%。本国货币列弗同美元的比价由 1996 年 11 月的 300：1 猛跌到 1997 年 2 月的 3100：1。1997 年 5 月保民主力量联盟上台后实行果断的稳定和改革纲要，局面有所扭转。当年的 GDP 仍下降 6.9%。1998 年保 GDP 增长 1.5%，通货膨胀率低于 10%（原来预计为 16% 左右），预算赤字预计在国内生产总值中仅占 1%，这后两项被看成近年来的"奇迹"。预计 1999 年的 GDP 将增长 3.7%，通货膨胀率将降至 6.3%。

罗马尼亚 1996 年的国内生产总值曾增长 4.1%，但 1997 年的经济陷入混乱状态，GDP 下降 6.6%，全年通货膨胀率高达 154%，失业率为 9.6%。1998 年 GDP 又下降了 5 个百分点，通货膨胀率达 60%。外电认为，1999 年罗的 GDP 将继续下降四五个百分点，经济至少要到 2000 年才有望止跌回升。

剧变以来，阿尔巴尼亚的经济遭到毁灭性破坏。前几年虽有所恢复，但是很不稳定。近两年由于受社会集资诈骗案影响，发生大动乱，1997 年的 GDP 下降 15%，1998 年社会党政府经过多方努力，使 GDP 回升了 8 个百分点。预计 1999 年经济会进一步回升。

罗、保、阿三国都强调加快私有化步伐，采取"一步到位"的激进做法，认为私有化是发展经济的唯一出路，对变更所有制的作用估计过高。结果，私有化措施和计划不符合本国国情，目前处于进退维谷的境地。保罗阿的私有化有三种形式：一是将 1944 年人民政权建立后国家没收的不动产和土地依据所谓"恢复原状法"，归还原主；二是有偿私有化，即向国内外出售国有资产，其中服务性行业的小私有化进展顺利，已经完成，而国有企业的"大私有化"却进展缓慢；三是无偿私有化或"大众私有化"，即将部分国有资产以"投资券"的形式平分给年满18岁的公民。

但是，由于这三国的中产阶级尚未形成，本国资金有限，此外，投资环境风险大，外国人也不想购买那些亏损企业。国有企业改造和私有化举步维艰，甚至停滞不前。保实现私有化的国有资产不到30%，归还原主的土地也只占应归还土地的67%。罗保两国的私营经济成分只占国内生产总值的58%和52%左右。盲目私有化在这三个国家引起生产持续下滑、失业增加、国有资产流失、贪污腐败和诸多社会问题，后遗症相当严重。

罗、保、阿是传统的农业国。剧变前农业为国家的工业化和整个国民经济的发展以及人民生活的改善，均作出过重要贡献。保曾实现人均吨粮，罗阿也曾粮食自给有余。剧变后，农业因私有化措施过头，执行"还乡团"式的"恢复原状法"，致使许多良田荒芜，农业生产遭到灾难性的破坏。以保加利亚为例，1993—1996年，农作物的播种面积减少了22%，拖拉机减少了44%，小麦产量减少了51%，生猪存栏头数减少了28%。1996年同1991年相比，粮食产量减少了62%。近几年粮食产量（主要是小麦）从过去的800多万吨徘徊在320万—350万吨。所以1996年底出现了"粮荒"。罗马尼亚全国80%的耕地已由集体所有制变为个人所有，但目前的农业生产水平只是剧变前的50%。这两年受自然灾害和人为因素的影响，粮食产量由1996年的2100万吨降至1998年的1400万吨，减产34%以上，国家不得不进口粮食和食品；水果比1997年减少1/4。同时，牲畜存栏数继续下降。1998年秋播延期，只有1/4的麦子及时下播。预计1999年即使风调雨顺产量也将减少七八个百分点。

基于上述种种情况，1998年罗、保两国的GDP只分别达到

1989 年底的 75% 和 64%。罗工业生产仅为剧变前的 40%。阿的工农业产值也远未恢复到剧变前的水平。西方经济学家估计东南欧国家即使不再发生大的动荡,也要到 2007 年前后才能恢复到剧变前的生产水平。

罗、保、阿三国的月平均工资仅为 100 美元左右,退休人员只有三四十美元。三国的基本物价要比我国高出近一倍。社会贫富悬殊,3%—5% 的富裕阶层拥有 30% 以上的国家财富,而广大居民的生活水平和实际收入仅为 1989 年的 60%,将近 30% 的人口生活在贫困线以下,60% 的人接近社会保障线。

加入北约和欧盟的道路将是漫长的

剧变之初,中东欧国家就提出了"回归欧洲"的口号,称这是一个"坚定的战略目标"。这主要是指参加北大西洋公约组织和欧洲联盟。可以说,在同欧洲一体化问题上,罗、保、阿三国的左翼和右翼并没有原则分歧,只是在具体"步骤和方法"上有不同意见。

这三国早就是欧洲安全与合作组织的参加国。它们都是北约的"和平伙伴"和北约合作委员会的成员。1993 年保、罗已成为欧盟联系国。为了早日成为"欧洲结构"里的正式成员,这三国在制裁南斯拉夫问题、波黑内战和最近的科索沃危机中,都不惜损害国家和民族利益,一边倒向北约和欧盟,有的提供"空中走廊",有的提供"军事基地"。它们对西方的双东扩持特别积极的态度,并为此作出了巨大的努力。

罗、保、阿对外贸易的 70% 左右是同欧盟成员国进行的,对传统贸易伙伴俄罗斯的贸易已降至 10%—15%;罗 75% 的进出口贸易同欧盟国家进行。1997 年,在保的进出口贸易中,欧盟占 43%、俄罗斯和独联体各国占 22%。阿 1998 年的外贸出口仅 1.5 亿美元,进口约 6 亿美元,逆差很大,进出口的主要伙伴是意大利和希腊。

东南欧国家为参加北约和欧盟，还同国际货币基金组织和世界银行签订了一系列有关关税、货币、投资、国家关系等方面的协议。在立法、金融体制、结构改革、能源、农产品、环境保护等领域采取了种种措施靠拢欧盟，但收效甚微。北约和欧盟已确定中欧的波、捷、匈为首批参加国，而罗保阿则排在它们的时间表之后，需要耐心等待。

1999 年，保、罗、斯洛文尼亚将应邀参加北约活动，但正式加入得等到 2004—2005 年。至于加入欧盟，尚无时间表。

欧盟代表在对保罗进行了调查分析后认为，现在它们进入欧盟是"危险的"，因为它们在政治、法律、经济结构改造、国内生产总值、环境污染、居民收入等诸多方面距欧盟的标准和指数相差太远，不能急于求成。形象地说，欧盟像个行进中的汽车队，保、罗、阿像骑着自行车的人，是无法赶上和加入车队的。据粗略统计，目前保、罗的人均国内生产总值分别只有 1540 美元和 1600 美元，不及波、捷、匈的一半，更无法同欧盟成员国相比。

面临的主要问题和困难

各种迹象表明，保、罗、阿三国很难在短期内改变政局不稳和经济严重滞后的状况。目前，这三个国家之间也在逐渐拉开距离。阿因国内动乱不已，已落在保罗后头；而罗近年来经济状况糟糕和民情沸腾，又落到了保的后面。保近期可能"绝境逢生"，迎来政治、经济较稳定发展的好年头。

三国面临的主要问题和困难是：

1. 由于受到前南地区特别是科索沃危机和俄罗斯金融危机的影响，东南欧国家所处的周边环境十分严峻，不利于国内形势的稳定。

2. 经济上不去，社会两极分化加剧。贫困化家庭增多，"怀旧"和不满情绪时有表现。

3. 朝野各党争斗激烈，执政联盟内部亦存在激烈纷争，经济困难持续的时间又很长，没有盼头，民众的选举积极性越来越低。

4. 贪污腐败和贿赂之风盛行，已是东南欧国家政治和经济生活中的普遍现象。

5. 犯罪率居高不下，社会没有安全感。巴尔干地区已成为走私毒品和武器、贩卖妇婴的重要通道。过早取消死刑的做法使犯罪分子有恃无恐。

（原载《欧亚社会发展研究》1999 年 2 月 12 日）

中东欧国家加入欧盟的进程及展望

欧盟扩大，进而实现欧洲一体化，将使欧盟成为世界政治和经济格局中相当重要的一极。中东欧各国早已把入盟的愿望变成了具体行动，态度积极。它们期盼本国经济融入欧洲大市场，缩小地域差异，在经济、文化和社会各个领域逐步赶上欧盟国家的水平，巩固国内的民主化成果，从而最终完成"回归欧洲"的全过程。入盟是各主权国家利益接近和碰撞的过程。所以，谈判既具体、艰难，又很复杂。

欧盟东扩战略

欧盟是当前欧洲规模最大和实力最强的政治经济组织。它拥有巨大的经济实力，其外贸额（不包括成员国之间的贸易量）占全球贸易总量的21%（美国占18%，日本占10%），15 个成员国的外汇储备（不包括欧洲货币）占世界外汇储备总量的32%，欧盟15 国提供的发展援助占发达国家提供的援助的53%。2002 年欧元的发行是欧盟历史上划时代意义的事件，随着欧元强势货币地位的确立，欧盟在世界上的经济影响力会继续加大。在国际组织中，欧盟同样是一支举足轻重的力量，在号称"经济安理会"

的八国集团中，德、法、英、意占有 4 席，在经合组织中，欧洲占 2/3 的席位，在北约 19 个成员国中有 16 个在欧洲，联合国"五常"中英、法占两位。欧盟的实力还表现在其外交和防务一体化进程的重大突破，即各国以欧盟这一单一名义参与国际事务，各成员国在开展外交活动时需遵循欧盟统一的外交政策和原则，并且在军事合作方面从共同防务向军事一体化发展。

近年来，欧盟不断发展、壮大的一个突出特点，是该组织开始以"独立人格"姿态参与重大国际事务，自我意识不断加强，无论欧盟的未来组织形式是"联邦"或"邦联"，欧盟在国际社会上的作用和分量将不断加强。在未来多极化世界格局中，欧盟将是重要的一极。

欧盟的一体化进程在不断深化和壮大，经济、政治和外交的一体化已达到相当高的水平。欧盟的发展、壮大说明它具有强大的凝聚力和吸引力。欧洲各国领导人都意识到，欧洲只有深化联合，特别是从经济联合走向政治联合，才能真正有效地维护欧洲的利益。至于欧盟今后的奋斗目标，2000 年 2 月 15 日，欧盟委员会轮值主席普罗迪在欧洲议会发表讲话，为未来的欧洲提出了四大奋斗目标：（1）欧盟必须保持持久而旺盛的经济增长，以提高欧盟在世界经济中的分量；（2）营造欧盟需要的安全环境；（3）充实欧洲文化的内涵；（4）向欧洲边界之外提供民主、自由、团结和有凝聚力的欧洲社会样板。从中可以看出，欧盟的长远目标是输出"欧洲模式"。正因为这样，像瑞士这样保持中立几百年的国家，也在讨论入盟的优劣问题。

中东欧国家转轨之初，欧盟就把东扩作为重建欧洲的重大步骤提上了日程。在欧盟看来，向前东欧地区扩展将增强欧盟的实力，拓展欧洲单一市场的规模，加速欧盟的内部改革，给欧盟的企业提供新的原材料基地、生产场所和销售市场，提高市场竞争力，从而起到保障欧洲稳定与安全的作用，进而实现欧洲一体化的夙愿，使其成为世界政治和经济格局中相当重要的一极。近几年来，欧盟加快了向原东欧地区扩展的步伐，势头强劲，而中东欧各国也把入盟的愿望变成具体行动，态度积极。中东欧国家之所以愿意放弃一定的国家主权而追求入盟，根本目的是使自身得到更好的发展和寻求新的"靠山"。欧盟目前已几乎覆盖了所有西欧国家，并且在今后的东扩进程中将进一步把中欧、东南欧和波罗的海沿岸国家接纳进来，在可预见的未来，欧盟将扩展成一个拥有 25 个以上成员国的超国家集团，其经济力量、政治和外交能量、科技潜力及军事实力之巨大是可想而知的。

在历史上，中东欧国家一直是西欧大国与俄罗斯争夺的中间地带，苏联解体为欧盟进入该地区提供了一次历史性机遇。早在20 世纪 90 年代初，欧盟就先后同 10 个东欧国家签订了为期 10 年的"欧洲协定"，即联系国协定。该协定的主要内容包括欧盟帮助中东欧国家在政治标准、法律法规和管理体制等方面进一步向欧盟靠拢和接轨。普罗迪 2000 年 2 月 15 日在欧洲议会发表题为《2000—2005 年新欧洲蓝图》的报告中明确提出："欧盟东扩的关键是为了在整个欧洲大陆实现和平、稳定和共同的价值观"，他还希望欧盟委员会"必须研究欧盟扩大到 30 个成员国时的政策"，并"为此进行必要的政治决策体制改革"，"做好欧盟在中长期内规模扩大的准备工作"。[①] 欧盟领导人都深深懂得东扩对欧盟的重要性，一再要求欧盟委员会尽快开始入盟谈判的各项准备工作，鼓励入盟候选国继续它们的改革进程和为适应入盟条件而作出更大的努力。

欧盟向中东欧国家扩大的根本目标是使这些国家实现民主化、市场化，最终实现西欧化。在具体操作上，欧盟对东扩对象国区别对待，对目前正在与欧盟进行入盟谈判的国家，如波、匈、捷

---

① 转引自苏惠民《欧盟的外交谋略》，《和平与发展》2002 年第 1 期，第 34 页。

等 13 国列为第一梯队，在谈判结束后将接纳它们入盟；而对与欧盟签订"联系国协定"的国家，即地中海沿岸国家和部分巴尔干国家，目前主要是要求它们降低关税，并增加对它们的援助，继续促进它们为向欧盟标准靠近而进行的各项改革。

1993 年，欧盟委员会哥本哈根会议首次为中东欧国家加入欧盟提出了政治、经济、法律等方面的总要求：在政治方面实现民主化，实行多党制和议会制，建立稳定的政治体制，保障民主、法制和少数民族权益；在经济方面市场化，提高各国在市场经济环境中的竞争力；法律制度方面采取改革措施与欧盟法律体系接轨；接受欧盟体制，支持欧盟的一体化进程，服从欧盟整体利益。

2001 年 12 月的欧盟首脑"拉肯会议"发表的《拉肯宣言》中提出："随着欧元与欧洲硬币将在 2002 年 1 月 1 日流通，在准备接纳东欧和地中海国家加盟之际，欧盟正处在十字路口。"会议决定，各成员国将就欧洲理事会、部长理事会和欧洲议会一系列新的改革作出决定，以确保欧盟可能扩大成为一个 28 国的集团时能顺利运作。波、匈、捷等 13 个国家正同欧盟谈判入盟。欧盟已采取一项政治决策，准备先接纳 10 个国家入盟，即原定的 12 国名单中除了保加利亚和罗马尼亚以外的 10 个国家。2002 年欧盟首脑西班牙塞维利亚会议上，欧盟领导人预计在 2004 年前将该组织由现在的 15 国扩大到 25 国。

欧盟对东扩采取分期分批的策略。2001 年底，正式确定第一批 10 个国家，即波兰、捷克、匈牙利、立陶宛、拉脱维亚、爱沙尼亚、斯洛文尼亚、斯洛伐克、塞浦路斯和马耳他。保加利亚、罗马尼亚和土耳其将被列为第二批，估计它们入盟的时间不会早于 2007 年。

"9·11"事件后，欧盟加快了东扩战略的步伐，其决心也更大了。欧盟领导人认为，"9·11"后国际形势发生了变化，要尽可能最快地实现东扩。他们还认为："长时间拖延扩大，将在候选国中产生欧洲悲观论，将使这些国家进行的经济改革失去强大的动力。"① 为此，欧盟决定在 2002 年结束同 10 个国家的入盟谈判，争取它们在 2004 年成为欧盟正式成员。

除单纯的经济和政治因素外，欧盟在东扩问题上还要考虑到一些国家之间的微妙关系因素。比如，波兰就有很大的特殊性，它是一个中东欧大国，尽管在入盟谈判中遇到许多问题，但由于波兰受到德国的青睐，因而在入盟问题上较其他入盟候选国处于更有利的地位。在接纳新成员时，欧盟还要考虑到入盟候选国与左邻右舍的关系，如吸收捷克，就不能排除斯洛伐克；接纳爱沙尼亚，就不能拒绝立陶宛和拉脱维亚。

当然，欧盟东扩目前也存在许多困难和消极因素，概括起来主要有以下几点：首先是资金问题，由于吸收新成员需要欧盟花费许多资金，势必会影响到欧盟现成员国中一些国家的既得利益，这一问题已使欧盟中经济较落后的国家，如西班牙、葡萄牙、意大利和希腊等国产生消极反应。欧洲议会有的议员甚至提出，如果资金分配行不通，就会要求欧盟推迟接纳第一批新成员的日期。"9·11"事件后，世界经济处于衰退阶段，欧盟在这一背景下要筹措大量资金用于吸收新成员，也绝非易事。其次，从入盟候选国来说，它们的经济条件本来就不好，与欧盟各国差距很大，为入盟就要执行欧盟近乎苛刻的条件和标准，在实际操作中会遇到更大的困难。再次，欧盟内部在如何分配农业基金问题上也充满了危机。欧盟希望西班牙、意大利和法国让出一部分基金给波兰、斯洛伐克、保加利亚等国，估计也会遇到很大的阻力。此外，欧盟在东扩进程中还会面临塞浦路斯这样的敏感问题，由于它涉及希腊和土耳其两族分治和希土两国的主权争端等重大问题，欧盟还要做好对希土两国的调解工作。

---

① 参见保加利亚《经济生活报》2001 年 10 月 31 日。

欧盟东扩和中东欧国家入盟，双方的目标虽然一致，但实际操作时对双方而言又都是一件艰巨而繁杂的工程。欧盟的扩大，应该说永远伴随着各方的谈判、协商、妥协、争吵甚至危机，当事各方谁也不会轻易放弃自己的既得利益。

中东欧国家入盟谈判进程

中东欧各国政党和社会各界对入盟问题意见高度一致，可谓全民共识。中东欧国家从制度转轨起，都把"回归欧洲"和加入欧盟作为外交政策的既定目标。不管哪届政府上台，一切外交活动都服从这个目标。为此，各候选国都成立了与欧盟谈判的跨政府部门委员会，由一位部长或副部长牵头，以便于在国内采取协调行动。

欧盟东扩和中东欧国家入盟，当属两厢情愿和各有所需。中东欧国家为早日进入欧盟，在谈判中作出了重大的让步和艰辛的努力，得到国内多数民众的认可和赞同。但双方在入盟谈判过程中都在尽力维护自己的利益，在一些问题上甚至存在激烈的讨价还价，谈判艰难且漫长，远非当事各方当初想象的那么顺利和乐观。

分析中东欧国家入盟的动机，可以归纳为以下几点。

第一，指望以欧洲发达国家的经济为依托，振兴本国经济，并保证其政治、经济转轨最终成功。20世纪90年代以来，中东欧国家的政治转轨较顺利，已基本建立起能正常运转的资本主义民主政体，但在经济和社会发展方面与西欧仍有巨大差距。中东欧各国认识到唯有使本国经济融入欧洲大市场，实现贸易扩展和资本引进，才能缩小与西欧发达国家之间的差异，逐步赶上欧盟国家的社会发展水平。入盟对各申请国早期的财政状况也有好处。据保加利亚官方估计，在申请阶段，保从欧盟地区发展基金可以获得13.8亿欧元，作为一体化第一阶段的财政资金。另外，从地区援助还可以得到1亿欧元，教育和科学研究2.2亿欧元，农业7

亿欧元（这基本上是当初希腊入盟时的标准）。此外，入盟还可以确保成员国的 GDP 年增长 1% 以上。这是因为中东欧国家入盟后将成为欧盟 3.7 亿人口庞大消费市场的一部分，中东欧国家的企业将可以参加欧盟价值 1 万亿欧元的交易活动。

第二，各国可以利用欧盟提供的大量援助、补贴、专项贷款和基金等改善本国的基础设施和经济结构。在入盟开始阶段，申请国可获得欧盟的部分预算资金支持。1999 年 12 月 12—13 日，欧盟委员会曾指出给予入盟候选国财政援助的重要性，并强调这是其东扩战略的一部分。据估计，进入欧盟后，波兰每年从欧盟得到的各种补贴可达到 70 亿—80 亿欧元，匈牙利可达到 20 亿—40 亿欧元。欧盟承诺 2007 年前将向候选国提供 600 亿欧元各种形式的资金援助。这对于企望经济腾飞的中东欧诸国来说，无疑极具吸引力。

第三，入盟有助于提高这些国家的国际地位，增强它们的国际竞争力，提高其参与全球经济一体化的程度和能力，使之能更好地应对全球化挑战和日益激烈的国际竞争。目前，候选国都已是世贸组织、经合组织、国际货币基金组织等国际重要经济组织和机构的成员，入盟后它们又将享受欧盟成员国的一切待遇，今后它们的国际地位将远胜昔日。

第四，中东欧国家历史上总是依附于实力强大的"靠山"，现在它们选择欧盟也是出于保障自己国家安全利益的考虑。在军事上有北约的保护，在经济上与欧盟融为一体，这对中东欧各国来讲，在维护自身安全方面可谓是上了"双保险"。从历史和文化传统角度出发，中东欧国家选择欧盟为其"靠山"，与它们实现"回归欧洲"的历史夙愿一致，也符合欧盟的欧洲大一统思想。

入盟可以给中东欧国家带来好处，这是不言自明的事。特别是"9·11"事件后，原东欧地区的移民在欧盟国家将逐步取代非洲和阿拉伯国家的移民。欧盟内部大量中东欧国家移民的合法化，将减少中东欧国家的失业率，并增加这些国家的外汇。

在决意入盟的思想指导下，中东欧国家先后按欧盟标准开始行动，采取了一系列准备措施：首先，各国从开放市场入手，与欧盟签订旨在加强双方经贸合作关系的联系国协议。根据该协议，欧盟与中东欧国家相互开放市场，并在 10 年过渡期内逐步实现商品、人员、资本和服务的自由流动。其次，欧盟 1994 年的"埃森报告"进一步规范了中东欧国家加入欧盟的法规、指标和标准，中东欧各国据此加强了对本国制度和法律的调整。最后，各国与欧盟建立多层次的对话合作机制，包括经济、政治、文化、外交和共同防务等各个领域，保证与欧盟立场的协调和一致。1998 年初起，欧盟同波兰、捷克、匈牙利、斯洛文尼亚、爱沙尼亚和塞浦路斯六国开始进行入盟谈判。1999 年 12 月，欧盟决定放弃分批谈判的做法，改为同时与保加利亚、斯洛伐克、罗马尼亚、立陶宛、拉脱维亚、马耳他和土耳其等候选国进行谈判。这样，入盟候选国就达到了 13 个。

对中东欧国家来说，入盟意味着要满足欧盟提出的经济和政治标准。显然，入盟不是一个简单的外交行动，完成这一过程，需要作出努力和付出代价。申请国在入盟开始阶段虽可获得欧盟的部分预算资金支持，但今后它们作为成员国也得向欧盟预算作出贡献，即提供"会员费"。欧盟预算收入的主要来源包括：各成员国的工业品进口关税、增值税收入和农产品进口税，如果这些还不足以弥补支出，就由各成员国根据国内生产总值（GDP）的多寡按比例分摊。欧盟的地区政策预算占欧盟国内生产总值的0.46%。按目前的发展速度，2000—2006 年，这块预算约为 2750亿欧元，由欧盟和即将入盟的各成员国分配。其中，2100 亿欧元由原来的 15 个成员国分配，200 亿欧元直接补助给希腊、爱尔兰、西班牙和葡萄牙，剩下的 450 亿欧元将分配给候选国，另外给每个候选国 10 亿欧元作为一体化的财政援助。目前公布的资料称，为接纳匈牙利、捷克、波兰、斯洛文尼亚和爱沙尼亚五国入盟，欧盟计划拨出 72 亿欧元，而这五国也要向欧盟上缴 34 亿欧元作为对该组织总预算的贡献。

入盟初期，中东欧国家也将面临严峻考验和巨大压力。例如，为了跟欧盟其他国家靠近，中东欧国家电力价格将提高 50% 左右，这意味着这些国家的商品价格可能出现较大波动。此外，入盟还会增加这些国家的失业率。另一个不利因素是，2002 年 4 月，欧盟向 10 个可能在 2004 年入盟的申请国提出，它们应先缴纳 90 亿欧元的"会费"作为欧盟的预算资金，在其正式入盟一年之后，才能从欧盟得到各种名目的援助与补贴。此举对经济不景气的中东欧候选国来说，无异于雪上加霜。它们不得不去借债来交这笔"入会费"。当然，随着中东欧国家经济增长速度的加快，入盟的正面效应将会越来越明显，这将在很大程度上抵消入盟初期产生的负面影响。

许多中东欧国家在多年的入盟谈判历程中体会到，入盟不是靠谈判"谈"来的，而是要靠行动和实力。因此，中东欧各国的入盟进程同时伴随着各国经济发展的过程。匈牙利经过 12 年的经济变革完成了向市场经济的转变，目前已成为世界上经济增长速度最快的国家之一，为中东欧转轨国家作出了榜样。匈于 2000 年制订了国家发展 7 年计划，预期经过 7 年的努力，使匈经济赶上其他欧洲国家的水平。匈近几年的经济增长率保持在 5% 左右，失业率由 1997 年的 7% 降至 2000 年的 6.4%，通胀率也较低。2000 年的进出口贸易达到 600 亿美元，保持稳步上升趋势。在过去的 11 年里，外国直接投资已超过 210 亿美元，按人均计算，匈成为中东欧国家中外国投资最多的国家。近年来，匈和欧盟签订了一系列包括经济、科学和文化等方面的文件，入盟谈判进展较顺利。目前，入盟谈判的问题集中在法律协调、农业、工业、环保、金融等领域。尽管如此，匈入盟后也将是欧盟成员国中最穷的国家之一。匈目前人均 GDP 是 7900 欧元，仅为希腊的 40%，而要赶上希腊据称还需要 15 年。

波兰与欧盟的 29 个谈判项目中已结束大部分项目，在候选国中处于较领先地位。在过去的 11 年里，波兰吸收的外资已达 400 亿美元，总额在中东欧国家中排第一位。波兰新政府希望在 2003 年通过全民公决来实现首批入盟。但波兰 1999 年以来经济增长速度放慢，失业率重新攀升，这对波兰入盟产生了一定的消极影响。

在所有入盟候选国中，斯洛文尼亚的条件最好。斯人民的生活水平相对较高，国有企业正在加速私有化和进一步向外资开放。1999 年斯吸收外资 1.8 亿美元，2001 年达 4.5 亿美元，2002 年预计为 7 亿美元。GDP 增长 2001 年为 3.1%，2002 年预计为 2.5%，现人均 GDP 达到 1.2 万欧元。通胀率前两年较高，2001 年为 7%，2002 年可望降至 5.8%，失业率已降至 11.8%。截至 2002 年 2 月，斯与欧盟在 29 个章节的谈判中已完成了 26 个，关于"人员自由流动"一章，已确定了 7 年的过渡期。斯将在 2002 年底结束入盟谈判，2003 年举行入盟全民公决，可望在 2004 年入盟。

由于欧盟在东扩问题上采取"10 + 2"方案，保加利亚和罗马尼亚两国认为，尽管它们同欧盟成员国和新入盟国家的差距会越来越大，但两国不能因此自暴自弃，而应创造条件，加速行动，满足欧盟的要求，争取早日"达标"。保、罗两国的人均 GDP 目前约 4500 欧元，要到 2025 年才能赶上希腊的人均 GDP 水平。保于 1995 年 12 月正式申请入盟，2000 年初开始入盟谈判。在 29 项谈判中，在谈的有 26 项，到 2001 年 11 月，已结束 11 项。罗马尼亚开始谈判的有 15 项，2001 年底已结束 8 项。

截至 2001 年 11 月底，中东欧 10 个候选国已结束的入盟谈判项目如下：匈牙利 23 项，捷克和斯洛文尼亚 22 项，立陶宛和拉脱维亚 21 项，爱沙尼亚和斯洛伐克 19 项，波兰 17 项，保加利亚 11 项，罗马尼亚 8 项。据欧盟"拉肯"会议精神，除保、罗两国的入盟时间被推迟到 2007 年外,其余 10 个候选国有可能在 2004 年入盟。至于南斯拉夫联盟(塞尔维亚和黑山)、克罗地亚、马其顿、波黑和阿尔巴尼亚等国,它们入盟的道路将更加遥远。

欧盟为入盟候选国制定具体详细的入盟标准,中东欧国家则以此作为政策调整的依据,全力做入盟准备。它们最终能否顺利入盟,最关键的问题是这些国家经济政策调整的力度和成效。各候选国剩下来的谈判章节难度都比较大,今后谈判的进展速度将决定它们加入统一欧洲后的地位和作用。为此,保持宏观平衡的经济政策和稳定的经济增长,适应欧盟的经济和社会发展要求,营造良好的市场经济环境,这些都是中东欧国家创造良好谈判条件的前提。

中东欧国家入盟谈判存在的问题

中东欧国家在入盟谈判中都在力争对自己最有利的条件,最大限度地保护本国利益。普遍而言,它们在农业、人员自由流动、地区差别补贴等方面,与欧盟的立场存在较大分歧,其中最困难的谈判内容是农业和地区发展问题。谈判进程艰难,双方都存在对困难估计不足或过于乐观,一些问题或矛盾比较突出,主要表现在以下三个方面。

1. 中东欧国家虽然已基本完成向市场经济的过渡,但它们的经济结构尚不完善,还不能完全适应市场经济的要求,特别是其银行体系脆弱及财政补贴依然过多,与欧盟各国的经济发展水平差距过大。它们为入盟向欧盟标准靠近,就必须付出较大代价,中东欧各国又都想尽量少付出达到入盟目标。因此,双方讨价还价,出现一些分歧和矛盾。

入盟谈判涉及范围极其广泛,农产品自由贸易和人员自由流动问题最为突出。候选国中除斯洛文尼亚外,其他国家都要求欧盟取消农产品出口补贴,对从中东欧进口的农副产品实行零关税或低关税。欧盟则担心实行人员自由流动后,中东欧国家大量劳动力涌入欧盟原成员国，冲击它们的劳动力市场，甚至扰乱社会治安。为防止这类现象的发生，欧盟在谈判中向各候选国提出了时间不等的"过渡期"，以便在法律和政策上不断完善，逐渐适应和接轨。例如，欧盟在同斯洛文尼亚的双边谈判中，不要求过渡期的有 17 个领域，而要求过渡期的有 11 个领域，过渡时间一般从 2 年到 10 年不等。其他候选国的情况亦大同小异。在土地自由买卖问题上，许多候选国担心外国人"买光"本国耕地，要求对这个问题有 12—18 年的过渡期，后来双方妥协为 7 年。同样，关于人员自由流动问题的过渡期，欧盟也坚持在 7 年以上。以中东欧大国波兰为例，波兰在与欧盟的谈判中要求，波兰农民应享受欧盟共同农业政策的平等待遇，一旦入盟，波兰人有权在欧盟国家内工作，波兰向外国人出售土地有 20 年的过渡期等。而欧盟则坚决反对立即兑现人员自由流动政策，并提出了一个较长时期的过渡期，同时认为波兰不会在短期内完全享受欧盟共同农业政策。目前，波兰入盟谈判存在的主要问题有三个：一是农业问题；二是结构基金问题；三是财政预算及开支问题，即波兰应缴纳多少会费的问题，其中农业问题最重要，也最麻烦。

2. 中东欧各国对入盟的利益预期与欧盟现有的利益分配产生矛盾。欧盟对其成员国给予共同农业政策的补贴和对欧盟落后地区提供缩小差距的结构基金补贴，很难套用在中东欧国家身上，否则，这将大大加剧欧盟的财政负担，并引起欧盟内相对较落后的一些成员国的不满。

2002 年 4 月，欧盟在布鲁塞尔与入盟候选国举行会议，主要研究如何克服双方农业和地区援助谈判中出现的分歧。欧盟方面坚持说，早在 2001 年它就提出了一个 7 年的过渡期，在这个期限内，新成员国的人员不能自由流入老成员国。至于农业补贴问题，根据欧洲委员会的"2000 计划"，确立了一个 10 年的过渡期，即到 2013 年年前的这一时期内，新成员国不能从欧盟共同农业政策中获得100%的补贴，开始只能获得规定数额的25%，到2006年达到35%。

对农业问题，欧盟准备首先改善新成员国农业地区的基础设施，然后用三年时间（到2007年）帮助它们进行农业结构改造。但欧盟有一条规定，即农业援助和补贴不能超过受援国GDP的4%。这就是说，无论农业援助总额还是按农业劳动者人均获得的数额来看，在十多年内，中东欧候选国从欧盟农业结构基金中获得的份额将比原来的15个成员国少。预计到2013年前后，新老成员国之间得到的补贴才能平衡，波、匈、斯（洛文尼亚）都对此表示异议，特别是斯（洛文尼亚），它的农业问题比波兰简单得多，因而要求欧盟在农业补贴方面对各候选国持"有区别的态度"。斯（洛文尼亚）全国人口199万。农业只占国内生产总值的3%，而农业人口占全国有劳动能力人口的5%。同时斯（洛文尼亚）目前的农业政策已符合欧盟国家共同农业政策的标准。因此，斯（洛文尼亚）政府不同意欧盟提出的还要等10年才能同其他欧盟国家在财政上实现平等的政策。

实际上，西班牙、希腊和葡萄牙都反对给予新成员国农业结构援助。波兰、捷克等国都指出，没有欧盟的农业结构援助，波、捷等国的农业状况会越来越糟糕。地区援助也至关重要，如果没有这项援助，中东欧候选国要使自己的GDP达到欧盟成员国平均GDP的40%，恐怕还需要两代人的努力，特别是像保加利亚、罗马尼平和波罗的海各国，更是如此。目前争论的主要问题是，欧盟能够给中东欧候选国多少补贴。一方想尽可能多要一些"补助"，而另一方则有些"心疼"，这是目前双方在"东扩成本"问题上的现实利益冲突。欧盟认为，中东欧候选国入盟会消耗掉欧盟的许多基金。据欧盟委员会2002年1月的估计，为了在2004年接纳10个国家入盟，欧盟至少要耗去420亿欧元。中东欧候选国却认为，欧盟给的钱太少，将使它们的农业处境雪上加霜。例如，捷克为了使农业符合欧盟的生态标准，要增加5%的投入。据统计，各候选国为了改造农业，一般都要增加5%—15%的支出，而目前中东欧国家的预算都呈赤字，如波兰为5.1%，捷克为7.6%，这种情况下让它们为改造农业而增加投入谈何容易。

据称，欧盟有一半的立法都跟农业有关，而不少中东欧候选国的农业问题都很突出，它们在谈判中只有接受欧盟的共同农业政策，才能跟欧盟其他成员国一起平等地享受欧盟的农业补贴，并最终提高农业的竞争能力，增加农产品出口。因此，中东欧候选国普遍认为最困难的一个谈判项目是"农业"，该项一般放在最后阶段谈。

在农业谈判中，波兰提出农业的过渡期为9年，即从2004年到2013年。波兰政府提出要279亿欧元的补助，但欧盟表示只能提供100亿欧元左右的补贴。波兰人认为，新老成员国在享受农业补贴问题上差距太大，如果把这笔补贴分摊到农业人口的头上，波兰就更少了。到2004年，欧盟对1公顷农业用地的补贴，对波兰只有32欧元，到2013年底（过渡期结束）也只有129欧元。而届时这种补贴对希腊将达到309欧元，对德国为215欧元。因此，波政府在谈判中要求到2013年达到206欧元。波兰的谈判专家指出，如果没有直接补助，波兰农业生产者的收入实际上会进一步减少，像粮食、家禽、生猪等部门，入盟后因欧盟同类商品价格低，波农业肯定会遭受损失。

2002年3月，欧洲委员会就中东欧国家的农业进行了研究，得出了如下几个基本结论：（1）欧盟之外的中东欧国家农业的前景并不好。8个中东欧国家（不包括保加利亚和罗马尼亚）希望2004年加入欧盟，但它们的农作物增长缓慢，畜牧业将进一步萎缩。（2）即便从欧盟得到的直接援助不多，但随着这种援助的增加，对它们的收入将产生积极的影响。（3）给予100%的直接援助对各国收入会产生强有力的效果，但也可能影响劳动力资源的改组，并造成社会不平等问题。（4）中东欧国家的农场可以在统一市场上变成有竞争力的企业。（5）扩大成员不会在欧盟内部造成明显的市场失衡。[①]

3. 中东欧各国入盟进展速度不一，经济和社会发展水平已拉开差距，欧盟今后将面临解决一体化进程中出现的地区贫富差距悬殊的艰巨任务。如果说在过渡时期中欧和东南欧国家的政治体制转轨没有太大区别的话，那么它们的经济体制转轨则存在明显的差距。尽管近一两年来中东欧各国都保持着一定速度的经济恢复性增长，但各国的经济发展水平和居民的生活状况却大相径庭。据有关统计资料，到2000年底，波、匈、捷和斯洛伐克的国内生产总值已达到1989年的107%—110%更多些，而阿尔巴尼亚、保加利亚仅为70%和72%，罗马尼亚、南斯拉夫联盟（塞尔维亚和黑山）、马其顿等国也没有超过1989年的75%。巴尔干国家的经济发展相当缓慢，仍没有摆脱衰退的阴影。这些国家在向市场经济过渡和入盟时，跟中欧国家相比，经济基础差，政策失误多，遇到的困难更多，克服危机需要更长的时间。

（原载《欧亚社会发展研究2002》）

近一年来中东欧国家政治经济走向

近一两年来，中东欧国家在向市场经济过渡中的政治、经济发展情况，同该地区前几年总的格局相一致，没有发生根本性变化。也就是说，中欧的政治、经济形势继续好于东南欧，波、捷、匈在参加北约后，正在与欧盟谈判入盟。东南欧政局仍欠稳定，

[①]　参见保加利亚《货币报》2002年3月25日，第18版。

经济发展亦不容乐观，它们加入北约和欧盟还要耐心等待。

一

波兰的左派已成为社会的主流。继 2000 年 10 月左派推举的克瓦希涅夫斯基连任总统以来，左翼政党——民主左派联盟（以下简称"民左联"）又在 2001 年 9 月 23 日举行的剧变以来的第四次议会大选中获胜，组成了以该党主席米莱尔为总理的联合政府。民左联由前共产党人组建，从波兰社会民主党演变而来，被右翼称为"后共产党人"。它与原团结工会分化出来的劳动联盟结成左派联合体，获得 41% 的选票。民左联没有超过半数选票不能单独组阁，遂跟得票近 9% 的波农民党结盟成立联合政府。原来的"团结工会选举运动"执政 4 年后已分崩离析，它与 2000 年上半年退出联合政府的自由联盟均被挤出议会。这样，在波兰出现了总统、总理和议长都为清一色左派人士的"红三角"，力量对比发生了有利于左派的转变，左派政党又一次在波兰崛起。

捷克左、右两大势力抗衡的总格局尚未发生根本性的变化。1998 年，捷左翼社会民主党在提前举行的议会众议院大选中获胜，它与最大的反对党右翼公民党订立了共同分享权力和利益的《反对党协议》后，单独组阁，打破了剧变后一直由右翼执掌政权的局面。同时，捷克和摩拉维亚共产党也是 7 个进入议会的政党之一，是议会的第三大党。拥有 14 万成员的捷、摩共其党员人数一直居全国各政党之首，民众支持率也较高，在政坛上是一个潜在的竞争对手。

2000 年 11 月，捷议会参议院 1/3 议员换届选举时，右翼的"四党联盟"（自由联盟、人民党、公民民主联盟和民主联盟）获胜，并占有该院 81 个席位中的 39 席，基本控制了参议院。因而，形成了目前的社民党执掌政府，公民党控制众议院，"四党联盟"把持参议院这样一种三足鼎立、相互掣肘的局面。现在，各党都在为 2002 年的议会大选做准备。从当前各主要政党的情况看，捷任何一个政党或联盟均无取得议会多数的可能。今后捷克政局的发展，仍取决于左翼社民党和右翼公民党的走向和结盟策略。

匈牙利的政治格局已初步定型，政局稳定。2002 年匈将举行国会大选，基本上仍将在在野的左翼社会党和代表中右势力的现在执政的青民盟之间较量。青民盟和小农党从 1998 年上台联合执政以来，对内对外政策没有发生太大的偏差，又赶上经济状态开始明显好转这个时机，所以，青民盟处于较为有利的竞争地位。

另外，当前执政的青民盟和小农党都带有鲜明的民族主义色彩。它们于 2001 年 6 月让国会通过了一项关于支持改善生活在邻国的匈牙利族地位的法律，宣扬"大匈牙利"思想，笼络人心，以此作为争取下届大选获胜和连续执政的一张王牌。

二

与中欧国家相比，地处东南欧的巴尔干国家，特别是前南斯拉夫地区，局势的发展仍不大稳定，前景不容乐观。马其顿危机爆发几乎酿成内战，没有给前南问题画上句号；南联盟前总统米洛舍维奇下台并被引渡到海牙国际法庭，也没有给南联盟带来和平与稳定；保加利亚前国王上台执政，同样在国内外引起不小的震动。巴尔干原社会主义国家向市场经济过渡还面临许多困难和问题，还要经历一个痛苦的过程。

2001 年 2 月开始的马其顿危机持续到 8 月，直到北约亲自派出干预部队之后才暂时平息。马其顿虽是个面积不足 2.6 万平方公里和只有 200 万人口的小国，民族成分却相当复杂。阿尔巴尼亚族是马其顿人数最多和民族主义情绪最强烈的少数民族。2001 年这场在前南地区迟到的危机，完全是由极少数阿族极端分子所制造和挑动的，它既是内部种族冲突，又是北约在科索沃维和失败的直接结果。

这场危机再次说明：（1）在对待极少数阿族极端分子的态度上，西方起到了姑息养奸的作用。以美国为首的北约部队两年多来没有认真执行联合国安理会关于科索沃问题的 1244 号决议，而是建立了一套以西方军政人员为主的科索沃行政机构，完全取代了南联盟在科索沃的主权和管辖权。特别是将"科索沃解放军"放虎归山，只是象征性地部分解除了武装，让其中大多数人摇身一变成了"科索沃保安团"，其领导人和骨干分子还进入"科索沃临时政府"。科索沃的阿族极端分子不断越过边境向塞尔维亚南部和马其顿北部的阿族聚居区提供武器，训练武装暴乱分子，煽动闹事。（2）马其顿境内阿族同马其顿族之间的矛盾历来存在。马境内有占 1/4 的阿族，有 3 个阿族政党。阿族及其政党要求阿语和马语同属官方语言，阿族和马族为同等民族，建立一个"由两个民族组成的联邦国家"。阿族的最低纲领是在科索沃实现独立、在塞尔维亚南部争取自治、在马其顿建立联邦，将三地连成一片，组成"大科索沃"。它们的最高纲领是在巴尔干地区成立一个单一民族国家，即由"大科索沃"和阿尔巴尼亚合并成"大阿尔巴尼亚"。（3）马其顿处境困难，还表现为内部政局不稳和外部国际地位虚弱。目前的马其顿政府是独立以来最脆弱的一届政府。1998 年上台的右翼政府推行向西方"一边倒"的外交政策，寻求北约的"全面保护"。1999 年，马右翼分子居然断绝了同中国的外交关系。在随后的科索沃战争中，马政府同意北约"快速反应部队"驻扎在马领土上，为北约入侵南联盟提供军事基地。在 2001 年的危机中，该政府改组，左翼的社会民主党进入政府，马政府迫于内外压力同中国恢复了外交关系。从当前动荡的形势看，左翼社会民主党很可能在 2002 年的议会大选中获胜。另外，对这个新独立国家的"国际地位"至今仍存在一些争议。一旦马其顿内战爆发，阿尔巴尼亚、希腊、保加利亚、塞尔维亚等国将有可能旧事重提，竞相对马提出领土和主权要求。因此，继波黑内战和科索沃战争之后，马其顿危机自然又成为巴尔干地区和世界各国人民关注的焦点之一。

南联盟总统米洛舍维奇下台后，其政局也存在诸多不稳定因素。2000年10月，南联盟大选后，以科什图尼察为首的塞尔维亚民主反对派上台执政。一年来，南联盟的外部环境有了很大的改善，国内的民主化进程也加快了速度。但是，温和的民族主义领导人科什图尼察作为联盟总统，与塞尔维亚亲西方的强硬派总理金吉奇一直在经济改革和社会改革及对外政策等问题上争论不休。独裁式统治取消了，民主化开始了，国家也摆脱了孤立，但西方的财政援助并没有真正到来，一些迫切需要解决的问题也久拖未决，人们普遍感到上当受骗了。

除陷入深刻危机的经济外，南联盟仍面临科索沃、同黑山的关系和与海牙法庭合作三大难题。第一，科索沃问题。南联盟新政权上台以来，在解决科索沃问题上比过去有了更多的发言权。西方为支持新政权和集中力量打击米洛舍维奇及其政党，不得不在科索沃问题上调整政策，改变"扶阿抑塞"的强硬立场，在阿族和塞族之间搞一些平衡。例如，2001年2月底，当阿族极端分子武装在马其顿境内的阿族聚居区发动进攻并占领了塔努舍夫齐村后，北约决定同意让南联盟的安全部队返回科索沃与马其顿之间的边界"安全区"进行巡逻；5月，当阿族武装在塞尔维亚南部的布亚诺瓦茨、普雷舍沃、梅德韦贾等阿族人数占优势地区组建了所谓阿族"解放军"和要求在塞南部实行自治时，北约又出面干预，促使该地区阿族解放军放下武器，成立多种族警察在这一带维持秩序。但是，应该看到，科索沃阿族仍然要求独立，北约也没有从根本上改变对科索沃的政策。科索沃问题的最终解决前景仍然渺茫。第二，塞尔维亚与黑山的关系问题。黑山是否脱离南联盟、何时脱离，这在很大程度上也取决于西方大国在该问题上的态度。科什图尼察出任南联盟总统和组建新政府时，以久卡诺维奇为首的黑山当局不承认这次大选结果，拒绝参加新政府的活动。从2001年年初开始，黑山和塞尔维亚两共和国的执政党

（黑山社会主义民主党和塞尔维亚民主反对派）分别就两共和国关系的定位提出了各自的纲领，并进行了多次对话和谈判。双方对建立两共和国的独立国家联盟还是组成两共和国功能化联邦国家问题无法取得一致意见。黑山决心举行全民公决，但主张黑山独立和主张与塞尔维亚保持联邦国家的票数不相上下，没有作出最后决定。其中，欧美大国的立场起了重要作用。它们希望黑山问题在南联盟范围内解决，不支持黑山分裂出去。第三，米洛舍维奇在海牙法庭受审问题。2001 年 6 月 28 日，南联盟政府中的某些人屈服于美国的压力，将米洛舍维奇引渡给联合国设在海牙的前南战犯法庭。这一举动满足了西方大国的欲望，却在国内引发了政府危机。欧美大国强行拿米洛舍维奇开刀，目的在于掩盖和洗刷它们在前南地区，特别是在入侵科索沃问题上的罪责，为它们破坏国际法的行径辩护。南政府为十多亿美元引渡米洛舍维奇，为此作出了很大的妥协和让步，这一行动对南联盟政局产生了新的震荡。审讯米洛舍维奇也给了这位传奇式人物一个自我辩护和控诉的机会。他两次出庭受审，已变被告为原告，决心与西方操纵的法庭战斗到底。西方策划的闹剧进退两难，海牙法庭很可能搬起石头砸自己的脚。交出了米洛舍维奇，没有换回西方许诺的援助，这将加深塞尔维亚民主反对派联盟内部的矛盾，使南联盟的民主化进程受阻。

2001 年的保加利亚政局发生了戏剧性变化。6 月中旬，保举行剧变以来的第五次议会选举。保在海外流亡 50 多年的前国王西麦昂二世和他领导的全国选举运动，初次参加议会大选就一举获胜，获得 43% 的选票，在 240 个议席中占了 120 席。执政的民主力量联盟和最大的反对党保社会党仅分别获得 18% 和 17% 左右的选票①，出人意料地惨遭失败。国王当上了政府总理，受

①　参见保加利亚《劳动报》2001 年 6 月 19 日。

到选民的空前欢迎。这一事件引起不小的震动，也引发了一些令人深思的问题。这是战后以来原东欧国家唯一重返政坛的一位君主，这一"国王热"现象是否会波及其他巴尔干国家，受到人们关注。

综上所述可以看出：（1）以左、右翼的两大联盟为主体的议会民主竞争机制在中东欧已初步形成，正日趋成熟。在轮流坐庄的过程中，出现了有利于中左翼的变化，左翼力量近一两年又开始占据优势。中欧的波兰和捷克，东南欧的罗马尼亚和阿尔巴尼亚，以及 2001 年 11 月保加利亚社会党主席珀尔瓦诺夫当选为保新总统，都呈现出这种趋势。（2）尽管人们盼望的中间派力量始终未出现或未形成为一股力量，但是，各国越来越倾向于组建强有力的多党联合政府，故出现了中左和中右势力聚集结盟的现象。无论左派党还是民族主义右翼党，都不得人心。而且哪一个政党也没有获得超过半数的选票，得票率越来越低，从过去的 50% 以上降至 40% 左右，都需要寻找联合对象组阁。国王都能顺利取胜，这表明中间派力量正在崛起，很有希望。（3）选民的政治热情日益低落，投票率从 10 年前的 90% 以上降至目前的 50% 左右。波兰 2001 年的投票率仅为 46% 多，低于前三次议会大选的任何一次。保加利亚 1990 年第一届新议会有 91% 的选民参加了投票，2001 年只有 67% 的选民投票。这说明选民对"政治游戏"反感和对执政当局失望，政治积极性降低。人们不再关心谁或哪个党上台，更多的是关心自己的生活质量和社会地位。

三

如果说在过渡时期中欧和东南欧国家的政治体制转轨没有太大区别的话，那么它们的经济体制转轨则存在明显的差距。尽管近一两年来中东欧国家的经济恢复性增长都保持着一定的速度，但各国的经济发展水平和居民的生活状况却大相径庭。

据有关统计资料，到 2000 年底，波、匈、捷和斯洛伐克的国内生产总值已达到 1989 年的 107%—110% 或更多些，而阿、保仅为 70% 和 72%，罗马尼亚、南联盟、马其顿等国也没有超过 1989 年的 75%。

匈牙利经过 12 年的经济变革，目前已成为世界上经济增长速度最快的国家之一。它已走出阴森黑暗的隧道，见到了亮光，走上了持续增长的道路。它为中东欧转轨国家作出了榜样，完成了向市场经济的过渡。2000 年制订了匈牙利国家发展七年计划。这个计划强调要发展中小企业，加强研究、开发和创立新的经济，发展信息社会和提高全民的计算机技术水平，大力发展旅游业，帮助落后地区发展经济，等等。预期经过 7 年的努力，使匈经济赶上其他欧洲国家的水平。中东欧国家还没有其他国家敢于提出这一战略目标。

匈牙利近几年的经济增长率保持在 5%，2001 年为 5.3%。失业率由 1997 年的 7% 降至 2000 年的 6.4%。通货膨胀率只有一位数。2000 年的进出口贸易达到 600 亿美元，保持稳步上升趋势。在过去的 11 年里，国外在匈直接投资已超过 210 亿美元[1]，按人均计算，匈成为中东欧国家中外国投资最多的国家。这对匈经济发展有着非常重要的作用。

匈牙利经济政策的主要目标除保证国民经济持续增长外，还要为尽快加入欧盟创造条件。近年来，匈和欧盟之间签订了一系列包括经济、科学和文化等方面有关的政策决议和文件。目前，入盟谈判集中在法律协调问题、农业、工业、环保、金融等领域。匈牙利设想 2003 年能够进入欧盟的大门。

波兰团结工会选举运动执政 4 年，经济情况没有明显好转。1999 年以来的经济增长速度放慢，失业率重新攀升。4 年前，波国内生产总值增长达到 5%—6%，预计 2001 年的增长只有 2.1%

---

① 参见匈牙利驻华大使馆提供的《匈牙利经济信息》（2001 年 5 月）。

左右。世界银行预测，波 2002 年的经济增长约为 3.5%，这也远远低于前几年的速度。波兰原本已经降下来的失业率近两年又重新回升。2000 年的失业率为 15%，2001 年预计上升到 16.5%，2002 年有可能达到 17.5%。在过去的 11 年里，波兰吸收的外资已达 400 亿美元，总额在中东欧国家中算是最多的。在参加欧盟问题上，波在与欧盟的 29 个谈判项目中已结束 17 个，力争到 2001 年底再结束 5 项。新政府希望 2003 年使波兰通过全民公决首批入盟。

巴尔干国家的经济发展仍相当缓慢，没有摆脱衰退的阴影。这些国家在向市场经济过渡时，跟中欧国家相比，经济基础差，政策失误，遇到的困难更多，渡过危机更难。

阿尔巴尼亚私有化进展缓慢，人民生活水平仍然很低。阿私有化的基本方式是出售，结果造成大批工人失业。目前登记的失业率为 16.8%，实际失业率远比这一数字还高。2001 年阿中小企业的私有化已基本结束，这些企业 80% 的资本掌握在阿尔巴尼亚人手里。私人企业的收入已占 GDP 的 60%。现在国家仍控制着 60% 的大型企业。10 年来，外国在阿的投资共有 4.8 亿美元。2000 年，阿全国月平均工资为 105 美元，最低工资 50 美元，月救济金 18 美元。在城市最高退休金每月 70 美元，农村 10 美元。阿学者认为，阿实行的是掠夺性资本主义，而非市场经济。①

在从计划经济向市场经济过渡时期，保加利亚也是中东欧最贫穷的国家之一。据 2001 年年中大选前夕公布的数字，保国内生产总值仅为 11 年前的 3/4，人均 GDP 不足 1500 美元。通货膨胀率为 5%—7%，官方公布的失业率为 18%—20%，而实际失业率已达 30%。② 人均月工资为 110 美元，月退休金只有 30—80 美元。

---

① 引自 2001 年 8 月阿尔巴尼亚经济研究中心主任泽夫·普里奇博士访华时的谈话。

② 参见保加利亚《言论报》2001 年 6 月 10 日。

一个月的工资仅能买 32 公斤猪肉，或缴纳冬季一个月的暖气费，收入的 45％得用于食品消费。保加利亚的人口和国土面积同匈牙利差不多，但目前退休人员的收入只相当于匈牙利退休者的 1/4，11 年来的外国直接投资不到匈牙利的 1/10。正是这种落后的经济和贫富悬殊的生活状况使选民倒向国王，指望国王来"拯救"绝望中的保加利亚。在政治体制和经济体制转轨方面，罗马尼亚、马其顿等国跟保加利亚的情况极其相似。

这里，我们看到米洛舍维奇下台后，南联盟的经济形势也不乐观。在过去的 8 年中，南斯拉夫遭到欧美大国的经济制裁和封锁，又受到北约的狂轰滥炸，经济全面崩溃。如果以南联盟范围内 1989 年的社会产值和工业生产水平为 100 计算，1999 年社会产值已降至 30％，工业生产降为 34％。或者说，1989 年南联盟范围内的 GDP 为 308.3 亿美元，人均达 2941 美元，那么 1999 年则为 103.5 亿美元，人均只有 975 美元。10 年前职工平均月工资为 1000 马克，1999 年已不足 100 马克。1999 年的失业率达 50％以上。南联盟新政府执政一年来，经济方面已取得一定成绩。官方货币第纳尔和马克的汇率固定为 30∶1，中央银行的外汇储备达到最近 8 年来的最高水平（5 亿多），外国的贷款和投资有了增加；职工工资和退休金也有所提高。但是，由于西方国家答应的援助款迟迟不能到位，南联盟也成了欧洲最贫困的国家之一。目前，月人均工资不足 80 美元，官方公布的失业率达 30％。外债高达 150 亿美元，已超过年社会产值的水平，如果不减免债务和借外债，国家经济将面临总破产的危险。

据南联盟 2001 年 8 月 23 日《新闻周报》透露，前南地区的克罗地亚月平均工资为 914 马克，失业率高达 22％；马其顿月均工资 333 马克，失业率 32％；斯洛文尼亚月均工资 1194 马克，失业率 11.7％。截至 2001 年，克罗地亚的外债总额达 100 亿美元，马其顿为 21 亿美元，斯洛文尼亚为 72 亿美元。预计 2001 年 GDP

的实际增长率如下：克罗地亚为 4%，斯洛文尼亚为 4%，波黑为8%，马其顿为 4.5%，南联盟为 5%。

前南地区唯一例外的是斯洛文尼亚。这个小国的人均国内生产总值（按购买力计算）已达 12000 美元，为欧盟成员国平均水平的 3/4，超过人均国内生产总值水平最低的欧盟成员国希腊。所以，在东南欧国家中，它是最有条件首批加入欧盟的国家，其他国家则还需努力创造条件，耐心谈判和等待。

在这种情况下，东南欧国家向市场经济过渡面临双重任务，即首先要摆脱当前严重的经济危机和社会危机，其次是使社会适应后工业社会进程，与世界发展接轨。中欧国家已经完成了第一步，正在实现第二步的目标，而东南欧国家仍处于过渡的第一阶段。

（原载《东欧中亚研究》2002 年第 1 期）

2005 年中东欧国家政治经济走向及其特点

中东欧国家都渴望加盟入约

（一）新入盟国家融入欧洲有喜有忧

中东欧国家入盟有利于它们摆脱美国、欧盟和俄罗斯的夹击，有利于促进本国社会经济持续发展和巩固剧变以来的民主化成果，这是一个被公认的事实。据新入盟中东欧国家的反映，一年来它们的经济普遍出现了增长。入盟后，新成员国的国内生产总值稳步提高，对外贸易扩大，预算赤字得到控制，失业率有所降低。这说明欧盟东扩是成功的，五国入盟是正确的。

波兰的例子具有一定的代表性。2004 年波兰 GDP 增长达5.4%，是 1997 年以来增长最快的一年。这一年，外国直接投资增加了 8%，达到 78.5 亿美元，使总投资额超过 800 亿美元；外贸的出口增长 26%，进口增长 18.9%。2005 年 GDP 预期增长 4.2%。但失业率仍保持在 18% 左右，是欧盟国家里最高的。

匈牙利入盟一年来经济增长为 4%，并无明显提高。但就业市场开始活跃起来，失业率在 6%—8% 徘徊。不少匈牙利人进入西欧北欧国家打工，而前南斯拉夫地区和罗马尼亚有大量的劳动力来匈谋生，所以失业率下降很少。

捷克新政府强调，继续支持和加强欧洲一体化进程，支持欧盟向巴尔干地区及东部扩大。捷克认为，东扩对欧盟来说是应对全球化挑战的机会，捷将避免欧盟内部的多元化趋势成为分裂的根源，而应使之成为促进共同发展的有利因素。

斯洛伐克被誉为世界汽车行业"投资者的天堂"。据称，这个只有 500 多万人口的小国，不久年产小汽车将达到 80 万辆，按千人计算的汽车年生产数量位居世界第一，还生产世界一流的汽车零部件。

波、捷、匈都表示，争取在 2010 年前加入欧元区。匈牙利政府最近宣布，为了在这年进入欧元区，决定实施 5 年减税计划。税收收入占 GDP 的比重将从目前的 38% 下降到 35%。其中，增值税从当前的 25% 降至 2010 年的 20%。

同时，新入盟的五国也深深感到，它们加入的欧盟已是一个经济速度增长缓慢、弥漫着保护主义和排外倾向及办事效率低下和对中东欧廉价劳动力涌入担惊受怕的共同体。它们入盟以来的失业率并没有明显降低，物价却开始上涨，农产品和食品面临激烈竞争，等等。它们很快意识到，入盟时抱有过高的期望。入盟的好处要在五六年后才能体现出来。人们的社会福利和生活水平要赶上老成员国，起码要经过一代人或更长时间的努力。

（二）保、罗两国入盟遭遇变故

2005 年 4 月 26 日，欧盟成员国代表与保加利亚和罗马尼亚两国领导人在卢森堡签署了关于保罗两国加入欧盟的条约，从而为保罗根据欧盟计划于 2007 年 1 月 1 日正式加入欧盟奠定了基础。两国对此感到欣慰和鼓舞，并为此作出了艰辛的努力。

保、罗两国政府把按时入盟作为首要任务，加速私有化步伐和政治经济改革的力度；倡导大力发展经济，铲除"黑色经济"；高度重视消灭贫困和清除贪污腐败；进一步改革司法制度，打击有组织犯罪活动；等等。实事求是地讲，两国按欧盟要求的经济和社会标准进行改革，取得了很大的成效。以保加利亚为例，2004 年 GDP 增长达到 5.3%，失业率从 18% 降至 11%，年吸引外资达到了创纪录的 20 亿欧元。

同样，罗马尼亚自 2004 年 12 月大选组织新政府以来，也始终强调争取顺利入盟是政府工作的重中之重。罗认为，只有入盟，才能遏制贪污腐败和加速改革。通过加强罗在北约中的作用，同美英建立战略伙伴关系，特别是通过融入欧洲一体化，使罗摆脱欧洲大陆上二等国家的地位，建成"黑海地区最强大的国家之一"。80% 的罗马尼亚人支持入盟。

然而，正当保、罗两国全力创造入盟条件的时候，2005 年下半年欧盟成员国发生的几件事，使欧盟的态度出现微妙变化，也使保罗的"入盟热"开始降温。

1. 2005 年年中，法国和荷兰的民众否决了《欧盟宪法条约》，英国表示要推迟表决，波兰也要仿效英国。从此，欧盟把精力放在解决"内部"问题上，不得不"反省"东扩进程，几乎无暇顾及同保、罗的继续谈判。自 2004 年实现历史性突破以来，欧盟的决策效率降低，越来越多的政治家主张维持现状，放慢东扩速度。

2. 2005 年 9 月，德国提前举行大选。德国基民盟和基社盟组成的联盟党获胜，它们主张推迟接纳保罗入盟的时间。此前，社民党的施罗德总理也改变了力主东扩的态度，明确提出将保罗的入盟日期延迟一年，即到 2008 年。

3. 2005 年石油价格一路攀升，使欧盟的经济付出代价，增长减速。老成员国加强保护主义，要求减少给新成员国的基金和补贴，尤其是农业补贴。欧盟成员国的广大民众对东扩怨声载道，不愿为新成员国埋单。他们指出，2004 年吸收 10 个新成员，欧盟将花费 1000 亿欧元（到 2009 年）；而罗、保两国到 2009 年也需要 450 亿欧元，"代价太高"。如果只顾东扩，而不倾听欧盟公民的呼声，"欧洲将陷入深刻的危机之中"，使"欧盟越来越复杂和无法管理"。

4. 罗、保两国属欧洲大陆最贫穷的国家之列，自身条件较差。过去人们常说"一个欧洲，两个阵营"，如今是"一个欧盟，两个世界"。欧盟成员国的经济差距非常之大，各国不仅经济增长不同，而且它们面临的问题也不同。欧盟内部的差距比美国国内还大。欧盟的边界越往东和往南就越穷。据称，斯洛伐克的贫困人口约有 1/5，而德国只有 1/10。中东欧第一大国波兰的人均国内生产总值只有德国的 1/5，而第二大国罗马尼亚的人均国内生产总值又只有波兰的 1/2。目前，保加利亚人均 GDP 仅 2500 欧元，罗马尼亚仅 2700 欧元，而 2004 年东扩时最穷的拉脱维亚为 4800 欧元。另外，2005 年夏天保加利亚举行了议会大选，却迟迟两个月也不能组建政府。罗马尼亚也存在提前进行大选的争论。两国的自身改革和内外政策不到位，使欧盟大为不满。

5. 欧盟推迟保、罗入盟也有"法"可依。在 2004 年 4 月批准保、罗入盟的条约中，有一个条款规定：如果两国的改革没有按照要求的那样进行，可以推迟一年。这已经埋下了伏笔。同年 6 月中旬欧盟委员会致信保、罗两国政府，称它们入盟前的"改革力度不够"，两国"还有许多的工作要做"，并出示"黄牌"警告。欧盟在信中称，保加利亚在司法制度、打击腐败、农业、生态环保和保护知识产权等方面存在问题；罗马尼亚在改革司法体制、警察体系、惩治腐败、同有组织犯罪做斗争、提高经济竞争力、新闻自由等方面做得不够。10 月 25 日，欧盟委员会决定，关于保罗两国的入盟期限问题将在 2006 年 4—5 月正式确定。

从以上可以看出，由于诸多原因，欧盟很可能推迟保罗的入盟期限。至于土耳其、西巴尔干国家和乌克兰等"颜色革命"国家的入盟将是更加遥远的事。最近意大利民族主义政党竭力反对东扩后出现的移民潮和对天主教文化的冲击。他们提出，如果东扩继续下去，将来把土耳其也纳入欧盟，那时欧盟就会跟伊拉克、伊朗和叙利亚共边界，将直接面临伊斯兰原教旨主义影响，其文明和生存都会受到威胁。

（三）西巴尔干欧化道路漫长

欧盟意识到，一个和平统一的欧洲，不可能没有东南欧，特别是称为西巴尔干的参加。因此，近年来欧盟除制定和实施《东南欧稳定公约》和地区联系公约外，还加强向西巴尔干国家提供经济援助和发展经贸关系。一旦这些国家基本上满足了欧盟的要求和条件，欧盟就会同它们进行入盟谈判，并最终将它们纳入欧洲一体化进程。只有到那时，西巴尔干才会远离动荡与冲突，实现真正的稳定与和平。欧盟对西巴尔干国家的具体要求只有两个：（1）前南斯拉夫地区国家要跟海牙联合国南斯拉夫战犯法庭合作；（2）西巴尔干国家要严格履行该地区"路线图"，即进行根本的政治、经济和司法体制改革。

当然，西巴尔干国家各种政治力量包括民族主义势力在内，都希望彻底结束衰退、战乱和冲突，早日被承认和接纳为北约和欧盟平等的一员。鉴于该地区各国情况不同，所以它们在满足欧盟的要求方面进度也不尽相同。

克罗地亚在许多方面远远超过保、罗两国，最具备入盟的条件。据统计，早在 2002 年克罗地亚 GDP 的增长就为 4.8%，人均GDP 达到了 6408 欧元，这是西巴尔干地区最高的，也远远超过保罗的人均 GDP 水平。2003 年，克罗地亚的通货膨胀率只有 1.5%，失业率为 4.8%，这在西巴尔干国家中是最低的。欧盟认为，只要克罗地亚向海牙法庭交出 2001 年"失踪"的安特·戈托维纳将军，就可以同它开始入盟谈判。从 2005 年 10 月起，欧盟已决定同克开始入盟谈判。

2005 年 4 月，欧盟向塞尔维亚和黑山开出的入盟谈判条件是，如果塞黑政府同海牙法庭合作良好，欧盟就会与它签订《稳定与联系协议》，进而开启入盟的大门。前提条件是塞黑要逮捕波黑的姆拉迪奇将军和卡拉季奇总统。同时，塞黑必须在科索沃问题上"配合"欧美大国的行动。塞黑正在主动向欧盟靠拢，但由于黑山要求就独立问题举行全民公决和科索沃最终地位问题悬而未决，塞黑全面开始入盟谈判还需要等若干年。

波斯尼亚和黑塞哥维那正在制定一部新宪法，加强穆斯林与塞尔维亚族和克罗地亚族三个民族的团结，使该国成为一个多民族的统一国家，成为一个统一的议会制民主国家。从 2004 年年底起，欧盟的维和部队已取代了联合国在波黑的维和部队。

11 月 9 日，欧盟委员会正式承认马其顿的入盟候选国地位，认为马有"稳定的民主机制，各党派之间合作良好"。但在谈判之前，马其顿需要进行"艰苦的、必需的改革"。阿尔巴尼亚提出，争取在 2007 年加入北约；设想在 2006 年年初与欧盟签署《稳定与联系协议》，并进而提出入盟的正式申请。

总的来说，西巴尔干地区不可能永远处于欧盟的外围，抑或遭到遗弃。巴尔干半岛属于欧洲，它的事务应由欧洲来解决，但西巴尔干国家入约加盟仍遇到诸多困难。近年来的一系列冲突和战争留下了严重的后遗症，如经济落后、腐败盛行、犯罪和走私活动猖獗、民族之间缺乏信任、对国际社会过于依赖等。此外，该地区还存在科索沃、塞黑、波黑等棘手问题以及一些突发事件。西巴尔干如何由稳定走向发展，进而走上加盟入约的道路，还需要耐心和时间。

中东欧国家政局的新特点

综观近一年多来中东欧国家内外政策走向，可以明显感到它们的内政外交有了新的变化，具有下面几个特点。

1. 组建多党联合政府已是大势所趋，成为明智的选择。这种联合政府由选举中获胜但又未过半数的一党为主，联合中间派和各种民主力量而成。2004 年 10 月，马其顿议会选举后，马其顿社会民主联盟同阿尔巴尼亚族一体化民主联盟共同执政。同年 12 月，罗马尼亚议会选举和总统选举同时举行，中左和中右力量的得票率相差不到 3%。结果，在野的中右翼政党联盟战胜执政的罗社会民主党，由联盟党组织联合政府。2004 年下半年和 2005 年上半年捷克社会民主党曾先后更换了 3 名总理，但以社民党为代表的执政联盟三党联合政府体制没有改变。2005 年 7—8 月，保加利亚进行正常议会选举，保社会党获胜，成立了由社会党、"西美昂二世全国运动"和"土耳其族争取权利与自由运动"三党中左联合政府。阿尔巴尼亚在 2005 年 8 月的议会选举中，代表右翼的民主党击败连续执政 8 年的社会党，也组成了五党联合政府。同年 9 月下旬，波兰的国会选举中，右翼战胜了民主左翼联盟。法律与公正党和公民纲领党上台，也成立了两党联盟政府。

上述情况说明，目前的中东欧政党已不是剧变初期的左翼或右翼政党单打独斗、轮流坐庄的局面。而且，很少有一届政府或一位政府领导人（总统除外）是连任的，也没有哪一个党能在选举中获得绝对多数。这反映出各政党本身的脆弱和政党之间斗争的残酷。由于中小政党和中间力量的崛起，联合政府在由两党或三党向多党方向发展，单纯的左派或右派政府正在沿着中左和中右执政联盟的道路前进，还有可能出现左、中、右共治的局面。

可以说，中东欧国家进入了资本主义，但并未真正学会资本主义的民主机制。在 2004—2005 年的一年之内，5 个入盟国中就有波捷匈和斯洛伐克四国在非正常情况下更换了总理，改组了政府。

2. 中东欧入盟国和准入盟国国内和国家之间的经济差距和发展不平衡不仅没有明显缩小反而有进一步拉大的趋势。这些国家进出口贸易的65%—75%是同欧盟进行的。外资参与这些国家的私有化，涌入电信、金融、保险、汽车等领域，却很少进入各种制造业、钢铁工业、运输和食品工业，特别是农业。另外，中东欧各国许多具有文化知识和受过专业训练的廉价劳动力流向了西欧。这样，随着入盟国逐渐丧失军事和外交上的自主权，它们经济的独立性也不断削弱，越来越处于被西欧国家支配的地位。

3. 中东欧国家一方面力图在美国和欧盟之间推行平衡的外交政策，另一方面又在竭力向邻国充当北约欧盟的"说客"。从最近一年多来的情况看，新入盟的五国在处理欧盟与美国的关系上，越来越倾向于奉行一种不偏不倚的外交政策，开始淡化在伊拉克问题上的亲美立场。它们作为北约和欧盟的正式成员国，既需要美国在国家安全和军队北约化方面的支持，又需要欧盟老成员国在政治和经济上的大力援助。执行这种从两边都得利的政策最符合这些国家的利益。无论是从伊拉克撤军还是在签署欧盟宪法条约问题上，都清晰地反映了它们的这种政策和做法。

同时，新入盟的国家，特别是波兰、匈牙利和波罗的海国家，还利用它们自身已经加盟入约的身份，出于历史的、文化的和宗教的原因，以及成功转轨的经验，帮助美国和欧盟向"欧盟的新邻居"乌克兰、白俄罗斯、俄罗斯和部分中亚国家输出西方的民主模式，努力充当"政治掮客"，扮演"先行者"的角色。其目的是促使新邻居更换政权，实现民主转轨，为这些国家加入北约和欧盟创造条件，并在俄罗斯周边建立一堵所谓的"民主墙"。2005年波匈与乌克兰的关系、波与白俄罗斯的关系、波罗的海三国与俄罗斯的关系，都证明这一部分国家的确在发挥这方面的作用。

另外，在对华关系上，某些已入盟的中东欧国家也自以为有欧美撑腰，在诸如解除对华军售、给予我国市场经济地位、在台湾和人权问题上，特别是在最近解决中欧纺织品争端和对我国一些商品实行所谓"反倾销"等谈判中，对我国设置障碍，讨价还价，其表现有时比老成员国还差，个别国家还可能被欧盟推到前台。这值得我们关注。

（原载《欧亚形势与展望2005》）

第二节 中东欧转轨国家的追梦与现实

斯洛文尼亚的政府危机

2000年4月初，以德尔诺夫舍克为首的斯洛文尼亚共和国政府垮台，引发了政府危机。这是年底大选前党派斗争激化的表现，但未造成大的震荡，新政府的组阁正在有序地进行。

德尔诺夫舍克政府下台

德尔诺夫舍克是前南共联盟成员，曾任前南联邦主席团主席。斯洛文尼亚独立后是斯自由民主党领导人。1992年5月，在斯议会对独立后的第一届政府总理佩特尔莱（基民党领袖）通过不信任案后，德尔诺夫舍克出任总理。1992年底斯按新宪法举行首次议会选举，自民党获胜，德尔诺夫舍克担任第二届政府总理。1996年11月斯第二次议会选举后，虽然自民党仍为第一大党，但3个反对党（人民党、基民党、社民党）结成联盟，共45席，总数超过了自民党的25席。执政联盟和反对党联盟双方各自提出的政府总理候选人均未能在议会获得多数票（45：45，议会共90席）。后经总统提名，德尔诺夫舍克才以46：44票的微弱多数当选为总理。在政府组阁过程中，德尔诺夫舍克最初提出的除 3 个反对党外与其余议会党组成政府的建议，未得到议会多数票的支持。后自民党与人民党达成联合执政的协议，联合政府名单获议会通过（52 票赞成，37 票反对）。1997 年 2 月 17 日联合政府上任，从大选结束到新政府上任历时 3 个月。

三年多来联合政府运作正常，但 2000 年 3 月前后斯人民党决定与基民党合并，并退出联合政府（该党在政府内有副总理和部长 10 人）。德尔诺夫舍克于 4 月 2 日向议会提出了新部长名单，并要求议会对政府进行信任表决，结果 55 名议员反对撤换副总理和部长，并对政府投了不信任票，致使德尔诺夫舍克辞职，各部部长也随之停止职务。于是，德尔诺夫舍克政府宣告垮台。依照法律，离任政府将作为看守政府继续工作到新政府上任，议会必须在 30 天内选出新总理，否则总统将宣布解散议会和提前大选。2000 年的议会选举将于年底举行，目前选举法的修改工作（由比例制改为多数制）尚未完成，如提前大选则不可能修改选举法。据报道，德尔诺夫舍克认为"提前大选是最好的解决办法"，而人民党则表示要提出自己的总理候选人和成立新的看守政府，以确保大选前通过多数制的选举法。

巴尤克当选看守政府总理

4 月 15 日，斯人民党和基民党正式合并，新党以"斯洛文尼亚人民党"命名，并选出了新的党主席（人民党的弗朗茨·扎戈任）和 3 名副主席（人民党的马里安·波多布尼克、基民党的安德烈·巴尤克和洛伊兹·佩特尔莱），该党正在准备与社民党签订联合和合作协议。同日，新的人民党和社民党的 25 名议员联合向斯议会提名安德烈·巴尤克为新总理候选人。但 4 月 20 日的议会投票未能获得多数通过，4 月 26 日的第二次投票仍未能通过。根据法律规定，议会在确定总理候选人时，可进行三轮投票，如第三次投票仍不能选出总理，总统将解散议会并宣布提前大选。在 5

月3日议会第三次投票中，巴尤克以46票的微弱多数当选新总理。

根据法律规定，当选总理必须在15天内向议会提交组阁名单，如果组成政府的部长名单中有2/3的部长被议会通过，新政府即可上任，但如果总理不能在3个月内提出空缺的部长名单，总理将被免职，议会将重新提名新的总理候选人。如果议会不能在30天内选出新总理，总统将解散议会并宣布提前大选。巴尤克按法律规定于5月12日向议会提交了由16名部长组成的政府名单，这16名部长中，7名来自新成立的"斯洛文尼亚人民党"，5名来自社民党，4名是无党派人士。据巴尤克说，名单是党派平衡的结果，部长候选人都是有实力的专家，他们将组成强有力的高效政府，来认真完成富有挑战性的工作。

巴尤克现年57岁，1943年生于卢布尔雅那，经济学家，曾长期侨居奥地利和阿根廷。曾任泛美发展银行在巴黎的欧洲支行行长。1996年斯议会大选后3个反对党提出了自己的总理候选人并开始物色部长，巴尤克成了财长的人选。后来自民党和人民党联合执政，于是这个三党组阁计划被放弃。此后，巴尤克被任命为联合执政理事会主席，不久前加入基民党，人民党和基民党合并后当选为新党的副主席。

政府危机是大选前党派斗争激化的表现

在斯1996年底的议会选举后，3个联合的反对党总得票率虽高于自民党，但在议会内却没有一个反对党能与自民党相抗衡，当双方提出的总理候选人在议会投票中出现僵持状态时，最后由总统提名得票最多的自民党领袖德尔诺夫舍克出任总理并获议会通过，反对党丧失了组阁机会。2000年底又将面临议会选举，人民党和基民党决定合并成立新党，使新成立的人民党在议会内达到25席（与自民党相等），从而成为最大的反对党，再加上与之联合和合作的社民党（1席）等的支持，其实力会大大加强。基民党与人民党合并的条件之一是人民党必须退出与自民党的执政联盟，这是导致政府危机的直接原因。尽管目前新成立的人民党只是出任大选前的看守内阁总理，但这为它在年底大选中获胜打下了基础。

在斯洛文尼亚，德尔诺夫舍克的自民党被视为"中左派"政党，而新成立的人民党则被视为"中右派"政党，两党在有关斯内政外交的重大问题上（如议会民主、市场经济、加入欧盟和北约等）的主张并无重大分歧，只是自民党更多考虑的是"普遍利益"，而人民党则往往更关注"个别利益"。巴尤克当选新总理后在议会上陈述执政纲领时，仍然把"加入欧盟"作为最优先的任务，同时认为搞好睦邻关系、加强与美国和西欧的关系至关重要。他还强调要使斯经济具有竞争力，"在全体公民的合法保障方面加强法制"等。可以预期，新总理上任后斯的大政方针不会有重大变化。

斯这次发生的政府危机未引起大的政治震荡。尽管议会内各政党之间在组建政府问题上存在很大的分歧，但斯宪法和有关法律都做了严格的具体规定，使议会能有序地平静地处理这类危机。斯总统库昌认为："政府垮台是议会民主的表现，尽管这不是人们愿意看到的。议会民主拥有解决这种形势的机制和程序，并体现在我国的宪法秩序之中。"目前斯政府等职能部门继续顺利运转，社会经济生活正常，各方面均未受到很大影响。

此外，德尔诺夫舍克这届总理的任期虽然未满，但他连任总理已经 8 年，不可能再担任总理职务。而且健康欠佳（1999 年做了手术，据传是肾癌），这在一定程度上对自民党的实力产生了影响。2000 年大选的日期尚未确定，估计将如期举行，届时才会看到"中左"和"中右"两大政党联盟较量的结果。2008 年 6 月 7 日，斯议会已批准巴尤克组阁。

（原载《欧亚社会发展动态》2000 年第 14 期）

国际金融危机对中东欧国家的影响

中东欧受到金融风暴冲击较大

最近，中东欧国家普遍受到了全球金融海啸的冲击。这种震荡不是波及个别国家，而是整个地区。不同的是，对金融市场开放程度较高和吸引外资较多的中欧国家（匈牙利、波兰、捷克等）受到的影响大些；而对经济发展相对落后，金融市场比较封闭和与世界经济接轨程度较低的东南欧国家（如塞尔维亚、保加利亚、阿尔巴尼亚、马其顿等）影响则小些。但是，金融危机的整体影响是共同的，即国际资金开始撤出，外国投资放缓，信贷严重紧缩，有价证券和汇率波动，本币大幅贬值，股指暴跌，等等。目前，危机已影响中东欧各国的进出口贸易和基本建设，内需下降、生产下滑、失业增加、经济发展速度放慢、对欧盟的依赖性进一步加强。中东欧国家仍为转轨经济，经济体制抗风险的能力较弱，一些国家还面临外贸逆差过大和预算赤字过高的问题。

世界金融危机首先冲击匈牙利，其主要表现在股市和汇市暴跌。2008 年 9 月 30 日，布达佩斯证交所综合指数为 18868.90 点。进入 10 月后，股市连连下挫。10 日收于 14577 点，比前一周跌23.58%。到 10 月 27 日，布达佩斯证交所综合指数已跌至10751.23 点。匈牙利全国储蓄银行股票仅 10 月 6—10 日，跌幅即达 42.86%。匈牙利货币福林明显贬值。根据匈牙利国家银行公布的牌价，10 月 1 日，欧元与福林比价为 1∶241.52，10 月 22 日则为 1∶275.79。

匈牙利国家银行行长希莫尔·昂德拉什认为，与中东欧地区其他国家相比，匈牙利经济更容易遭受攻击有三个原因：一是国家预算赤字占 GDP 的比例很高，目前是 6% 左右，依然是欧洲最高的国家之一；二是国家的债务水平很高（占 GDP 的 70%）；三是外汇贷款的比例很大。

这期间，东南欧主要股市指数也下降了一半多。保加利亚股票交易所 Sofix 指数下跌了 66%。罗马尼亚布加勒斯特 BET 指数 2008 年以来下降了 67%。塞尔维亚 Belex15 指数本年已下降了 65%。罗马尼亚列伊与美元相比下跌了 14%，与欧元相比下跌了 3.2%。波兰兹罗提与美元相比下降了 17%，与欧元相比下跌了 6.8%。乌克兰货币与美元相比下跌了 22%，与欧元相比下跌了 11.5%。

阿尔巴尼亚作为中东欧经济转型国家，同样未能逃脱世界金融危机的影响。这主要表现在如下三个方面：（1）阿直接受到金融危机影响的主要部门是贸易出口部门。阿对外贸易的 90% 是针对欧盟国家。欧盟国家对消费品需求的下降会导致阿出口减少。（2）将影响外资的投入。阿经济在很大程度上依靠外资的涌入。阿的许多大型项目，特别是能源项目和基础设施项目都要依靠以亿欧元计算的巨大的外部财政支持。这场世界金融危机将导致阿的项目建设速度下降或者冻结。（3）侨汇在阿尔巴尼亚经济中占有很大比重。阿目前人口约 350 万，其中大约近 100 万为在欧盟国家打工的"经济移民"（相当于劳务出口）。阿每年的侨汇收入为 10 亿欧元左右，这些汇款将用于直接投资和用于消费，对阿尔巴尼亚经济和国民的生活的影响相当可观。侨汇在阿的收支平衡中也占有重要地位，侨汇的减少还会影响阿的外汇支付平衡和外贸逆差的加大。

受到冲击较大的原因及其教训

中东欧国家普遍认为，它们没有做好应对这场世界性危机的准备，它们的风险和受到金融风暴的影响比拉丁美洲和亚洲要大。概括起来，有如下的原因和可供借鉴的教训。

第一，中东欧从中央集权的计划经济转变为市场经济，基础脆弱，存在虚假繁荣现象。近 10 年来，这些国家经济发展平稳，因为有大量的外国投资、信贷膨胀和消费需求。国内外投资者从"私有化"和"转轨"中获得了丰厚的资金回报，以很小的风险和少量的资金获得了暴利。金钱来得容易，又缺乏监督。许多人把资金投入迅速膨胀起来的股票和期货市场，而不是投入企业和生产领域。一旦外国投资和贷款减少，风险增大，经济就发生困难。

第二，中东欧经济已同西欧经济捆绑在一起，依赖程度大，尤其是银行业。西方在私有化和欧洲一体化过程中纷纷参股或收购中东欧国家银行，在某种程度上已控制中东欧的企业投资贷款和个人存贷款业务。这些国家的货币大都由西方帮助印制。金融危机发生后，一系列中东欧国家的企业和个人没有信贷偿还能力，外国银行急于回笼货币，向上级银行清算，于是出现了出售子银行的现象。同时，外国投资者又接连从中东欧国家撤走资金。这在乌克兰、匈牙利、波罗的海三国、保加利亚和罗马尼亚较为明显。据有的统计资料，在2008年9—10月短短一个月的时间内，匈牙利和俄罗斯的股票指数降低了40%，乌克兰的国家债券缩水55%。因此，西欧一咳嗽，东欧就感冒。

第三，中东欧国家追求高消费，存在巨额国际收支赤字。这些国家的居民借贷买车买房和旅游，喜欢高消费，在银行存款不多。据有关资料，在最近的一年之内，个人信贷的发放达到了令人难以置信的增长：保加利亚增长了63%，罗马尼亚60%，俄罗斯51%，拉脱维亚45%，匈牙利17%。这些国家从西欧进口大宗消费品，又没有具有竞争力的商品出口，导致贸易不平衡，赤字增加。目前，保加利亚的国际收支赤字占到GDP的25%，拉脱维亚15.1%，乌克兰10%。另外，侨汇也在锐减，使中东欧国家偿还能力降低，外国投资者信心减弱，欲尽快撤走资金，而不是想办法来填补"黑洞"。

第四，中东欧国家政府无力救助银行系统，只好求助于国际货币基金组织和欧盟。这些国家自身造血功能紊乱，从外部输血成为一个重要的方式。它们把目光转向过去不大受欢迎的国际货币基金组织。金融危机波及匈牙利后，匈牙利政府积极寻求外部援助。2008年10月16日，匈牙利国家银行宣布，已同欧洲央行达成协议，欧洲央行将向匈牙利国家银行提供至多50亿欧元的贷款。10月28日，国际货币基金组织、欧盟和世界银行同意联手向匈牙利提供约251亿美元（200亿欧元）援助资金，以帮助匈应对金融危机的冲击。

中东欧国家正在采取应对危机的措施

这场危机使中东欧处于衰退的门槛上。它们正在形成的市场遭遇到真正的打击和困难。在经过十来年的恢复和稳定增长后，现已处于停滞阶段。

最近，中东欧国家随着欧洲经济步入衰退，相继放慢了经济增长速度。据国际货币基金组织最新预测，2008年世界经济增长率将下降0.2个百分点，为3.7%；2009年将下降0.8个百分点，为2.2%。欧元区2008年经济增长率为1.2%，2009年约为0.5%。中东欧国家今年经济增长率平均为4.2%，预计，2009年只有2.5%（有人称将从前几年的6%降至明年的3.5%）。保加利亚将从2008年的6.5%调至2009年的4.7%，罗马尼亚从2008年的8.6%高增长降至2009年的4.8%。2009年波兰的经济增长率从5%下调到3.8%，匈牙利的增长率从3.2%下调到0.7%，斯洛伐克的经济增长率从6.2%下调到4.9%，捷克的经济增长率从5.0%下调到3.6%。

面临这场突如其来的金融风暴，中东欧国家无论是欧盟成员国还是非成员国，都在积极采取措施，以缩小危机对本国经济产生的负面影响。目前的主要措施有：向银行注资，动用国家的外汇储备保证银行的清偿能力，为企业和私人存款提供一定数量的担保，稳定汇率，降低利率，减少税收，鼓励自救，调整经济发展速度，对金融系统加强监管，向国际金融组织申请紧急贷款，等等。中东欧国家有信心克服危机，振兴经济，渡过难关。

　　西欧经济学家认为，中东欧国家已成为全球危机的"牺牲品"，他们担心这场危机从起初的冲击银行到现在已威胁到一些中东欧国家的生存，担心匈牙利和乌克兰之后会波及更多的国家。所以，国际金融机构和欧盟都准备向中东欧国家提供贷款，以刺激经济增长，制止人民生活水平下降，开辟新的工作岗位和巩固财政体系。

　　　　　　　　（原载《欧亚社会发展动态》2008 年第 45 期）

近一年多来巴尔干国家的政治经济走势

罗马尼亚和保加利亚加入申根区受阻

　　按照欧盟原先的计划和承诺，罗马尼亚和保加利亚将于 2011 年初进入申根区。但是，2011 年初法国和德国出于国内政策的考虑，对罗保的申请提出异议。它们担心一旦罗保加入申根区，贫穷的巴尔干国家移民，尤其是成百万的吉卜赛人就会大量涌入它们国内。于是，两国提出在 2011 年 3 月接纳罗保加入申根区的条件尚不成熟。接着，荷兰、丹麦、芬兰等国也主张罗保的加入可以推迟到 2011 年夏天或年底。这主要是为了申根区的边界安全。例如，罗马尼亚就不承认与摩尔多瓦的边界，保加利亚与土耳其也有一段边界没有最终确定。同时，保加利亚还表示，要到 2011 年底才能"履行加入申根区的技术条件"。无论是 2011 年的欧盟轮值主席国匈牙利和波兰，还是申根区的其他成员国都没有明确罗保加入的时间和期限。但有一点可以肯定，2011 年这两个国家无法享受申根区待遇。

罗、保欲加入申根区必须"满足技术条件和解决边界监控问题",因为它们加入后将成为欧洲边界的"守卫者"。加入不仅需要申根区成员国的批准,而且需要 27 个成员国的一致通过。这是为了确保因人口自由流动带来的申根区的安全。法国强调,罗、保加入的大门是敞开的,但这两国必须解决"有组织犯罪、腐败和边界问题"。这么说,也可能需要一年甚至两三年。还有的国家认为,罗保 2007 年 1 月入盟的时候条件就有点勉强,这次不能再降低条件了。欧盟境内 3/4 的非法移民来自东南欧。欧盟期待巴尔干"欧洲化",而不是欧洲"巴尔干化"。

对此,罗、保表示强烈不满,认为法国 2010 年夏天驱赶罗保吉卜赛人的行为不应该成为申根区扩大的障碍。罗马尼亚高调进行申辩,保加利亚则低调处理。罗称法德阻扰罗加入申根区是歧视行为。罗总统特拉扬·伯塞斯库说:"我们不会接受任何人的歧视,即使是来自欧盟最强大的国家。我们必须和所有其他国家一样,享受同样的标准。""2200 万罗马尼亚人民有权得到尊敬",罗马尼亚不会"购买"入申根区的条件。罗称如果得不到平等待遇,将在克罗地亚入盟、批准里斯本条约协议、在司法和内务改革等方面采取相应报复措施。罗执政者认为,比萨拉比亚领土问题并没有最终解决,所以它与乌克兰和俄罗斯仍然存在"领土"问题。于是,它欣然同意美国在它的领土上部署反导系统。

罗马尼亚敢于向欧盟老成员国叫板,是因为它在东南欧的地缘政治地位而理直气壮。如果说,位于中欧的波兰欲在欧盟扮演举足轻重的角色,那么罗马尼亚则在东南欧政治舞台上崭露头角,正成为一些建议的倡导者。罗是中东欧国家中继波兰之后面积和人口居第二位的国家,社会主义年代就坚持独立自主的发展道路。与此同时,罗马尼亚在巴尔干地区的作用和影响也明显加强。例如,罗马尼亚是最可能影响塞尔维亚的国家。两国历史上友好,在前南斯拉夫解体过程中和科索沃问题上也得到罗的同情,塞尔维亚急需罗这样的伙伴加强与欧盟和北约的联系。罗则把塞尔维亚视为巴尔干地区的一个重要的稳定因素和该地区各国之间关系的一个平衡因素。

当然，罗、保进入申根区受阻，除边境口岸的监控技术原因外，还由于它们的社会经济发展水平仍然较低。罗马尼亚经济2009年下跌7.1%后继续以较慢的速度收缩。2011年7月22日，欧盟委员会关于罗马尼亚司法改革的报告中称，罗自2010年7月以来，司法制度有了较大的进步，但需要加速审理前政府和议会高官腐败案的进程。该报告还对罗司法制度提出了诸如司法制度改革、司法责任、提高办案效率、增加反腐斗争透明度等17项建议。欧盟的一个委员会还提醒说，尽管罗的外债只占国内生产总值的37%，但平均利率接近6%，它有可能出现危机。

2010年2月，保加利亚中央统计局公布的资料称，2009年保加利亚经济萎缩了5.1%，国内生产总值比2008年减少了3.6%。根据世界上"失败国家"排名，保加利亚2010年排在第126位（共177个国家）。它的主要问题是腐败、政府缺乏透明度和失去欧盟的信任。欧盟委员会指出，2010年保加利亚的GDP是零增长，2011年可能达到2.7%。预算赤字2010年为2.8%，2011年约为2.2%。入盟三年来，保加利亚居民的收入比欧盟其他成员国和巴尔干邻国都低。2009年平均月工资302欧元，只比阿尔巴尼亚稍高，比同时入盟的罗马尼亚低。1/5的人口处于贫困线以下（人均月收入低于95欧元）。2010年在所有欧盟成员国中，保加利亚的死亡率最高，达到14.6‰，人口自然增长为负增长倒数第二位，即-4.6‰，仅比拉脱维亚的-4.8‰稍高。保加利亚的失业率从2010年6月的10.1%增加到2011年的11.3%。到2011年底的通货膨胀率可能为4.5%。

面对这种现实，罗、保两国从前几个月的强烈要求加入申根区变得谨慎起来。2011年7月22日，保加利亚副总理、财政部部长西美昂·贾科夫说，尽管保加利亚财政状况有所好转，国家外债水平较低，但保不宜在目前的情况下加入欧元区或申根区，应该知道"进入后的后果"。

西巴尔干国家入盟仍然路途遥远

西巴尔干国家的未来在欧洲，这仅是理论上讲。前南斯拉夫地区除斯洛文尼亚外，其他国家都走在入盟的道路上，但哪一个也不符合欧盟实现稳定和建立睦邻关系的要求。像波黑、科索沃的局势仍然影响着地区的稳定。波黑是宪法问题，科索沃与塞尔维亚则是领土问题。

但是，欧盟对西巴尔干国家，特别是对塞尔维亚仍然持傲慢态度，抱有成见。例如，罗马尼亚因为它的语言类似法语，有亲法传统，它的入盟得到法国的支持；同样，克罗地亚因为历史上，特别是第二次世界大战中有亲德势力，它脱离南斯拉夫联邦和入盟首先得到德国的支持。欧盟老成员国对西巴尔干国家的入盟抱着复杂的亲疏感情和模棱两可的态度。

2011 年以来，塞尔维亚接连抓捕海牙国际法庭通缉的战犯，为入盟创造条件。关于这些战犯，起初海牙法庭通缉的波黑 52 人中，塞族 45 人，克族 7 人，穆族没有。早在 2007 年底，塞政府就承诺谁能举报原波黑塞族军队总司令拉特科·姆拉迪奇，将获得 100 万欧元，举报原克罗地亚境内克拉伊纳塞族共和国总统戈兰·哈吉奇，将获得 25 万欧元。波黑塞族前领导人卡拉季奇 2008 年 7 月已经被捕，但他对海牙联合国前南斯拉夫问题国际刑事法庭指控的种族灭绝、战争罪和反人类罪等罪行全部予以否认。2011 年 5 月 26 日，塞尔维亚将拉特科·姆拉迪奇逮捕交给了海牙国际法庭。7 月中旬，塞尔维亚又逮捕了最后一名遭到海牙国际法庭通缉的战犯戈兰·哈吉奇。

塞尔维亚的这一系列举动受到欧盟和国际社会的欢迎，将有利于塞尔维亚和巴尔干地区的稳定和发展。塞总统塔迪奇指出，

"抓捕姆拉迪奇和哈吉奇是塞尔维亚安全部门多年努力的结果",
这犹如美国消灭了本·拉登一样"重要"。他还强调说,"塞尔维
亚现在已经完成了自己的法律义务,尽了自己的道义责任",这将
为"塞尔维亚加入欧盟开辟道路"。欧洲一些主要国家领导人和媒
体认为,此举使"塞尔维亚朝实现进入欧盟的愿望迈出了重要一
步"。2011年8月18日德国总理默克尔在访问塞尔维亚时表示,
塞尔维亚的地位在欧洲;德支持塞加入欧盟。她同时称,科索沃
问题不是一两天就能解决的,但塞尔维亚和科索沃之间的关系必
须改善。

这几年塞尔维亚的经济形势并不好。它的国内生产总值只是
1990年的75%左右,而斯洛文尼亚却比1990年高出54%、克罗
地亚高出14%、马其顿高出23%。黑山比1990年南联邦解体时
少15%,波黑少26%。战争结束15年了,塞尔维亚是前南斯拉
夫各共和国除波黑之外最贫困的国家。2011年7月,塞尔维亚经
济学家米罗斯拉夫·兹德拉夫科维奇认为,塞如果继续衰退,到
2014年将比阿尔巴尼亚还贫困。塞尔维亚的发展第一次出现比保
加利亚慢的现象,而克罗地亚的发展却接近和超过匈牙利。总之,
南联邦解体后,各共和国除斯洛文尼亚外,其经济结果比原社会
主义时期都要差。而且,前南斯拉夫地区的发展差距在继续扩大。

现在,塞尔维亚入盟道路上的最大障碍不是经济,也不是海
牙法庭通缉的战犯,而是科索沃问题。尽管塞尔维亚难以接受,
但下一步就是承认科索沃的现实。这肯定将成为欧盟接纳塞尔维
亚入盟的另一个前提条件。相反,塞尔维亚已没有同欧盟讨价还
价的条件了。塞尔维亚如果不承认科索沃,就入不了盟。这是美
国和欧盟的底线。而塞尔维亚重申,绝不拿科索沃做入盟的筹码。

波黑仍是巴尔干地区最不稳定的国家。塞族与穆克联邦之间
的种族冲突依然存在,国家的经济形势严峻,至今没有行之有效
的行政机构,司法不健全,没有正常的经济活动,是前南斯拉夫

地区最落后的国家。欧盟表示，绝不会接纳分裂的波黑加入其组织。

马其顿和黑山已经是欧盟的入盟候选国，但近一年来马其顿政局不稳定。马其顿的邻国希腊、保加利亚、塞尔维亚和阿尔巴尼亚都对它抱有各种成见；国内的阿尔巴尼亚族则不断向政府提出种种难以令人满足的要求。人们担心马其顿会不会重复科索沃的例子。因为在不久的将来，马其顿的阿族人将占据多数。甚至有的马其顿人认为，趁着现在马其顿人占有马其顿的大部分地区，现在分家比较好，更为有利。一旦马其顿分裂，出现大阿尔巴尼亚或大科索沃的可能性难以排除，那么巴尔干地区的边界又会发生变化。

克罗地亚和斯洛文尼亚认为它们属中欧国家，克有时甚至认为它是地中海国家。南联邦解体后，斯洛文尼亚宣布自己是"亲西方的欧洲国家"，2004 年已经加入欧盟，后又被接纳入欧元区。克独立 20 年来，之所以默认自己是巴尔干国家，是为了与前南斯拉夫地区的主要国家塞尔维亚平起平坐，并争取在西巴尔干地区率先入盟。截至 2011 年 6 月 10 日，克罗地亚在 35 个谈判章节中，已经结束 31 个，剩下的 4 个章节将争取尽快结束。欧盟委员会决定同克罗地亚的谈判在 2013 年年中结束，并将在当年 6 月 23—24日的峰会上作出克罗地亚入盟的决定。对此，克罗地亚十分高兴，决心在 2013 年 7 月 1 日成为欧盟的第 28 个正式成员国。目前，欧盟 27 个成员国中的多数国家暗示，将批准克罗地亚按时入盟。

阿尔巴尼亚的政治危机已持续两年。从 2009 年 6 月阿议会选举结束以来，反对党社会党不承认选举结果，不参加议会活动。从 20 世纪 90 年代初共产党政权垮台以来，目前的危机是持续时间最长的，因为双方都没有妥协的意愿。以地拉那市长埃迪·拉马为首的反对派社会党认为选举中存在舞弊现象，要求重新计票。而代表民主党的贝里沙总理反对重新计票，认为选举符合法律程序。但阿国内的有些法律和布鲁塞尔要求的某些经济和司法改革，需要议会 3/5 的多数票通过才有效，由于反对派的抵制很难获得通过。民主党和社会党两大势力互不相让，相互攻击，导致国家陷入政治危机之中。在欧盟和美国的干预下，为显示阿尔巴尼亚政治的成熟性，2011 年 5 月 8 日举行了地方选举。结果，关于地拉那市长的选举又发生冲突。社会党的拉马宣布在选举中获胜，民主党进行重新计票，宣布它的候选人巴沙获得选举胜利，反对派又不予承认。欧盟对阿的这种状况失去耐心，十分不满，称将影响阿的入盟前景。

欧盟要求阿重新制定选举法，以走出政治死胡同。阿尔巴尼亚目前的情况肯定无助于它早日实现其入盟的目标。

土耳其欲成为地区大国

土耳其成为地区大国最大的可能性是在巴尔干地区。2009 年 11 月底，土耳其外交部部长阿赫梅特·达乌托格鲁在公正与正义党党员大会上正式宣布，该党将推行"新奥斯曼主义"。他说："我们拥有奥斯曼帝国留给我们的遗产。人们把它叫作新奥斯曼主义。是的，我们就是新奥斯曼人。我们被迫研究和加强与邻国的联系，甚至与非洲国家的联系。大国搅乱了当前所发生的事件。"这位外长还说，土耳其不会仅仅局限于实现这一思想，而会努力去实现其他同样重要的思想。"奥斯曼帝国是我国历史的一部分，而伊斯兰教是我国文化中的一个基本元素。亲西方是我国的历史经验，而突厥主义是我国的基本运动。"因此，这位外长强调，土应该保护"奥斯曼遗产"，坚持奥斯曼主义。这一思想和理论的主要观点系统反映在他的代表作《战略深度》一书中。

换言之，土耳其的新奥斯曼主义的核心内容有三个，即奥斯曼帝国（奥斯曼主义）、伊斯兰教和突厥主义。一些西方分析家认为，土耳其外交政策中的新奥斯曼主义包括下列基本原则：（1）土耳其已经不再是美国和北约的"年轻伙伴"，而是已经成为中亚、欧亚和巴尔干地区安全的重要因素。所以，它可以在中东和高加索地区发挥调停人的角色；（2）新奥斯曼主义不会威胁西方和俄罗斯；（3）新奥斯曼主义不会成为某种侵略的口实。有的专家则认为，土耳其政府希望利用新奥斯曼主义政策来实现所谓的以土耳其为核心的"一体化走廊"，即在土耳其"软实力"的基础上，推广自己的经济强大和民主经验模式。土耳其所谓的"走廊"，其实就是想象中的势力范围。第一条走廊是土耳其—叙利亚—黎巴嫩—埃及，继续延伸至包括以色列和巴勒斯坦领土；第二条走廊是伊拉克和波斯湾国家；第三条走廊为伊朗和巴基斯坦。尤其是第三条走廊值得关注，如果能够实现，新奥斯曼主义就同泛突厥主义和土耳其的欧亚主义思想交织在一起，一方面，土耳其希望将伊朗和巴基斯坦纳入自己的势力范围，另一方面，土耳其欲使中亚和阿塞拜疆进入自己的势力范围。

土耳其安卡拉国际关系和战略分析中心主任希南·奥甘认为，土耳其是唯一能在中东发挥"现代化"作用的国家，也是唯一能帮助本地区与西方起"和解"作用的国家。显然，土并不渴望恢复奥斯曼帝国某个时期的边界，而是希望控制本地区能源输出和能源基础设施、发挥运输枢纽、银行和交通网络作用，使土成为地缘政治超级大国。这一思想再次反映在达乌托格鲁2010年1月在土耳其驻外使节会议上的讲话中。他提到，土耳其的超级（最高）任务不是变成地区国家，而是成为世界国家。土耳其的地理位置、历史和外交经验为它提供了这种可能性。

所以，目前土耳其推行的新奥斯曼主义，其主要目的是要在原奥斯曼帝国的范围内，恢复土耳其的影响和势力范围。土认为"16世纪是巴尔干最伟大的时期"，因为那是奥斯曼帝国最强大的时期。当时是帝国的"黄金时代"，控制着地中海的一部分，拥有和平、繁荣和宗教宽容。新奥斯曼主义思想成了土耳其对内对外政策的基石。国家宣传机器向各阶层人民灌输这一思想，使之成为国家"大政策"的基础。

但是，人们也看到，土耳其要实现其雄心勃勃的计划并非易事。且不说中东、巴尔干和北非国家对昔日奥斯曼帝国的统治心有余悸，珍惜来之不易的独立，再说土耳其也没有这种强有力的外交或经济军事手段，它的扩张必然与美国和英国的势力范围及能源政策发生冲突。这就是说，土耳其想成为地区超级大国的目标会遇到许多严重的挑战。

同时，在土耳其国内，推行温和的伊斯兰主义的公正与正义党极力推行新奥斯曼主义，而坚持凯末尔主义的军方和反对党人民共和党认为，这种政策不能接受，甚至对土耳其的未来是危险的。他们指出，现在的执政者极力实现一个不现实的方案，这个愿望和方案使国家远离凯末尔主义的共和原则。另外，他们还担心"库尔德问题"。因为彻底贯彻新奥斯曼主义的精神和原则，包括库尔德人在内的所有与土耳其种族不同的穆斯林种族将获得广泛的文化自治。新奥斯曼主义实际上代表多元文化社会，它与强调土耳其国家需要建立和保持一个民族的凯末尔主义是背道而驰的。

但是，土耳其成为地区大国的决心没有改变。2011 年 6 月 25 日，土总理埃尔多安在伊斯坦布尔举行的土耳其出口商会大会上认为，土耳其将成为巴尔干地区最强大的国家。他说，1923 年土耳其共和国成立时，全国的出口量仅 5100 万美元。他保证说，到 2011 年年底土耳其的出口量会超过 1320 亿美元，而到 2023 年土耳其共和国成立 100 周年纪念时，其出口总量将达到 5000 亿美元。他还认为，土耳其的经济增长是由于国家在信任和稳定的气氛下进行了政治改革的结果。但外界，特别是欧盟对土耳其的"政治改革"颇有看法，德、法等国坚决反对土耳其加入欧盟。它们举例说，2010 年土逮捕几名反对党国会议员一直剥夺了他们的代表权。2011 年 7 月，土耳其军队总参谋长等一批高级将领宣布辞职，抗议政府关押着 250 名军官，其中有 40 多名将军。他们被指控反对现政府及其执政党领导人。土耳其法院还剥夺了在 2011 年 6 月土耳其国会选举中当选的两名被关押的库尔德积极分子（总共有 6 名库尔德积极分子国会议员被关押）的豁免权，不让他们参加议会活动。土耳其在言论自由方面目前处于世界第 138 位。近一年来，有 68 位新闻记者未经起诉就被关在监狱里。

埃尔多安在 2011 年 6 月下旬的选举中获得了 49.9% 的选票。一旦在议会控制 2/3 的多数，将修改宪法，使国家更加伊斯兰化，土军人已经中立，不再反对伊斯兰主义，而警察和法院是支持伊斯兰主义的。土国家的宗教机构向巴尔干和苏联地区大量投入资金，支持那里的伊斯兰激进分子。今后 5—10 年土耳其很可能成为巴尔干地区的主宰力量。

希腊深陷主权债务危机

希腊原来是巴尔干地区较为落后的一个农业国，到 1960 年它的国内生产总值仅 450 亿美元。但它的政治领导人比较聪明，早在 1961 年 7 月便成功地成为欧共体联系国。希腊和土耳其是北约在巴尔干地区的最可靠伙伴，是西方当时确保石油供应的重要通道。还在 1960 年，联邦德国外交部就强调说，"希腊在西方预防东方集团的防务体系中起着重要作用"。1976 年欧共体委员会曾提出希腊不能加入共同体，因为它没有具备竞争力的经济、通货膨胀率高、失业严重和贸易赤字。但 1981 年这个巴尔干穷国却进入西欧富人俱乐部。希腊进入欧共体后，推行亲西方和亲苏联的政策。冷战结束后，西方争先恐后到希腊投资，把它树立为巴尔干地区西方阵营的榜样。希腊政府一度成功地利用这个机会，发展经济。

从 2008 年下半年起，希腊受到世界金融经济危机的影响，导致出现严重的主权债务危机，国家面临崩溃。而且，希腊危机不仅影响到巴尔干邻国的贸易，而且还威胁到它所在的欧元区和欧盟的经济。于是，布鲁塞尔不得不多次给予希腊贷款，以补偿这个国家的债务和降低它的预算赤字。2010 年 5 月，希腊从欧盟和国际货币基金组织获得一揽子拯救计划，共 1100 亿欧元（约合 1570 亿美元）贷款。尽管希腊压缩了国家预算和采取了严格的经济措施，但它的债务和预算赤字并没有明显减少。到 2010 年，希腊的国家债务达到 3270 亿欧元，为其国内生产总值的 150%。由于减少预算赤字和压缩各项开支，经济受到沉重打击，国内工人和公务员持续罢工，政局动荡。希腊的失业率从 2010 年 6 月的 11% 增加到 2011 年的 15%。2010 年希腊的预算赤字为 127 亿欧元，超支 24 亿欧元。2011 年上半年，希腊的国家预算缺口仍有 45 亿欧元。2010 年希腊经济萎缩了 4.5%，预计 2011 年将萎缩 3.9%。最乐观的估计，2012 年的经济增长不会超过 0.6%，而 2013 年可能为 0.7%。未来几年的恢复性增长速度可能比较缓慢。

在这种危急情况下，为防止希腊债务危机向其他欧元区国家"蔓延"，扩大到爱尔兰、葡萄牙、西班牙、意大利等同样处于财政困难之中的成员国，2011 年 7 月 21 日欧元区国家领导人共同制订了第二个拯救希腊的计划及其原则。新计划预计将减免希腊从前的部分债务，并继续增加新的贷款。第二次新的贷款拯救计划总数为 1586 亿欧元，规定到 2014 年之前要完成计划。欧盟和国际货币基金组织已承诺提供 1090 亿欧元贷款。但从目前的情况看，到 2011 年 9 月才能得到第一批贷款 80 亿欧元，2012 年只能实现 270 亿欧元，2013 年 320 亿欧元，其他的近 600 亿欧元靠希腊自筹，主要通过私有化、出售债券和寻求私人银行贷款。这次欧元区决定降低对希腊贷款的利息，由 4.5% 降至 3.5%，并延长偿还期，从 7.5 年延长到 15 年。

当前，欧元区的希腊、爱尔兰和葡萄牙已经接受欧元区的拯救贷款，意大利和西班牙同样面临债务危机，而欧盟的财政稳定基金和欧盟的稳定机制只拥有 4400 亿欧元基金，这个数字已捉襟见肘。

　　国际分析人士认为，新的财政援助计划将帮助希腊"摆脱危机"，"是对那些试图瓦解欧元区人的回答"。这实际上是一项"政治决定"，是欧元区和欧盟继续一体化的"一个步骤"。有的专家指出，本来希腊的主权债务危机 2010 年就有希望解决，欧盟的财政部长开会、讨论、作出决定，并起草了文件，但往往遭到政治家们的否决。所以，任何"政治解决"都不能挽救希腊债务危机。有的评论还指出，欧洲的这个"马歇尔计划"是否成功还很难说。

　　这次新计划的重点是注重经济发展。这是欧洲对危机态度的一个重要转变，因为经济衰退是造成希腊无法减少债务的基本原因。今后两年的关键是增加基础设施投资，大量吸收私人投资。专家们估计，给希腊的大部分贷款和投资将在 2014 年和 2015 年到位。希腊自身也在努力改革一些法令，减少官僚主义，改革劳动力市场，以增加工作岗位，成立新公司，刺激经济增长。2011 年 7 月 20 日，希腊政府通过法律（于 8 月 1 日生效），以增加政府收入。新法律规定，如果债务人欠国家的钱到期不偿还，将被判处徒刑（哪怕是只拖欠 5001 欧元也不例外）。目前，希腊全国有 90 万人欠国家 411 亿欧元。

　　希腊的主权债务危机能否控制，它是否具有偿还能力，已引起欧盟和世界的深切关注。2011 年 8 月 26 日，希腊财政部部长在议会表示，2011 年希腊很难达到控制预算赤字为 7.6% 的目标，到 2012 年也无法实现经济恢复性增长。

（原载《欧亚社会发展研究 2011》）

中东欧政治体制转轨 20 年的得失

　　20 多年来，中东欧国家以西欧为榜样，实施全面转轨，取得了值得肯定的成绩，但也付出了需要思考的代价。总的来说，中东欧各国经过 20 多年的政治经济转轨，社会已由混乱转入正常发展轨道。它们中有的国家已参加了北大西洋公约组织（北约）和欧洲联盟（欧盟），有的正在争取加盟入约，其中大多数国家政局和社会都相对稳定，经济形势普遍好转，对外政策也越来越趋于理性。

过去的 20 年是中东欧国家进行政治、经济和社会重大变革的时期。前 10 年，中东欧国家生产滑坡，经济崩溃，政局混乱，无政府主义泛滥，是苦苦求索而又痛苦的 10 年。它们在急流汹涌的江河中争先恐后地游泳，无法到达理想的彼岸；后 10 年，中东欧国家加入欧洲一体化进程，经济实现连年较高增长。它们终于游到了希望的彼岸，但眼前既有惊喜又充满迷茫。特别是 2004 年欧盟东扩，为中东欧国家回归欧洲开启了一个历史上独一无二的融入欧洲的过程。但 2008 年的全球性金融经济危机和 2010 年开始的欧洲主权债务危机，又沉重打击了这些国家尚不稳定的政治经济体系，造成了一定的负面影响，甚至会制约这些国家的稳定与发展。

我们可以认为，20 多年来，中东欧政治体制转轨要好于它们的经济体制转轨。总体上讲，它们政治上已经建立起以多党制为基础的议会民主制，但政治体制和政党体制尚不成熟，仍然存在一些不稳定因素。

第一，中东欧各国以和平方式实现政权的转换，进行政治经济和外交全面转轨。剧变初期，原东欧绝大部分国家的反对派都是煽动人们走上街头，采用暴力方式，以达到推翻执政的共产党和摧毁社会主义政权的目的。尽管矛盾和冲突有时表现得相当激烈，但最后大多数国家都是以和平方式解决了问题。当然，在罗马尼亚发生了 1989 年 12 月流血事件、在前南斯拉夫爆发了血腥的内战。捷克和斯洛伐克"分手"则采取了和平协商的方式，被称为"天鹅绒式"革命。正因为如此，这些国家在其后的 20 年间尽管都经过了五六次或更多次大选和总统选举，政府频繁更迭，但每次基本上能和平地相互替换，实现和平交权，使政局保持相对稳定。

第二，中东欧各国的政权体制已经成型，国家权力中心亦基本形成。在这 20 多年间，各国在改名共和国后，都制定了新宪法，从法律上确定了国家的政治体制形式和法制社会。同时，通过了新的政党法和选举法等重要法律法规，规范了国家权力机构和最高领导人的职责范围，确立了立法、行政、司法三权分立，普遍实行总统制（实际上是准总统制或半总统制）和总理制。波兰、斯洛伐克、罗马尼亚、保加利亚、塞尔维亚、斯洛文尼亚等国的总统都是由全民投票直接选举产生，而匈牙利、捷克、阿尔巴尼亚等国的总统则由议会选举产生。总理一般是由在大选中获得多数席位的政党领袖担任，由他组织一党或多党政府。可以说，中东欧各国的政局基本稳定，其政治转轨的成果得到了社会认可，其发展趋势难以逆转。

第三，中东欧国家政治上已经建立起以多党制为基础的议会民主制。剧变初期，短时间内形形色色的政党和组织竞相出现，每个国家都存在几十个甚至几百个大大小小的党派。议会选举、总统竞选、多党制造成了这些国家社会政治力量的尖锐对立，陷入了严重的无政府主义状态。现在，这种状况有了很大的改变，政党间的斗争逐步纳入法制轨道，政权更迭能依法平稳进行。党派政策在不断趋同，极端的观点受到冷落。近年来，中右和中左党派在中东欧国家的政坛崭露头角，且当前各国的执政党大都以中右翼党派为主。同时，原来对立的左右两大派在执政理念上并没有多大分歧，如国内政策、私有化、民主自由、加盟入约；对外政策则亲美不脱离欧洲等。由于没有强有力的左翼或右翼政党出现，各国逐渐形成了以右、中、左为代表的多个议会党，从而不得不组建中右、中左甚至右、中、左联合的弱势政府。

第四，中东欧政党政治还不够成熟，西方式的有序论替制仍在完善之中。例如，没有建立起强大的议会党，在所谓"多党议会制"的体制下，选举新总理和组织新政府经常是一件非常复杂的党际之间的斗争，时常出现议会和政府提前下台的现象。同时，选民参与政治的热情在逐年下降。就参选率而言，中东欧国家普遍从剧变初期的80%—90%降至现在的50%—60%，甚至更低。斯洛伐克2006年达到55%；匈牙利和捷克近几年的最高投票率没有超过65%；波兰由2004年的54%降至2007年的41%。在2005年的波兰大选中，只有40%的人参加投票，创下波兰历届大选的最低投票率；保加利亚1990年的投票率高达90.6%，1994年为74.3%，1997年为62.4%，2001年为67%，2009年为60%。这就造成中东欧国家的议会选举和总统选举均要举行至少两轮投票才能以微弱多数决出胜负。所以，在中东欧国家很少有一届政府或一位总统能够获得连任。又如，中东欧国家政党体制薄弱，导致经常性政局不稳。最近20年来保加利亚更换了14届政府、7届议会。具有议会传统的中欧国家波兰、捷克和匈牙利同样是政府频繁更迭，政党争斗不止，这与西方的民主选举和政党正常轮换相去甚远。再如，近年来，街头政治又在中东欧国家重新出现，有时还相当尖锐。波兰、匈牙利、保加利亚、罗马尼亚等国游行、罢工时有发生，表面上看多为工会组织的反对物价上涨和要求增加工资，很少提出政治诉求，但其背后是政党在操纵，受政党利益所驱使。可以看出，中东欧国家要真正形成西方国家的政党（两大党）格局，还有相当长的一段路要走。

第五，中东欧国家至今没有出现占主流的社会思潮，仍存在一些不稳定因素。中左力量不断失利，中右势力纷纷上台执政，民族主义重新复活。自柏林墙倒塌以来，欧洲中左翼力量一直在逐渐削弱。近年，不光是西欧、北欧欧盟这些老成员国的民族主义抬头，同样，"新欧洲"的民族主义也死灰复燃。在波兰，掌握国家大权的一度是"超级爱国主义者"和民族利己主义者法律与公正党。像捷克的极右政党共和党、匈牙利的"尤比克"党、保加利亚的极端民族主义政党进攻党（阿塔卡）和罗马尼亚的大罗马尼亚党等都公开反对自己的国家加入欧盟。所以，有的学者认为，当前中东欧国家政治舞台上是三种主要政治势力鼎立，即西方式自由民主派势力、民族主义势力和民主社会主义势力。目前，这三种政治势力仍在不断演变，还远没有定型。有些中东欧国家甚至是这三种政治势力的混合物。

这些政治势力沉迷于党派之间的争权夺利，而不关心国家的社会和经济发展，甚至不考虑民族的利益。它们对自己的执政缺乏信心，把国家的落后归咎于过去，现在还在重复剧变初期已经过时的口号和夺权方式。例如，2009年上台的保加利亚右翼政府近两年公布了一大批20年前的内务部和安全部门的档案，致使成百上千的现职公务员和高级外交官被贴上共产党的"奸细"和"情报员"的标签不能继续任职，严重损害了国家的形象。又如，2010年上台的匈牙利青年民主联盟欧尔班政府不仅否认和打倒社会主义年代的一切，而且称剧变后的20年是"混乱的年代"，提出要在所有领域"建立新制度"，即要"终结多党政治，建立中央集权制"，实现青民盟一统天下的局面。这种做法引起国内外舆论和民众的强烈不满，也使匈牙利在国内外的威信扫地。这集中反映了中东欧一些国家多党民主制度的不健全，他们一味推行西方的政党模式和政治体制，结果带来一些消极后果。同时，这也衬托出欧盟内部目前软弱无力和指挥不灵的无奈局面。

在东南欧国家普遍存在的毒品走私、有组织偷渡、贩卖妇女儿童、走私武器、偷盗汽车等有组织犯罪活动仍在泛滥，贪污腐败盛行，法制不健全。这种多党政治制度所暴露出的诸多问题，值得人们深思。

另外，民族矛盾和宗教信仰不同也成为影响中东欧国家长久稳定的重要因素。当今的波黑、马其顿、塞尔维亚、罗马尼亚等国不同程度地受到这些问题的困扰。

中东欧国家社会政治转轨较为顺利和成功的原因有：（1）政治制度转轨作为推翻一个旧的政治制度和政党制度，从而建立起一种新的政治和政党制度，进度快，时间短，而且是按和平的方式完成的；（2）政治转轨在西方的策划下，反对派可以利用一切手段大胆狂为，没有任何顾忌和禁区；（3）历史上受到不公平对待的各种性质的形形色色的资产阶级政党蜂拥登上政治舞台，积极参与多党竞争；（4）议会选举和总统直选以及全民公决形式被普遍接受和采用；（5）人民群众渴望拥有参加政治生活的自由和民主权利，特别是拥有选举权和被选举权，政治积极性一度空前高涨。

（原载《俄罗斯研究信息》2011 年第 8 期）

中东欧 2012：观望与等待

从 2004 年开始，已有 10 个中东欧国家成为欧盟成员国，大部分中东欧国家基本完成了回归欧洲的历史使命。在这期间，这些中东欧国家的经济都曾出现过高速增长，有的国家甚至出现长达 10 年的高速发展的阶段。但 2009 年底，希腊债务危机引爆后，欧盟一直没有找到一条走出债务危机的道路。中东欧国家经济发展速度也随之出现大幅下降的势头，西巴尔干国家入盟之路也遥遥无期。

2012 年在欧洲金融危机和欧债危机冲击下，中东欧国家的经济仍处于低迷状态，对欧盟新出台的财政政策和稳定机制，特别是对欧元区持怀疑和不信任态度。波兰和波罗的海三国的社会经济形势较好，相对稳定，但经济发展速度也出现减缓的态势。东南欧地区受到的影响则比较大，经济增长乏力。在政治方面，罗马尼亚、匈牙利、塞尔维亚、阿尔巴尼亚、黑山等国进行了议会和总统选举，欧债危机对这些国家政局的影响有限。

欧债危机影响地区国家经济发展速度

2012年希腊几经磨难留在了欧元区，但仍然处在动荡和衰退之中。希腊的GDP不到欧盟GDP总量的2%，却引起整个欧洲和巴尔干地区紧张，蔓延到欧盟多个国家，成为全欧洲的问题。希腊的主权债务危机确实难以医治。它面临的主要困难包括以下几个方面：（1）2012年的预算赤字仍然很大，将达到8.9%；（2）衰退进一步加剧，2012年经济增长将降速2.8%，而不是原先预计的2.5%；（3）2012年的失业率将超过2011年16%的水平，达到17%；（4）债务呈增长趋势。11月国际货币基金组织预测，2013年希腊债务将占GDP的190%，要到2020年才能降至120%。该组织的主要经济学家还预计，2008年爆发的这场危机可能要延续10年之久。

欧盟建立了稳定和救助机制，制定了严格的财政管理制度，欧元区在试图设立统一的银行监督机构等措施，但2012年欧债危机仍继续蔓延到欧盟核心圈之外的中东欧国家。中东欧各国大都经历了经济紧缩的痛苦时期，经济增长低于危机前的高速度。目前，部分国家经济缓慢复苏，有的国家依然难以走出下降轨道。2011年中东欧10个欧盟国家经济出现分化的局面，即东南欧国家仍处于困境，经济回升乏力；罗马尼亚和保加利亚两国平均不到1.5%，2012年的增长速度也远未达到2008年危机前的水平。而中欧的波兰和波罗的海三国却逆势而上，出现了稳定的增长发展，有望达到2.5%—3%。

早在2012年10月初，德、法、意三家主要预测机构均推迟

了欧元区经济复苏的时间，认为这个时刻至少要到 2013 年第一季
度之后才能出现。这三家机构 2012 年 7 月曾经预测欧元区到第四
季度有可能出现 0.1% 的增幅。2012 年 11 月欧盟执行机构欧盟委
员会下调了它对该地区国内生产总值的预测，即 2013 年欧盟将增
长 0.4%，而 2012 年春天的预测值为 1.3%。欧元区的 17 国 2013
年只能增长 0.1%，而此前预计可能达到 1%。2012 年欧盟经济将
萎缩 0.3%，而不是之前估计的零增长；欧元区 GDP 2012 年将下
降 0.4%，而不是此前估计的 0.3%。欧元区的失业率 2013 年仍
然维持在 11.6% 的高水平上，而整个欧盟的失业率为 10.6%。经
济复苏仍遥遥无期。

欧债危机加剧欧盟新老成员国间矛盾

近四年来的欧洲金融危机和债务危机冲击着所有欧洲国家，
特别是欧元区经济发展速度放慢。首先，中东欧国家的银行业担
心外资撤离，投资减少。因为这些国家的银行主要由法国、德国、
奥地利和希腊银行掌握。它们担心根据资本重组计划，西方银行
将从中东欧分行抽取资金，使这些国家的经济面临新的危险。例
如，2012 年西欧对波罗的海国家、匈牙利的贷款在减少，甚至对
波兰的贷款亦在缓慢下降。据英国一家投资咨询公司的统计，
2011 年西方银行从中东欧地区撤退的资本金高达 150 亿欧元（195
亿美元）。其次，经济不景气也影响到中东欧国家的商品出口。这
种情况使欧盟新成员国对老成员国产生了一定的怨气。

由于欧盟核心成员国对解决欧债危机达不成一致意见，中东
欧中小国家不得不各自采取应对危机的措施，不急于进入欧元区，
观察欧元区事态的发展成为中东欧各国普遍采用的无奈之举。这
些国家对欧盟和欧元区的前景堪忧，尤其对德国抱有疑心，希望
德国在解决欧债危机中发挥更大的作用。波兰外长西科尔斯基
2011 年 11 月 28 日在柏林发表演讲时，呼吁德国在解决欧债危机
中发挥领导作用。他说："我对德国无所作为的担心胜过对德国影

响力的担心。你已经成为欧洲必不可少的国家，你必须领导。不是控制，而是领导改革。"

2012 年，欧盟决定建立"经济政府"，加强财政纪律。欧盟建立了紧急救助基金——欧洲稳定机制，欧元区也达成了设立统一银行监管机构的协议。但建立欧洲稳定机制要求成员贡献新的援助基金，所以保加利亚、波兰表示难以接受，因为其生活标准远低于那些受援国，如希腊，这无异于让穷人帮助富人。这三年来欧盟是会议多、通过的决议多、达成的协议多，但具体行动少、行之有效的措施少、落实的方案更少。严酷的现实是，除了西欧主要经济体国家外，中东欧各成员国也需要勒紧裤腰带，生活更加节俭，制定严格有效的经济措施，增加税收，以克服危机状态，拯救"共同的欧洲大厦"。这种超越国家的管理机构一旦实施，将意味着成员国主权的削弱和丧失。这将严重影响中欧和东南欧国家管理它们仍然较为脆弱的财政金融系统。因此，斯洛伐克议会主席利哈德·索里克强调说，斯洛伐克应该做好放弃欧元和重新使用本国货币（2009 年进入欧元区时停止使用）的准备，"现在是停止盲目跟随欧元区领导的高调宣传的时候了"。因此，当希腊债务危机发生时，斯洛伐克是唯一一个反对向希腊提供贷款救助的国家。波兰总理图斯克也表示，欧盟制定共同的财政经济制度并不适用于波兰。

2012 年还是欧盟东方伙伴国的选举年，亚美尼亚、白俄罗斯、格鲁吉亚和乌克兰等国都举行了议会选举。欧洲议会认为，选举符合民主程序，但并不是所有当选人都令欧盟高兴，有的当选人可能推行亲东方的政策。

当然，我们也应该看到，尽管欧盟新成员国有人呼吁要"重新审视欧盟"，担心欧元区的发展前景，但新成员国入盟利大于弊，是获利者。欧盟是欧洲一体化的伟大尝试和实践，而欧洲的未来也只能是不断深化的一体化过程。

欧债危机冷却了中东欧新成员国加入欧元区的热情

2008 年金融经济危机开始后，人们对欧元区和欧盟的信心降低。2012 年欧盟的一项民意调查称，只有 49% 的欧盟公民认为成为欧盟成员国是件"好事"。其实，早在 2010 年 4 月欧盟委员会的报告就指出，欧元区的危机可能动摇 10 个新入盟成员国对欧盟的信心，推迟了一些国家加入欧元区的时间。当时预计保加利亚为 2013 年，立陶宛和拉脱维亚为 2014 年，罗马尼亚为 2015 年。显然，严酷的现实证明这个预计有点乐观。

早在 2011 年 9 月，保加利亚、捷克、匈牙利、拉脱维亚、立陶宛、波兰和罗马尼亚 7 个欧盟新成员国就在一起开会，提出要修改入盟条约，即加入欧元区不是原先规定的入盟后的义务，而是要经过全民公决。言下之意，就是在欧元区债务危机的情况下，它们不想急于加入，需要观望等待。

近 20 年来，波兰一直是利用其地缘政治优势致力于欧洲一体化进程的国家。但面对欧元区在解决债务危机中的软弱无力，以波兰为首的欧盟新成员国都反对欧元区或欧盟出现一个超级国家管理各国的财政，更不想急于进入欧元区。波兰 2/3 的银行为外国所有。波兰财长艾森特·基罗斯托夫斯基表示，"我可不愿意搬进主体构件改造尚未完成的房屋里，因为有可能出现墙塌砸人的危险"。波兰现政府对加入欧元区的预期是 2015 年，最终的决定届时还需要以全民公决的形式作出，目前波兰人接受共同货币的观点各持己见。可以说，全球经济危机和欧债危机在一定程度上冷却了支持快速加入欧元区的人们的热情。

罗马尼亚和保加利亚从加入欧盟到申请进入申根协议一直都被"捆绑"在一起。欧盟承诺在 2011 年 3 月吸收罗、保加入申根区。欧盟绝大多数成员国认为，罗、保履行了申根区所要求的技术指标，但以荷兰为首的几个成员国反对罗、保加入，故至今它们的愿望没有实现。于是，曾经强烈渴望加入欧元区的保加利亚在 2012 年 9 月表示，现在看不到欧元区的任何好处，只有承担的费用和风险，而且无法知道一两年后欧元区会怎样，所以宣布放弃加入欧元区。保加利亚并不是在加入欧元区问题上大打退堂鼓的唯一国家。爱沙尼亚是 2011 年初最后一个参加欧元区的国家，但拉脱维亚和立陶宛如今也不想紧跟，降低了原先的愿望。

欧债危机冲击地区国家政局稳定

绝大多数国家的多党议会民主制运作正常，在加深和扩展同欧盟的关系，巩固融入欧洲一体化的成果。但是，在欧债危机的冲击下，个别国家的政局出现动荡，政府频繁更替。部分中东欧国家政府是在危机高潮中上台的，代表中右翼政党利益。它们以降低预算赤字、减少债务、增加就业等口号赢得了选民，但上台执政后，却又提高税率、降低工资、压缩工作岗位，特别是养老金、教育经费和医疗经费减少，遭到大部分民众的抗议。这对中东欧的改革产生负面影响，失去原先改革的动力。2012 年捷克的工会组织罢工，保加利亚和罗马尼亚的游行罢工不断，反对政府的紧缩政策。

2010 年，匈牙利右翼政府在反危机中上台，但三年来欧尔班政府采取反常规措施，使外国投资减少了许多，修改了宪法，实行专制统治，遭到布鲁塞尔的批评。2012 年 5 月 10 日匈牙利新总统阿戴尔·亚诺什正式走马上任，替代由于卷入"博士论文抄袭案"而辞职的前总统施密特·帕尔，成为匈改制后的第五位总统。阿戴尔尽管在国会赢得 2/3 的多数票而当选，但他目前面临诸多挑战，眼前的道路曲折坎坷。7 月，国际货币基金组织和欧盟与匈牙利关于 150 亿欧元的贷款谈判也无果而终。

捷克中右翼政府 2010 年执政以来，在推行养老金制度和医疗制度改革时，政府的目的是逐步减少这方面的支出，并通过提高税收增加收入，这反而使捷克成为欧元区之外第一个出现经济增长停滞的国家。捷克欲将 2012 年的预算赤字控制在 3.55% 以内，这就需要提高税收。捷克民众和工会组织游行，反对政府的反危机措施，教育部部长因教育经费缩减了25亿克朗而宣布辞职。

　　罗马尼亚的政局动荡更为明显。2012年2月6日，罗马尼亚总理埃米尔·博克宣布他和他的政府辞职，博克政府是在欧洲债务危机情况下，中东欧国家里继斯洛伐克之后下台的又一政府，接着成立了温古雷亚努领导的中左翼短命政府。5月7日，伯塞斯库总统提名左翼反对派领导人维克多·蓬塔担任新总理。6月21日，罗前总理纳斯塔塞因不满对他的腐败起诉自杀未遂。罗议会于7月6日通过了社会自由联盟提出的弹劾伯塞斯库总统议案，由参议长安东内斯库代行总统职权。7月29日，由于参加投票的人数没有达到公决法修正案所规定的半数以上的要求，这次全民公决宣告流产。伯塞斯库总统一直公开主张政府应大幅削减财政支出，以摆脱国内经济困境，争取获得国际货币基金组织和欧盟50亿欧元的货款援助。他的这一做法引起以总理蓬塔为代表的社会自由联盟的强烈不满。有分析人士认为，这次弹劾总统事件虽然暂时平息了，但罗政坛的严重对立状态将对国家的政治和经济稳定造成长期的影响。

　　2012年5月，塞尔维亚进步党主席尼科利奇以微弱优势战胜被称为亲欧主义者的原总统、民主党主席鲍里斯·塔迪奇，当选塞尔维亚新一届总统。西方媒体一度称尼科利奇的当选犹如发生了一次"政治地震"。但新总统表示倡导"两扇门"的外交政策：一扇门通向东方，一扇门通向西方。几个月来，塞政坛比较平稳，没有出现"政治地震"。塞尔维亚在沿着克服欧债危机给塞尔维亚经济带来的不利影响、解决棘手的科索沃问题和尽快开启入盟谈判的道路前进，形势是稳定的。

　　阿尔巴尼亚民主党候选人布亚尔·尼沙尼在2012年的换届选举中当选为第七任总统。但阿左、右翼两大阵营之间的权力纷争不会因他的当选而缓和，政坛仍面临严峻挑战，特别是在对外关系方面，阿尔巴尼亚仍将继续推行亲美政策，与美国发展"特殊亲密关系"；加入欧盟仍是阿外交工作最主要的目标。

尽管科索沃国际指导小组宣称从 2012 年 9 月 10 日起结束其对科索沃独立后四年半的国际监督，但科索沃依然面临诸多挑战，难以解决科索沃的经济危机、北部塞族人问题、科索沃加入联合国和其他国际组织的问题。科索沃实现真正的独立还需要等待，因为欧盟 28 个成员国中仍有 5 个未予承认。

欧债危机推迟了西巴尔干国家的入盟期待

2011 年 12 月 9 日欧盟峰会期间，克罗地亚领导人与欧盟领导人和欧盟 27 国首脑正式签署了加入欧盟协议。2013 年 7 月 1 日克罗地亚将正式成为欧盟第 28 个成员国，它将是西巴尔干国家中第一个加入欧盟的国家。2012 年 1 月 22 日，克罗地亚就加入欧盟问题举行全民公决，约 70% 参加公决的人对加入欧盟投了赞成票，约 30% 的人投了反对票。欧洲理事会主席范龙佩和欧盟委员会主席巴罗佐都对克罗地亚全民公决的结果表示欢迎，称这也是向整个东南欧地区"发去了一个明确的信号"，只要有政治勇气，锐意改革，加入欧盟的愿望就能实现。

2012 年 10 月 10 日，欧盟委员会的年度报告讲到了巴尔干国家入盟的不同进程和悬而未决的争论问题。欧盟负责扩大事务的专员费勒指出，阿尔巴尼亚只有在解决了司法和公共行政领域的改革以及重新审查议会程序规则的改革之后，才能获得入盟候选国地位。阿尔巴尼亚所承诺的在反对贪污腐败和打击有组织犯罪方面有一定的进展。阿已于 2009 年加入了北约，但迄今尚未获得欧盟候选国资格，入盟更是遥遥无期。

该报告认为，塞尔维亚正在沿着加入欧盟的道路前进。该国"在继续完成政治标准和稳定进程条件"，但改革进程缓慢，必须明确而又坚定地改善同科索沃的关系，并逐步实现双边关系完全正常化。报告提出"解决科索沃北部的问题必须维护科索沃的领土完整"。塞尔维亚总理立即表示，塞尔维亚无法接受一个意味着承认科索沃的条件，科索沃问题将是塞入盟谈判的最大障碍。

科索沃当局表示，随时准备与欧盟进行签订"稳定与联系协议"谈判。欧盟准备向科索沃提供签订协议的细则要求和短期内科索沃需要优先达到的目标。

2012年欧盟已经是第四次提议开始同马其顿进行入盟谈判，而且建议直接先谈马其顿与希腊多年来争论的国名问题。马其顿同意这一安排，期望在这个问题上有所进展。

尽管黑山是2012年巴尔干国家中唯一一个启动了与欧盟入盟谈判的国家，但欧盟以十分尖锐的言辞批评黑山在打击腐败、有组织犯罪活动和司法改革方面非常不力，经济发展缓慢。2012年10月14日，黑山提前举行了议会选举，气氛平静，符合欧盟的要求。米洛·久卡诺维奇的社会主义者民主党和社会民主党联盟以47.9%的选票获胜，民主阵线获得23.8%的选票。所以，欧盟称黑山在履行政治标准方面有所进步。

波斯尼亚和黑塞哥维那（波黑）自1992年爆发内战后已走过了20多年。然而，这个国家仍饱受分裂之苦。按照塞族人、克族人和穆斯林民族定额组建的中央政府举步维艰，政治经济发展缓慢，在加入欧盟的漫长道路上，这个西巴尔干国家落后于其他前南斯拉夫邻国。波黑还不具备入盟的条件，它仍是该地区最落后的国家，司法改革停滞、政局不稳、经济落后。

欧债危机提升了中东欧国家同中国发展关系的积极性

2012年中国与中东欧国家关系明显升温，特别是温家宝总理在2012年4月访问波兰时与中东欧地区16个国家的政府领导人齐聚华沙，提出了中国—中东欧国家关系发展12项举措，宣布了促进中国和中东欧地区间交流发展的建议，确定了双边的磋商机制。这激起了中东欧地区国家领导人的极大兴趣，推动中国对中东欧的投资。这也充分显示了中方对加强与中东欧国家合作的高

度重视和务实态度。目前，这些建议正在逐步实施。中东欧国家
是中国同欧盟之间合作的伙伴和桥梁，中国也认识到中东欧地区
的地位和作用。2012年中国与中东欧的双方贸易和经济合作不断
扩大，人文交流不断增多，双方关系的质量有了实质性提高。

中欧经贸关系一直在稳步提升，双方的进出口额度和投资力
度都有了大幅提高，并为2015年双方贸易额达到1000亿美元而
共同努力。2012年整个中欧关系正处于承前启后的关键时期，机
遇和挑战都是巨大的。深化双方互利合作有助于促进中欧关系的
全面发展。中国的发展需要欧洲，欧洲的发展也需要中国。中方
愿同欧洲国家共同分享发展机遇，共同迎接各种挑战，坚定信心，
携手并进，把中欧全面战略伙伴关系打造成21世纪国际合作的典
范。中东欧国家既是中国实施"走出去"战略的重要阵地和扩大
与欧盟经贸合作的新平台，又是推动中欧关系发展的重要力量。
在进一步发展双边关系的同时，促其在欧盟发展对华关系上发挥
建设性作用。中东欧还是中国在国际事务中的重要合作伙伴。它
们也希望通过自身努力争取在欧盟中获取更大利益，增加在大国
关系中的回旋余地。随着中国国力不断增强，在世界的政治和经
济影响力不断提升，中国与中东欧国家在重大国际和热点问题上
协调立场，加强战略对话与合作的必要性增强。

(原载《欧亚发展研究2013》)

2014年：中东欧大事浅析

欧洲议会选举：右翼得势

2014年的欧洲议会选举从一开始就是一道真正的难题。还在
5月22—25日欧盟各成员国选举的前夕，西欧和中东欧各国的媒

体就对这次选举持悲观情绪，普遍觉得很难预测选举的结果。按规定，5月27日欧盟首脑会晤时他们应该正式确定欧盟主要领导人的人选，并在6月底的元首会晤会议上通过。7月1日，751名欧洲议会的新议员将在斯特拉斯堡举行第一次会议，而从7月14—17日的全体会议上遴选出由欧盟各成员国国家元首和政府首脑推荐的欧盟委员会主席。如果选举主席成功，各成员国将各自推举一名欧盟委员会委员。按惯例，欧盟委员会主席将由欧洲议会选举中得票最多的党派担任。也就是说，下一任欧盟委员会主席必须获得各成员国政府首脑推荐并由欧洲议会批准。

5月29日，法国上千名群众在巴黎示威游行，抗议极右翼政党国民阵线反移民、反欧洲一体化的政策立场。但国民阵线却在本届欧洲议会选举中成为代表法国的第一大党，而总统奥朗德所在的社会党则沦为第三位，引起法国政坛的一场"地震"。

欧洲因为经济危机和欧债危机、高失业率和内部争吵以及欧盟一手造成的乌克兰危机已经疲惫不堪。在这次选举中右翼民族主义政党的胜利又使欧盟面临新的尴尬处境。疑欧论再次抬头，在欧洲议会有30%的议员与欧盟唱反调。同样，中东欧国家谋求有一个高级领导职位的呼声强烈，咄咄逼人。

欧盟整个投票率平均只有43%，非常低。在中东欧，波兰新右翼大会党获得了7.2%的选票，匈牙利极右翼"尤比克党"获得了15%的选票，罗马尼亚国家自由党获得约14%的选票。以保加利亚为例，在此次欧洲议会选举中，全国的投票率仅为36.15%，是历次选举中最低的一次。与2007年和2009年两次欧洲议会选举相比，保社会党的席位为5、4、4，有所下降；土耳其族争取权利和自由运动的席位为4、3、4，略有上升；保加利亚争取欧洲发展公民党（简称公民党）的席位为5、5、6，稳中有升。① 这反映了保加利亚近年政治力量的变化和社会的现实。所以，中东欧各国在本届欧洲议会选举中的一个特点，是新兴政党走上前台，第一次成为欧洲议会党；同样，疑欧政党也堂而皇之进入了欧洲议会。未来这些政党在欧洲议会如何发挥作用值得关注。

选举后，欧盟最高职位的争夺十分激烈，谁能拔得头筹难以确定。在 5 月 27 日欧盟各国领导人峰会上，各方进行试探，希望找到一位合适的候选人。当时提到较多的是卢森堡前首相让 - 克洛德·容克。但英国首相卡梅伦表示反对，卡梅伦担心自己的保守一自由派政府受到动摇，威胁说如果容克当选，英国会举行全民公决决定是否退出欧盟。法国总统奥朗德也强烈反对由容克出任这一职务，他希望由一位法国人来担任此职。持反对态度的还有瑞典、匈牙利。

在选举欧盟委员会主席的问题上，欧盟内部展开了密集的明争暗斗。经过反复磋商和较量，欧盟成员国领导人最终通过投票方式推荐容克为欧盟委员会主席。容克是欧洲一体化的的主要设计师和积极推动者，2005—2013 年曾一直担任欧元集团主席，为欧元区建设和发展立下汗马功劳。他领导的欧洲人民党和支持他的欧洲社会党拥有欧洲议会 751 个席位中的 412 席，所以，他领导欧盟的最高行政机构是情理之中的事。

在选举欧洲理事会主席的过程中，显示了中东欧新成员国的团结和胜利。2014 年 8 月 31 日，波兰总理图斯克当选为欧洲理事会主席，12 月 1 日他正式取代范龙佩。欧洲理事会主席素有"欧盟总统"之称，同时也是 18 个欧元区国家的最高领导人。欧洲理事会主席任期两年半，可连任一次。图斯克 2007 年当选波兰政府总理，并于 2011 年获得连任。图斯克不懂法语，英语水平也不

---

① Alexsimov. blogspot. com，2014 年 5 月 29 日。

高，竞选的条件不是太好，但因得到欧盟中东欧成员国的全力支持，终于如愿以偿。他的当选，既是对波兰在欧盟中的影响日益增长的承认，也是中东欧新入盟成员国10年努力的结果，还说明东西方之间的鸿沟在逐渐缩小。与此同时，意大利人费代丽卡·莫盖里尼当选为欧盟外交和安全政策高级代表。11月1日和12月1日这三位欧盟新领导人已经就任。他们是否能给欧盟带来新的活力和希望，还要靠实践来证明。

然而，以容克为首的欧盟新领导人的任务却不轻松。近几年来，欧洲经济低速衰退，民众不满情绪普遍高涨，极右翼思潮泛滥，"疑欧论"颇有市场。当前的欧盟面临着重重困难和危机，如欧盟一直处于经济发展停滞阶段，失业率居高不下，欧盟与俄罗斯关系陷入泥潭，棘手的乌克兰问题，伊斯兰恐怖主义在欧洲活动频繁，等等。

2014年：中东欧的选举年

2014年3月29日，斯洛伐克举行第五次总统选举。现年51岁的百万富翁安德烈·基斯卡作为独立的中间派候选人战胜现任总理罗伯特·菲措，当选为总统。这是斯洛伐克1993年独立以来第一位没有共产党背景的总统。基斯卡当选有可能导致斯洛伐克目前的政治力量对比发生不利于左翼方向——社会民主党的变化。

塞尔维亚选举委员会3月24日公布了3月16日举行提前议会选举的结果：塞尔维亚进步党获得48.4%选票，在议会250个议席中获得158席，高居首位；处于第二位的是塞尔维亚社会党，得票率约为14%，获得44席。此外，超过进入议会参政资格门槛，即5%得票率的还有两个政党，分别是获得19席的民主党和由前总统塔迪奇领导的新民主联盟，获得18席。获得进入议会资格的还有三个少数民族党派，共获得6席。这样，执政党塞尔维亚进步党获胜，并获得单独组阁所需的过半数议席。全国共359.2

万选民参加了这次选举，占注册选民总数的 53%。

这次选举是 1990 年多党选举以来的第 10 次选举，全国共有 19 个政党或政党联盟角逐塞尔维亚议会中的 250 个席位。塞尔维亚议会实行一院制，议员通过直选产生，任期 4 年。4 月 30 日，塞尔维亚新任总理亚历山大·武契奇正式上任，以社会党人伊维察·达契奇为首的看守内阁辞职。塞尔维亚新内阁共有 17 名部长（8 名来自执政党，9 名来自社会党和无党派人士）。武契奇政府的内阁主要是经济学家，成员平均 45 岁，最年轻的财政部部长仅 30 岁。欧盟委员会主席巴罗佐祝贺武契奇当选，表示欧盟将帮助塞尔维亚实现改革和改善经济状况。武契奇表示，塞尔维亚位于欧洲的中心，民主历史揭开了新的一页。塞尔维亚面临艰巨的任务，到 2020 年将结束与欧盟的谈判。新总理特别强调，塞尔维亚改革的重点是改革经济，改善民生，精简国家行政机构，惩治贪污腐败，健全司法制度等。[①] 新政府面临入盟谈判、与科索沃关系、推进经济和司法改革、构建稳定的睦邻关系等挑战。

2014 年 4 月 6 日，匈牙利举行议会选举。青年民主主义者联盟——匈牙利公民联盟（简称青民盟）与基督教民主人民联盟（简称基民盟）获得 66.8% 的选票，在新议会的 199 个议席中赢得 133 席，稳获 2/3 的议席。左翼政党联盟获得 38 个议席，占 19.1%。极右翼政党"尤比克党"获得 23 个议席，占 11.56%。与 2010 年的选举相比，这次青民盟继续保持优势，左翼政党的处境没有明显改善，极右翼势力有所增强。

6 月 6 日，以青民盟主席欧尔班为总理的匈牙利新政府成立，并在国会正式宣誓就职。现年 51 岁的欧尔班 1998—2002 年首次出任总理，2010 年再次任总理。他的当选再次说明，匈当前政坛的力量明显左衰右盛。欧尔班在大选及政府组阁前后发表的一系

---

① 参见 2014 年 4 月 29 日《焦点报》（Фокус）。

列讲话表明，匈牙利今后 4 年将继续贯彻上届政府的大政方针，依然是向右倾斜，并会不时地向欧盟发起挑战，但同俄罗斯和中国等国发展以经贸关系为主的东方政策不会改变。在目前欧盟衰退和乌克兰危机的情况下，欧尔班的第三个总理任期路途依然布满荆棘，仍面临各种困难。欧尔班宣誓就职，却没有按照惯例发表施政纲领，这是一个没有施政纲领的新政府，其政策走向值得关注。

2014 年 3 月 5 日，马其顿共和国议会以 117 票全票通过自动解散，协商提前一年举行议会选举。总理格鲁埃夫斯基指出，按常规议会应该工作到 2015 年，现在被迫提前举行选举。4 月，进行总统选举和议会选举。在 4 月 27 日举行的第二轮总统选举和第八届议会选举中，马其顿内部革命组织民族统一民主党赢得 123 个议会席位中的 61 席，最大反对党社会民主联盟赢得 34 席，阿族一体化民主联盟赢得 19 席，阿族民主党赢得 7 席。内部革命组织党总统候选人伊万诺夫在选举中赢得 54.36% 的支持率，连任总统。社民盟总统候选人潘达洛夫斯基赢得 41.14% 的支持率。内部革命组织党在新政府中继续保持执政主导地位，该党党首暨现任总理格鲁埃夫斯基继续连任。

分析指出，尽管马其顿总统和总理同属一个党派，可以密切合作，共同管理国家，但新一届政府也很难解决马其顿长期存在的党派之争和马其顿族与阿尔巴尼亚族之间的矛盾。同样，马其顿能否与欧盟开启谈判，国名问题如何解决，都是对新政府的严峻考验。

2014 年 7 月 13 日，51 岁的米罗·采拉尔在斯洛文尼亚议会提前选举中当选为斯洛文尼亚总理。采拉尔是卢布尔雅那大学法律系教授。在选举前一个月，采拉尔才以他自己的名字成立了一个新党（米罗·采拉尔党）。该党异军突起，一举获胜，出人意料。早在 1991 年采拉尔就参加了斯洛文尼亚宪法的制定工作，此后的 20 年一直是斯洛文尼亚议会宪法问题顾问。采拉尔声称，他之所以成立政党，"是为了使国家重新赢得希望和信心"。他认为，该党将获得胜利，因为它在斯洛文尼亚政治舞台上是"独立的、没有历史、没有赞助"①。

9 月 18 日，采拉尔党与退休者民主党、社会民主党组成联合政府，上台执政。此间社会舆论认为，采拉尔政府属于中间偏左，将在政府实施的私有化改革中遭遇一定的阻力和社会舆论的压力。斯洛文尼亚在转型早期被誉为"优等生"，近几年则经济形势每况愈下，受到国内外舆论的质疑。采拉尔能否实现他承诺的"重建法治""反对腐败"，"使国家面貌焕然一新"，还有待观察。

在中东欧选举年中，保加利亚的议会选举最具戏剧性。2014年 8 月 5 日，保加利亚社会党奥雷沙尔斯基政府执政一年零两个月便下台，组织了以格奥尔斯基·布里兹纳什基为首的看守政府。这是保加利亚剧变以来成立的第四个看守政府，为期 3 个月，为10 月的议会大选做准备。10 月 5 日，保加利亚举行提前议会选举，10 月 9 日保加利亚中央选举委员会公布了选举结果：全国350 万选民参加选举，无效票数占到创纪录的 21.8 万。2013 年 2月下台的保加利亚公民党获得 32.67% 的选票，在议会 240 个席位中占 84 席，现在执政的保加利亚社会党和"土耳其族争取权利与自由运动"分别获得 15.4%（占 39 席）和 14.84%（占 38 席）。保加利亚社会党遭到剧变以来最悲惨的失败，从执政党沦为"建设性"反对派。新成立的改革者集团（获得 8.89%，占 23 席）、爱国阵线（获得 7.28%，占 19 席）、"没有新闻检查的保加利亚"（获得 5.69%，占 15 席）、极端民族主义的"阿塔卡"（获得4.52%，占 11 席）和从社会党分裂出来的 АБВ 党（保加利亚复兴选择党）（获得 4.15%，占 11 席）等 8 个党的票数超过总票数

①　甘妮娅·格雷戈娃:《开始者的机遇》，保加利亚通讯社（БТА），2014 年 7 月18 日。

4% 的 "门槛"，将进入新一届议会。

公民党的首领、前总理鲍里索夫在 2013 年年初因政府的紧缩政策和电价大幅上涨引发大规模抗议活动而辞职，一年多后他卷土重来。但公民党的得票率不足 1/3，无法组阁。公民党死活不愿成立联合政府，而有的议会党也不愿与这个党合作。经过反反复复讨价还价，公民党在欧盟的压力下，不得不与改革者集团等几个小党达成妥协，到 11 月 7 日才共同组阁。鲍里索夫再次任总理，在 18 名部长中，公民党占 10 名，其他 7 名来自改革者集团，1 名来自保加利亚 АБВ 党。这种少数派联合政府，同床异梦，能够维持多久，很难预测。新政府自称是 "亲欧洲的改革政府"，但它能否加快经济发展、改善民生、致力腐败，正确处理与欧盟和俄罗斯的关系，都还是未知数。

2014 年 10 月 18 日，波黑中央选举委员会公布了本月 1 日 "紧急状况下的提前选举" 最终结果。波斯尼亚族的哈里斯·西拉伊季奇、塞尔维亚族的内博伊沙·拉德马诺维奇和克罗地亚族的泽利科·科姆希奇当选为波黑中央主席团 3 名成员，主席团轮值主席行使国家元首职责。在波黑议会代表院 42 个席位的争夺中，民主行动党获得 9 席，波黑党获得 8 席，独立社会民主联盟和社会民主党分别获得 7 席和 5 席。余下席位被其他一些政党和政党联盟获得。与此同时，波黑穆克联邦议会代表院和波黑塞族共和国议会也选举了各自的领导人。这次大选投票率达到了 54.8%。欧盟对选举后的形势发展给予格外关注。波黑虽于 2010 年就是潜在的入盟候选国，但三个宗教派别的政治代表相互敌对，迄今未能正式纳入入盟常规。2014 年 10 月欧盟关于西巴尔干国家入盟进展评估报告中首次在末尾勉强添上了波黑的名字。其实，科索沃的选举也非常类似于波黑。在美国和欧盟的再三斡旋和施压下，科索沃各派政治力量终于达成妥协，在 2014 年 12 月选出第五届议会并组成新一届联合政府。然而，由于政党之间争权夺利激烈，科索沃新的政权机构将面临严峻的挑战。波黑和科索沃选举之后，这两地的政局还是难以稳定。欧盟对两地的新政府依然不是很满意。

2014年11月2日，罗马尼亚举行总统选举，53.16%的选民参加了投票。以现任总理维克托·蓬塔作为执政的社会民主党、保守党和全国进步联盟三党共同推出的候选人，获得约40%的选票，选民支持率遥遥领先于其他候选人。但由于第一轮投票未能超过50%的选票，将于11月16日举行第二轮投票。但在第二轮投票中，首轮投票以10个百分点领先的蓬塔却意外地败给反对党国家自由党候选人锡比乌市长克劳斯·约翰尼斯。分析人士认为，最近两年来，执政的社会民主党在友党的支持下控制着议会参、众两院，执政基础稳固，在本次总统选举中拥有天地人等诸多优势。约翰尼斯之所以能够转败为胜，是因为游离选民被动员起来参加了第二轮投票，使投票率达到了64.1%，尤其是海外选民表现出了前所未有的投票热情。

本来，本届总统选举被认为是罗社民党夺回旁落10年之久的总统宝座的最佳时机，但社民党却没有能够把握住机会。现任总统伯塞斯库实际控制的国家反贪局几乎每周都有大案公布，而执政党中央和地方要员接二连三"中枪"，对蓬塔的形象无疑是减分的。此外，约翰尼斯及其基督教自由联盟不断塑造蓬塔的"腐败分子保护神"的形象。55岁的约翰尼斯是德意志族人，2000年起出任中部重镇锡比乌市长至今。他是罗马尼亚首位少数族裔总统。约翰尼斯在竞选演说中着力打造做事认真严谨、追求完美的德国风格。他告诉选民，他将给国家带来新的执政理念，少作秀，少喊口号，多解决国家实际问题。12月21日，罗马尼亚新任总统约翰尼斯在议会参、众两院联席会议上宣誓就职。约翰尼斯上任将面临与隶属不同党派和竞争对手蓬塔领导的政府之间的矛盾。在罗马尼亚强势总统的掣肘下，蓬塔政府能否坚持到2016年议会选举尚难预料。

纵观 2014 年中东欧 9 个国家的议会和总统选举，有 7 个国家举行提前选举。这说明中东欧政党制度和议会民主制不成熟，政局不稳；又说明中东欧政党越来越"碎片化"，不断有新党、小党成为议会党。中东欧选举年还说明无论左翼还是右翼都很难在选举中占据优势，或连选连任；还说明中东欧国家即使转型 25 年和有的入盟已 10 年，要融入西欧的道路并不平坦，还很漫长。看来，这些国家都被国内经济困难和复杂的国际形势所困扰，它们的执政任务艰巨，前景难以预料。

中东欧国家与乌克兰危机

2014 年伊始，乌克兰危机爆发，中东欧国家自觉不自觉地卷入了这场旷日持久的危机。从各国政府的表态、领导人的讲话和报刊舆论综合来看，他们对乌克兰危机、对美国和东欧制裁俄罗斯、对乌克兰冲突发展的态度和政策各不相同，步伐也不一致，各有各的考虑，对俄罗斯没有统一的立场。中东欧国家普遍对俄罗斯和乌克兰的冲突继续加剧感到不安，既怕引起能源安全没有保障，又担心外来投资减少，使它们的经济发展速度下降。这种担忧并不是多余。如果说欧洲大约 40% 的天然气供应来自俄罗斯，那么中东欧国家所占的比重还要多得多，中东欧有五六个国家的天然气完全依赖俄罗斯。有的中东欧国家还担心成为俄罗斯的下一个牺牲品。

纵观一年来中东欧国家在乌克兰危机上的立场，它们基本上是从观望到反应激烈，再到目前的较为理智和温和，希望在欧俄之间寻求平衡。其中一个重要原因是绝大多数中东欧国家在能源上依赖俄罗斯；另外，在乌克兰居住着这些国家的少数民族，担心他们的生命、财产安全。当然，更主要的是在美、欧、俄的角逐中维护自己的国家和民族利益。这种现实处境与情况在很大程度上影响到这些国家的表现。

到目前为止，中东欧国家对乌克兰危机的政策大致有三种情况。第一种，紧跟美欧，反应激烈。如波兰、波罗的海三国、罗马尼亚和阿尔巴尼亚等国。第二种，较为克制，讲究分寸，如匈牙利、捷克和斯洛伐克等国。第三种，坚持平衡，不偏不倚，如塞尔维亚和保加利亚等国。

波兰和波罗的海三国对乌克兰事件的反应最为强烈。它们的观点很鲜明：乌克兰人民受到周邻已经入盟国家繁荣的鼓舞，有权选择自己的发展道路，全力支持乌加盟入约；乌克兰在俄国的统治下300多年，不愿意继续从属于俄罗斯，要求独立自由；俄罗斯侵略了乌克兰，要警惕它的大国野心；解决乌克兰危机的唯一出路是俄停止干涉，撤出军队。尽管波兰的农产品和肉制品对俄罗斯的出口因俄反制裁锐减，损失重大，欧盟的补偿也微不足道，但波兰的强硬立场没有变化。

捷克、斯洛伐克和匈牙利的态度则比较现实和实用。它们反对利用制裁手段，因为它们严重依赖俄罗斯的天然气和石油供应。同时，俄罗斯又是重要的贸易伙伴，也是投资国之一。它们与俄罗斯的经济利益并不亚于它们同欧盟的经贸联系。它们认为，制裁会影响就业，危及经济增长，"不仅毫无意义，只会起反作用"；制裁是"没有赢家的战略"，"乌克兰发生的是内战"，"支持它毫无意义，是浪费黄金白银"。

塞尔维亚和保加利亚等国对俄国和苏联存在斯拉夫血统和文化上的情感联系，它们的口号是："决不反对俄罗斯，也决不反对欧盟。"尽管西方一直在向塞施加压力，称塞不制裁俄，就不能加入欧盟。但塞政府明确表示，塞要维护自己的自由和独立。塞既发展同西方的关系，又发展与俄、中的关系，坚持同俄、中友好，绝不会参与对俄罗斯的任何制裁行动，"希望西方尊重我们"。塞现任总统和总理在不同场合多次强调，入盟是塞的优先考虑，但俄也是塞的传统盟友，俄从未制裁过塞，塞也不会制裁俄。保加利亚入盟 7 年，但与欧盟龃龉和批评不断，在"南溪"管道项目上左右为难。保右翼政府声称"亲欧洲"，但又强调将密切关注在敖德萨和乌克兰其他地区保加利亚人的安全。保加利亚政府希望乌克兰当局的"讨伐行动""严格承担自己的义务，控制极右势力的活动"。

乌克兰局势发展到今天这一地步，美国和欧洲难辞其咎。乌克兰是在错误的时候采取了错误的行动，而欧盟则是在错误的地方选择了错误的解决办法。随着乌克兰危机恶化，以美国为首的北约加强了在中东欧的军事部署，但是这仍然救不了乌克兰。相反，乌克兰危机加深了中东欧国家同欧盟总部的矛盾，扩大了"新欧洲"和"老欧洲"在对俄政策和对乌克兰支持上的矛盾。当然，乌克兰局势存在许多不确定因素，动荡不定。在美欧大国的施压下，中东欧国家的态度和政策也许还会发生微调，但大致的方向很明确，欧盟和美国对此也无能为力。它们既要反对俄罗斯，又担心后院起火。

中国与中东欧务实合作：前景广阔

2014 年是中国与中东欧国家建交 65 周年，也是中国—中东欧国家合作投资经贸促进年，双方的互访活动明显增多。

近年来，中国与中东欧国家的合作进一步发展，中国正在探讨由习近平总书记提出的建设丝绸之路经济带的战略构想。中国总理李克强在 2013 年参加中国中东欧领导人会晤和中国中东欧国家经贸论坛开幕式时，提出了希望在 5 年内中国与中东欧国家双边贸易额翻一番，并宣布了 2014 年为中国—中东欧合作投资经贸促进年。中东欧国家也越来越认识到，中国是目前世界上重要的经济独立体，中国在国际经贸合作中的作用和地位是不可替代的。双方都愿意为促进双边经贸合作的发展作出贡献。

2014 年 6 月 8 日，中国—中东欧国家经贸促进部长级会议在中国浙江宁波举行，就扩大贸易规模、促进贸易平衡发展、增加相互投资、加强基础设施建设合作等达成广泛共识。

中国与中东欧国家地方合作出现热潮。其中，中国波兰地方合作论坛连续举办了两次，已经制度化。2014 年 8 月 28—29 日，中国—中东欧国家地方领导人会议在捷克布拉格举行，并成立了中国—中东欧省州长联合会。

近年来，中国中东欧经贸交流合作势头良好，互利合作，进入"发展畅通"的好时期，开辟了"道路联通"的基础，创造了"民心相通"的好环境。中国中东欧市场拥有巨大潜力，期待双方的政治交往为经贸合作带来更多的机遇和实惠。

2014 年 1 月中旬，保加利亚共和国总统普列夫内利耶夫率经贸代表团访华，并举办中国—保加利亚经贸论坛，介绍保加利亚的经济环境、投资政策和贸易机会。在访问中，两国政府发表了《中华人民共和国和保加利亚共和国建立全面友好合作伙伴关系的联合公报》。联合公报表明了双方加强全面合作的决心，双方将共同努力，建设中保全面友好合作伙伴关系。两国元首还共同见证了两国政府海运协定、互设文化中心备忘录等合作文件的签署。中保两国国家元首一致同意将双边关系提升到全面友好合作伙伴关系。中保两国 10 年间贸易额增加了 4 倍，达到 17 亿美元。除欧盟外中国是保第二大贸易伙伴，但双方贸易仍有潜力可挖。

2014 年 2 月 14 日匈牙利总理到访北京，此次欧尔班总理访华可谓阵容强大，除了多位匈牙利的企业家外，8 位政府部长中的 4 位也参加了此次访问。双方就全面发展中匈关系深入交换了意见，并就推进匈塞铁路等重点项目合作达成了广泛共识。中匈两国领导人共同见证了 18 项双边合作文件的签署。欧尔班称愿与中方加强技术合作，中匈交流将有很好的未来。欧尔班总理还重申向东方开放政策，并欢迎中国企业赴匈牙利及中东欧国家投资。

3 月 24 日，国务院副总理张高丽在人民大会堂与罗马尼亚第一副总理兼地区发展和公共行政部长德拉格内亚举行会谈。张高丽说，2014年是两国建交65周年和建立全面友好合作伙伴关系10周年，希望双方以此为契机，不断深化多层次、全方位合作，推动两国关系向更高层面发展。德拉格内亚表示，罗方愿与中方扩大经贸、电力、铁路、畜牧业等方面合作，愿做中国在欧洲的好伙伴、好朋友，继续为中东欧国家与中国的合作以及欧中关系发展发挥积极作用。

2014年，中捷关系出现突破性进展。捷克政府主动希望改善对华关系，为捷克经济创造机会。4月27日，捷克外交部长扎奥拉莱访华，这是15年来捷克外长第一次正式访问中国。捷克借第二届中国—中东欧国家地方领导人会议在捷召开的机会，通过"16＋1"合作平台不断推进捷中关系发展。捷克将加强对华出口，在航空、能源和农业等领域与中国合作，中国将在捷克建立一个现代技术园。10月24日至27日，捷克共和国总统米洛什·泽曼对中国进行国事访问。双方愿以此为契机，在相互尊重、互利合作基础上，将两国关系提高到新的水平。

2014年12月16日，第三次中国—中东欧16国领导人会晤在贝尔格莱德举行。李克强总理与塞尔维亚总理武契奇共同主持会晤，与会各方就进一步拓展中国—中东欧国家合作进行深入讨论，达成广泛共识。李克强总理在发言中表示，发表《布加勒斯特纲要》以来，中国—中东欧国家交往进一步密切，各领域合作更加活跃。他就深入推进中国—中东欧国家合作提出五点建议：第一，打造中国与中东欧合作新亮点；第二，构建互联互通新走廊；第三，拓展产业合作新空间；第四，搭建投融资协作新框架；第五，扩大人文交流新领域。

与会的中东欧国家领导人完全赞同李克强提出的合作建议，表示中东欧国家愿同中方进一步完善合作机制，扩大合作规模，重点深化经贸、投资、基础设施建设、能源、金融、人文等领域的合作，共同推进丝绸之路经济带建设，更好惠及双方人民，推动欧中关系取得更大发展。会晤后，中国与中东欧16国共同发表《中国—中东欧国家合作贝尔格莱德纲要》。

（原载《欧亚形势与展望2014》）

第二篇

中东欧转轨道路漫长

过去的 25 年，是中东欧国家进行政治、经济和社会重大变革的时期。前 10 年，中东欧国家生产滑坡，经济崩溃，政局混乱，无政府主义泛滥，是苦苦求索而又痛苦的 10 年，中东欧国家"回归欧洲"的梦想可望而不可即；直到 15 年后的 2004 年和 18 年后的 2007 年，近半数中东欧国家才加入北约和欧盟。至今，仍有部分原东欧国家在争取加盟入约，苦苦哀求，耐心等待。

1989 年波兰开始转轨并取得了很大成就。目前，波兰经济实力增强，社会发展稳定，国际上很多组织对波兰经济发展的前景较为看好。有学者指出波兰从欧洲的边缘回到欧洲的中心，被视为中东欧转轨的优等生。

捷克与波兰、匈牙利和斯洛伐克的民主转型有着一定的相似之处和共同的发展趋势，即转型较为顺畅，民主巩固程度逐渐加深。捷克自剧变以来，实行多党议会民主制，左翼和右翼政治势力交替执政，轮流坐庄。但无论是左翼还是右翼主流党派，都难以在选举中获得绝对优势，无力独自组成政府，长期以来形成联合执政的局面。

巴尔干地区由于其特殊的地缘政治和战略地位，以及复杂的民族、领土和宗教问题和敏感的安全局势，依然是欧洲的热点，仍然是大国（集团）博弈的舞台。最近 20 多年的事态发展表明，巴尔干国家的转轨要比中欧国家更加困难、更加痛苦，持续的时间更长。其原因在于该地区经济落后，政治斗争尖锐激烈，民族和宗教矛盾突出，人民生活水平低下，融入欧洲一体化进程缓慢。巴尔干地区的前途是加入欧盟，但道路崎岖且遥远。波黑仍是巴尔干地区最不稳定的国家。塞族与穆克联邦之间的种族冲突依然存在，国家的经济形势严峻，至今没有行之有效的行政机构，司法不健全，没有正常的经济活动，是前南斯拉夫地区最落后的国家。欧盟表示，绝不会接纳分裂的波黑加入其组织。

经过十几年的努力，保加利亚和罗马尼亚终于在 2007 年入盟。但整个入盟过程并不顺利，除被延期东扩外，欧盟还对保、罗两国实施监督性的评审机制。保、罗两国融入欧洲和完成制度转轨还面临诸多困难，还有很长的路要走。它们被视为中东欧转轨的后进生。

第三章

中东欧转轨的合格生

第一节 波兰是中东欧转轨的优等生

波兰——欧盟经济增长最快的国家

2009 年世界经济金融危机全面爆发以来，许多经济分析人士认为，在中欧出现了"维斯瓦奇迹"，波兰成为欧盟国家中唯一的在全球衰退中实现经济增长 1.7% 的国家，2010 年经济增长了 3.8%。2011 年欧盟主要国家都笼罩在债务危机的阴影下，波兰经济仍保持增长势头，实现经济增长了 4.3%，而这时德国只增长了 0.1%。因此，有人又称波兰是欧债危机中欧洲经济的"新发动机"。东欧剧变之初，波兰并不是转轨最有效和成功的例子。但在世界经济金融危机和欧债危机的背景下，波兰利用自身的优势厚积薄发，一跃成为中东欧国家的榜样，成为连接东方和西方、斯堪的那维亚和南欧的桥梁，成为欧盟新成员国中吸引外资最多的国家。

波兰欲成为欧盟新成员国的领跑者

波兰面积 32.26 万平方公里，人口约 3810 万。全国 80.7% 的领土面积为农用地和森林，而全国 61% 的人口为城市居民。波兰是欧盟成员国中的第六大国，位于集纳东西欧文明精髓的中心。

这一地理位置的优越不仅有利于经贸往来，而且有益于外交关系的互通和扩展。波兰自己和其他国家都认为，它是新入盟国家中的大国，一直倡导政治和经济的改革与创新，承担着该地区变革和重建的"领头羊"的角色。

近20年来，波兰利用其地缘政治优势致力于欧洲一体化进程。1991年，波兰和法国、德国三国外长在德国的魏玛成立合作互助委员会，被称为"魏玛三角"，加强三国的政治和文化合作。同年，波兰和匈牙利、捷克斯洛伐克三国总统在匈牙利的维谢格拉德开会，成立了后来的维谢格拉德四国集团（捷克斯洛伐克一分为二），承诺在政治、经贸和军事方面加强合作。波兰于1999年3月12日加入北约，2004年5月1日加入欧盟，其时77%以上参加公决的人支持波兰加入欧盟。2009年开始，欧洲议会主席由波兰前总理布泽克担任。2007年12月21日波兰加入关于取消欧盟各成员国之间人员过境检查的《申根协定》。波兰现政府对加入欧元区的预期是2015年，最终的决定届时将以全民公决的形式作出，但目前波兰人接受共同货币的观点各持己见。全球经济危机和欧债危机在一定程度上冷却了支持快速加入欧元区的人们的热情。

波兰想建立自己的后苏联势力范围，包括立陶宛、白俄罗斯、乌克兰和摩尔多瓦的一部分，即包括欧盟内外国家。所以，波兰积极支持欧盟2009年5月启动的"东方伙伴关系"计划（波兰和瑞典是倡议国），实现波兰的新地缘政治空间。东方伙伴关系国包括乌克兰、白俄罗斯、摩尔多瓦、亚美尼亚、阿塞拜疆和格鲁吉亚六国。波兰不仅敢于对东西方两大邻国俄罗斯和德国强硬表态，而且对欧盟的有些决议照样表示异议，并追求在欧盟的"东方伙伴关系"中发挥排头兵作用。

这里，特别要提到波兰对白俄罗斯的政策。波兰官方认为，在白俄罗斯有90万甚至更多的波兰侨民，而白俄罗斯则指出只有

40 万波兰少数民族。波兰一心想复苏和振兴这部分侨胞的波兰精神及其波兰文化和天主教。波兰还在白俄罗斯和乌克兰开辟广播和电视频道，宣传波兰文化，并向反对党派的波裔青年提供奖学金名额，到波兰的大学学习。向白俄罗斯大量散发波兰语言、文化和历史材料，介绍今日波兰的现实情况；向白俄罗斯各界宣传波兰关于民主、人权、少数民族政策、欧盟的一体化计划、与北约的合作和自由市场经济的作用等观点；支持白俄罗斯非政府组织的社会、教育、信息和文化等方面的倡议。波兰千方百计要把白俄罗斯纳入波兰的势力范围。

但几年来的实践表明，无论欧盟还是波兰都没有有效的措施和手段来影响上述 6 个国家的政府，或控制这些国家事态的发展。无论是乌克兰、白俄罗斯，还是格鲁吉亚、摩尔多瓦等国，都令欧盟无能为力。2011 年，欧盟卷入欧债危机和"阿拉伯之春"事件后，更是没有能力和资金对上述六国采取积极有效的政策，这迫使受到欧债危机冲击较小的波兰试图依靠自己的力量来实施"东方伙伴关系"计划。于是，2011 年下半年波兰在担任欧盟轮值主席国期间，召集六国领导人（白俄罗斯拒绝出席）到华沙开会，想在促进东部邻国的民主化方面有所"突破"，但会议并未取得任何具体成果，只是模棱两可地默认这些国家的"欧洲愿望和欧洲选择"，甚至对它们的入盟前景都不敢承诺。这对波兰的雄心是个不小的打击。波兰让这些苏联国家彻底摆脱俄罗斯和进入欧盟（波兰）势力范围的努力无果而终。特别是白俄罗斯极力反对"波兰的文化—精神扩张"，乌克兰对波兰敬而远之，摩尔多瓦也不会离开罗马尼亚而选择波兰。

波兰欲建立自己的导弹防御体系

"新欧洲"国家推行亲美路线，试图在军事上加强安全合作。2011 年 5 月，维谢格拉德集团决定接受波兰的指挥，建立更加紧密的联系。该集团决定从 2013 年起在北约快速反应部队的范围内每年举行一次联合军事演习，而从 2016 年起建立起自己的军事机构，相对"独立于"北约的军事机构，在欧盟的东部边界发挥特殊的作用。

波兰最近强调，将建立自己的导弹防御体系。据 2012 年 8 月 6 日出版的最新一期波兰《直言》周刊披露，波兰总统科莫罗夫斯基已经向政府提议，要求波兰自主建设能够保护波兰免受空中攻击的反导体系。科莫罗夫斯基总统指出，波兰自主建设的反导体系将成为北约共同反导系统的一部分。他说，迄今为止，波兰人犯了一个错误，那就是在接受美国方面的反导系统建议的时候，忽略了美国总统更迭所带来的政治风险。他强调，波兰已经为此付出了高昂的政治代价，所以不应再重复这样的错误。

在 2012 年 5 月的北约芝加哥峰会时，北约秘书长拉斯穆森宣布，开始北约的欧洲导弹防御系统第一阶段的建设计划，即在军舰上部署 SM－3 型反导导弹，第一阶段中也包含有在波兰部署导弹的计划。而在第三阶段，也就是 2018 年，将在波兰和罗马尼亚领土上部署 SM－3 型导弹的改进型，即 SM－32A 型导弹。根据计划，在欧洲反导系统的三个阶段建设完成后，整个欧洲都将能够处于非常安全的保护伞下。

但是，由于美国长期身陷伊拉克和阿富汗战场，再加上国内经济持续不景气等一系列原因，致使欧洲导弹防御系统建设进展缓慢。对此，波兰等北约东部盟国一直颇有微词。有的分析人士认为，波兰总统科莫罗夫斯基的表态反映了波兰对奥巴马政府的不满。波兰社会一直认为，正是因为奥巴马政府过分顾忌俄罗斯的态度，才直接导致欧洲导弹防御系统建设速度十分缓慢。2012年 7 月底，美国共和党总统候选人罗姆尼访问波兰期间，表达了有别于奥巴马的积极态度，受到了波兰政府的肯定。目前，波兰总统意欲向奥巴马进一步施压，逼迫奥巴马在此问题上作进一步表态，以期奥巴马能更多关注波兰的利益，并推动欧洲反导系统的建设。

波兰在欧债危机中一枝独秀

波兰新地缘政治成为其经济发展的一个基础。在改革的 20 年中，波兰重建了家园，从苏联的卫星国变成了经济发展、开放和活跃的欧盟成员国，成为独立主权国家。波兰有很多优势，经济稳定，国内市场大，有受过良好教育的劳动力，法律体系完备。正如波兰驻华大使塔德乌什·霍米茨基在一次座谈会上所说，波兰成了欧盟债务的制衡器、投资的避风港，波兰不再是问题的根源，相反是创意的来源，解决问题方法的来源。

波兰经济在最近几年成功抵御了全球经济危机。2009 年在整个欧洲经济下滑的大局面下，波兰经济一枝独秀，成为欧盟地区 GDP 唯一正增长的国家——达 1.7%。按照国际货币基金组织负责人的说法，波兰这一成绩完全归功于其得当的经济政策。2009 年波兰名义 GDP 总值为 4270 亿美元，排名欧盟第 6 位，全球第 21 位，其人均 GDP 为 11288 美元，按照购买力平价计算的人均 GDP 为 18072 美元。在国际货币基金组织的全球列表中，波兰排名第 46 位。根据世界经合组织分析家们观察的结果，波兰经济在 1992—2002 年的 10 年中展现了创纪录的成绩，购买力平价的人均 GDP 在这 10 年中增长达 216%，从 4994 美元增长到 10800 美元，其增幅位居全球最高水平之列。

不少研究人员指出，"东有波兰，西有德国"，它们是欧盟经济发展的两个引擎。波兰之所以能够在逆境中取得较好的成效，其原因有：

1. 波兰是欧盟在中东欧面积最大和人口最多的国家，但同周边的捷克、斯洛伐克和匈牙利等国比较，经济发展水平有不少差距，因此发展的潜力比较大，上升速度快一点也在情理之中。更重要的是波兰这几年国内局势稳定，以公民纲领党主席图斯克为总理的政府政策得当。据波兰 2010 年的统计，服务业以 67.3% 的产值位居 GDP 首位，工业产值占 28.1%，农业尽管占用了 13% 的劳动力，但其贡献值约 4.6%。波兰曾经是传统的农业国，后发展了强大的重工业，以采矿业和冶金业为主。

2. 波兰民众的消费观念增强。波兰的人口是其周边国家人口的好几倍，国内市场巨大。原本底子较薄的波兰人现在也敢于充实自己的家底和消费了。近年来迅速增加的已构成一定规模的中产阶级成为消费的中坚力量，即使在金融危机期间，波兰私人的消费量也有增无减，这也是 2011 年消费继续增长 3.2% 的原因。以小汽车为例，波兰私人拥有的汽车数量在飞速增长。在 1950 年登记的车辆仅超过 4 万辆，2000 年拥有近 1000 万辆，而 2009 年则达到 1650 万辆。目前已经超过 1800 万辆。

3. 波兰近年来出口有很大增长，政府和企业越来越自觉地意识到出口的重要性，并能真正地落实其中。对外贸易从形式到内容都在发生转变。据一项调查，波兰大的制造企业中有 90% 的企业在开拓海外市场，近 90% 的企业已实现产品出口，一半多的企业正在与国外开展合作。波兰制造业近 40% 的收入来自出口，未来几年还会进一步上升。金融危机以来，波兰前后共贬值本国的货币兹罗提 15% 以上，极大地刺激了出口，实现了对外出口的增长。

4. 波兰政府比较关注本国的民族产业，对中小企业在资金担保、技术改造、业务培训、信息咨询、国际市场开拓等方面给予实际支持。中小企业已成为目前经济的主导力量之一。据波兰方面统计，75% 的 GDP 贡献值来自中小企业，创造了约 60% 的就业机会。2011 年 7 月，波兰私有经济部门提高了 5% 的工资（与 2010 年相比），使平均工资接近 900 欧元。2011 年零售商业增长了 10.2%，国内生产总值增长了 3.8%，人均国内生产总值为 12450 美元，达到欧盟平均水平的 62%。

5. 波兰的投资环境良好。联合国贸易和发展组织的世界上最适合投资地区排名中，波兰居第六位。据安永会计师事务所一份报告称，波兰在未来三年是欧洲第二个最具吸引力投资地。根据该报告，2011 年波兰吸收外资规模上位列欧洲第八位。波兰的优势主要包括：较好的人力资源、友善的投资环境和清晰的法律体系。加入欧盟以来，波兰为投资者创造了日益优化的投资环境。近年来波兰一直进行国有企业私有化的改革。以境外私有资本为主的大规模投资在 1990—2006 年已超过 870 亿美元，形成了新型的、迅速壮大的经济领域。在金融危机时期，国际资本大举撤离时，外商直接投资仅减少了 10%，比中东欧其他国家低得多，对波兰的经济没有构成很大风险。目前在波兰最大的投资领域是汽车业和航空业，在未来 5 年内，这两个行业将成为波兰经济的火车头。同时，采矿业和矿产品加工业持续扮演着重要的经济角色。波兰铜矿业集团是欧洲最大的铜生产企业，全球第二大银生产企业。此外，化工工业和电子技术工业也是波兰举足轻重的领域。传统的造船业正在振兴之中。2011—2013 年对波兰投资最多的国家是中国、美国、印度、巴西和俄罗斯。

在外债方面，波兰政府的计划是使外债不超过国内生产总值的 60%。2008 年来外汇储备受外资撤离和汇率变动影响，只有441 亿欧元。当年外国投资纷纷将资金从包括波兰在内的新兴经济体中撤出，转而投向那些经济上更为安全的国家。外资撤离引发的外汇储备减少则会进一步加大现有外国投资者的恐惧心理和潜在投资者的投资信心，对吸引外资造成不利影响。2011 年波兰外汇储备达 740 多亿欧元。欧元成为波对外贸易的主要结算货币。波兰央行的消息称，截至 2012 年 7 月末，波外汇储备为 834.1 亿欧元。

同时，波兰也利用它在"新欧洲"中的特殊地位，获得了欧盟的大量财政补助。据不完全统计，波兰是得到财政补助最多的国家，超过有的成员国好几倍。

波兰克服金融危机和欧债危机是有成效的。它同经济发展水平比它高的邻国匈牙利和捷克相比，也是一个成功的例子。波兰主要依靠自己的力量在克服欧债危机造成的影响，国际货币基金组织最近的报告称，波兰尚未利用该组织灵活信贷额度下的任何措施。截至 2012 年 7 月 12 日，波兰仍拥有全额共计 191.66 亿兹罗提的特殊提款权（约 300 亿美元）。波兰首次灵活信贷额度于 2009 年 5 月 6 日获得，2010 年 5 月 5 日过期后延长，至今仍可使用这笔贷款。

据波兰经济部 2012 年 6 月 29 日消息称，2012 年第一季度经济增长为 3.5%，上半年 GDP 增幅为 3.2%，全年有望达到 3.0%，其中工业增长约 4.6%。内需同比增长 2.7%，内需仍是波兰 2012 年经济增长的核心动力。它虽是 2010 年来的季度新低，但仍居欧洲前列。投资同比增长 6.7%，波兰经济部预测，2012 年建筑产品增速为 7%，工业产品增速为 4.6%，年均通货膨胀率为 3.7%。2012 年 12 月失业率将达 12.5%。波兰政府还提出，2012 年要在 2011 年预算赤字 5.6% 的基础上降至 3%。

波兰政府表示 2013 年将执行紧缩的财政预算，但政府并未打算增加税收。波兰需要对 2013 年潜在的外部威胁做好准备。波兰政府经济部门称，尽管外部环境动荡，部分欧盟国家信用降级，但波兰仍稳定得"像块岩石"。

波兰成功举办了 2012 年足球欧洲杯赛事，显示了它的组织能力和经济势力。波兰现在虽是欧盟的第六大经济体，但它仍是欧洲经济中的"组装车间"。波兰人自己承认波兰还只是"东欧创造奇迹的孩子"。波兰的不足在于它经济比较单一，只有汽车制造业较为突出。波兰目前与德国的贸易额占总贸易额的 1/3，与欧盟的总共占 70%，与其他国家的也就占 1/3。波兰从俄罗斯进口大量天然气等能源，贸易是逆差，俄罗斯和中国是波兰两个最大的贸易逆差国。波兰经济仍然依赖西方，而且失业率居高难下。

波兰：新中国的老朋友

在欧洲与中国的早期交往史上，波兰人占有一席之地。最早的历史记载是 1649 年波兰籍耶稣会传教士卜弥格来到明永历朝廷，并很快获得了中国皇帝的信任。据说他是第一个将中国地图、有关中国植物和医学的书籍带到欧洲的人。①

1949 年 10 月 4 日，新波兰与当时的国民政府终止外交关系，承认新中国，10 月 7 日正式建立两国外交关系。1954 年 7 月周恩来总理首访波兰。同年 9 月，波兰统一工人党中央委员会第一书记贝鲁特访华。1955 年 12 月，根据中波科学技术协定，波兰开始向中国提供基础工业，如采矿、发电、制糖、造船、航运等方面的建设专家及技术、设备、物资和资金。1956 年，中国坚决反对苏联武装干涉波兰的企图，波兰人民对此至今铭记不忘。1957 年 1 月，周恩来总理第二次访波，建议波兰朋友进行国内改革。波方至今认为，"周恩来总理对波兰的访问是 20 世纪 50 年代中波亲密友好关系的见证"。"最重要的是，周恩来对波兰的友好态度和行动，在世界秩序发生深刻变革的今天，仍是指导当代中波关系顺利发展的典范。"②

波兰支持中美谈判。1958—1972 年，中美双方大使级会谈共举行了 136 次，地点设在华沙瓦津基公园（"肖邦"公园）的梅希里维茨基宫。尽管会谈经常出现僵局，但还是多次缓解了台湾海峡的紧张局势，并促成了遣返美国在华间谍和准许旅居美国的中国科学家归国，为其后两国建交作出了积极的贡献。

中国"文化大革命"期间，两国关系陷入停滞和倒退，波兰学者称为"冷淡的七八十年代"。20 世纪 80 年代初，中波关系出现改善迹象。波方认为，1980 年和 1981 年中国"一贯和坚定地反

---

① 《肖邦故乡——波兰》（中文和波兰文对照），中波基金会，华沙，2011 年，第150 页。

② 同上书，第 165 页。

对了苏联野蛮干涉波兰内政的做法"，"并拒绝支持苏联两次可能采取的武装干涉"。[①] 1986 年 9 月，波兰统一工人党中央委员会第一书记、国务委员会主席雅鲁泽尔斯基访华，与邓小平会晤，双方对中波两国选择不同形式的经济改革和对外开放道路达成了相互认识和理解，即中国不向反对派作任何让步，而波兰将"团结工会"合法化。这被称为"一个目标，两条道路"。1987 年，中共中央代总书记兼国务院总理赵紫阳对波兰进行了正式友好访问。

20 世纪 80 年代末 90 年代初，改革开放的中国进口波兰产菲亚特 126p 小轿车 3 万辆，曾被称为"小土豆""大头鞋"，成为人们心目中一个时代美好的记忆。波兰 1989 年"人民之秋"期间发生的一系列事件、其他前社会主义国家走上彻底的制度变革之路以及这些国家脱离苏联势力范围并"重返欧洲"，中国都认为这是其内部事物，应该由这些国家的人民自主地作出决定。随后，中国领导人意识到，尽管社会制度和意识形态方面存在差异，选择的发展道路各不相同，但愿意在和平共处五项原则的基础上，与波兰和其他前东欧国家发展全方位的国家关系。1992 年，中国外长钱其琛访问波兰，开启了两国关系的新阶段。2004 年 6 月 8 日，中国国家主席胡锦涛访问波兰，两国元首签署了《中华人民共和国和波兰共和国联合声明》，宣布建立中波友好合作伙伴关系。

2011 年 12 月，波兰总统科莫罗夫斯基访问中国时，签署了《中华人民共和国和波兰共和国关于建立战略伙伴关系的联合声明》和 15 个协议。[②] 双方一致认为，拓展和深化中波关系符合两国人民的共同愿望和根本利益，有助于维护世界和平与发展。中

①　《肖邦故乡——波兰》（中文和波兰文对照），中波基金会，华沙，2011 年，第 173 页。

②　详见波兰共和国总统办公厅印发的小册子《波兰共和国总统布罗尼斯拉夫·科莫罗夫斯基访问中华人民共和国 2011 年 12 月 18—22 日》。

方支持欧洲一体化进程，欢迎欧盟在国际事务中发挥更大的建设性作用。中方积极评价波兰在欧盟和国际事务中的作用。2012 年 4 月温家宝访波期间，波兰利用其影响力将中东欧十几个国家的领导人召集到华沙与温家宝会见，有力地推动了中国同中东欧国家的合作，也提高了波兰在中东欧国家的地位和作用。中国 2011 年已开始购买波兰国债。波方支持欧盟尽快承认中国完全市场经济地位，并为欧盟在解除对华军售禁令问题上达成共识而努力。

良好的政治关系推动了经贸关系的迅速发展。中波双边贸易保持平稳增长，中国是波兰在亚洲的最大贸易伙伴。由于两国的规模和实力存在巨大差异，中波贸易的逆差基本上保持在 10 倍左右。2006—2009 年波兰对中国出口从 6 亿欧元增长到 8.1 亿欧元，而同期从中国的进口从 61.6 亿欧元增长到 79.9 亿欧元。波兰对华贸易出口主要集中在冶金产品、电子机械产品和化工产品，三者占波兰对华出口总额的 80%。而波兰人对来自中国的进口商品仍普遍存有误区，认为从中国主要进口的商品是轻工业产品，特别是服装。实际上从中国进口商品目录上占首位的却是电子产品和电讯设备，约占波兰从中国进口总额的 55%。以 2009 年为例，这一年波兰从中国进口的最重要产品包括电脑和电话及其零部件、变压器、套装、打印机、玩具、箱包及衬衫和毛衣。

两国在矿业、能源、通信、运输、建筑、环保、金融和投资等领域也蕴藏着巨大的合作潜力和空间。波兰铜业集团的冶炼厂年产 50 万吨电解铜和 1200 吨银。1997 年开始与中国五矿集团合作，截至 2009 年年底已向中国出口合计 55 万吨电解铜，价值 22 亿美元。随着波兰经济的增长和社会的稳定，中波合作前景广阔。波兰已经成为欧盟的重要国家，值得我们关注和研究。

（原载中共中央党校国际战略研究所编《2012 年的世界回顾与展望》，新华出版社 2013 年版）

波兰入盟 10 年的成绩与问题

2014 年一开始波兰就举办了一系列庆祝活动，如加入北约 15 周年，举行自由选举 25 周年。5 月 1 日是波兰加入欧盟 10 周年纪念日，波兰各界纷纷组织庆祝会和研讨会，总结入盟 10 年来的得失。波兰政界和学界多数人认为，波兰加入欧盟的选择是正确的，由此获益良多，已成为中东欧地区最大的欧盟基金受益国。近 10 年来，波兰较好地把握住了加入欧盟的机会，社会政治稳定，经济迅速发展，对外贸易成倍增加，失业率和贫困人口不断减少，国力逐渐增强。波兰崛起，后来居上，被誉为中东欧转型的"优等生"。

波兰在欧盟的地位和作用不断提高

波兰加入欧盟 10 年来，欧盟对波兰的社会经济产生了深远的影响。10 年前，为了达到加入欧盟的标准，波兰像其他申请国一样，进行了一系列包括社会、政治、经济、法律、市场等领域的改革。经过几年的努力，2004 年 5 月 1 日，波兰同马耳他、塞浦路斯、匈牙利、捷克、斯洛伐克、斯洛文尼亚、爱沙尼亚、拉脱维亚、立陶宛共 10 个国家正式成为欧盟成员国。这是欧盟历史上的第五次扩大，也是规模最大的一次扩大。扩大后的欧盟成员国从原来的 15 个猛增到 25 个，人口也从原来的 3.8 亿扩增至约 4.5 亿，使欧盟的国内生产总值增加约 5%。这无疑是欧洲一体化进程中的标志性事件。它既使欧盟成为当今世界更加强大的一极，也使新成员国在欧盟的帮助下迅速发展。

2014 年，波兰总统科莫罗夫斯基在纪念波兰加入欧盟 10 周年的会上说，加入欧盟在波兰发展道路上具有里程碑意义。波兰时任总理图斯克强调，10 年间波兰取得了历史性进步，值得引以自豪。参加庆典活动的市民表示，10 年来波兰人的生活水平有了很大提高，基础设施建设也有很大改善，但仍有诸多问题需要解决。

波兰时任外交部部长西科尔斯基对波兰入盟以来的情况作了如下的回顾和评价。他说："10 年前，波兰与另外 9 个国家加入了欧盟。入盟的可能性要归功于我们为达到成员国标准所付出的巨大努力。成为欧盟的一分子是因为我们进行了全面的改革，实际上自下而上地重塑了我们的国家。我们曾用不到 10 年的时间，建立了民主制度和自由市场经济——欧洲联盟的两个支柱。"他还指出："入盟 10 年间，波兰的 GDP 飞涨了 48.7%。即使在 2008—2013 年间全球金融危机最严重时，我们的经济还是增长了 20%，在欧盟表现最好。2012 年波兰的外国投资总量达 1789 亿欧元，几乎是 2003 年的 4 倍。入盟 10 年间，波兰增加了 200 万个就业岗位。"[1] 这些数字无可辩驳地说明波兰入盟以来的巨大变化和所取得的成绩。

入盟后波兰在欧盟和国际上的地位不断提升，影响力不断扩大，尤其是在中东欧地区的影响力明显加强，也得到了部分周边邻国的认可。波兰在由波兰、匈牙利、捷克和斯洛伐克参加的维谢格拉德集团中起着领导者的作用，在由德国、法国和波兰组成的魏玛三角中发挥着积极影响。波兰是欧盟"东方伙伴关系"的主要倡导者。

波兰在白俄罗斯、乌克兰、格鲁吉亚、摩尔多瓦及科索沃等问题上发挥着自己的独特作用，承担了欧盟传声筒和联系人的角色。波兰认为，加入欧盟使它有精力和有能力去关心更多的地区安全问题。波兰主动参与欧洲以外的由美国主导的军事行动，包括积极支持美国在中东和西亚、北非地区的军事行动，并向阿富汗派出了自己的军队。

---

① 转引自中国国际广播电台主办《琥珀》2014 年第 2 期，第 7 页。

　　加入欧盟前，波兰曾经担心丧失独立性，国家尊严和利益受到损害，但入盟 10 年来，波兰在欧盟的活动中学会了更好地保护自己的利益，在欧盟的重大决策中和欧洲议会里，越来越感到既要维护本国的利益，又有责任推动欧洲一体化进程。波兰成为欧盟成员国中活跃的一员，威望不断提高。入盟 10 年，波兰在欧盟的地位和角色已经发生变化。10 年前，波兰刚刚入盟时，波兰是学生，认真学习欧盟的法律、规章制度和运行机制。有些欧盟老成员国因为自身的经济实力和悠久历史，不习惯听取包括波兰在内的新成员国的声音。随后不久，在 2008 年的经济危机中波兰表现突出，成为唯一保持稳定增长的国家。特别是 2014 年 8 月底，波兰总理图斯克当选为欧洲理事会主席，这既是对波兰在欧盟中的影响日益增长的承认，也是中东欧新入盟成员国 10 年努力的结果。这还说明在欧盟事务中，波兰也彻底改变了前几年"欧盟麻烦制造者"的形象，成为欧盟一体化思想的积极维护者和推销者。目前，波兰在欧盟中的地位和作用要比前几年重要许多，"这不仅仅是因为我们经济的增长，也因为我们积极地投入到欧盟的政治活动中去"①。

波兰的经济发生巨大变化

　　入盟前波兰担心入盟可能成为纳税者，得不到好处。但成为欧盟成员后，波兰是接受欧盟资金援助的主要国家，是最大的受益国之一。根据波兰与欧盟达成的协议，2004—2006 年，波兰从欧盟获得的各项援助资金和补贴计有 192 亿欧元，几乎占同期入盟的 10 个新成员总共获得的 409 亿欧元的一半。从 2004 年 5 月到 2013 年底，波兰共获得欧盟各种援助基金超过 700 亿欧元（亦说 614 欧元）。目前，波兰是欧盟成员国中规模较大的一个建筑市场，很多工程项目得到了欧盟基金的支持。这些资金帮助波兰改

①　引自波兰驻华大使塔德乌什·霍米茨基的讲话，《琥珀》2014 年第 2 期，第 10 页。

善了过去落后的基础设施、电信、道路、交通工具等，从而有利于加速波兰的发展步伐，促使其经济持续增长。

波兰是欧盟的重要投资地。对于欧盟老成员国来说，十国入盟带来的是巨大的投资机遇。新入盟十国的经济基础都比较薄弱，而老成员国大都经济实力较强，将从对新成员国进行的投资和贸易中获得诸多的好处。欧盟认为，波兰是中东欧地区最好的投资目的地。从 2004 年起，外国在波兰的直接投资已超过 4050 亿兹罗提。最近 10 年，外国对中东欧地区的直接投资有 1/3 进入了波兰。

波兰加入欧盟后，与其他成员国的贸易往来也大幅增加。在入盟前的 2003 年，波兰与欧盟的贸易额只有 135 亿兹罗提（约合 45 亿美元），而 2013 年双边贸易额超过了 1000 亿兹罗提（约合 330 亿美元），增长了 7 倍多。波兰农产品在欧盟市场受到普遍接纳和欢迎。在对欧盟贸易方面，波兰成为中东欧新成员国向欧盟出口增加最快、最多的国家，波兰已占整个中东欧欧盟成员国向欧盟出口的 27%。2012 年波兰全年出口 1420 亿欧元，进口 1517 亿欧元，贸易逆差 97 亿欧元。波兰出口额中有 70% 出口到欧盟，进口额中有 60% 来自欧盟。

入盟还促进了波兰的人才成长。为了鼓励欧盟内非英语国家尤其是新加入欧盟的成员国的人才发展和流动，欧盟专门设立教育发展基金，鼓励学习外语，向愿意学习外语的青年人和成年人提供免费学习外语的机会。但是，在高报酬的诱惑下，波兰一大批年富力强、受过良好教育的年轻人离开波兰到他国就业。据不完全统计，截至 2011 年底，共有 201 万波兰人在国外打工，其中在欧洲打工的有 171 万人。大量有知识、有劳动能力的年轻人外出打工，造成了国内高层次劳动力的短缺，也造成了劳动力人口比例的不平衡。

基于上述条件，波兰加入欧盟的最大好处是经济获得持续发展。1989 年波兰制度剧变时，国家几乎处于破产的边缘。工业生产处于停顿状态，农业生产效率低下，公共交通落后，物价飞涨。当时的经济情况并不比其他东欧国家和邻国乌克兰好多少。20 世纪 90 年代初，经历颇受争议的"休克疗法"，波兰开始步入正轨。改革的过程是漫长而又痛苦的，波兰虽然经过了几年的经济衰退期，但这正是波兰经济好转的起步点。

据波兰权威部门统计，波兰在 2004 年加入欧盟后，其 GDP 每年平均增长率达到 4% 以上。近 10 年 GDP 增长了 48.7%，提高了将近一半。这种速度远远高于欧盟其他新成员国和欧盟的平均速度。唯一能与波兰比肩的是斯洛伐克。如果以 2013 年的 GDP 为100，那么 2004 年至 2013 年中东欧欧盟成员国的增长情况如下：匈牙利的增长率最低，为 9%，欧盟二十七国平均增长率为 11%，斯洛文尼亚为 14%，捷克为 28%，爱沙尼亚为 33%，立陶宛为33%，保加利亚为 34%，罗马尼亚为 37%，拉脱维亚 38%，波兰为 49%，斯洛伐克为 49%。①

波兰成功经受了 2008 年世界经济金融危机和 2010 年欧债危机的考验。2009 年，波兰是欧盟中唯一实现经济正增长的国家（1.7%）。2010 年，波兰经济再创佳绩继续增长 3.8%，增速位居欧盟各国之首。2011 年，欧盟主要国家都笼罩在欧债危机的阴霾下，而波兰经济仍继续保持较快增长的势头。据称，2008—2011年，整个欧洲的经济下降了 60%，而波兰则增长了 16%。因此，波兰逐渐成长为中东欧乃至整个欧盟经济的新"领头羊"，这无疑提高了波兰在整个欧盟的地位和作用。

随着经济迅速增长，2003 年波兰人均 GDP（按购买力平价计算）只有欧盟人均 GDP 的 48.8%，而到 2012 年已经达到 66.9%，

---

① 本文中的一些重要数据，如经济增长速度、国内生产总值、进出口贸易、外国直接投资等，均见波兰外交部主编《波兰与欧盟——波兰入盟 10 周年报告》（*10 PLUE Polskie 10 lat w Unil RAPORT*），华沙，2014 年。

9 年之内增长了 18.1 个百分点。2005—2012 年波兰濒临贫困的人口减少到 700 万，其中 130 万已经摆脱贫困。波经济部预计 2022 年波兰人均 GDP 将达到欧盟平均水平的 80%，届时波兰将成为全世界最富裕的 20 个国家之一。

波兰货币政策稳定，物价波动保持在可控范围。到 2013 年年中，波兰央行货币政策调控委员会一直采取措施降低利率，同时维持实际利率为正从而刺激储蓄。近年来，稳定的利率政策使得波境内企业运营更加合理向好。2014 年年中，CPI 指数维持在较低水平，降到零及零以下，预计到年底将逐渐回升至 2.5%。波兰学者指出，由于央行推行稳定金融系统的政策，所以与西欧发达经济体相比，国际金融危机仅对波兰产生了较小的影响。

从 2011 年起，波兰与欧盟的发展鸿沟在逐渐缩小。2005—2007 年，波兰经济增长速度年均超过 5%，投资每年增加 12%—14%，通货膨胀保持在 3%—4%，进出口增长率为 8%—9%。剧变早期的斯洛文尼亚被誉为改革的优等生，但近年来已落后于波兰。2013 年，斯洛文尼亚人均 GDP 为欧盟平均水平的 83%，比上一年降低 1 个百分点，个人消费水平为欧盟平均水平的 77%，下降 2 个百分点。斯洛文尼亚与欧盟的差距有所拉大。[①] 波兰则正在缩小。

据 2014 年 7 月波兰报纸报道，目前 100 万波兰货币兹罗提约合 24 万欧元。据最新数据统计，2013 年波兰有百万富翁 14700 多人，比 2012 年增加了 1200 多人，即增加了 9%。全国有超过 2500 名百万富翁居住在首都华沙。首都所在地的马佐夫舍省平均每 10 万居民中有 75 个百万富翁；排名第二的是克拉科夫市所在的小波兰省，平均每 10 万居民中有 42 个百万富翁。如果与 7 年前的统计数字相比，2013 年波兰百万富翁增加了 3000 多名。[②]

① 《欧洲时报》（中东欧版）2014 年 7 月 4 日总第 861 期，第 5 版。
② 引自波兰华人青年联合会主编《欧洲青年报》。

波兰经济部预测 2014 年第二季度 GDP 增速为 3.1%，比第一季度的 3.4% 有所放缓，全年 GDP 增速预期为 3.3%，失业率预期从 13.5% 下调至 12.3%，通胀率预期从 1.2% 下调至 0.3%。

据波兰统计局材料，2014 年前 5 个月，波兰对外贸易出口667.5 亿欧元，同比增长 7%；进口 666.9 亿欧元，同比增长4.8%，贸易顺差为 6470 万欧元。波信息与外国投资局局长马伊曼说，2014 年前 5 个月波成功引入的外国投资已超过上年全年总额。波兰计划从 2015 年起最低月工资提高 4.2%，即从目前的1680 兹罗提提高至 1750 兹罗提，约合 3500 元人民币。

总之，波兰入盟后国家经济发展进入一个新时期。许多波兰人认为，进入欧盟是美好生活的开始。波兰人算了一笔账，如果波兰不加入欧盟，2013 年的人均 GDP（按购买力平价计算）比欧盟 2009 年 27 国人均 GDP 低 11%；2013 年的对欧盟出口会减少1640 亿兹罗提，即减少 25%；2004—2013 年的外来投资会减少2000 亿兹罗提，就业机会将减少 10%，失业率会攀升至 38%，即失业人数会多出 50 万。经济发展会比目前缓慢得多。

对 18 个欧洲国家共 17 万名经济人士的调查结果显示，华沙的商业环境在 37 个欧洲城市中位居第三，评价指数包括经济环境、基础设施及生活质量等。与其他城市相比，华沙在中小企业融资可得性、劳动法规弹性等方面表现突出。也就是说，波兰稳定的政治、经济和财政环境以及高素质人才成为新的竞争优势。

波兰社会经济仍存在一些问题

第一，波兰与欧盟的关系问题。近年来，中东欧新成员国与欧盟的关系并不融洽。这里既有老成员国的抱怨，也有新成员国的不满。一些老成员国担心，如果新成员国加入欧盟后的经济增长短期内无法达到欧盟的理想水平，经济发展水平的差异及东西欧国家的居民收入差距过大很可能导致大量中东欧地区移民涌入西欧发达国家，对西欧国家福利体系造成过大压力。同时，欧盟新成员国劳动力市场很大，而劳动成本却远远低于欧盟老成员国，如果东欧技术工人大量向西欧输出或是大量就业机会和资金向东欧转移，有可能造成一些老成员国的失业率上升。另外，新成员国入盟对欧盟决策进程的影响也不容忽视，它们希望拥有更多的发言权。原有的 15 个老成员国在欧盟决策过程中已常常出现议而不决的现象，一个拥有 28 个成员国的欧盟要就重大问题取得共识甚至采取一致行动将更加困难。同时，欧盟也不是人们想象的那么美好。入盟国的期望值过高，社会发展水平和生活水平的提高不可能很快实现，新、老成员国之间的差距在继续扩大。所以，面对严酷的现实，近年来疑欧论有所抬头。

第二，欧盟现有 28 个成员国，很难统一为一个声音，很难形成共同的政策。在共同的农业政策、共同的能源政策、共同的外交政策（包括最近的乌克兰危机）等问题上摩擦不断。多数经济学家认为，波兰今后的经济发展在很大程度上将取决于欧元区经济形势的发展。但波兰认为，它之所以成功避开了欧债危机的冲击，是因为波兰坚持独立的货币和金融政策。所以波兰人庆幸没有加入欧元区。就目前来看，波兰约有 2/3 的民众反对加入欧元区。波兰何时能够加入欧元区还很难回答，因为废除波兰货币兹罗提需要修改宪法。这是近期内做不到的事情。

第三，波兰经济的主要问题：最近几年经济增长速度较低，以及居高不下的失业率。

第四，有的经济学家认为，未来波兰经济面临的最大挑战是"中等收入陷阱"。波兰人普遍不习惯存款和投资，看中消费。这导致"2004—2011 年国内生产总值中的储蓄率只有 17%，而投资率只有 21%，都未达到欧盟平均水平"[1]。波兰的经济转型尚未完成，还有很多部门需要重组，如农业部。波兰的交通等基础设施需

---

[1]　《波兰已踏入"黄金时代"》，波兰华人青年联合会主编《欧洲青年报》2014 年 7 月 4 日第 3 版。

要进行建设和完善，一些大型的国有企业需要现代化重组。尽管有人认为"波兰的黄金时代已来临"，但国家的发展任重而道远。

第五，乌克兰危机将使波兰经济遭受重大损失。波兰是欧盟第六大食品生产国，2005—2010 年食品行业年均增长 4.7%，2013 年波农产品食品出口达 200 亿欧元，占波出口总额的 13%。据波经济部预测，波兰 2014 年对乌克兰和俄罗斯出口将分别下降 40% 和 20%；波兰在乌克兰和俄罗斯约有 150 家大型企业，造成的损失肯定是巨大的。2013 年波兰对俄出口果蔬 4.32 亿美元，占波果蔬出口总量的 54%。如果俄罗斯继续对其他食品也实施禁运，由此造成的损失可高达 7 亿美元。由于对俄罗斯和乌克兰的出口下降，尤其是苹果等农产品出口锐减，波兰的全年外贸总额将明显减少。波兰和波罗的海三国已向欧盟总部提出请求，补偿其因俄反制措施而遭受的损失，但欧盟的杯水车薪解决不了问题。

中波经贸关系发展前景广阔

波兰在中东欧地区，无论是领土面积还是人口都是最大的，它的影响力和在国际事务中的作用也都是重要的。近年来，中波两国高层交往不断，各省市政府间的交流与合作也非常频繁，良好的政治基础促进了双方经贸关系平稳发展和合作领域的不断拓宽。本来，波兰是对中国经贸合作开放相对比较晚的国家，但随着中国的经济实力和国际影响力的不断提升，波兰也在调整对中国的开放程度。中方在实施"丝绸之路经济带"，波方则推出了"走向中国"的计划。两国在煤炭、能源、电信、基础设施、农产品、食品加工等领域存在较大合作空间。双方正在文化、教育和技术等各个领域全面合作。过去几年，中波关系得到了迅速发展。2011 年 12 月波兰总统科莫罗夫斯基访华，2012 年时任中国总理温家宝访问波兰。2013 年在波兰格但斯克举行了中波地方合作论坛。

中波关系是中国中东欧关系和中国欧盟关系的一部分，是平行一致的。过去几年中国与欧盟已经建立了战略伙伴关系，在经贸关系方面有了迅速发展。同样中国和波兰的关系既是老朋友关系，又是新型战略伙伴关系。波兰看重双边友好合作关系，为中国和中东欧领导人会晤作出了重要努力和贡献。

在中东欧国家与中国的合作中，波兰肩负着重要的使命和义务。在经济贸易方面，波兰始终是中国在中东欧地区最大的贸易伙伴，两国贸易额稳步增长。波兰政府和商界领袖也高度重视发展与中国的关系。波兰政府建立了一套特殊机制，鼓励企业与中国开展合作。波兰建立了波兰—中国经济合作中心，以帮助中国投资者顺利进入波兰市场。目前，波兰政府"走向中国"特别项目已启动，将鼓励更多的波兰企业前往中国。

据波方统计，在对华贸易方面，2012 年波兰向中国出口 14 亿欧元，占波兰全年总出口额的 1%，从中国进口 136 亿欧元，占波兰全年总进口额的 9%。中国排在德国和俄罗斯之后为波兰的第三大进口来源地。据中方统计，2013 年双边贸易额达到 148 亿美元。

波兰既是中国在中东欧地区最大的经济伙伴，也是中国企业进入欧洲的桥头堡。广西柳工、湖北三环集团等实体企业已进入波兰，中国银行、中国工商银行已落户华沙，中水电、中国电力工程集团、新希望集团、武汉烽火等相继进军波兰，都在利用波兰的良好发展潜力，展示中国公司的实力。

除经贸领域外，在文化、教育、科技、体育、军事等其他领域的合作也在不断深化。2014 年 8 月，中国火箭帮助发射了波兰的卫星。中波文化交流和教育合作也起了重要变化。尽管从总体上讲，留学波兰的人数偏低，不能和西欧相比，但到波兰的中国留学生在过去三年翻了一番。

波兰具有诱人的经济发展前景，地理位置上的优越性使波兰成为中东欧市场的最佳入口。波兰作为中东欧最大的经济体，消费人数 3800 万，比捷克、斯洛伐克和匈牙利三个国家总和还要多。波兰信息和外国投资局局长马伊曼指出，世界银行发布的最新报告显示，波兰经济正处于历史上最佳时期。经济发展、社会文明、生活幸福，波兰在这些领域引领欧洲繁荣的梦想不再遥远。中华民族伟大复兴的中国梦，与波兰梦有异曲同工之妙。波兰人民愿同中国人民携手，共同为实现梦想而努力。在国家自强与发展的道路上，波兰与中国均致力于务实合作。中国正重新认识曾经沉睡的中东欧，针对该地区国家制定全新的政策。中国正优雅地来到中东欧。①

（原载《欧亚发展研究 2014》）

第二节　捷克是中东欧转轨的合格生

捷克担任欧盟轮值主席国回眸

2009 年 6 月 30 日，捷克共和国结束为期半年的欧盟轮值主席国任期，将这一席位移交给瑞典。捷克"当家"的这半年，欧盟经历了一体化进程受阻、全球经济"严冬"、俄乌天然气风波、中欧峰会和本国政府下台等一系列事件，在错综复杂的国际国内环境中艰难地走了一段不平坦的"轮值路"。它在新成员国中是第二个担任这一重任，尽管历经曲折，但在推动欧盟政治、经济发展和能源安全方面基本上达到了预定目标。

捷克在担任轮值主席国时，确定了三项主要任务：经济、能源和对外关系。按英文第一个字母三项任务被称为"三 E"任务，这对小小的捷克来说确实是难以承受的繁重任务。当然，小国也有小国的好处，即外界对它没有更高的期望，只要能为欧盟作出

---

① 参见马伊曼《中国优雅地来到中东欧》，《人民日报》2014 年 1 月 8 日第 3 版。

一点成绩，就值得肯定。从盘点捷克在完成"三E"任务来看，我们似乎可以说它的表现基本令人满意，完成了使命。

应对金融危机和调整能源政策有所收获

捷克担任轮值主席国遇到的最大问题是全球范围内的金融和经济危机。其时，欧盟内部反对贸易保护主义和加强金融监管的呼声日益强烈。在2009年3月2日欧盟首脑会议前夕，由捷克和波兰牵头于3月1日召集9个新成员国聚首布鲁塞尔，商议如何遏制西欧保护主义抬头，寻求统一立场。会上，匈牙利总理久尔恰尼要求欧盟制订一项1800亿欧元（2300亿美元）的计划，以帮助中东欧的经济、银行和公司渡过难关。但遭到了以德国总理默克尔为首的老成员国的反对。捷克时任总理托波拉内克态度鲜明地举起"反对保护主义"大旗，他警告说，"欧洲一些国家领导人的保护主义言论将使各成员国的保护主义抬头，并最终让经济危机蔓延"。3月4日，捷克、斯洛伐克、波兰、罗马尼亚和保加利亚的中央银行行长开会，发表了一个共同声明，呼吁欧盟中的西欧国家在中东欧的银行不要扰乱这些国家的经济，动摇它们为稳定经济所作出的努力。

在2009年4月二十国集团伦敦金融峰会召开前夕，欧盟与美国在如何应对经济衰退问题上出现分歧。美国奥巴马政府呼吁欧盟加大财政刺激力度以拉动需求，而欧盟领导人则态度坚决，主张加强国际协调以尽快落实现有财政刺激计划，同时加强全球金融监管。欧盟领导人认为，欧盟经济已经出现了经济危机触底的迹象，现在应该满怀希望，制定稳定和恢复经济战略，这将提升各成员国克服危机的信心。不过，中东欧国家只是有望在2009年底和2010年缓慢复苏。

6月，捷克任内的最后一次欧盟峰会批准了包括建立一套全新泛欧金融监管体系在内的改革方案，一致通过了旨在促进就业的"共担就业责任"建议。这些措施有助于欧盟防范金融风险，在很大程度上提升了各成员国克服危机的信心。

2009 年东欧剧变发生已 20 周年。捷克政治经济转轨较为成功，第一批加入了北约和欧盟。尽管经济危机也冲击着捷克的社会和经济，但总体来说它的情况要比其他中东欧国家好些。它的货币克郎贬值不多，甚至不愿意主动加入欧元区或同欧元挂钩。捷克是入盟的受益国，2004 年刚加入盟时，人均工资为 580 欧元，现在达到 900 欧元。2009 年的 GDP 萎缩约 2%。

捷克在保障欧盟的能源安全和制定欧盟共同能源政策方面进行了不懈努力。欧盟 1/4 的天然气依赖俄罗斯。对俄天然气的依赖保加利亚是 100%，匈牙利是 70%。欧盟认为，鉴于出现了 2008 年冬季俄罗斯和乌克兰"斗气"的危机，俄筹建中的"南溪"天然气项目是对欧盟能源安全的威胁。所以，要加速欧盟和美国倡导的"纳布科"天然气管线项目的实施，即建设一个以"纳布科"天然气管道为主的"南部走廊"输气管道网络，将里海地区的天然气绕过俄罗斯输往欧盟国家，从而减少欧盟对俄能源的依赖。

为确保欧盟能源安全、实现能源供应多样化，捷克积极推动"纳布科"项目建设。为此，在捷克主持下，欧盟和中亚国家代表于 2009 年 1 月在匈牙利首都布达佩斯召开了"纳布科"天然气管道项目国际会议，决定重新激活"纳布科"计划。4 月和 5 月，欧盟在保加利亚首都索非亚和捷克首都布拉格相继召开会议，商讨为了打破俄对天然气的垄断，需尽快修建"纳布科"管线等问题。6 月，欧盟再次开会确定了"纳布科"管道的走向，评估了计划对环境可能产生的影响，并确认了相关贷款事宜。

由此可见，捷克为保障欧盟能源安全不遗余力，为下一任轮值主席国瑞典在实现欧盟能源供应多样化方面的工作打下了基础。

批准《里斯本条约》仍存悬念

《里斯本条约》于 2007 年 12 月签订，以取代 2005 年被法国与荷兰先后否决的《欧盟宪法条约》。按照原先的设想，该条约将在所有成员国批准后于2009年年初生效。在捷克接过欧盟轮值主席国接力棒时，只剩下爱尔兰和捷克自身未能通过该条约。当时，爱尔兰提出要通过第二次全民公决来决定《里斯本条约》的命运；捷克议会已批准该条约，但克劳斯总统不予签署，波兰总统也要等爱尔兰通过后再批准，德国有一部分人对条约不满，需要等待法院审理。英国保守政党也提出，一旦他们上台，他们将就《里斯本条约》提交全民公决。东扩后，欧盟亟须保持内部的平衡与稳定。欧盟的首要任务是批准《里斯本条约》。这么一个重要条约尚未在各成员国通过，不可想象会继续东扩下去。德国和法国强调，欧盟需要时间消化东扩所产生的问题，目前需要发展和巩固东扩的成果，而不是加速东扩。

捷克总统克劳斯是著名的欧洲悲观论者，他把欧盟和苏联相提并论，指出捷克不是布鲁塞尔的殖民地。尽管政府总理托波拉内克是坚定的亲欧派，但他在年初就被迫辞职。总统在国内的支持率高达63％，而政府的支持率却只有26％。当捷克议会经过近一年的辩论于2009年春季以2/3的微弱多数通过了《里斯本条约》的时候，克劳斯总统至今拒绝签署该条约。克劳斯总统反对《里斯本条约》，认为这个文件"同捷克国家的主权原则相矛盾"。捷克国内对《里斯本条约》是这种态度，它就很难说服其他国家（包括爱尔兰）同心协力，争取早日批准该条约，为欧盟挽回颜面。

由于欧盟各国6月19日在堕胎、社会政策、税收等问题上为爱尔兰提供了具有法律约束力的保证，爱尔兰将在2009年10月就《里斯本条约》举行第二次全民公决的路障也已被清除。欧盟一体化进程在几经周折之后总算向前迈出了一小步，但仍前途未卜。欧盟各成员国能否批准《里斯本条约》，对欧盟政治一体化进程具有重要影响，而捷克在这方面却遭遇了前所未有的压力。

欧盟共同外交政策依然步履艰难

2009 年 3—4 月，捷克出现政府危机，托波拉内克总理下台。这是继 1996 年意大利出现这种情况以来欧盟轮值主席国中所没有的一种新现象，引起欧盟新老成员国的担忧。这一情况的出现，引起法国等老成员国的不满，它们认为欧盟中的小国或没有做好准备担此重任的国家不宜担任轮值主席国。所以，捷克"当家"受到内外压力，很不容易。

5 月 20 日，在捷克举行了因法国总统萨科齐的故意破坏而中断的中欧峰会。捷克当上欧盟轮值主席国，其影响不可能有德国和法国那样大，它从来没有预料到会由它来主持一次中欧峰会，但经过多方努力，捷克终于主持了这次会议。捷克重视对华经贸合作，希望对华增加出口。

捷克"当家"时，还发生了巴勒斯坦和以色列在加沙高地发生冲突，斯洛伐克加入欧元区。捷克和维谢格拉德集团主张中东欧新成员国加强合作，支持西巴尔干国家入盟，这对巴尔干地区的稳定十分重要。

捷克在任期间，还积极推动欧盟二十七国与亚美尼亚、阿塞拜疆、白俄罗斯、格鲁吉亚、摩尔多瓦和乌克兰六国之间进行合作的"东方伙伴关系"计划，并于 5 月正式启动了这个计划。由于"东方伙伴关系"计划涉及 6 个苏联加盟共和国，引起俄对这一计划的警惕和不满。俄外长拉夫罗夫指责"东方伙伴关系"计划是针对俄罗斯的，欧盟企图扩大"势力范围"。该计划符合欧盟的地缘政治，可确保欧盟的能源安全，使之协同北约向中亚扩张。但是，独联体国家一向是俄美争夺的重要目标，欧盟在这一地区事务中能发挥多大作用，也存在诸多不确定因素。

在年底哥本哈根气候大会上，可以预计，捷克共和国，尤其是克劳斯总统将阐明自己对全球气候变暖的一贯观点。他作为经济学教授，反对说全球气候变化和二氧化碳排放量增加是人类活动的结果造成的。他认为，全球气候变暖是因为人类的竞争造成的。前不久，他希望欧盟面对全球经济危机应该明智地放弃同气候变化做全球斗争的雄心勃勃的计划。所以，西欧国家早在 2009 年年初就提出，"捷克人在气候问题上，不会把它作为一个优先考虑的基本问题来关心"。捷克环境保护部部长前不久说，"我们不能为了提高竞争力而牺牲环境，在国际经济危机的情况下也是如此"。这主要是指东欧地区仍在用煤发电，东欧的能源企业不愿意遵守欧盟的气候立法规定等。所以，在这个问题上，捷克是一个与欧盟大多数国家唱反调的国家。

从 7 月 1 日起，瑞典开始担任欧盟轮值主席国。瑞典也像捷克一样，面临一系列严重挑战：欧盟的机构改革问题，国际经济危机和就气候改变达成新的国际协议等问题。欧盟期盼瑞典人给欧洲带来欣快，以他们的"冷静"处理欧盟的棘手问题。相比捷克的半年"值班"，欧盟领导人更看好瑞典。然而，有识之士马上指出，瑞典的极右翼政党正在抬头，瑞典的理想在破灭，福利国家的形象在消失。欧盟在等待 2009 年 10 月爱尔兰就《里斯本条约》举行第二次全民公决的结果，在等待新欧洲议会选举下一任欧盟委员会主席。

（原载《欧亚社会发展研究》2009 年第 14 期，总第 592 期）

捷克右翼政党上台执政

左右翼两党在选举中势均力敌

自 1993 年捷克斯洛伐克分为捷克和斯洛伐克两个国家以来，捷克是两院制议会国家，下院（众议院）由 200 名议员组成，任期 4 年；上院（参议院）由 81 名议员组成，任期 6 年。众、参两院每两年更换一次 1/3 的议员。捷下院一直由 3 个主要政党控制：中右翼公民民主党、中左翼社会民主党和捷克—摩拉维亚共产党。捷克政坛由于没有哪个党占据绝对优势，成立的政府往往是弱势政府，或者说少数派政府。特别是 2006 年的议会选举，由于左翼和右翼平分秋色，各得 100 个席位，结果导致长达 8 个月的组阁谈判。虽说组织了以公民民主党为首的托波拉内克政府，但非常脆弱，2009 年 3 月 24 日众议院以 101 张不信任票否决托波拉内克政府，同年 3 月 26 日公民民主党政府下台。

随后，组织了以无党派人士扬·费舍尔为首的看守政府。原定 2009 年 9—10 月提前举行众议院选举，由于未能获得 3/5 的众议院议员支持，一直拖到 2010 年 2 月 5 日总统克劳斯才宣布选举于 2010 年 5 月举行。

2010 年 5 月 28—29 日，捷克共和国议会举行社会制度转轨以来的第五届众议院选举，此次共有 25 个政党参加选举。捷克总人口约 1030 万，享有选举权的公民有 800 万，这次选举全国参选率为 62.6%。根据捷克选举机构 5 月 31 日公布的议会选举正式统计结果，左翼社会民主党（CSSD）获得 22.1% 的选票，名列榜首；右翼公民民主党获得 20.2% 的选票，位居第二。这两大党的得票率与上届选举相比均大幅下降。捷克和摩拉维亚共产党（KSCM）获得了 11.3% 的选票，位居第四。在本届议会选举前夕新组建的新保守主义中右政党"巅峰 09"和公开党异军突起，分别以 16.7% 和 10.9% 的选票首次进入议会。而基督教民主联盟——人民党（KDU-CSL）和绿党（SZ）得票率低于 5%，失去进入议会的资格。

这一选举结果跟人们事先的估计基本一致。根据捷克民意调查机构 2010 年 2 月公布的选民支持率，社会民主党的支持率为 32%，公民民主党的支持率为 25%。早在 2010 年 3 月，捷克的两个最大政党和其他一些政党就纷纷召开党的代表会议，公布竞选纲领，推举全国各地区的竞选领导人，为 5 月的议会选举造势，不断地向选民许诺，为自己拉选票。左翼的社民党许诺，如在大选中获胜，将提高退休人员的养老金，增加社会补贴，保证公民得到体面的生活和医疗条件。右翼的公民民主党表示将努力克服金融危机的影响，为国民创造更多的就业机会。基督教民主联盟—人民党主张通过增加出口振兴经济。捷摩共则为保护农民利益而大声疾呼。尽管随着议会选举日期的临近，捷克各个党派间的争斗十分激烈，但人们预计，这次选举仍将是社民党和公民民主党之间的对决。

对于 5 月 28—29 日的选举结果，西欧报刊评论这是一场"政治地震"，但反映出捷克"要求变化的愿望"，人们普遍希望改变弱势政府的恶性循环，建立起一个强势政府，以稳定捷克政局。

新政府即将上台执政

在这次众议院选举中无一政党获得半数以上席位，均没有单独组织政府的可能。根据捷克选举法规定，选举中得票相对多数的政党具有优先组阁权。社民党得票最多，在议会仅获得 200 个议席中的 56 个席位，捷摩共获得 26 个席位，它们即便同意联合也只有 82 个席位，难以组建少数派政府。社民党主席帕劳贝克因选举失败而辞去党主席职务。

这样，根据法律得票第二的右翼公民民主党获得了组织政府的权力。6 月 4 日，总统克劳斯委任公民民主党领导人彼得·内恰斯进行组建联合政府的谈判。内恰斯就组阁问题与"巅峰 09"和公开党进行"不附加任何先决条件"的直接谈判，争取联合组织政府。这 3 个党一旦联合，它们在众议院的席位则可达到 118 席（即公民民主党 53 席、"巅峰 09" 41 席和公开党 24 席），可以较为自由地通过法律和执政。由于右翼和中右翼政党的竞选纲领基本相同，它们在议会中又占据多数，所以经过 4 天的谈判很快就签订了组织联合政府声明。它们在声明中主张执行严格的财政政策，减少预算赤字，反对提高税率。

6月16日，正在组建中的新政府宣布，近期将先不考虑未来新政府加入欧元区的时间表，因为一方面欧元区本身还存在许多问题；另一方面，2009年捷克的预算赤字曾达到5.9%，几乎比欧盟规定的最高3%高出一倍。2010年的预算赤字预计为5.3%，2011年预计为4.8%，捷克政府许诺到2013年将预算赤字降低到3%的水平。所以，捷克认为它最早在2016年前后才有可能加入欧元区。

捷克总理扬·费舍尔于6月25日宣布辞职，从而为大选后组建新的中间偏右联盟政府铺平了道路。捷克总统克劳斯于6月28日任命公民民主党主席内恰斯为新政府总理，希望他在30天内组建新政府。不过，由于联合执政的三党在若干政策和内阁人选上的分歧，组阁谈判尚未完成。内恰斯说，他希望尽快达成组阁协议，以便抓紧时间准备制定2011年政府预算。

据分析，经济上，未来新政府主张缩小预算赤字，预防国家经济崩溃。首先要保障社会支出和失业救济，这两项占了预算支出的65%。捷克的外债只占国内生产总值的35%，是欧盟平均值的一半，是很低的，但人民和国家都很担心出现希腊的债务危机情况。捷克的经济情况比欧元区其他国家稍好，因为它的外债较少，保持着经济连续增长。外交上，新政府将选择与欧盟和美国站在一起。

分析人士还认为，由于右翼政党联盟在议会占据半数以上席位，一旦组阁成功，新政府将有足够实力推动财政紧缩、养老金、医疗保险等棘手改革议程。美国《纽约时报》援引政治分析师的话说，内恰斯是一名实用主义者，经济领域支持自由市场政策，外交方面倾向于与欧洲联盟和北大西洋公约组织保持密切关系。

西方学者指出，欧盟新成员国的"联合政府"一般都不稳固，因为它们没有联合的"基础和潜力"，受到种种牵制和限制。捷克新政府将是1996年以来在众议院控制票数最多的一届政府，这对它进行进一步的改革创造了条件。长期以来，捷克政府的软弱（因为在议会不占绝对多数）和高预算赤字，一直构成执政的威胁。新政府能否兑现它的承诺备受关注。

捷克本届议会选举的特点

这次捷克议会选举的特点是：第一，左翼政党得票不得势。社会民主党支持率最高，但远远达不到组建新政府的要求。它既不愿意与捷摩共联合组建少数派政府，更不可能与中右政党联合组阁，所以，右翼政党接过了组阁权。

第二，社民党和公民民主党左、右翼两大党垄断捷克政治舞台的格局被打破。在上届选举中，这两大政党的得票率共为67.7%，而在此次选举中仅为42.3%，都失去了组阁的主导权，不得不与其他政党合作。这说明两大老政党的力量和影响在削弱，都失去了很大一部分选民的信任和支持。

第三，新的政党正在崛起，改变着政坛格局。新组建的中右翼政党"巅峰09"和公开党是选举中的"黑马"，成为重要的政治平衡力量，赋予执政联盟新的活力，也许对建立强势政府能产生一定影响。

第四，捷克政局也像中东欧其他国家一样大幅向右转。早在2009年6月的欧洲议会选举中，捷克政局已经开始向右转。当时捷克共有22名欧洲议员，公民民主党获得9席，社民党获得7席，捷摩共获得4席，基督教民主联盟—人民党获得2席。其时捷克是欧盟轮值主席国，它的选举率在欧盟27个成员国中是最低的，只有28%。近两年来，中东欧社会民主党在阿尔巴尼亚、马其顿、保加利亚、罗马尼亚、匈牙利和斯洛伐克等国选举中失利，民众支持率降低。随着捷克右翼政党上台执政，在中东欧出现了中右势力上台执政的新一轮浪潮。

（原载《欧亚社会发展动态》2010年第27期）

捷克总统选举有望引发新气象

2013 年 3 月 8 日，捷克共和国第一位由全国公民直接投票选举产生的总统米洛什·泽曼宣誓就职，成为捷克独立后的第三任总统。泽曼在就职典礼上说，他的主要目标是稳定捷克的政治局势，同各党派、工会和社会团体进行对话；在欧洲债务危机情况下努力实现经济增长；打击黑社会组织及其新纳粹主义分子。新总统还强调说，总统属于全体捷克的公民，不隶属于任何政治党派，总统办公机构应该成为各政党和组织进行对话的中立的平台。他准备通过收入和财产公示的法律打击黑社会的“教父”，同时会更多地关怀那些为捷克社会作出贡献的人群。

据此前捷克方面的统计，这次共有 9 名总统候选人参加竞选（其中有 3 名女性候选人）。在 1 月 11 日和 12 日两天进行的投票中，没有人获得超过半数的选票而直接当选，但前任总理米洛什·泽曼和现任外长卡雷尔·施瓦岑贝格的得票率分别为 24.22% 和 23.40%，以微弱差距排在前两位。于是，他们两人进入了第二轮总统选举。选前一度被看好的前中右翼政党代表扬·费舍尔（2009 年 4 月至 2010 年 7 月曾任临时政府总理）仅获得 16.36% 选票，居第三位。

1 月 26 日，捷克总统选举第二轮投票结果揭晓，泽曼以 54.8% 的得票率胜出，当选为捷克新总统。泽曼也成为捷克历史上第一位由全体公民直接投票选出的总统。另一位候选人施瓦岑贝格的得票率为 45.19%。第二轮总统选举的投票率约为 59.11%，略低于第一轮 60.56% 的投票率。总的来说，捷克此次总统选举选民的积极性在近年中东欧国家的选举中是比较高的。在选举前，泽曼的支持率一直稳居榜首，大部分捷克政论家和分析人士预测泽曼有可能获胜。

泽曼，生于1944年9月，现年68岁，资深政治家，毕业于布拉格经济大学国民经济计划专业，1968年加入捷克斯洛伐克共产党，后因对共产党人持批评态度，被开除出党。1989年之后，泽曼加入社会民主党。1990—1992年担任联邦议会议员，1996—1998年当选众议院议长，1993—2002年当选捷克社会民主党主席，其间，在1998—2002年出任捷克左翼政府总理，2010年当选公民权利党主席，其后担任该党荣誉主席。从2002年起，泽曼开始长期生活在农村，此次他是以无党派的独立人士身份参加选举的。他反对现政府在经济金融危机情况下所实施的财政紧缩政策、提高税收和进行养老金改革，而主张社会市场经济，进行更多投资，以促进经济增长。泽曼离异后与第二任妻子育有两个子女。

现任外长施瓦岑贝格是捷克右翼保守派的代表，生于1937年，是奥匈帝国名门贵族后代，长期生活在奥地利和德国，新闻记者和出版商，同时兼有外国国籍。1984年曾任赫尔辛基国际人权委员会主席。1990年任哈维尔总统办公室主任和顾问。2004年当选为捷克参议院议员。2007年1月起担任外交部部长。他的经济政策主张同泽曼正好相反，支持现政府实施财政紧缩政策，主张利伯维尔场经济，把压缩财政赤字和维持金融稳定作为财政政策的核心。他和妻子离婚后又复婚，育有两个儿子和一个女儿。

此次捷克总统选举具有如下的特点。

第一，这是捷克选民第一次直接选举总统，泽曼也是捷克政坛上的第一位左翼"草根总统"。历史上，捷克是一个议会制国家，总统是国家元首和武装力量的最高统帅，任期5年，最多可以连任两届。此前，捷克总统是由众议院和参议院的议员投票选举产生，获得超过半数的选票即可当选。2012年2月，捷克议会通过了宪法修正案和新的总统选举法，决定跟其他中东欧国家一样，实行一人一票的全民直接投票选举总统制度。议员们认为，直接选举可以减少人们对选举中腐败现象的质疑。尽管捷克总统没有像美国、法国总统那样拥有广泛的权力，但他可以任命和解除总理职务以及其他政府成员，有权批准或者否决议会通过的法律。总统还有权选择中央银行货币政策委员会的成员、任命法官和授予军队将军军衔等。泽曼本人堪称"草根阶级的代表"，他承诺除了秘书和司机外，不会往总统府塞进任何自己的人，从而树立清廉执政的形象。

第二，泽曼在对待欧盟的态度上，将比克劳斯更加理智和成熟。捷克卸任总统瓦茨拉夫·克劳斯在捷克发生社会制度转轨23年来一直处于政治舞台的前沿，从2003年接任瓦茨拉夫·哈维尔以来已经两任。克劳斯在任期间，是著名的民粹主义者和欧洲一体化的反对者。2009年他拒绝签署欧盟普遍接受的《里斯本条约》，被不少欧洲国家指控是"麻烦制造者"。在克劳斯的干预下，捷克成为欧盟27个成员国中最后一个签署该条约的国家。他甚至拒绝在总统府悬挂欧盟旗帜。与克劳斯相比，泽曼属于"挺欧派"，他支持欧洲一体化，赞同欧洲共同防御政策，赞成捷克未来引入欧元。人们预测，泽曼上台后从姿态上会更加亲近欧盟，会积极支持和和响应欧盟的各项主张和号召，并努力改善捷克与欧盟的关系。

泽曼当选得到欧美主流媒体的关注和一定认可。西方媒体认为他是"狡猾的务实主义者"。德国政府在泽曼当选后第一时间表态，称将与泽曼总统领导下的捷克继续保持友好关系。美国《纽约时报》称他为"欧洲一体化的公开拥护者"。欧盟委员会主席巴罗佐、欧洲议会主席舒尔茨等欧盟高级领导人在泽曼竞选获胜后或发来贺电贺函、或在媒体上公开表态，支持他当选总统。捷克媒体预测，克劳斯卸任后，欧盟旗帜将再度飘扬在总统府。

第三，泽曼担任总统后有望拉近与俄罗斯的距离，同时发展对华友好关系。泽曼善于在大国夹缝中求生存，外交上更趋圆滑和务实。他主张与美国保持良好关系，但又不疏于与俄罗斯发展亲近关系，与周边邻国和睦相处。据称，泽曼的核心集团成员与俄罗斯保持着密切的商业关系。布拉格查尔斯特大学分析员约瑟夫认为，"当选后，泽曼很可能成为与俄罗斯拉近关系的倡导者"。

泽曼的对华姿态相比右翼政客明显友好。他曾于1999年12月访华，与当时的中国最高领导人举行会谈。其间，中捷两国共同发表了联合公报。访华期间，他表示高度重视发展对华友好合作关系，重视中国在国际上的地位，把推进对华关系看作"历届捷克政府的政治责任"。他曾在多个场合重申坚持一个中国的原则，希望加强同中国在经贸领域的互利合作。此次总统竞选中，泽曼在选前与施瓦岑贝格的电视辩论中明确表态，如果胜选，不会作为国家元首同达赖喇嘛会面。由此可见，他可能是捷克历任总统中对华姿态最为友好的一个。

第四，泽曼获胜，表明捷克中左翼政治力量有所上升，但其与中右翼政治势力的较量将继续相互掣肘。国际分析人士认为，施瓦岑贝格是捷克的"贵族大佬"，拥有私人城堡和豪宅，与日益腐败的官僚作风关系密切，其支持者多为商人和大城市年轻人。他落选是因为在近年的欧债危机情况下支持政府实施财政紧缩政策，搜括纳税人的钱财，将沉重的赋税转嫁给普通百姓。而泽曼的政策正好与他相反，在竞选中反对财政紧缩，不赞成提高税收，不愿以损害低收入人群利益为代价改革养老金制度，反对让老百姓勒紧裤腰带度日。在竞选中，中左翼和中右翼的治国理念已明显表露出来，捷克多数民众倾向于泽曼的思想。

捷克前总统克劳斯认为，此次总统选举是右翼的失败，特别是他领导的公民民主党的惨败（现政府主要由公民民主党成员组成），是左翼的胜利。

捷克现政府仍然分属中左和中右两派，从某种程度上说，在代表中左翼的社会民主党"失势"多年后，泽曼的当选也反映了民众对中右翼现政府的不满和"态度宣示"。以捷克—摩拉维亚共产党为代表的中左翼一直是捷克议会的参政党和执政党之一。捷克政坛出现左翼总统，还有可能开始突破2009年以来中东欧右翼一统天下的格局。人们期待捷克总统选举的新气象有可能产生某种积极的影响。这种间接或直接的影响或已有所表现。

2月19日，保加利亚全国各地爆发数万人游行示威活动，抗议外资电力公司的垄断行为和高价电费，呼吁政府将电力公司国有化。抗议者要求总理辞职，并与警察发生冲突，导致多人受伤和被逮捕。总理博伊科·鲍里索夫迫于压力在2月20日宣布辞职，保加利亚处于无政府状态。保加利亚现政府是在2009年7月举行的议会选举后成立的右翼强势政府，任期为4年，目前距离下一届议会大选只有4个多月的时间。保加利亚是欧洲最为贫穷的国家之一，其民众在诸多方面对政府不满，包括电费太高、能源垄断、生活水平低下和腐败问题等。5月2日，保加利亚提前举行议会选举。舆论看好的左翼的保加利亚社会党有可能在即将到来的选举中取胜，并与有关政党一起联合组阁。

2月27日，斯洛文尼亚代表中左翼的"积极的斯洛文尼亚"党（2011年成立）的阿伦卡·布拉图舍克在对中右翼保守派政府的不信任投票中以55票（议会总共90个席位）获胜，成为该国转轨以来的首位总理。42岁的布拉图舍克被外界认为是在斯洛文尼亚经历深刻的金融和政治动荡之际，肩负起重振国家经济和恢复人们对国家机器信任重担的"女强人"。布拉图舍克表示，她的政府将健全斯洛文尼亚银行，自己解决财政金融问题，不需要采取国际救援措施，尽管斯洛文尼亚的银行负债高达70亿欧元，占国内生产总值的20%，但斯洛文尼亚的债务水平低于欧盟的平均水平（60%）。

捷克中左翼对中右翼防线的突破能否引发其他中东欧国家中左翼力量再度崛起，尚待进一步观察。目前中东欧国家的中右翼势力依然强大，各国继续呈现中左翼和中右翼政党交替执政现象。

（原载《俄罗斯研究信息》2013 年第 5 期）

第三节 西巴尔干国家入盟前途坎坷

西巴尔干国家入盟道路艰难且漫长
——兼评欧盟—西巴尔干国家萨拉热窝会议

西巴尔干国家：入盟几乎是"单相思"

西巴尔干国家加入欧盟是欧盟东扩的一部分。早在 2003 年的希腊萨洛尼卡欧盟与巴尔干国家会议上就确定，"巴尔干国家的前景在欧盟"。这些国家认识到，发展经济，保持地区稳定，解决地区一切问题的途径，是使国家尽快加入欧盟。但自欧盟提出这一口号和 2007 年保加利亚与罗马尼亚入盟后，统称为西巴尔干的前南地区国家和阿尔巴尼亚入盟几乎停止。这一方面有西巴尔干国家自身政治经济改革滞后、各国内部政治出现危机、存在地区争论和双边纠纷等原因；另一方面，欧盟由于有了 2004—2007 年拼命东扩的教训，行动特别慎重和犹豫。

克罗地亚是西巴尔干地区入盟达标最优秀的国家。它于 2005 年开始入盟谈判，到 2011 年有望完成所有谈判章节。斯洛文尼亚因与克罗地亚在一小段陆地和海上分界线存在分歧，一直抵制克罗地亚入盟。2010 年 4 月 1 日，斯决定不再抵制克的入盟谈判。这样，克罗地亚有望在 2013 年前后成为欧盟的正式成员国。

马其顿早在 5 年前就已经获得入盟候选国资格，但后来欧盟推迟了原定 2009 年开始与马谈判的日期，称该国的改革缓慢，近年来与希腊争论的国名问题迟迟得不到解决，加入北约的努力也因希腊反对而失败。马加入北约和欧盟仍受制于希腊。

塞尔维亚在 2009 年 12 月正式向欧盟递交了入盟申请报告，并获得入盟候选国资格，但谈判尚没有具体日程。塞与欧盟的《稳定与联系协议》还没有得到所有欧盟成员国的批准，因它还面临同海牙法庭的合作问题和与科索沃的关系问题。这都影响它的欧洲一体化进程。

波黑 2008 年年初与欧盟签订了《稳定与联系协议》，后因国内政局危机后又被冻结了。欧盟认为波黑关键性的改革进展缓慢，仍处于"潜伏的、被冻结的冲突之中"。波黑仍是巴尔干地区最不稳定的国家，是"欧盟安全的潜在威胁"，它的入盟道路非常遥远。

黑山 2008 年已递交了入盟申请报告，至今还没有开始入盟谈判。据称，黑山领导层卷入了有组织犯罪问题，银行和经济领域的改革尚有诸多问题。

阿尔巴尼亚 2009 年年底也向欧盟呈交了入盟申请，并希望 2010 年获得入盟申请国资格，得到欧盟的免签证。欧盟认为，阿民主机制不健全，国内存在政治危机和人权问题以及有组织的犯罪活动。2010 年 2 月，欧盟警告阿，如果不解决国内的政治危机（指议会瘫痪），它的入盟前景将是暗淡的。

在西巴尔干国家入盟进程中，还存在一个令欧盟头痛的事，就是土耳其入盟问题。土的入盟现在根本没有列入欧盟扩大的议事日程。因土耳其入盟要比其他国家复杂，本文暂不涉及。

西巴尔干国家普遍希望在 21 世纪的第二个 10 年加入欧盟。它们批评欧盟"傲慢"，搞"两面派"。这些国家入盟的心情迫切，希望欧盟一视同仁。然而，欧盟在东扩问题上确实有口难言，其原因也很简单：2007 年保加利亚和罗马尼亚的入盟实际上很不成功；2010 年西巴尔干地区的希腊深陷债务危机，欧盟亟须解决欧元区和一些成员国的债务问题。从欧盟将原东欧社会主义国家纳入欧洲一体化的"政治任务"来说，西巴尔干地区仍是它的一块心病。不吸收西巴尔干国家入盟，欧盟东扩的成果将付之东流；吸收它们则会带来诸多后遗症。

欧盟：接纳西巴尔干国家类似"痛苦的联姻"

2009年12月，欧盟批准马其顿、塞尔维亚和黑山的公民到欧盟27个成员国中的25个国家免签证（英国和爱尔兰除外），可以穿越"申根墙"。只剩下阿尔巴尼亚和波黑没有享受欧盟的免签证制度。这被解读为欧盟重视西巴尔干国家入盟的一个姿态和措施。

2010年1月，希腊和奥地利致信欧盟有关部门，希望2010年同西巴尔干国家启动入盟程序和加速谈判进程，称"2010年是西巴尔干国家入盟的关键年"。2月，新上任的欧盟外长阿什顿访问了塞尔维亚、科索沃和波黑。她宣布："西巴尔干地区是欧盟外交政策的优先地区。"紧接着，欧盟负责扩大事务的委员费勒先后访问了克罗地亚、马其顿、塞尔维亚、黑山、科索沃、波黑、土耳其和阿尔巴尼亚等国。

2010年3月5日，欧洲理事会主席范龙佩说，西巴尔干国家加强地区良好合作是欧盟扩大的关键。他指出："近两年我们的共同目标是稳定波黑的局势，使它沿着大西洋一体化方向前进。我们不能落下该地区的任何一个国家。"于是，斯洛文尼亚于3月20日召开了巴尔干地区国家领导人会议。欧盟理事会主席范龙佩、外长阿什顿、负责扩大事务的欧盟特使和欧盟轮值主席国西班牙外长等出席。会后发表的政治声明发出的信息是：支持该地区每个国家的入盟愿望；号召加强法制建设；强调加强地区合作和建立睦邻关系的必要性。但该地区最大的国家塞尔维亚拒绝出席会议，因为科索沃应邀参加了会议。这次会议没有就西巴尔干国家入盟达成任何协议。

2010年4月，美国国会通过决议，支持所有西巴尔干国家入盟，称使整个巴尔干地区实现欧洲一体化是奥巴马政府的战略目标。

2010 年 5 月 26 日，欧盟委员会主席巴罗佐表示，欧盟将继续接收新成员国。他安抚说，西巴尔干国家应该相信，欧盟不会因为世界金融危机和 2010 年一些成员国债务危机而停止扩大。但在私下，不少欧盟高官表示，现在欧盟扩大还提不上议事日程。他们认为，欧盟现在的形势并不怎么乐观，自身很多问题等着解决，没有时间、精力和财力解决西巴尔干问题。即将接任欧盟轮值主席国的比利时强调，欧盟再也不会犯匆忙接收保加利亚和罗马尼亚的错误，再也不会像 2004 年那样一下接纳 8 个前社会主义国家入盟。

所以，欧盟一再表态，西巴尔干国家入盟"不能按时间表"，而取决于"它们的改革"。西巴尔干国家入盟不搞"捆绑式"，要分期分批进行。到 2020 年以后全部解决西巴尔干国家的入盟问题可能是比较现实的。

欧盟—西巴尔干国家萨拉热窝会议：无果而终

2010 年 6 月 2 日，在荷兰轮值主席国外长的倡议下，西巴尔干国家的外交部部长、欧盟和各成员国的高级代表、美国、俄罗斯、土耳其和北约的代表以及国际社会驻波黑的高级代表与会，在波黑的萨拉热窝讨论西巴尔干地区的前途问题。

欧盟很希望通过这次会议重振威信。欧盟外长阿什顿说，西巴尔干地区是"建立民主的、统一欧洲"的最后一项挑战性任务。她表示，在萨拉热窝将确定西巴尔干"在欧洲的地位和该地区的入盟前景"。为此，她任命国际社会前驻波黑高级代表帕迪·阿施达伍为欧盟的西巴尔干事务特使，加强该地区的工作。

这次会议的最大特点是"飞行集会"。会议仅仅开了 3 个小时，而且美其名曰论坛，不是正式会议。会议的另一个特点是与会者按姓名参加，而不提及他们的职务和他们所代表的国家的名称。

人们会前期望欧盟明确宣布，确认西巴尔干国家能够入盟。会后人们发现这种愿望落空了。有的巴尔干媒体公开说，萨拉热窝会议是欧盟的"一个骗局"。会后发表了一个声明，称西巴尔干"整个地区前途光明，国际社会支持西巴尔干所有国家加入欧盟"。声明还号召"西巴尔干国家加倍努力，满足入盟必备的条件，特别要加强立法，进行行政和司法改革，打击贪污腐败和有组织犯罪活动"。

但是，这个声明没有对西巴尔干国家入盟作出任何具体承诺。会议商定不发表有约束力的公报，而只发表没有签名的声明。所以，舆论界认为，这是一纸空文，很难说是揭开了欧盟与西巴尔干地区关系新的一页。西巴尔干国家的媒体不无担忧地写道，如果现在欧盟还只停留在口头上，而不是在行动上下决心解决西巴尔干的入盟问题，那该地区将继续发生冲突，仍会处于落后状态，欧盟将失去在该地区的影响。

塞尔维亚媒体指出，萨拉热窝会议表明，"东扩已经不是欧盟优先要解决的问题"。塞副总理吉利奇认为，现在入盟的条件更加严格了，只有真正具备了条件的国家才能加入欧盟。他认为，这不是一次正式会晤，所以塞外长同意跟科索沃代表坐在一起。会议只有两个目的：地区稳定和更好的合作。塞对这次会议的"失望"多于"期待"。

保加利亚外长在评价萨拉热窝会议时说，通过的声明反映了会议的成果，因为声明强调了三点内容：（1）原则上确认了西巴尔干地区的入盟前景；（2）政治上同意对波黑和阿尔巴尼亚实行免签证；（3）所有其他国家（也包括科索沃）一旦条件成熟，签证壁垒会取消。

西巴尔干国家感到它们的入盟道路更加艰难遥远了，看到入盟比2004—2007年入盟的第一波国家要严格得多，要困难得多。从入盟条件较好的克罗地亚来说，如果它能在2013年前后入盟，那么这意味着从递交申请到入盟需要整整 10 年，而从开始入盟谈判到正式加入需要 8 年。预计，西巴尔干国家与欧盟的入盟谈判要到 2012 年或 2014 年开始。如果谈判不出现大的波折，它们的入盟时间定在 2020 年以后比较合适。

（原载《中国社会科学报》2010 年 7 月 29 日第 14 版）

黑山从独立到与欧洲一体化

黑山是前南斯拉夫各共和国中一个最小的国家，也是最晚宣布独立的共和国。它的面积仅 13812 平方公里。黑山在陆地上与塞尔维亚、波黑、克罗地亚和阿尔巴尼亚接壤，南面同意大利隔亚得里亚海相望，拥有 200 多公里的海岸线。黑山崇山峻岭，道路崎岖，自古以来就保持着相对很强的独立性。

2010 年黑山人口为 63 万，黑山人占 43%，塞尔维亚人占 32%，波斯尼亚人约占 8%，穆斯林占 5% 以上。全国超过 70% 的居民属于东正教徒，穆斯林约占 18%，天主教徒占 3.5%。[①] 黑山人同塞尔维亚人有着紧密的政治、经济和文化联系，两国之间曾经建立过一种特殊的关系。

黑山要求脱离南斯拉夫联盟

1992 年 4 月 27 日，当其他前南斯拉夫国家斯洛文尼亚、克罗地亚、马其顿和波黑决定离开南斯拉夫联邦时，黑山毅然同塞尔维亚站在一起，组成南斯拉夫联盟共和国（以下简称"南联盟"）。其后，黑山反对派政党崛起，主张黑山同塞尔维亚分道扬镳，恢复为主权独立国家。据 20 世纪 90 年代中期一项民意调查，

---

① Венелин Цачевски, *България и Балканите в началото на XXI век*, София: "Изток-Запад", 2011, с. 42.

大约有30%的黑山人赞成留在南联盟内，另有30%的黑山人要求脱离南联盟，剩下的人则犹豫不决或不感兴趣。

1996年11月，南联盟议会公民院举行了共和国成立以来的第二次大选。在黑山地区的30个议席中，黑山社会主义者民主党（简称"社民党"）获20席，黑山人民党获8席，黑山社会民主党和黑山民主行动党各获1席。黑山社民党前身为黑山共产主义者联盟，在黑山历届议会选举中均获绝对多数票，是黑山共和国的执政党和南联盟的执政党之一。1990年至1997年7月，该党主席莫米尔·布拉托维奇一直担任黑山共和国总统。

在1997年10月的黑山议会选举中，黑山社民党中以米洛·久卡诺维奇为首的一派获胜，获得51%的议席；布拉托维奇领导的党内另一派只获得35%的议席；第三大议会党是斯·佩罗维奇的自由联盟，获得6%的议席。佩罗维奇公开表示，黑山共和国要脱离南联盟。久卡诺维奇在黑山阿尔巴尼亚族和穆斯林族选民的帮助下，当选为黑山共和国总统。黑山共和国前总统布拉托维奇落选后在时任南联盟总统米洛舍维奇的帮助下于1998年到贝尔格莱德任南联盟总理。从此，黑山当局不承认以布拉托维奇为首的南联盟政府及其通过的任何法令和决议，黑山议员也拒绝参加南联盟议会会议。

后经塞、黑双方协商，委任黑山人民党成员佐兰·日日奇为南联盟政府总理并成立了政府。但是，塞尔维亚和黑山两个共和国之间的关系和南联盟国家的未来地位问题并未解决。至此，黑山与南联盟当局已无官方联系，只有军队和民航仍实行统一管理。

1998年5月，黑山社民党发生分裂：以布拉托维奇为首成立社会主义人民党（以下简称"人民党"），而以久卡诺维奇为代表的党仍称社会主义者民主党（即原来的"社民党"）。他们之间的主要分歧之一是两位领导人对塞尔维亚的态度。久卡诺维奇的社民党主张黑山共和国应该在南联盟里拥有更大的独立性，应该在美国和西方的帮助下加快结构改革的步伐，把黑山变成一个缓冲区；而布拉托维奇的人民党主张同塞尔维亚保持更为密切的联系。

南联盟中塞尔维亚和黑山两个共和国长期以来就在内部关系问题上存在严重分歧，被称为"亲西派"的久卡诺维奇 1997 年当权后更是如此。1998 年 8 月初，黑山应邀参加了在波黑举行的欧美大国首脑会议。紧接着，黑山政府提议废除南联盟，建议改国名为"黑山和塞尔维亚联合体"或"黑山和塞尔维亚国家联合体"，两个共和国建立一种松散的伙伴关系。

1999 年 8 月，黑山通过一项"纲领"，提出将南联盟改称为"黑山和塞尔维亚国家联盟"。黑山政府还两度拒绝承认合法选举产生的南联盟政府，并建立了自己独立的警察部队。黑山将德国马克作为正式流通货币，并启用欧元。南联盟重返联合国后，久卡诺维奇立即表示，黑山也应在联合国占有自己的一席之地。黑山还单方面同克罗地亚、阿尔巴尼亚达成了开放边境口岸的协议。

当美国鼓励欧洲和其他富国向科索沃、阿尔巴尼亚、黑山等塞尔维亚的邻居提供重建经费时，黑山政府宣布将在包括华盛顿在内的 5 个外国首都开设"联络处"，并考虑发行一种自己的货币，制定黑山刑法。久卡诺维奇总统甚至说："我们黑山共和国的人不想再生活在一个独裁的社会里。"黑山外长甚至扬言，将开始实施脱离南联盟的行动。①

美国等西方国家乘机拉拢黑山及其领导人久卡诺维奇，解除了国际社会对黑山的部分制裁，黑山被获准利用国际贷款。在这种情况下，黑山便开始与西方国家进行自由贸易谈判。美国则利用黑山作基地同南联盟的反对派领导人秘密接触，策划推翻米洛舍维奇总统和颠覆南联盟。

在 1999 年科索沃危机中，黑山领导人公开阻拦黑山青年应征

---

① 马细谱：《南斯拉夫兴亡》，社会科学文献出版社 2010 年版，第 479 页。

到南联盟军队报到，并为南联盟军队进入科索沃地区设置障碍。所以，北约轰炸南联盟期间，黑山宣布中立，北约只轰炸了在黑山的南联盟军队的3处驻地。西方大国对南联盟实行了各种制裁，但黑山不仅没有遭到制裁，反而获得了西方的援助。

黑山共和国除本国宪法及一系列法律外，1999年10月又制定了国籍法，取消了过去有关黑山国籍与南联盟国籍具有同等效力、塞尔维亚国民与黑山国民享有同等权利和义务的条款。1999年11月，黑山决定实行双重货币制，即德国马克与南联盟的第纳尔平行使用，第纳尔汇率自由浮动。对此，一些人认为，南联盟已是"一国三制"，因为失去控制的科索沃已将德国马克定为流通货币，南联盟只剩下塞尔维亚把第纳尔作为唯一的法定流通货币。

2000年6月25日，黑山正式向联合国提出不愿继续留在南联盟内。同年11月，米洛舍维奇下台后不久，久卡诺维奇发出警告，如果塞、黑共同国家不解散，黑山将就独立问题举行全民公决。

2001年年初，黑山和塞尔维亚两个共和国的执政党（黑山社民党和塞尔维亚民主反对派）分别就两个共和国关系的安排提出了各自的纲领。黑山方面提出的基本解决办法是，两个共和国将是国际承认的独立国家，由黑山和塞尔维亚两个共和国通过全民公决建立国家联盟。

接着，南联盟总统科什图尼察、塞尔维亚总理金吉奇与黑山共和国总统久卡诺维奇进行了多次对话和会谈，但双方仍存在根本分歧。久卡诺维奇认为南联盟已不存在，塞、黑两者之间关系问题的谈判只能在塞、黑两个共和国代表之间进行，无须南联盟代表参加；塞尔维亚和黑山只能建立两个独立国家的共同体，其本身不是国家。与此同时，从欧盟和美国传来的信息是，希望黑山问题在南联盟框架内解决，不支持黑山独立。

2002年3月14日，南联盟的塞尔维亚和黑山两个共和国领导人在欧盟外交和安全事务高级代表索拉纳的斡旋下，签署了关于塞尔维亚和黑山关系的原则协议。南联盟总统科什图尼察、联盟政府副总理拉布斯、塞尔维亚共和国政府总理金吉奇、黑山共和国总统久卡诺维奇和政府总理武亚诺维奇在协议上签字，索拉纳作为见证人也在协议上签了字。

关于塞尔维亚和黑山关系的原则协议规定，已达成的协议在提交两个成员国议会和南联盟议会讨论通过后，由塞尔维亚、黑山和南联盟议会代表组成的宪法委员会为塞尔维亚和黑山的国家共同体拟订最高法律文件——《宪法性宪章》，以此确定塞尔维亚和黑山两个成员国的国家性质。国家共同体的名称是"塞尔维亚和黑山"。国家共同体设有共同的议会、总统、部长理事会和法院。"塞尔维亚和黑山"的总统由塞尔维亚和黑山国家共同体议会选举产生。总统就部长理事会的组成提出建议并领导其工作。部长理事会设有外交、国防、国际经济关系、国内经济关系、保护人权和少数民族权利5个部。

在原则协议期满3年后，成员国有权退出国家共同体。原则协议签订后，联合国、欧安组织、欧盟等主要国际组织不同程度地表示欢迎，认为这是个重要协议，是朝着巴尔干地区走向稳定的重要一步，避免了巴尔干地区的进一步分裂；协议是实现与欧洲一体化的最好方式，等等。

黑山宣布独立

2003年2月4日，塞尔维亚和黑山两国议会通过了《塞尔维亚和黑山宪章》，塞尔维亚和黑山国家共同体正式宣告成立，南斯拉夫联盟正式解体，随后组成了议会和部长理事会。但宪章规定的塞黑法院尚未建立，两个共和国也未按照宪章修改本共和国宪法。

《塞尔维亚和黑山宪章》把加入欧盟、建立市场经济、按照欧盟的原则和标准协调两个共和国经济体制和保证共同市场的顺畅运转确定为国家共同体的目标。而欧美大国指出，塞黑能否加入欧洲大西洋一体化进程，首先取决于塞黑是否与前南斯拉夫地区战争罪行法庭（简称海牙法庭）充分合作，协调两个共和国的经济体制，以及共同国家政权机构的建立和运作。关于与海牙法庭合作的问题，塞、黑两国已制定与海牙法庭合作法，并专门成立了与海牙法庭合作的全国委员会。

　　塞尔维亚和黑山国家共同体自成立之日起，两个共和国一直若即若离，令一些共同达成的协议难以执行。黑山共和国要求独立的趋势却有增无减，时任黑山总统的武亚诺维奇和总理久卡诺维奇先后提出按照捷克和斯洛伐克分离的模式，在塞黑关系原则协议"期满"（指3年后可通过全民公决决定是否退出国家共同体的规定）后，与塞尔维亚就和平分离问题进行谈判，如果不能达成协议，黑山将在2005年举行全民公决。久卡诺维奇认为，黑山的多数居民赞成"在最大限度开放的情况下"实现黑山独立，并且不排除两个独立国家按照欧盟的原则结成联盟的可能性，重要的是应该"各走各的路"。

　　塞尔维亚学者认为，黑山的独立问题对塞尔维亚不是严重的问题，无论黑山分离还是维持原状都不会引起冲突。塞尔维亚和黑山从过去到现在有着千丝万缕的联系，但是双方在政治和经济上存在很大的差异，使共同国家运转不畅。塞尔维亚大多数人希望黑山留在共同国家内，而黑山当局认为独立比什么都重要。塞尔维亚认为，黑山独立应在没有外界压力的情况下以公正、民主、真正反映民意、真正符合欧洲标准的方式解决；重要的是塞、黑双方要以务实的方法来解决，关键是要实现民主化、经济发展，尽快达到欧洲标准，尽早加入欧盟。

　　2006年5月21日，黑山就独立问题举行全民公决。公决之前，包括欧盟在内的国际社会并不愿意黑山在当时脱离南斯拉夫联盟，而希望塞尔维亚和黑山国家共同体作为一个整体加入欧盟。

所以，欧盟在 2006 年年初规定，黑山独立的投票率不能低于
50%，同时有效票中要达到 55% 的赞成票才具有法律效力。而且，
公决票上只有唯一的一个问题："你们希望黑山共和国成为完全国
际上和法律上的主权独立国家吗？"官方宣布的投票结果是：以米
洛·久卡诺维奇为首的"支持独立派"获得了 55.53% 的选票，
赢得胜利，远远超过欧盟的规定。① 而且，投票率高达 86.49%，
这对一个小国来说是绝无仅有的现象。

6 月 3 日，黑山共和国议会通过了黑山独立决议及独立宣言，
这标志着欧洲地图上又多了一个新的主权国家。② 冰岛和瑞士率先
承认黑山独立；俄罗斯也在 6 月 11 日抢在欧盟之前承认黑山为
"单独的独立和主权国家"；6 月 12 日欧盟作出承认黑山的政治决
议，请各成员国作出相应决定。同时，欧盟表示尊重投票结果，
并建议黑山和塞尔维亚就进一步发展相互关系举行会谈；接着，
前南斯拉夫地区的克罗地亚和马其顿首先承认黑山为独立国家。
塞尔维亚于 6 月 15 日承认黑山独立，时任塞尔维亚共和国总统的
塔迪奇在 6 月 26 日访问黑山，这是黑山独立后到访的第一位外国
元首。两国元首正式宣布，两国建立睦邻友好关系，并签订了塞
尔维亚驻外使团帮助黑山建立外交使团和两国开展军事合作等
协议。

黑山是前南斯拉夫地区继马其顿之后，在没有枪炮声的平静
气氛中同塞尔维亚"离异"的。它的独立被当时的人们认为是前
南斯拉夫多民族国家的彻底崩溃，前南斯拉夫联邦"一分为六"
的瓦解过程最终完结。

2006 年 6 月 21 日，黑山申请加入联合国。7 月 28 日黑山被

---

① 比赛尔·班切夫：《黑山——被忽视的共和国》，载保加利亚科学院巴尔干学研
究所编《21 世纪头十年的巴尔干》（Балканите през първото десетилетие на 21. век）
论文集，索非亚：Парадигма 出版社 2012 年版，第 445 页。

② 《黑山——欧洲地图上的新国家》，保加利亚网（http//www.mediapool.bg），
2006 年 5 月 23 日。

接纳为联合国第 192 个成员国。

2006 年 9 月 10 日，黑山举行独立后的首届议会选举和地方选举，以黑山社会主义者民主党和社会民主党为主的"争取实现欧洲的黑山"执政联盟险胜，赢得议会 81 个议席中的 41 席，继续执政，并于同年 11 月 13 日组建新一届黑山政府。

黑山独立后，首先面临的主要任务是同塞尔维亚共同协商"分家"的许多具体问题。此前，尽管两国各有自己的边界、海关等，但仍留下诸多有争议的问题，如国籍、行政、税收、卫生、教育、亚得里亚海上的共同舰队等。这一切都需要双方通过民主、和平的方式解决所有悬而未决的问题。同时，黑山还需要建立自己的国防部、内务部、外交部等一系列国家行政机关。

其次，黑山没有自己独立的经济和外国投资，多年来主要靠走私和"灰色"经济维持运作。黑山在同有组织的犯罪活动和贪污腐败作斗争方面任务艰巨，因为黑山是巴尔干半岛有名的走私烟草、贩卖人口、洗钱和偷盗汽车的场所。

另外，黑山同样存在少数民族问题。其境内塞族占黑山全国人口的 1/3，而且是政治上和经济上的强者，还有波斯尼亚穆斯林、阿尔巴尼亚人、克罗地亚人等。这对于弱小的黑山来说也存在潜伏的危机。

更为重要的是，黑山独立后，在其加入北约和欧盟问题上，需要欧盟重新启动黑山申请入盟的程序。所以，黑山政府迅速确定了对外政策的三个优先方向：实现与欧盟和北约一体化；改善与邻国关系并加强地区合作；发展双边和多边联系。

黑山与北约关系

黑山独立后，首先加强了同北约的关系。2006 年 12 月，黑山加入北约"和平伙伴关系"计划。黑山取消了义务兵役制，开始组建约 3000 人的职业军队。为了表示亲近北约，黑山向阿富汗赠送了一批武器，包括 1500 支自动步枪、100 挺机枪和 25

万发子弹。①

2008 年 4 月 3 日，北约领导人决定邀请黑山和波黑就加入该组织进行"更加积极的对话"。黑山为了获得美国在入约方面的支持，于 2008 年加入了原来由克罗地亚、马其顿和阿尔巴尼亚与美国签署的《美国—亚得里亚宪章》，随即与北约开启对话机制，2009 年底与北约签署了"和平伙伴关系计划"。根据该计划，黑山有义务接受北约的军队进驻自己的领土，同时将能够派遣自己的军队到北约成员国。

欧洲盟军最高司令、美国将军詹姆斯·斯塔夫里迪访问黑山时说，黑山已经达标，很快就会入约。黑山的入约前景最为光明，因为北约一直在非常积极地对待黑山入约问题，经常夸赞黑山在武装力量改革和职业化军队建设方面的努力。美国前国务卿希拉里则明确指出，黑山可望于 2014 年北约峰会上入约。

但应该指出的是，黑山民众对入约的热情并不是很高。这两年的民调结果表明，黑山只有 31% 的人明确支持加入北约，44% 的民众反对。因为他们都还清楚地记得 1999 年北约轰炸南斯拉夫联盟的行动。

黑山与欧洲一体化

2007 年 10 月 15 日，黑山同欧盟签订了"稳定与联系协议"。同一天，黑山与欧盟还签订了自由贸易临时协定。这样，黑山便迈出了加入欧盟的第一步。2008 年 2 月，黑山与塞尔维亚、马其顿、波黑和阿尔巴尼亚一起开始同欧盟委员会谈判本国公民进入申根区，简化签证制度问题。2009 年 12 月双方签订了这方面的协定。

2008 年 12 月 15 日，黑山已向欧盟提交入盟申请。但某些欧

---

① 比赛尔·班切夫：《黑山——被忽视的共和国》，载保加利亚科学院巴尔干学研究所编《21 世纪头十年的巴尔干》论文集，索非亚：Парадигма 出版社 2012 年版，第446 页。

盟成员国，尤其是德国、法国、荷兰、比利时和西班牙 5 国反对启动黑山的入盟程序，它们认为黑山还没有达到基本的标准。比利时甚至建议到 2009 年秋欧盟委员会关于黑山入盟进展的年度报告出台后，再酌情启动黑山的入盟申请程序。另外，全球性的金融经济危机也对接纳黑山的申请不利。2009 年上半年担任欧盟轮值主席国的捷克外交部部长就说，经济危机"对黑山是个坏消息"①。

2009 年 3 月 29 日，黑山举行第二次议会选举，以黑山社会主义者民主党和社会民主党为主的"争取实现欧洲的黑山"执政联盟获得绝对胜利，赢得议会 81 个议席中的 48 席，再次组织政府。久卡诺维奇再度成为政府总理。新政府的施政目标是继续加强与欧洲和北约一体化，减轻全球经济危机的后果。此时，黑山已经受到世界经济危机的冲击，波德戈里察的制铝厂明显减产，2009 年 3 月工人得不到工资，开始罢工游行。这届政府的另一项措施是宣布取消一直以来使用的基里尔字母，而改为使用拉丁字母。这在一定程度上引起黑山亲塞尔维亚党派的抗议和塞尔维亚方面的不满。这种新字母更加接近克罗地亚语，所以，2010 年 3 月克罗地亚总理科索尔向黑山总理久卡诺维奇赠送了厚达 10 万页的欧洲立法文件的克罗地亚文本，黑山对此十分感激，因为仅文本的翻译费用就高达 800 万欧元。

2009 年 4 月 23 日，欧盟部长理事会终于达成谅解，同意给予黑山候选国地位。其主要原因是欧盟负责扩大事务的专员雷恩对黑山作出了积极的评价，认为它成功地履行了"稳定与联系协议"，在行政和司法体制改革以及反对贪污腐败等方面取得了进步。接着，雷恩在 2009 年 7 月 22 日向黑山总理米洛·久卡诺维奇提交了包括 2178 个问题的问卷。黑山政府在同年 12 月 9 日回答了这些问题。作为对黑山积极态度的回报，欧盟于 2009 年 12

---

① Венелин Цачевски, *България и Балканите в началото на XXI век*, София："Изток-Запад"，2011，с. 422.

月 19 日正式同意黑山公民享受免签证进入申根区国家。

2010 年 12 月 17 日，黑山获得欧盟候选国地位，但没有确定开启谈判的日期。欧盟为黑山的入盟谈判提出了 7 个条件：（1）使选举法与宪法精神保持一致；（2）改善行政机制，维护司法独立；（3）同贪污腐败和有组织犯罪做斗争；（4）扩大媒体的自由；（5）加强同公民组织的合作；（6）不允许歧视；（7）为关闭波德戈里察市郊区的难民营寻找长久的解决办法①。

2011 年 12 月 9 日，欧盟峰会通过决议，对黑山为完成欧盟规定的 7 个领域的目标和加入欧盟所做的努力表示满意。决议称，欧盟下一步将重点监控黑山在法治、基本权利等方面所进行的改革，尤其是监督在打击腐败和有组织犯罪方面的情况。决议责成欧盟委员会立即就同黑山举行入盟谈判制定框架。

欧盟成员国领导人在 2012 年 6 月 29 日举行的欧盟夏季峰会上发表声明宣布，黑山已经是欧盟推进西巴尔干地区稳定和联合进程中的亲密伙伴，已经达到了启动入盟谈判的标准，正式同意启动黑山"入盟"谈判。欧洲理事会主席范龙佩 9 月 10 日会见黑山总统武亚诺维奇后说，黑山将是继克罗地亚之后的第 29 个欧盟成员国。黑山总统重申，希望欧盟单独吸收黑山入盟，而不是集体入盟。由于欧债危机，黑山民众的入盟热情日减。民调显示，2010 年，76% 的国民支持黑山入盟，而 2011 年底支持率则下降到 62%。

尽管黑山是 2012 年巴尔干国家中唯一一个启动了与欧盟入盟谈判的国家，但欧盟以十分尖锐的言辞批评黑山在打击腐败、打击有组织犯罪活动和司法改革方面非常不力，经济发展缓慢。2012 年 10 月 14 日，黑山提前举行了议会选举，气氛平静，符合

---

① 比赛尔·班切夫：《黑山——被忽视的共和国》，载保加利亚科学院巴尔干学研究所编《21 世纪头十年的巴尔干》论文集，索非亚：Парадигма 出版社 2012 年版，第 449 页。

欧盟的要求。米洛·久卡诺维奇的社会主义者民主党和社会民主党联盟以47.9%的选票获胜，民主阵线获得23.8%的选票。所以，欧盟称黑山在履行政治标准方面有所进步。

总体说来，黑山独立后经济发展比较平稳。到2011年年底，黑山的国家债务为14.8亿欧元，约占国内生产总值的44%。从2000年到2010年黑山国内生产总值年均增长3.3%，2010年人均GDP（按购买力计算）达到10700美元。2010年的失业率高达20%，同年的通货膨胀率只有0.6%，当年的人均工资为715欧元。2010年黑山的对外出口接近3.3亿欧元，进口6.5亿欧元，外国直接投资约5亿欧元[①]。

黑山经济专家认为，要实现国家预算稳定和促进经济发展，黑山每年需要吸收外国直接投资3亿欧元。而2011年开始，外国直接投资明显减速，这年头7个月比2010年同一时期减少了38%。黑山的出口、外资和旅游业都受到欧债危机的影响，直接冲击着整个经济的健康和正常发展。

黑山与欧盟的经济合作

年　份	2008	2009	2010
出口（百万欧元）	300	100	200
欧盟占黑山出口的比重（%）	97.4	82.2	55.0
黑山占欧盟进口的比重（%）	0.0	0.0	0.0
进口（百万欧元）	900	500	500
欧盟占黑山进口的比重（%）	76.5	73.3	70.0
黑山占欧盟出口的比重（%）	0.0	0.0	0.0
欧盟对黑山的直接投资（十亿欧元）	0.8	1.3	1.6

资料来源：European Commission, External Trade Statistics, 2011。

---

① Венелин Цачевски, *България и Балканите в началото на XXI век*, София: "Изток-Запад", 2011, с. 43.

克罗地亚 2013 年 7 月加入欧盟之后，黑山成为第一个与欧盟开始入盟谈判的西巴尔干国家。总结 2004 年，特别是 2007 年接纳新成员国的经验教训，欧盟提出了入盟谈判的"新制度"，即决定从最困难的第 23 个和第 24 个章节开始与申请国谈判，也就是从司法体系、人权和反对有组织犯罪和贪污腐败章节开始。只有在这些领域取得进展后，方能进行其他章节的谈判直至结束。目前，黑山在入盟谈判中的主要障碍是打击腐败和有组织犯罪的力度不够，成效不显著。分析人士认为，黑山入盟可能要在 2020 年之后。

（原载《欧亚发展研究 2013》）

波黑融入欧洲的道路艰难且遥远

波斯尼亚和黑塞哥维那共和国（简称波黑）面积 51129 平方公里，位于巴尔干半岛西部，形状似一个倒三角形，同塞尔维亚、黑山和克罗地亚交界，并有 22 公里长的亚得里亚海岸线。据 2010 年统计，波黑人口为 380 万，但他们在人种和宗教信仰方面相当复杂。其中，波斯尼亚人占 48%，塞尔维亚人占 37.1%，克罗地亚人占 14.3%；约 40% 的居民为伊斯兰教徒，东正教徒占 31%，天主教徒占 15%，其他宗教信徒占 14%。[①]

波黑是"一个国家、两个实体和三个民族"的国家体制。它存在已近 20 年，国际社会利用人为建立的机制、手段和资金在支撑这个国家的民主化进程。1995 年以来北约和欧盟的维和部队和

---

① Венелин Цачевски, *България и Балканите в началото на XXI век*, София: "Изток-Запад", 2011, c. 24. 详见马细谱《巴尔干纷争》，北京大学出版社 1999 年版，第 368—412 页。

欧盟高级特派员以及大量的外国援助未能使其构建真正的民主国家，也未能使波黑化解种族矛盾，发展民族经济。波黑依然是巴尔干地区最落后的国家。

构建民主体制任重道远

1992 年 4 月初，波黑宣布独立，脱离原南斯拉夫。接着，在原南斯拉夫解体过程中爆发了持续 40 个月之久的波黑战争。[①]这场兄弟残杀的内战成为第二次世界大战后在欧洲范围内持续时间最长和规模最大的一场战争。根据国际委员会和国际红十字会的调查统计，约 20 万人死于战乱，近 200 万人被迫流离失所。战争还给原南斯拉夫地区和巴尔干邻国造成数百亿美元的经济损失。

直到 1995 年 10 月 31 日，波黑交战三方的领导人米洛舍维奇、图季曼和伊泽特贝戈维奇先后抵达美国俄亥俄州代顿，在美国国务卿克里斯托弗主持下举行和谈预备会议。经过三周的反复谈判，会议于 11 月 21 日落下帷幕。同日，有关三方在代顿草签了一项结束冲突、实现全面和平的协议。这项协议的主要内容包括：波黑将保持一个统一、主权和独立国家的地位，但由穆斯林族—克罗地亚族联邦和塞族共和国两个部分组成，各控制 51% 和 49% 的领土；南北两部分被一条宽 4 公里和长 1030 公里的非军事区分界线隔开；波黑的中央政府将由经选举产生的议会、主席团以及宪法法院组成；三方应该尊重人权和保障难民返回家园；协议还规定受到国际法庭通缉的前南斯拉夫战争罪犯一律不得担任国家公职；波黑首都萨拉热窝将保持统一，留在穆克联邦之内；有关战犯将不得参与波黑的政治事务。[②]

11 月 22 日，联合国安理会作出决定，鉴于波黑和平协议已经

---

① Миша Глени, Балканите 1804—1999, Национализъм, войни и велините сили, София: Рива, 2004, c. 596. 关于战犯问题，起初被海牙法庭通缉的 52 人中，塞族 45 人、克族 7 人、穆族没有。

② 有关波黑内战详见马细谱《巴尔干纷争》，北京大学出版社 1999 年版，第 368—412 页。

达成，将暂停对南斯拉夫联盟共和国的经济制裁。与此同时，联合国安理会还投票决定逐步解除自 1991 年以来对原南斯拉夫各共和国实施的武器禁运。次日，卡拉季奇等波黑塞族领导人同塞尔维亚总统米洛舍维奇举行会谈，表示接受代顿和平协议，主张通过协商解决仍存在异议的问题。

12 月 14 日，解决波黑冲突的波黑和平协议在巴黎正式签字，饱经战争创伤的波黑土地上初露和平的曙光。这场骨肉相煎的战争终于结束。然而，最终化干戈为玉帛，还需要波黑冲突各方和国际社会继续作出努力。尽管代顿协议存在不足，是一个"和平的苦果"，但它在当时是一种"最好的结果"，国际社会普遍欢迎原南斯拉夫地区三方签署波黑和平协议。如果波黑三族真能捐弃前嫌，大国真能致力于波黑和平，那么和平之神降临波黑便有一线希望。

1995 年，阿利雅·伊泽特贝戈维奇作为穆斯林族代表组织中央政府后，波黑联邦政府根据国际社会的要求，一方面倡导建立一个多种族的多元文化的国家；但另一方面伊斯兰化过程也日益明显，民主化进程可谓一波三折。穆族在波黑学校里开设了伊斯兰宗教课程，在提拔和任用政府官员时优先录用穆斯林，甚至警察和军队也开始伊斯兰化，他们的衣服上佩戴宗教标志，等等。这一切导致塞族和克族的不满，以退出政府进行抗议。1995 年 6 月，主张多元文化的西拉季奇总理提出了辞职。

代顿协议规定波黑国家属联邦制共和国，由三族直接选举产生的三位领导人组成集体领导的中央主席团①，中央政府和享有高度自治的两个联邦单位共同管理国家。组成波黑中央政府的两个实体是穆克联邦和塞族共和国。中央一级将选举中央主席团和议会，而两个实体则分别选举各自的议会和总统。组成中央主席团

---

① 第一任波黑中央主席团的三位成员是：巴克尔·伊泽特贝戈维奇（代表波斯尼亚穆斯林）、内波伊沙·拉德马诺维奇（代表塞族）和热尔科·科姆舍奇（代表克族）。

的 3 名代表分别从穆斯林、塞族和克族中选出，其中得票最多者担任第一任中央主席团主席（即总统），以后由三个民族的代表轮流担任，任期为 8 个月。中央议会分为代表院和人民院。组成代表院的 42 名代表中 1/3 来自塞族共和国，另外 2/3 来自穆克联邦，通过选举产生。而人民院的 15 名议员（三个民族各有 5 名）则分别由塞族议会和穆克联邦议会委派。中央议会将选出来自不同民族的 3 名代表，轮流担任议会主席和两名副主席职务。政府总理则由主席团推荐和议会的代表院选举确认。同样，根据宪法，在波黑中央政府部长中，穆斯林、克罗地亚族和塞尔维亚族各占 1/3。中央政府负责波黑的对外政策、外贸、海关、货币、国际法、交通运输、财政、准备大选等事务，其他国家事务由穆克联邦和塞族共和国自行管理。

　　表面看来，波黑的国家政治体制反映了波黑三个民族的利益，体现了平等和公正，但是，这种脆弱、复杂和过于分化的政治设计，原本是希望通过"分化权力"来制衡可能出现的"大塞尔维亚"或"大克罗地亚"等民族主义倾向，实际上却有碍于国家的统一领导和管理。在具体运作过程中，由于中央权力比较薄弱，实体权力较大，致使中央制定的一些积极改革的政策难以推行。这种混合型政府从一开始便处于矛盾的旋涡之中，运转不灵。1996 年 1 月，波黑共和国第一届政府成立，哈桑·穆拉托维奇被任命为总理，是一个中间派政府。由于波黑塞族拒绝参加政府，所以这届政府又是一个不完整的政府，只有 5 名部长和 1 名不管部长。第一次组阁就遭遇了危机。

　　1996 年 9 月，波黑举行内战结束以来的第一次大选，组成新的中央权力机构。9 月 14 日，波黑 200 多万选民第一次参加了全国性投票，推选他们各自的政治代表。为使这次选举顺利进行，北约维和部队动用了 2.3 万人以及大批坦克和装甲车，守卫在投票站和主要路口，直升机也不时在空中盘旋，执行监护任务。

　　大选前夕和选举中,波黑三大政党——穆斯林民主行动党、塞族民主党和克族民主共同体,都坚持强硬的民族主义立场,使出了浑身解数,以求在大选中赢得人心,显示自己的力量。9月25日公布了选举结果:穆斯林民主行动党候选人伊泽特贝戈维奇在中央主席团首任主席的角逐中取得了胜利,获得62.9万张选票;塞族民主党的候选人克拉伊什尼克以50.1万张选票当选为中央主席团的塞族代表;而中央主席团的另一个席位则被当时的穆克联邦总统、克罗地亚民主共同体候选人祖巴克以24.5万张选票夺得。

　　然而,代顿协议带来的是"外部强制色彩"的和平,走出战争阴霾的和平进程还极为脆弱。波黑的统一和稳定必须以国际社会在这个国家的政治、经济和军事存在为前提,以北约为主的国际维和部队就是一个重要因素。到1996年春天,驻在波黑的国际维和部队已达66500人,其中北约成员国58500人,非北约成员国8000人。[1] 国际维和部队分布在波黑的三个区:北部主要以美军为主,西南部为英军控制区,东南部为法军行动区。国际维和部队在波黑的驻扎期限一再延长,这说明波黑的和平是不稳固的,必须有外国的军事力量存在。

　　1998年9月12—13日,波黑举行了第二次大选,穆族领导人伊泽特贝戈维奇再次当选为波黑中央主席团主席。2000年10月,波黑中央主席团主席伊泽特贝戈维奇宣布提前两年辞去波黑最高领导职务。在他担任波黑国家最高领导人期间,波黑的重建工作逐步展开,经济情况略有好转,难民遣返计划得到艰难落实。另外,波黑三族相处较为平静,建立统一国家和统一市场的努力也获得了国际社会的认可。

　　由于伊泽特贝戈维奇辞职,波黑于2000年12月11日举行了

---

① Мария Чавдарова, *Балкански страни—политика, икономика, международни връзки*, София: Паралигма, 1999, с. 51.

第三次大选。波黑全国约有250万名选民参加投票，投票率高达70%左右。波黑44个政党、1个竞选联盟和独立候选人约6000人参加了各级议会席位的角逐。选举结果为：以穆族为主的波黑社会民主党在波黑议会代表院42个席位中占9席，穆族民主行动党拥有8席，塞族民主党占6席，波黑党占5席，克族民主共同体占5席，其他8个小党瓜分了剩下的9个席位。在拥有140个议席的穆克联邦议会代表院中，民主行动党占38席，社会民主党占37席，克族民主共同体占25席，波黑党占21席，其余19个席位被13个小党占有。在波黑塞族共和国议会中，塞尔维亚民主党占31席，独立社会民主党占11席，塞族民主进步党占11席。但国家的权力基本上垄断在波斯尼亚穆斯林族的民主行动党手中，三个民族的民族主义情绪表现强烈。

2006年10月1日，波黑举行了中央主席团、议会代表院以及塞族共和国和穆克联邦的地方选举。这次全国性大选顺利进行，于11月组成新一届中央主席团，穆族的西拉伊季奇、塞族的拉德马诺维奇和克族的科姆希奇就任新一届主席团成员。三人轮流担任轮值主席，仍然是8个月为一任期。这年波黑的政治进程缓慢，中央政府没有权威，同欧洲一体化的进程严重受阻。波黑两部分的政党各自为政，不能达成统一的加入欧盟的立场，而这正是与欧盟签订稳定与联系协议的一个重要前提。

2007年，波黑政局一直不大稳定。这年1月波黑塞族社会民主联盟成员尼科拉·什皮里奇当选为波黑政府总理。他号召波黑各族人民消除分歧，实现和解，恢复经济，朝着加入欧盟和北约的方向前进。同年7月斯洛文尼亚职业外交家米·莱恰克就任国际社会驻波黑高级代表，并推出一系列改革波黑国家机构职能的措施。塞族认为，新的改革措施主要是针对他们的，于是开始进行抵制。11月什皮里奇宣布辞去总理职务，政府出现危机。9月塞族共和国总统耶里奇病逝，独立社会民主联盟领导人拉伊科·

库兹马诺维奇当选为塞族共和国新一届总统。

直到 2008 年 6 月，在欧盟特别代表的协调和施压下，波黑才建立统一的管理机构，但警察部门依然没有统一。2009 年秋，欧盟和美国出面促使双方就宪法改革达成谅解，不过很快方案又落空。波黑塞族首领威胁就脱离波黑联邦国家举行全民公决。

2010 年 10 月波黑选举后，已经没有中央政府，国家瘫痪至 2011 年年底。这时的波黑不仅没有统一的中央政府，而且离心倾向在加剧。早在 2010 年春季，波黑组织了一次社会调查，结果显示：80% 的波黑塞族人赞成塞族共和国分离出波黑，并加入塞尔维亚共和国；70% 的波黑克族人愿意留在现在这个共同国家，但要求跟其他两族一样作为一个单独的实体；而 82% 的波黑波斯尼亚人（即穆斯林）主张维护波黑中央政府，取消三族的两个政治实体。[①] 这无疑影响波黑国内政局的发展和与欧盟的正常关系。

自代顿协议签署以来，波黑局势基本稳定，协议逐步得到了实施。在 3 万多名维和部队和联合国警察部队驻守以及众多国际机构的监督下，波黑各方没有发生直接冲突。但鉴于各方在根本问题上的分歧迄今尚未消除，在涉及三方民族利益问题上仍各持己见，和平稳定的根基是不牢固的。在分裂还是统一、对立还是合作等问题上，波黑始终未找到解决问题的根本办法。

恢复和重建波黑经济任务艰巨

内战后波黑经济已经全面崩溃：工业企业完全停止生产，农用土地一片荒芜，牲畜大量死亡，交通运输瘫痪，银行和财政系统遭到彻底破坏，公共建筑和私人住房已断井颓垣。波黑全国确实已经破烂不堪，满目疮痍，重建波黑经济的任务十分艰难。

专家们预计，重建费用在头 5 年内需要 150 亿—200 亿美元。为了落实代顿协议，世界银行许诺拨款 37 亿美元，帮助波黑进行

---

① Венелин Цачевски, *България и Балканите в началото на XXI век*, София: "Изток-Запад", 2011, c. 182.

桥梁、电站、机场等设施的紧急重建工作。欧盟表示，将向波黑提供10亿美元的经济援助。

恢复波黑经济和向波黑经济提供援助是保障代顿协议实施的必要条件。各族控制区如果不能完成恢复经济的任务和使各族人民过上安全和稳定的正常生活，以及生活水平相差太大，那就可能引发新的冲突。美国和欧盟在这个问题上从一开始就互相指责和推诿，资金迟迟不能到位。波黑重建所需的大部分资金来自欧洲，美国最感兴趣的是重振穆克联邦的军队，使其能与塞族军队抗衡。欧盟则认为，由于战乱和破坏，波黑地区已经民不聊生，波黑当务之急是重建家园，而不是加强军事实力，"钱应当用在关键的地方"。

据有的学者统计，1995—1998年，每年大约有15亿美元的国际援助，用于弥补波黑的战争损失和偿还外债。而且，国际财政组织"夸大了"援助数字和"人为地美化了"这种援助对波黑经济所产生的作用。[①]

同时，西方大国在提供经济援助时，采取双重标准。在分配资金方面，对穆克联邦和塞族共和国采取了完全不同的态度。世界银行公布的数字披露，在签订代顿协议后的头4年，预计分别向穆克联邦和塞族共和国提供援助36.9亿美元和14亿美元。但在头9个月，给了穆克联邦4.32亿美元，而只给了塞族共和国700万美元。协议签字后的头两年，穆克联邦和塞族共和国两个实体得到的经援比例为97∶3。[②] 出现这一歧视性现象的原因是：（1）波黑塞族不愿意接受附加政治条件的国际援助；（2）援助提供国对塞族共和国抱有成见，认为它是波黑冲突的罪魁祸首；（3）美

---

① Мария Чавдарова, *Балкански страни—политика, икономика, международни връзки*, София: Паралигма, 1999, с. 51.

② Соня Хинкова, *Югослаиският случай—етнически конфликти в Юготзточна Европа*, София: ИК "Критика и Хуманизъм", 1998, с. 111–112.

国和德国把提供重建资金与解除塞族领导人职务和惩办"战争罪犯"等问题联系在一起。

波黑 2004—2007 年主要社会经济指标

指　标	2004		2005		2006		2007*	
	绝对值	同上年相比（%）	绝对值	同上年相比（%）	绝对值	同上年相比（%）	绝对值	同上年相比（%）
GDP（十亿美元）	9.3	106.1	10.0	105.0	12.3*	106.2	14.2	105.5
人均 GDP（美元）	2385	—	2564	—	—	—	—	—
通货膨胀率（%）	—	0.4	—	3.7	—	7.5	—	1.4
对外贸易　总额（亿美元）	87.43	—	101.35	—	110.62	—	138.11	—
对外贸易　出口（亿美元）	20.87	—	25.90	—	33.82	—	40.58	—
对外贸易　进口（亿美元）	66.56	—	75.45	—	76.80	—	97.53	—
对外贸易　顺逆差（亿美元）	-45.69	—	-49.55	—	-42.98	—	-56.95	—
经常账户余额（亿美元）	-17.94	—	-21.16	—	-13.22	—	-22.10	—
国际储备（亿美元）	24.08	—	25.31	—	33.72	—	45.00	—
外债（十亿美元）	5.2	—	5.6	—	6.6*	—	7.1	—
汇率（1 美元＝年底数据）	1.58	—	1.57	—	1.56	—	1.44	—

注：* 2007 年绝对值为估计数据。

资料来源：《2008 年俄罗斯东欧中亚黄皮书》，第 302 页。

从 2000 年起，波黑按照欧盟的要求和标准进行经济改革和推行市场经济。这年制定了私有化法、吸引外资法、关税法、国家货币法和创立中央银行等法律。制定这些法律的目的是为了进一步恢复和发展国民经济，也是为了获得外部援助并为如何分配这些援助资金提供依据。

2006 年，波黑将全国统一征收的增值税确定为 17%，在向欧盟的税制靠拢。为了加快经济发展，波黑中央政府开始重新开发、勘探和开采境内前南斯拉夫时期已经探明的两个储量较大的油田。同时，波黑几家较大的电信公司开始实行私有化，以吸引外资和国外先进的通信技术。政府试图利用私有化获得的资金来改进基础设施和道路建设。2006 年波黑 GDP 增长 5.5%。由于政局不是很稳定和党派纷争激烈，波黑的外来投资较少，经济发展仍处于低水平。

从 2009 年起，波黑经济发展速度受到世界金融危机的影响开始下滑，从 2008 年的 5.7% 降至 2009 年的 2.7%[1]。同年的国内生产总值只相当于欧盟 27 个成员国平均水平的 30%。

2000—2010 年，波黑国内生产总值年均增长率为 4.2%。2010 年波黑的 GDP 总产值按购买力平价计算为 302 亿美元，同年按购买力平价计算人均 GDP 为 7800 美元，这在巴尔干国家中是最低的（低于阿尔巴尼亚和科索沃）。波黑的农业占 GDP 的 6.5%，该部门占全国劳动人口的 20.5%；工业占 GDP 的 28.4%，占劳动人口的 32.6%；服务业占 GDP 的 65%，占劳动人口的 47%。2010 年波黑的失业率高达 27.2%，同年的外国直接投资约 2 亿欧元（约 2.7 亿美元），这年的平均月工资为 621 欧元。[2] 波黑外债达到 80 亿美元，占 GDP 的 22.9%，国内债务占 GDP 的 39%，失业率高达 25%—47.5%。[3] 波黑是向西欧走私海洛因的重要通道之一。波黑 2013 年经济增长仅为 0.8%，是本地区国家中增长速度最慢的国家。

恢复和发展波黑经济在很大程度上依赖国外的财政和人道主义援助，尤其是欧盟、美国、世界银行、伦敦俱乐部的援助。许多权威的国际组织和研究机构认为，如果没有外部的大量援助，波黑至今还不能独立发展自己的经济。

---

① http://ec.europa.eu/enlargement.

② Венелин Цачевски, *България и Балканите в началото на XXI век*, София: "Изток-Запад", 2011, с. 25.

③ Стефан Карастоянов, *Регионална и политическа география на балканските страни, част първа*, Университетско издателство "Св. Климент Охридски", София, 2011, с.147. 此处失业率因为统计渠道不同有较大的差异。2013 年的失业率达到 44%。

波黑同欧盟的贸易和经济合作一直对其经济发展和推动改革起着十分重要的作用。2010 年波黑的出口为 48 亿美元，主要出口品是金属、纺织品和木材；同年的进口高达 92 亿美元，主要是机械、能源设备、化工产品和食品。波黑的最大贸易伙伴是欧盟，尤其是克罗地亚、斯洛文尼亚、意大利和德国。2000—2010 年，波黑对欧盟的出口增加了近两倍，2010 年达到 20 亿欧元，约占波黑整个出口额的 88.5%；2010 年波黑从欧盟的进口已达到 31 亿欧元，约占波黑整个进口额的 60%。到 2010 年波黑所获得的欧盟直接投资增长了 10 倍，达到 40 亿欧元，超过了波黑所获得的外国直接投资总额的一半（见下表）。另外，2000—2007 年，波黑共得到了欧盟 5 亿欧元的援助，到 2013 年欧盟给予波黑的财政援助总计将接近 5.5 亿欧元。①

波黑与欧盟的经济合作

年份	2002	2005	2008	2009	2010
出口（十亿欧元）	0.660	1.3	1.9	1.5	2.0
欧盟占波黑出口额的比重（%）	74.5	69.2	72.3	71.8	88.5
波黑占欧盟进口额的比重（%）	0.08	0.1	0.1	0.1	0.1
进口（十亿欧元）	2.5	2.9	3.7	2.9	3.1
欧盟占波黑进口额的比重（%）	70.0	68.1	62.2	67.5	60.0
波黑占欧盟出口额的比重（%）	0.25	0.3	0.3	0.3	0.2
欧盟对波黑的直接投资（十亿欧元）	0.4	1.2	3.5	3.8	4.0

资料来源：European Commission, External Trade Statistics, 2011。

波黑入盟道路遥远

在联合国维和部队和国际机构存在的前提下，波黑的独立已得到国际社会的承认。波黑在 1992 年 5 月 22 日成为联合国成员

---

① Венелин Цачевски, *България и Балканите в началото на XXI век*, София: "Изток-Запад", 2011, с. 446.

国，已参加联合国和其他国际组织的活动。

尽管波黑外交的中心任务是加盟入约，重点发展与美国和欧盟的关系，但是波黑近十几年来一直处于政治僵局中，很难实现这个政治抱负。其主要问题在于波黑的政治体系非常复杂，不够稳定，尚不符合入约加盟的最低标准。

2006 年 11 月，北约在里加会议上决定接受塞尔维亚、黑山和波黑加入"和平伙伴"计划，开始了参加北约的谈判。在 2008 年 7 月的布加勒斯特会议上，北约决定将波黑和黑山纳入特别伙伴行动计划（IPAP）。根据该计划，北约向波黑提出的要求是尊重人权和少数民族权利、开展反对贪污腐败的有效斗争、实施国防改革、对武装力量和武器交易进行民主监督、参与共同的军事行动等。2010 年 4 月，波黑正式加入北约的伙伴行动计划，但北约提出另一个条件：波黑必须实现政局的民主化和稳定。这被视为波黑向成为北约未来成员国迈出了第一步。

北约秘书长拉斯穆森在 2012 年 5 月芝加哥峰会前夕称，波黑入约取决于其本身的条件，要求波黑采取措施，以便达标。美国则希望波黑在 2014 年的北约峰会上能够入约。[①] 但多数专家预测，到 2015 年前北约不会吸收西巴尔干国家马其顿、黑山和波黑加入北约。

早在 1998 年，欧盟就通过了与波黑建立"特殊关系"的声明，随后成立了共同咨询小组，负责同波黑进行政治对话，为波黑的改革提供专家援助。与巴尔干其他国家相比，波黑参加欧盟的稳定与联系进程是最晚的。2003 年 11 月，欧盟委员公布关于波黑准备签订《稳定与联系协议》谈判的情况，称波黑结束战乱以来在实现国家稳定、难民返回家园、恢复基础设施、种族之间开展对话、进行民主选举等方面取得了明显的进展。但与此同时，

---

① Йордан Баев，"НАТО на Балканите"，*Балканите през първото десетилетие на 21 ве*，София：Парадигма，2012，с. 82.

欧盟的报告也列举了 16 个问题，需要在 2004 年优先得到解决，认为这是波黑成为欧盟伙伴的"基础"。

2004 年 12 月初，欧盟的维和部队正式取代北约（联合国）的维和部队，在波黑执行维和任务。欧盟维和人员的任务是防止波黑三族发生武装冲突，帮助波黑军队和国防改革，同有组织的犯罪做斗争，继续协助抓捕海牙法庭通缉的战犯，清除地雷，并帮助当地警察执行任务，等等。这都有利于波黑实现和平稳定和社会经济发展，有利于波黑集中精力加速入盟步伐。

2005 年 10 月，欧盟委员会的年度报告确认，波黑已经取得"实质性进步"，可以开始就加入《稳定与联系协议》开启谈判。2006 年 1 月，波黑同欧盟就签订《稳定与联系协议》进行接触。欧盟和波黑都希望在 2007 年底结束谈判，正式签订《稳定与联系协议》。同时，国际社会派驻波黑的代表署也希望尽快结束监督使命，使波黑成为一个没有外来监督的正常国家。然而，这两种设想都未能如期实现。从这时起，欧盟对波黑的政策集中在三个问题上：政治上与波黑开展多轮政治对话，争取波黑早日签订《稳定与联系协议》；经济上除继续直接援助波黑外，帮助波黑按欧盟的标准改革经济体制，制订专门的合作计划；安全方面帮助波黑建立和健全统一的警察队伍。

2007 年 12 月 4 日，欧盟正式启动了与波黑签订《稳定与联系协议》谈判，其条件是波黑穆斯林、克罗地亚族和塞尔维亚族主要政党领导人必须尽快就波黑警察改革问题达成一致，即把两支按民族划分的警察部队合二为一，组建一支多民族的职业化的警察部队，使之符合欧盟向波黑入盟提出的要求。欧盟还要求在签约之前，波黑应该改革公共行政和媒体，还要与海牙审判原南斯拉夫战犯国际法庭全面合作。显然，对于这些要求波黑在短期内很难满足欧盟的标准。

2008 年 6 月 16 日，波黑终于与欧盟签订了《稳定与联系协议》。当天，波黑还与欧盟缔结了临时贸易协议，在入盟道路上迈出了重要一步。当时的波黑总理什皮里奇甚至天真地认为，是年年底波黑就可以向欧盟递交入盟申请。但欧盟在2008年11月的年度报告中指出，波黑国内局势因2008年科索沃宣告独立而出现危机，塞族共和国欲效仿科索沃脱离波黑联邦制国家。而且，波黑三族政治领导人没有就国家发展和与欧盟的关系达成共识，以及关键性的改革进展缓慢。

欧盟在2009年和2010年的年度报告中，对波黑的评价几乎没有太大的变化，甚至批评多于鼓励和肯定。欧盟认为，波黑2010年10月议会选举总的来看是符合国际标准的，但对一些关键性领域的改革进展缓慢。欧盟的报告建议加速履行临时贸易协议，提高国家机关的办事效率和领导作用，通过和实施一批重要法律，根据欧盟的人权公约修改宪法的有关条款等。不过，这年波黑公民获得了免签证进入申根区的待遇。

欧盟委员会2011年6月关于波黑改革情况的报告称，波黑选举已经过去9个月，但一直未能组织起新的中央政府；政治改革进展缓慢，复杂的决策程序妨碍机构改革并使国家能力弱化；需建立执行和立法机构，强化与欧盟有关机构间的协调机制；经济有所恢复，但发展不快，而且主要是靠外部需求拉动经济，失业率居高不下，腐败仍很严重、普遍。

2011年2月，欧盟成员国法国最后一个批准了同波黑的《稳定与联系协议》。是年6月，负责欧盟东扩事务的专员菲勒访问了波黑。他指出，波黑已经在西巴尔干国家稳定与联系进程的框架内与欧盟对话，讨论司法体制改革问题。他希望波黑不要错过这个机会。欧盟委员会主席巴罗佐同年11月在波黑访问期间重申了帮助波黑加入欧盟的承诺，表示欧盟已准备好帮助波黑加快入盟步伐。但他同时强调，波黑也应尽到自己的责任。他呼吁波黑各方政治领导人展现出更强的政治责任感并作出更多妥协，并再次阐明了波黑入盟的近期和远期条件。波黑主席团轮值主席拉德曼诺维奇说，支持加入欧盟进程是目前波黑各方仅有的几个共识之一，尽管步伐缓慢，但国家还是在朝着这个目标迈进。

欧盟《2012 年度扩大战略报告》认为，波黑在达到政治标准方面取得有限进步，在履行欧盟法律方面有些进展。但欧盟委员会仍然批评波黑在组成政府和制定符合欧盟要求的宪法方面无法取得一致，经济脆弱，失业率高。2012 年 12 月的欧盟会议同样认为，波黑没有对宪法作出必要的修改。菲勒表示，波黑没有能够实现承诺，入盟进程停滞。

波黑的入盟前景取决于国家的发展，取决于它是否能够成为一个统一的国家继续进行必要的改革，以履行入盟的承诺。欧盟表示，绝不会接纳分裂的波黑加入其组织。所以，在可以预见的未来，波黑同欧盟的关系像其国内局势一样，仍处于"潜伏的、被冻结的冲突之中"，只能是"潜在的候选国"。波黑很可能是西巴尔干最后一个加入欧盟的国家。

波黑仍然是巴尔干地区的一个不稳定因素

波黑面临理顺复杂的政治结构问题，如波黑有两种文字、三个民族、三族共治模式，内部矛盾复杂，政府运作不灵活等。所以，人们至今还在怀疑："作为 1995 年代顿和平协议产物的共同国家是否具有生命力，是否还在发挥作用？"[1] 国际分析人士认为，这里既有种族的、宗教的、文化的因素，也有内部和外部的原因。

第一，从历史上讲，波黑从来就不是一个独立的主权国家，历来被邻国或列强所侵占或瓜分，并反复易主，只是到了第二次世界大战后，波黑才成为南斯拉夫联邦的一个共和国，波黑穆斯林才被承认为南联邦的一个民族。所以，从长远来看，波黑塞族

---

[1]　*Балканите през първото десетилетие на 21 век*, София: Парадигма, 2012, с. 16.

和克族都不会甘心成为多民族波黑的一部分永久共居在一起。塞尔维亚族和克罗地亚族一直想分割波黑。另外，在波黑各方面都居优势的波黑穆斯林（波斯尼亚族）也不会长期同克族在一个联邦中共居。因此，冲突三方化干戈为玉帛，真正共同生活在一个统一的国家内，这只是一个美好的愿望，只是美欧大国设计的一个方案。三族共居只是徒具形式，共同管理国家也只是良好愿望。

第二，波黑实际上形成了两个实体和三个控制区的分治局面。穆克联邦占据全国51%的领土和67.5%的人口，其中波斯尼亚人约占70%，克罗地亚人占28%，塞族占1.5%。行政上划分为10个州（县）：波斯尼亚人占5个州，克罗地亚人占3个州，其他两个州为各族居民共居区。塞族共和国约占全国49%的领土和32.5%的人口。塞族占该共和国人口的88%，波斯尼亚人约占8%，克罗地亚人占4%。塞族共和国行政上划分为63个区。在维和部队和国际机构存在的条件下，波黑才有可能使这种格局得以保持。但是，多国部队在波黑起着双重作用：一方面，严格分隔和控制着穆克联邦和塞族共和国的分界线；另一方面，长此下去也就使这些自我封闭的领土孤立和分割的状况合法化。有人把波黑比喻为"小南斯拉夫"。大南斯拉夫瓦解了，小南斯拉夫也难以存在下去。

第三，代顿协议的一些条款落实起来遇到强大阻力，民族之间的矛盾和冲突时有发生。如穆、克两族就波黑第二大城市莫斯塔尔的市政组成和区域划分互相攻击，出现一分为二的局面；穆克联邦与塞族共和国的边界线长达1100公里，是1995年冲突结束时遗留的各自控制线，穆克联邦占据波黑的中部地区，而塞族共和国占据北部地区，但被穆克联邦将这个共和国分割为东西两部分。还有，穆族控制萨拉热窝后，塞族居民消极抵抗和逃离；遣返难民的计划短期内难以实现，他们对重返异族控制的家乡觉得没有安全感；海牙国际法庭起诉的战争嫌疑犯大部分是塞族领导人，缉拿他们会引起塞族的强烈不满；等等。

第四，波黑的局势发展受制于周邻国家和巴尔干地区的形势。科索沃单方面宣布独立后，波黑在承认科索沃问题上处境相当尴尬，左右为难。塞族共和国称科索沃独立是"危险的先例"，"我们也有权举行全民公决，确定自己的立场"，言下之意，若波黑中央政府承认科索沃，他们也会谋求独立，脱离波黑联邦。克族则表态说，如果塞族脱离波黑，那克族将与克罗地亚合并。所以，波黑至今仍是一个貌合神离、同床异梦的混合体。它的生存在很大程度上受制于外部环境。

波黑发展前景令人担忧

总的来说，波黑的前景仍令人担忧，国际社会在此间发挥着重要的作用。由西方国家组成的一个机构负责监督和平协议的落实，并任命了一个所谓的高级代表作为国际社会驻波黑的负责人，他（她）可以解雇官员和实施法律。因此，在欧盟维和部队和国际机构存在的条件下，波黑还可以沿着多民族多元文化的道路走下去。如果上述外部条件不再存在，波黑的前景仍然难测，因为穆族、塞族和克族积怨甚深，很难共同生存和共同治理国家。所以，许多研究和观察巴尔干问题的专家指出，波黑仍然是充满了矛盾的国家、完全"依赖外部帮助的国家"，是"冷战"后欧洲第一个最大悲剧的国家，是一个被"保护国"或"假保护国"。[①]

欧盟多次声明，西巴尔干国家的未来是融入欧洲一体化进程。但签订代顿协议近20年来，波黑所走过的道路却崎岖不平，国家"欧洲化"的愿望近期内很难实现。波黑距离维护多民族国家的和平、保持国内的安全与稳定和为加盟入约创造必要的条件相当遥远。波黑仍是巴尔干地区最不稳定的国家。塞族与穆克联邦之间

---

① Надя Бояджиева, "*Международната общност и европейската перспектиав на Босна и Херцеговина*", *Балканите през първото десетидетие на 21 век*, София: Парадигма, 2012, c. 156.

的种族冲突依然存在，国家的经济形势严峻，至今没有行之有效的行政机构，司法不健全，没有正常的经济活动，是原南斯拉夫地区最落后的国家。

波黑还不具备入盟的条件，它仍是该地区最落后、最不稳定的国家，是"欧盟安全的潜在威胁"，它的入盟道路非常遥远。

2014年2月5日，波黑第三大城市图兹拉发生大规模抗议活动，随后蔓延至穆克联邦的多个城市。这是波黑内战结束以来最大的一次社会动荡。2月9日，包括萨拉热窝在内的多个城市再次发生较大规模示威，伴随以打砸抢烧事件，警察动用了橡皮子弹和声光手榴弹，并鸣枪警告。双方发生暴力冲突，造成几百人受伤。

欧盟在2月10日举行的外长会议上专门讨论了波黑局势。欧盟外交与安全政策高级代表阿什顿呼吁波黑应尽全力防止抗议活动进一步升级，强调波黑执政者需要努力回应人民诉求，解决经济问题和民生问题。国际社会驻波黑高级代表因兹科则发出警告说，如果波黑局势持续恶化，将考虑动用欧盟驻波黑的维和部队。与此同时，他呼吁波黑政治领导人要倾听人民的声音，作出建设性的反应，通过对话解决问题，避免发生暴力，事态扩大。

（原载马细谱、李少捷主编《中东欧转轨25年观察与思考》，中央编译出版社2014年版）

土耳其缘何入盟困难重重

土耳其入盟问题是西巴尔干国家入盟进程中一个令欧盟头痛的问题。土的地缘政治地位十分重要，它是西亚通往欧洲的桥头堡，又是欧洲进入亚洲最便捷的门户和通道。土像俄罗斯一样是一个欧亚国家。它只有3%的领土位于欧洲，传统上却是巴尔干国家。可以说，欧盟从长远的能源战略和安全利益出发需要土，而不是土有求于欧盟。

但是，土耳其入盟并不是欧盟的共识，它遭到欧盟主要成员国德、法等国的反对。在一定程度上看，土入盟仅仅是欧盟的一种策略，而不是欧盟东扩的一项议程。欧盟主要目的是支持土进行欧洲式改革，而不是真心诚意接纳土，因为这于欧盟、于土耳其都有好处。

土耳其入盟暂无时间表，而且，欧盟也没有承诺土肯定能够加入其俱乐部。现在是边谈边看，双方的意愿都不是十分强烈。这样，土入盟的道路漫长，面临许多困难和问题，其前景堪忧。

土耳其的入盟历程

自1923年现代土耳其建国以来，它就是世俗的民主国家，是西方的亲密盟友。1949年土耳其参加欧洲理事会，1952年它就在巴尔干半岛第一个参加了北约。

1959年7月，土耳其在东南欧第一个申请加入欧洲经济共同体（欧盟前身）。1963年9月，土与欧共体签订联系协议，即"安卡拉协议"。1974年7月因入侵塞浦路斯和1980年9月发生军事政变，土耳其与欧共体的关系停滞。1986年9月，土耳其与欧共体恢复联系协议。1987年4月，土申请成为欧共体的正式成员国。

1995年3月，土耳其与欧盟签订关税同盟协议。1999年12月，土正式获得欧盟候选国地位。从1999年到2004年，土努力按哥本哈根标准创造条件加入欧盟，尤其在稳定机构、建立法制国家、保护人权、保护少数民族等方面做了大量工作，特别是取消了死刑判决。

2005年10月，欧盟与土耳其正式开启入盟谈判。由于中途遇到一些障碍，所以谈判断断续续，很不顺利。土不仅存在国内问题，而且还遇到外部和与邻国关系等一系列问题。实际上，2006年6月双方才正式开始谈判。

2005年7月，土耳其与欧盟签署议定书，同意将其飞机场和港口向2004年加入欧盟的新成员国（包括塞浦路斯共和国）开放。2007年，土亲伊斯兰的正义与发展党第三次赢得大选，继续执政。2009年7月，土通过法律限制军事法院的权力。

近些年来，土耳其经济发展很快，国力不断增长。2002—2007年平均经济增长率为7%，2006年最低月工资达330欧元，高于9个欧盟新成员国的月工资。2009年8月3日，土耳其单方面隆重举行申请入盟50周年纪念（指1959年欧共体刚刚成立两年土就申请加入），以显示其要求加入欧盟的历史和愿望。

2010年2月，欧盟关于土耳其的入盟进展报告称，欧洲议会外事委员会的议员认为，土的具体改革进展在2009年很有限，进展不快。欧盟称，土的机场和港口如果不对塞浦路斯开放，将严重影响它与欧盟的谈判进程。土必须采取切实步骤，立即从塞浦路斯北部撤军，解决土公民的迁移问题，为入盟谈判创造条件。报告还批评土宪法法院在2010年上半年将主要代表库尔德族利益的民族社会党宣布为非法。欧盟要求土加速改革，尊重人权和少数民族的权利，解决有关言论自由、军队在社会生活中的作用、妇女儿童的权利、工人结社、修改宪法和司法改革等问题。

2008年9月，土耳其领导人便开始批评欧盟"不按规则办事"，一再拖延谈判。2010年2月，土总理埃尔多安认为，欧盟的报告片面，不符合土的实际，无法接受报告中的一些评价。欧盟只看到它向土提出的要求，而没有注意到土履行这些要求的情况，这种评价将对土产生消极影响。土总理还说，欧盟不能"在比赛过程中停止比赛"，应该按签订的游戏规则办事，应该把土加入欧盟和土成为欧盟的"特殊伙伴"两个问题分开。土要求欧盟放宽和取消土公民去欧盟国家的签证，就像欧盟对待其他巴尔干国家一样。

土耳其外长也认为，土的入盟谈判不应该与政治问题挂钩，如塞浦路斯问题。入盟问题与这类政治问题没有直接的关联。土外长还说，如果土加入了欧盟，欧盟将成为全球的主导力量。

2010年3月，土耳其执政的正义与发展党政府大批逮捕坚持世俗的、自由主义的49名（亦说52名）高级军官，谣传军官们要发动政变，一度引起政坛动荡。外界惊呼，"土耳其的民主受到威胁"，欧盟对土执政当局的做法和伊斯兰激进主义势力抬头极为不满。

到2010年上半年为止，欧盟与土耳其计划谈判的35个章节中，仅结束了"科学与研究"这一个章节的谈判。其他有12个章节在进行谈判，但其中8个章节因为土没有履行"安卡拉协议"（即土承诺向2004年包括塞浦路斯在内的10个入盟国开放机场和港口）而停止讨论。

2010年7月13日，欧盟外长阿什顿和欧盟负责扩大事务的专员费勒访问了土耳其，重申土的入盟前景，并达成了三点共识：第一，欧盟决定吸收土为正式成员国；第二，土应参照欧洲的标准进行政治改革，包括修改宪法；第三，谈判需要继续进行。土耳其方面表示，将加强土与欧盟的政治对话，使其在地区问题和全球问题上的外交政策与欧盟保持协调，双方将共同努力加速土的入盟进程。2010年7月27日，欧盟委员会表示继续支持土的改革进程，认为这是土入盟谈判的一个先决条件。

在2010年9月11日举行的欧盟国家外长会议上，对土耳其入盟谈判的分歧依然没有消除。多数欧盟成员国只同意与土耳其进行"战略对话"，讨论一些重要的国际议题，如伊朗核计划、中东和平进程和波黑问题等，因为在这些问题上土正在发挥与日俱增的作用。列席会议的土外长艾哈迈德·达武特奥卢对欧盟与土入盟谈判"拖拖拉拉"强烈不满，表示土"绝不会接受任何入盟进程的替代方案"。看来，近期内欧盟领导层的讲话和努力都无法掩盖欧盟内部在土入盟问题上的尖锐矛盾。

支持和反对土耳其入盟的欧盟成员国及其理由

在支持土耳其入盟的国家中，首推英国。英国从自身入盟曾遭到法国再三阻挠的经历出发，主张继续东扩，力挺土入盟。英国与土有密切的经贸联系。2010年7月27日正在土访问的英国首相卡梅伦保证说，英国将全力支持土加入欧盟。他抨击反对土入盟的人是保守主义者，充满偏见。卡梅伦认为，"英土关系正处于黄金期"。土是一个"世俗的、民主的国家"，它守卫着欧盟的边界，它应该早日入盟。而有的欧盟老成员国"仇视""讨厌"土。卡梅伦还说，有三种人反对土入盟：第一种人是"保护主义者"，他们担心土的经济势力是一种威胁；第二种人持"集团化"观点，认为土应该在东方和西方之间作出选择；第三种人"抱有成见"，错误地认为土是伊斯兰教国家。

美国考虑到自己的利益，竭力支持土融入欧洲。2010年4月初，奥巴马总统一方面呼吁欧盟领导人吸纳土，认为这对伊斯兰世界将是"一个积极的信号"；另一方面又亲自访问了土，以示支持。

意大利也是支持土耳其加入欧盟的国家之一。意总理贝卢斯科尼力图游说德国和法国，软化它们的反对立场。表示赞成土入盟的国家还有瑞典、芬兰、西班牙、葡萄牙、保加利亚和罗马尼亚。

希腊的态度则模棱两可。由于历史的原因和爱琴海岛屿归属之争，希腊一直对土入盟问题持谨慎态度，不轻易公开表态。希表面上欢迎土加入欧洲，但要求土遵守欧洲俱乐部的"游戏规则"。而且，两国的领土问题不得讨论。

2010年5月14日，土总理埃尔多安利用希腊深陷主权债务危机的艰难处境，对希进行了2004年以来的历史性访问。土表示，愿意帮助希摆脱经济危机。两国声明要解决两国间有争论的问题，如塞浦路斯问题、爱琴海大陆架、在伊斯坦布尔的希腊总主教区、希东北部的穆斯林少数民族问题等，并签订了有关经济贸易、能源、环保、保护森林、反对非法移民、开展旅游等领域的 21 个协议。土的根本目的是希望希不要为土入盟设置障碍，但希没有对土入盟作出任何承诺。

在反对土成为欧盟正式成员国的国家中，推动欧盟前进的"两台发动机"德国和法国立场坚定，理由充足。它们反驳卡梅伦说，土现阶段并不具备入盟条件。但它们也承认，土因其地理位置，从经济和安全角度看对"欧洲很重要"。

德国是土在欧盟成员国中最重要的经济和贸易伙伴，近 10 年来双边的贸易量每年达到 140 亿欧元。德占土出口的 14% 和进口的 17%。目前，在土约有 1100 家德国公司，每年有 300 多万德旅游者游览土。在德居住着近 250 万土耳其人，其中 60 万人已经获得德国籍。但德极力反对土加入欧盟。德首相默克尔指出，"入盟没有一条笔直的道路"。土需要符合欧盟的标准，才能加入。在 2009 年 5 月 10 日召开的德、法两国青年政治领导人会议上，默克尔说，她更希望土成为欧盟享有特权的合作伙伴，而不是欧盟的正式成员。

法国和德国一样，一直抵制欧盟继续与土进行入盟谈判。法认为，土是亚洲国家，没有资格加入欧盟。法总统萨科齐也说："我们需要一个组织井然有序的欧洲……这意味着我们不能无边无际地扩张。我们不应该向土耳其作出空洞的承诺。"法国人民运动联盟总书记克萨维·贝特朗在竞选中称，永久反对土入盟，因为它在地理上不属于欧洲。我们不同意土入盟，但主张同它谈判，使这个国家许多领域发生变化。等到 2020 年的时候，我们再考虑土是否履行了入盟条件。默克尔和萨科齐都认为，"欧盟为了有效地行动，必须有条边界。漫无边际的扩大是不可取的"。

在荷兰，极右翼反穆斯林议员海尔特·维尔德斯领导的自由党曾经反对保加利亚和罗马尼亚加入欧盟，现在又说"土耳其作为一个伊斯兰国家永远都不应该加入欧盟"。塞浦路斯自然对土耳其入盟持保留态度。

保加利亚的动向也值得关注。它可以为土入盟起很大的推动作用，但如果土不能积极同保解决一些具体的双边关系中的问题，保也可以成为制约土入盟的因素。目前，保出口的 11.4% 和进口的 6% 是同土进行的。在 2008 年上半年的一项民意测验中，只有31% 的保加利亚人支持土耳其入盟，33% 的人持反对态度，而36% 的人不作回答。须知，在保加利亚土耳其族人占全国人口的12%，否则，对土入盟的支持率还要低。由于奥斯曼土耳其帝国统治保 500 多年的历史阴影，保土之间存在不少误解。

这就是说，以法国、德国和荷兰为代表的一些老成员国和社会舆论反对东扩到土耳其。目前，据欧盟的最新统计，对欧盟持正面评价的欧洲人约占49%，不信任欧盟的人占47%，50% 以上的欧盟公民不同意土入盟。西欧国家的居民主要是基督徒，而土耳其则主要是穆斯林。他们担心土耳其国家伊斯兰化，土的宗教和文化跟欧洲文化与宗教不相融，它的政治制度改革方向不是十分明确，国内还存在悬而未决的库尔德民族问题等诸多问题。

土耳其入盟面临诸多困难和问题

欧盟与土耳其在入盟达标问题上的争论主要存在于人口、地理和政治等领域。欧盟认为，一旦土耳其入盟，它将成为欧盟人口最多的国家。目前土拥有 7400 万人，而到 2020 年可能达到8000 万—8500 万人。至于土是否是欧洲国家，长期以来没有定论，更多地注重土的欧洲价值观，而不是地理位置。还有一个争论最大的问题是文化和宗教差异。由于欧洲主张和尊重文化的多样性，所以多数国家认为土的文化和宗教差异对入盟没有影响，但有一部分成员国持反对态度。有的欧盟国家担心土的人权状况和全球与地区安全问题。但土入盟的最大障碍还是历史上屠杀亚美尼亚人问题，国内镇压库尔德少数民族问题，以及同邻国塞浦路斯关系的问题。

土耳其与亚美尼亚的关系是土入盟必须解决的一个问题。所谓"亚美尼亚大屠杀"是指19世纪末和第一次世界大战期间奥斯曼帝国推行"泛突厥主义"和伊斯兰化，屠杀了几十万亚美尼亚人，制造了"种族灭绝"。两国因种族屠杀事件而始终未建立外交关系。但土当局从来都不承认这是"大屠杀"和"种族灭绝"，致使亚、土两国关系紧张，至今没有得到明显改善。当土耳其申请加入欧盟时，欧洲国家和欧洲议会一再提出，土必须承认对亚美尼亚的"种族灭绝"，改善同亚美尼亚的国家关系，否则没有资格入盟。这使土处境十分尴尬，面临欧盟的强大压力。

2009年4月，美国奥巴马总统访问了土耳其，明确要求土正视过去那段历史，解决同亚美尼亚的冲突，打开两国关系新的一页。美国忠告土同亚达成关系正常化"路线图"，寻求和解。2009年10月10日，土、亚两国签订和平协议，建立外交关系，两个邻国彼此开放边界。但土在"纳卡"问题上，一直站在阿塞拜疆一边，致使亚美尼亚不满。

土耳其另一个不可逾越的问题是库尔德少数民族问题。库尔德人在土耳其有1000万—1200万人。长期以来他们要求在其聚居地建立自己的自治行政机构，创办自己的学校和使用自己的语言，保障他们的少数民族地位和权利。但是，土政府从不承认库尔德人是一个单独的民族，并认为库尔德人的民族解放斗争是"恐怖主义""分裂主义"活动。但库尔德人的悲惨遭遇和反抗斗争赢得了世界进步舆论的同情与支持。早在1985年4月，欧洲议会联盟就通过决议，公开谴责土对"库尔德少数民族"的屠杀政策。

近年，土政府承诺在库尔德地区进行文化、政治和经济改革，改善库尔德人的生活状况。但在如何解释反恐立法、保障基本人权方面土政府作出了与欧盟不同的理解和解释。而且，主要代表库尔德族利益的民族社会党在2010年上半年被土耳其宪法法院视为不合法的政党，此举也将影响到土耳其为加入欧盟开始的民主化进程。

至于塞浦路斯问题，更是土耳其入盟的一大障碍。1974年塞浦路斯的希腊族发动政变，想将塞浦路斯并入希腊，土出兵占领了塞1/3的领土，并在塞北部建立土族共和国。从此，塞浦路斯一分为二。2005年土耳其与2004年第一批加入欧盟的10国（其中包括塞浦路斯）在内的欧盟签订海关协议，但土坚持认为，在塞浦路斯问题没有解决之前，该协议不适用于塞浦路斯共和国。土至今不承认塞浦路斯共和国这个欧盟成员国。塞浦路斯要求土正式承认它的领土完整，并对塞浦路斯开放其机场和港口。土则要求结束北塞浦路斯的孤立地位。土还认为，解决塞浦路斯问题不应该成为它入盟的先决条件和障碍。另外，在人权和婚姻法方面，土耳其也存在严重问题。

由于上述难题难以解决，支持土入盟的欧盟成员国越来越少，而土也对漫长的谈判进程日益厌烦和不满，疲惫不堪。2010年上半年的一项统计表明，只有44%的土耳其人认为，入盟对他们有益，这比2005年开始入盟谈判前夕66%的支持率低了许多。目前持悲观主义情绪的人居多，只有27%的土耳其人相信欧盟。近年来土的入盟积极性也大大降低。

* * * * *

目前，欧盟许多人对土耳其入盟感到疑惑，他们发问：如果欧盟吸收土耳其加入，那欧盟将变成一个什么组织？多数人认为，土耳其入盟只是欧盟领导层的一种设想，土耳其自己也并不见得想加入。

欧盟东扩土耳其的理由是：（1）土的地缘战略和地缘政治地位。土作为北约老成员国和美国军事基地，成为欧盟的最大成员国后，有利于牵制和包围俄罗斯，土不入盟则有可能成为俄的朋友；（2）土扼守里海和中亚石油天然气通往欧洲的通道，是欧盟的重要能源生命线。所以早在1999年土就获得了入盟候选国地位；（3）欧盟同土的入盟谈判已在2005年10月启动，土已选择"欧洲前景"，在西欧有几百万土劳工，入盟谈判将继续下去。

毫无疑问，西巴尔干国家（包括土耳其在内）入盟将巩固和扩大欧盟的东扩成果；将进一步提升欧盟在本大陆的形象，确保巴尔干地区的稳定与安全。然而，欧盟要迈出这一步确实不容易。欧盟一再表态，西巴尔干国家入盟"不能按时间表"，而取决于"它们的改革"。

所以，我们可以认为，欧盟对与土耳其的谈判完全是策略上的考虑。通过谈判可以使土耳其走上现代化道路，可以使土耳其社会更加开放，面向欧洲。这对欧盟解决能源困难和保障安全以及巴尔干地区的稳定都有好处。土耳其的入盟现在根本没有列入欧盟扩大的议事日程。土耳其是东南欧的地区大国，它入盟要比该地区其他国家复杂得多、困难得多。欧盟和土耳其到底能否达到各自目的，取得双赢，还需要时间和实践来检验。

（原载《欧亚社会发展研究2010》）

第 四 章

中东欧转轨的后进生：
保加利亚和罗马尼亚

第一节　保加利亚左右翼轮流上台

简评保加利亚大选及其结果

1991 年 10 月 18 日，保加利亚举行全国大选，参加本届选举的 38 个政党和联盟分为两大营垒：以反对派民主力量联盟（简称民盟）为主的竞选联盟和以保加利亚社会党为首的 14 个党派的竞选联盟。民盟在选举前夕已分裂为民盟（全国运动派）、民盟中间派和民盟自由派；农民联盟改组为农盟（尼·佩特科夫派）和农盟（统一派）；"土耳其族争取权利和自由运动"也站在民盟一边。这些政党和组织各自单独使用自己的选票，但它们的共同目标是彻底摧毁社会党，把它赶出政府，成立反对派一党政府或联合政府。保社会党团结了一些小党和组织，使用统一的选票，力争获得1/3 以上的选票，成为议会中最大的反对党，以防议会通过不利于社会党的法律而遭迫害。

据保中央选举委员会公布的材料，全国约有 650 万人有选举权，但实际参加投票的只有 554 万人，占选民的 85.2%。10 月 21

日大选揭晓：民盟（全国运动派）、社会党竞选联盟和"土耳其族争取权利和自由运动"三大政治力量分别获得34.36%、33.14%和7.55%的选票。根据保加利亚新通过的选举法，参加竞选的政党只有获得4%的选票才能进入议会。选举前呼声较高的统一派农盟、"佩"派农盟、民盟中间派和民盟自由派只分别得到3.86%、3.44%、3.20%和2.81%的选票，它们因未超过法定选票5%的限额而没有资格进入议会。

所以，拥有240个席位的新国民议会被民盟（全运派）、社会党和"争取权利和自由运动"所瓜分，它们分别获得110席、106席和24席，各占国民议会议席的45.8%、44.2%和10%。

这次选举是在平静的气氛中进行的。尽管民盟得到西方支持，在选举前后大肆攻击社会党及其政策，并组织少数极端主义分子烧毁社会党的竞选标语和旗帜，但社会党采取克制态度，虽失去了议会的多数地位，却赢得了群众的广泛同情和支持。

在接着举行的地方市镇和乡村选举中，社会党市长占45.3%，而民盟（全运派）只占36%。在全国255个乡和近3800个村庄选举中，近52%的乡长和村长为社会党人，民盟（全运派）只占13.5%。

我们看到，在中央政权选举中，社会党同民盟的票额之差仅为1.22%，即民盟比社会党多6.7万张选票。同上年的大选相比，社会党丧失了100万张选票，但民盟的选票并未增加。国民议会的议席之差为4个。根据保法律规定，进入内阁的部长都要停止议员资格。这样，社会党议员仍可能成为表决中的多数。在地方政权选举中，社会党超过民盟，占据优势。选举结果表明，社会党不仅保存下来了，而且仍是社会生活中最有影响的政治力量。跟其他东欧国家的社会党相比，保社会党继续保持为一支不可忽视的力量。

同时，我们还看到，保社会党是在极其不利的国际和国内条件下参加这届大选的：

1. 苏联"8·19"事件后，保社会党内部传统派和激进派出现分歧，党的形象和势力受到严重损害；

2. 美国、西欧开动宣传机器，不择手段地帮助民盟竞选，并派来了一批议员和记者"观察""监督"选举；

3. 保总统、广播、电视等明显倾向民盟（全运派），为其夺权大造舆论；

4. 民盟（全运派）在选举前和选举中都采取了一些不光彩的行动。

民盟（全运派）对选举结果欢欣鼓舞，反共气焰嚣张，宣称"一个时代已经结束"，"保加利亚已经跟共产主义一刀两断"。它许诺要把保变成巴尔干的瑞士。它同北约驻保的16国大使商量后，10月29日决定单独组阁，11月10日组成以菲利普·迪米特洛夫为总理的新政府。

社会党对选举结果基本上是满意的。它明确表示，不会成为什么都轻易同意的反对派，而将成为欧洲"新型的建设性民主反对派"。它要求尊重人权，反对任何政治迫害。

尽管11月4日新议会已开始工作，新政府已成立，但人们普遍对保加利亚今后的发展前途担忧，害怕少数极端主义分子"法西斯化"。

保大选暂告一段落（总统选举尚未进行），社会党和民盟的斗争仍在继续。议会里的争吵和斗争会更加激烈，议会外各落选党派正在组成民主中心，准备新的较量。保能否成为一个公民和平、社会保障、民族和解、生产复苏、民族安全的民主和法制国家，还有待观察。

（原载《世界社会主义研究》1991年第29期）

保加利亚成立温和派新政府

1992 年是保加利亚政局继续动荡的一年。1991 年 10 月保加利亚民盟在议会选举中获胜，11 月 8 日组成清一色的民盟政府。民盟全国协调委员会主席菲利浦·季米特洛夫任总理。

民盟一年来的政绩甚微，许诺落空，大失人心。该政府被极右势力控制，一味反共，同两大工会对立，支持率明显下降。它的经济纲领和经济改革措施几乎一项也没有实现。据统计，这一年的工业产值下降了近 20%，主要消费品价格上涨了 10 倍，致使 2/3 的人生活在"贫困线"之下。工厂纷纷倒闭；农业土地受"物归原主"私有化的影响，一半荒芜，保土耳其族人因此失去土地，再加上失业，有 17 万人出走土耳其，造成社会动荡；失业人数达到就业人口的 12%，这在保加利亚历史上是没有先例的。

民盟政府的社会根基不稳，一年经受了三次议会和政府危机。1992 年春季，民盟政府总理和总统闹矛盾，免去亲总统府的卢吉夫的国防部部长职务，对个别政府部门也进行了人事调动。9 月 24 日民盟议长斯·萨沃夫被赶下台，一个多月后民盟议会党团负责人亚·约尔丹诺夫才勉强当上议长。接着，11 月 20 日民盟总理菲·季米特洛夫遭到议会不信任，被迫下台。

保本届议会由 240 名议员组成。民盟占 110 席，跟民盟结盟的土耳其族"争取权利和自由运动"占 24 席，社会党占 106 席。顽固的民盟不思悔改，再次提名菲·季米特洛夫为唯一总理候选人，被议会多数票否决，失去组阁权。社会党出于策略考虑，不愿出面组阁，推举一名拥有保、法双重国籍的富翁博亚吉耶夫为总理候选人，被总统否决。实际上这是社会党主动放弃组阁机会。于是就轮到议会里的第三大党土耳其族"争取权利和自由运动"

来组阁。该党考虑到自己力单势薄,又被昔日盟友民盟开除出联盟,便同保社会党达成谅解,提名经济学家柳本·贝罗夫为总理候选人。

12月30日,议会以124票选举柳本·贝罗夫为总理,民盟"看守政府"宣告结束。在选举中民盟宣布作为政党不参加投票。共149名议员参加秘密投票,25人投了反对票,23名民盟议员不服从民盟抵制投票的决定,投了贝罗夫的赞成票,随后被民盟取消议员资格,并被开除出民盟。保社会党的绝大多数议员投了赞成票。

贝罗夫一直是总统热列夫的经济顾问,著名的经济学家,无党派人士。1950年起开始讲授保加利亚经济史。1971年成为教授,经济学博士。历任经济学院的系主任,后在保加利亚科学院巴尔干学研究所工作。他掌握12种外语,出版有专著和论文200篇(本)。

贝罗夫政府是一个超党派政府。除原工业部部长比科夫和原文化部和国防部两位副部长留任或调任外,其他全是新人。政府设3名副总理、11名部长。最年轻的副总理32岁,最年长的司法部部长63岁。大部分部长为中年人。有人形象地形容这个政府的组成是利用了土耳其族"争取权利和运动"的组阁权、民盟的纲领和社会党的支持。这是一个由专家和技术人员组成的务实政府,党派色彩不浓。它的纲领提出将继续执行私有化方针,采取非对抗立场,执行温和政策,重点改革经济结构。

新政府得到议会内外大多数政党的支持。同时,保两大工会表示对新政府将持积极支持的态度。因此,它比较容易被人们接受,具有一定的生命力。但是,该政府的支持率在议会只占微弱多数,又没有一个强大的政党做后台,这很可能影响到它的生存期,是一个过渡性政府。民盟的活动能量仍然很大,它认为这届政府是第二次世界大战结束后祖国阵线政府的翻版,是亲共的"联合政府",所以一直持坚决反对态度;农民联盟指出本届政府的成立不符合民主化进程，"原则上"反对现政府；中派普遍感到这届政府是各方"妥协的产物"，强调"红色政府"和"蓝色政府"（民盟的标志）的时代已经过去，现在是"温和政府"执政的时候了。

目前，保各党派正在分化改组，调整政策，积蓄力量。在它们尚未做好大选的准备工作的情况下，在对立两大派处于僵持不下的特定条件下，贝罗夫政府应运而生。它是一个非党派政府，很可能执行中间偏左的政策。此外，我们还应看到，贝罗夫政府的出现是同社会主义思潮在原苏东国家的回潮不无联系，这一动向值得我们重视和注意。

（原载《欧亚社会发展学术动态》1993 年第 3 期）

保加利亚社会党政府执政 100 天

1994 年 12 月 18 日，保加利亚社会党和左翼联盟在选举中获胜，组织政府，保社会党主席维德诺夫出任总理。三个月过去后，该政府对前一阶段工作进行了总结，并制定和公布了一个行动纲领，主要包括五个方面的内容：（1）稳定国家政权机关，以保障社会的民主发展和法律尊严，保障每一个保加利亚公民宪法赋予的权利和义务；（2）发展市场经济，以保证就业和收入的增长；（3）提高保加利亚经济和公司符合欧洲市场和世界市场要求与标准的竞争力；（4）建立一个符合当代欧洲标准和社会公正安全原则的社会；（5）尽早使保加利亚达到欧洲联盟成员要求的水平，以利于参与 21 世纪的国际经济和政治关系。

为实现上述目标，社会党政府认为要分三个阶段来执行这个纲领。第一阶段，在准备 1996 年预算的同时，将今后三年的预算框架制定出来。第二阶段，在执行纲领的中期，即1996年底检查执行情况。第三阶段，在政府任期届满和议会正常选举前夕进行总结。

本届政府社会政策的主要目的是制止公民的贫困化，使居民的生活开始好转，到1996年初，要使贫困化减少4%—5%，并彻底遏制贫困化。到1997年使居民的生活水平提高2%—3%。

1995—1996年度，要制止失业人数的增长，而1996—1997年度，要使失业人数减少，并在1999年将失业人数减少一半。

政府充分认识到，没有经济实力，社会问题是解决不了的。因此，预计国民生产总值每年应递增5%。到本届政府任期届满时将通货膨胀率控制在一位数，使私人经济成分的比重增加到占2/3。

政府行动纲领的重点谈到了国家的安全、稳定和法制等问题。

政府纲领公布后，各方反应很不一致。社会党及左翼报刊认为，这是1991年以来政府第一次向人民公布执行机关的执政计划，将4年任期的发展目标公之于世。从政府100天的实践，以及内阁向议会提交的纲领声明、白皮书和通过的预算来看，现政府有能力使保加利亚摆脱危机，在复杂的社会问题中找到明确的方向。政府纲领符合保加利亚绝大多数居民的利益，保卫了他们的生活和所有制，有利于他们个性的自由发展。

这些报刊还认为，左派政府面临成堆的问题，国家处于经济和精神崩溃的边缘，前政府的对内对外政策陷进了死胡同。只有社会党人才站在人民一边，不是用群众集会和街头暴力，而是用实际行动来工作，进行建设和管理。

反对派民主力量联盟就左翼政府执政100天专门召开全国会议，通过了反对政府的声明，指责现政府是"前共产党人"的政府，是一股"复辟势力"，把国家推向"共产主义的过去"，"对保加利亚是有害的和危险的"。应该说，左派政府在稳定基本食品的价格、控制外汇比价和同罪犯做斗争方面，均取得了一定的效果和成绩。但是，舆论普遍认为，尽管政府想做许多工作，以塑造一个能干有效的形象，但它确实遇到了非常多的困难，任重而道远。政府要想取信于民，必须严厉打击猖狂的犯罪活动，在私有化方面取得新的进展，设法减少失业，稳定物价，提高人民的生活水平。

（原载《欧亚社会发展动态》1995 年第 40 期）

保加利亚左翼政府执政一年半来的成绩与问题

1994 年 12 月 18 日，保加利亚社会党、农民联盟"亚·斯坦姆鲍利斯基"派和"公开性"俱乐部组成的民主左翼竞选联盟，在议会选举中获胜，随后组成了以社党最高委员会主席让·维德诺夫为总理的左翼政府。

一年多来，左翼政府在治理国家方面取得了预期的成绩，但也存在一系列尚待解决的矛盾和问题。保剧变后，前 5 年由于党派斗争激烈，政府更换频繁，各项工作明显滞后。

左翼政府在极其困难的条件下上台

一年多来左翼政府稳定了政局，取得了初步成就。该政府作为第六届政府，执政时面临着成堆的问题，处境相当困难。当时的保加利亚已处于经济崩溃的边缘，1994 年的国内生产总值比 1989 年下降 40%，工业产值下降 50%，农业生产下降 35%，出口减少 50%。前几届政府执行的对内对外政策陷入死胡同。保加利亚社会严重两极分化，人民生活日益贫困化。在"民主化"和反共的煽动下，无政府主义泛滥，犯罪团伙和黑社会势力肆无忌惮。

另外，左翼政府执掌国家政权时的国际条件也是严峻的。当时,尽管中东欧的左派势力在复苏,纷纷走上执政道路,但巴尔干地区的局势十分复杂,前南斯拉夫地区爆发内战,制裁南斯拉夫联盟波及保加利亚,美国在巴尔干地区的影响越来越大,俄罗斯的政局不稳定。保加利亚同欧洲一体化困难重重。

由于左翼政府齐心协力,制定了政府任期内的行动纲领,提出了具体任务和目标,并及时总结行动纲领的执行情况,一年多来政局趋于稳定,工作取得了初步成绩。

1. 政府首先稳定了经济,并保持了一定的发展速度。1995 年国内生产总值增长 1.5%,1996 年预计为 2.5%—3%。1994 年粮食丰收,经济作物和果菜产量显著增加,同时出口大增,外贸出现 5 亿多美元顺差。高通货膨胀率受到遏制,居民的实际收入没有再下降,就业人数增加近 10 万。政府制定了符合当代标准的税收政策,采取了一系列刺激生产增长和投资增加的措施。

2. 实现了群众性私有化第一阶段的任务,基本上结束了归还土地所有权的工作,鼓励恢复和重建农业社,保护了农民的生产热情和集体耕种的愿望。

3. 保持了社会稳定和平静。1995 年被视为最近五六年来社会最安定的一年。

4. 保新政府一成立,外长皮林斯基就宣称,政府考虑的主要问题是:同欧洲和北大西洋机构一体化和接近,积极发展同美国和俄罗斯的关系,在巴尔干地区坚持实行明智的政策,特别是等距离外交。在这一外交方针指导下,一年多来保加利亚同东方特别是俄罗斯恢复了传统的政治和经济联系,同西方建立了新的伙伴关系,同巴尔干邻国促进了合作关系,国际环境有了大的改善。

5. 尽管各界仍对社会秩序严重不满,但左翼政府在任期的头一年里克服了国家机关的混乱状态,加强了地方政权,打击犯罪团伙,保卫了个人、国家和社会的财产。

6. 左翼在议会中取得稳定的多数,执政意识加强,得到社会各界的广泛支持。在 1995 年 10 月举行的地方选举中，社会党赢得了 42% 的选票，反对党民主力量联盟只得到 23% 的选票。民盟在政治上、思想上和道义上变得越来越不得人心。

左翼政府目前面临的主要矛盾和困难

在反对派政党的眼中，左翼政府为"前共产党人"的政府，是一股共产主义的"复辟势力"。因此，他们在议会、政府和工会等方面的斗争失利后，便利用掌握在他们手中的宣传舆论工具向民主左翼政党和个人发起进攻，不惜造谣和诽谤。

一年多来，左翼政府面临如下矛盾：（1）政府同总统之间存在尖锐的矛盾。热列夫总统代表反对党民盟的利益，执行一整套亲西方的外交政策，在农业政策上他主张彻底实行农田私有化。因此在对内对外一些重大政策问题上总统经常跟左翼政府唱对台戏。（2）保加利亚法院同政府不和。控制最高法院等权力系统的人仍在执行党派的"政治委托"，妨碍政府政策的实施。（3）保加利亚以索非亚为主的三四个大城市仍为反对党所控制，地方政权各自为政，不服从政府的工作安排。（4）所谓"第四政权"即新闻媒体，代表经济集团和某些党派的利益，在新闻自由的口号下不同政府合作。（5）左翼政府同资本势力之间的矛盾也是难以调和的。少数人仍在制造经济混乱，侵吞国家财富，摆脱国家的监督，损害国家的经济利益。

的确，左翼政府在管理国家过程中，不仅遇到上述矛盾，而且还面临种种现实的困难和障碍，有的甚至构成现实的危险。

首先，保加利亚外债负担沉重。在左翼政府的 4 年任期内，需要偿还 100 多亿美元外债中的一半左右。在这种情况下，保国内生产总值每年的增长速度就不能为 3%，而必须达到 9%。只有这样才能确保按期偿还外债本息，并使社会各阶层的实际收入有较明显的增长。这是一项十分艰巨的任务。

其次，长时间以来银行系统的危机也是留给左翼政府的沉重包袱。据保报刊透露，在"银行系统应独立于执法机构"的口号掩护下，银行与强大的经济和政治集团勾结在一起，并收买舆论工具，使国家财富遭到掠夺。

最后，由于民盟执政时强行解散农业生产合作社，1992年保农业已经破产。但今天，仍有人指责政府的农业政策"右倾"，企图完全否定保加利亚农村的合作制传统。

应该看到，许多同经济状况和社会秩序有关的问题是近5年来形成的，近期内难以马上解决。如工业结构改造、摆脱农业危机、完全稳定财政、改善同国际金融机构的关系、大量吸收外资等方面工作，迄今进展不大。

1996年左翼政府的主要任务

左翼政府执政第二年的主要任务可以概括为以下五个方面。

第一，1996年的一项重大政治任务是迎接将于10月举行的总统选举。随着选期临近，左、右翼政治势力之间将有一场重大的政治较量。左翼政府的政绩将成为大选前辩论的主要内容。赢得选举胜利对左翼及其政府至关重要。

第二，1996年的主要经济任务是保持国家的财政平衡。保加利亚要在1996年支付12亿美元的外债。当前银行系统明显不稳定，金融界的无政府主义公开化，价格严重失控。粮食、面粉、面包、食用油、电力、外汇等仍不能满足需要。增加生产、提高就业率和保障实际收入的工作不能放松。

第三，需要为提高社会保障水平建立牢靠的基础。一方面要履行政府对广大社会阶层，特别是退休人员、医生和教师所做的承诺；另一方面要继续推进社会政策和卫生保健领域的改革。

第四，1996年要使保加利亚发挥地缘战略优势，同所有邻国保持睦邻关系，同新老伙伴保持平衡关系。通过至少参加一项跨地区的国际合作（如铺设从俄罗斯到希腊的煤气管道）和一体化方案，使保加利亚成为受尊敬的安全和发展伙伴。

第五，为了实现上述任务，必须维护国家的稳定和社会安全。要继续同各种犯罪行为和各级行政机构的腐败与混乱进行全面的斗争。坚决制止公开的暴力活动，尽量减少对公民人身和财产的犯罪，打击有组织的经济犯罪，为减少腐败现象创造条件，克服公民的不安全感和无保障感。

中保关系

中、保两国人民的友好交往有着悠久的传统。保加利亚是第二个承认新中国的友好国家，两国间长期存在着友好的相互尊重的关系。

1989年底保加利亚剧变后，在台湾、西藏问题上保加利亚较其他中东欧国家的态度稍好一些。但在人权问题上屈服于外来压力，时常出尔反尔。在最近一次联合国人权会议上，保对我国动议投了反对票。保重视中国的大国地位，称赞中国改革开放所取得的成功经验。可以说，在现阶段发展中保两国关系没有任何障碍，更没有利害冲突。经济方面合作的前景更是非常广阔，但潜力未被充分利用。

在过去的两三年内，保加利亚以议长为首的国会代表团和保副总理曾访问我国，回国后在电视台发表了友好观感。

维德诺夫总理对中国友好，作为社会党主席曾访问过中国，任政府总理后曾出席我国驻保使馆的国庆招待会。目前他与热列夫总统矛盾甚深，又处于1996年10月总统改选的对峙阶段。保总统曾答应访华，后借故一拖再拖，至今未能成行。此次维德诺夫总理抢在总统之前访华，一是表示对我国热情友好，二是为了巩固左翼政府的执政地位。

保总理此次访华还会增进彼此间的相互了解和促进两国间友好合作关系的进一步发展。

（原载《欧亚社会发展动态》1996年第24期）

保加利亚社会党在总统选举中失利

1996 年 10 月 27 日，保加利亚举行了 1989 年剧变以来的第二次总统选举。保社会党在第二轮选举中败北，保最大的反对派民主力量联盟赢得胜利。

社会党在选举中失败

10 月 27 日，保全国进行第一轮总统选举，有 13 位正、副总统候选人代表不同党派角逐，即 6 对正、副总统候选人和 1 名独立总统候选人。现任总统热·热列夫原是民盟全国协调委员会的负责人，他的任期到 1997 年 1 月 22 日届满。

各党派为了在选举中取胜，开展了近半年的竞选活动，而真正的较量是在执政的社会党和反对派民盟之间进行的。社会党的竞选口号是"团结一致为了保加利亚"，民盟的竞选口号则是"团结起来对付危机"。

中央选举委员会公布的第一轮选举结果是：反对派联合民主力量的候选人彼得·斯托扬诺夫的得票率为 43.65%，保社会党候选人伊万·马拉佐夫的得票率为 27.87%，保商人俱乐部的乔·甘切夫的得票率为 22.18%，社会党前领导人之一、现共和国公民联盟的负责人亚·托莫夫得到了约 6% 的选票。按选举法全国约有 675 万名选民，但实际参加投票的人数只有 60% 左右。这比 1994 年 12 月本届国民议会选举时的 75% 的投票率要低很多。由于没有一位总统候选人的票数超过 50%，确定由斯托扬诺夫和马拉佐夫参加 11 月 3 日的第二轮选举。首轮选举后，民盟欣喜若狂，发动了强大的宣传攻势，抨击社会党政府的对内对外政策，并进一步在少数民族地区拉选票。社会党看到选票意外地锐减，遂全力号召未参加投票的 100 多万名选民行使自己的权利，并积极做保商人俱乐部和共和国公民联盟的工作，希望在下一轮选举中采取一致行动。第二轮选举按期举行。民盟的候选人斯托扬诺夫和他的搭档卡瓦尔吉耶夫获胜，得票率为59.76％，约250万票；马拉佐夫和他的副手博科娃的得票率为40.24％，约168万票。全国仍然只有420万人参加投票，占选民的61％左右。欧洲安全与合作组织的代表观察了整个选举过程，认为选举是按照"民主的方式"进行的，是"平静的"。

社会党为何失利

1992年第一次总统选举时，社会党只比反对派民盟少30万张选票，而这次却少了80万张。如果把这次总统选举同1994年深秋社会党政府上台时的议会选举相比较，社会党在短短的两年内丧失了100万—120万名选民的支持。

是什么原因使社会党的选民锐减呢？反对派民盟认为，他们在这次总统选举中的胜利"是保加利亚人民的胜利"，是社会党政府对内对外政策的"破产"和"惨败"。社会党则认为，这次失败是因为政府的"许诺没有兑现"，未能很快克服国家面临的"危机"，使选民失去了"信心"。社会党还强调，反对派在社会党总统候选人的"国籍"问题上发难，也是社会党失利的原因之一。早在1996年6月初，反对派一致推举斯托扬诺夫为唯一的候选人；随后，社会党提出现任外交部部长格·皮林斯基为总统候选人。皮林斯基年轻能干，在社会上有一定的知名度，尤其在青年中拥护者众多。但他出生在美国纽约，后随任外交官的父亲返保时恢复保加利亚国籍。反对派坚持说，根据保宪法，皮林斯基生在美国先拥有美国国籍，不是"生来就是保加利亚人"，不能任总统。一时间"国籍问题"闹得沸沸扬扬。最后中央选举委员会和宪法法院拒绝了皮林斯基的总统候选人资格。在这种情况下，社会党不得不重新提名现任文化部部长、原文学艺术研究所所长伊·马拉佐夫为总统候选人。这在一定程度上使社会党失去了时间，丧失了一批支持者。同时，大选前夕的10月2日，社会党前总理卢卡诺夫突然被枪杀于家门口，顿时引起种种猜测和混乱，至今未破案。这一切都影响到社会党的名声和竞选活动。

当然，社会党的失败还有更深刻的原因。

第一，社会党政府执政两年来，并没有实现竞选时的许诺，国家经济形势和社会秩序状况不仅没有改善，反而更加恶化。政府改革步子缓慢，思想保守，私有化计划实施不力，腐败现象已蔓延到政府权力部门。外电认为，保是前东欧国家中改革最不成功的国家之一。

第二，1996年保加利亚的经济状况一团糟，生产出现严重倒退。年初遭到严寒袭击，农业减产。全国小麦总产量只相当于1990年的1/3，畜牧业面临毁灭，居民的食品供应困难。接着，金融系统出现危机，9家银行先后破产，64家亏损国有企业被关闭，增值税又从18%提高到22%。这样，整个经济秩序大乱，国库空虚，通货膨胀，货币贬值700%—800%，物价暴涨几倍。生产下降至大动荡的1991年的水平。近两年出现的经济复苏成果丧失殆尽。

第三，人民群众生活状况急剧恶化。由于银行倒闭，居民存款取不出来，人心惶惶。又由于恶性通货膨胀，人们的吃饭、取暖、水电费用都支付不了，贫困化程度加剧，对政府怨声载道。

第四，社会党内部分歧公开化，削弱了它的力量。早在1996年3月社会党最高委员会和左翼选举联盟召开的总结政府工作的联席会议上，就出现了严重的分歧。一些人对政府工作提出了尖锐的批评，指出如不尽快使国家摆脱危机，广大社会阶层就会普遍不满。保社会党前主席利洛夫在1996年5月访华时曾警告说，左翼政府经济政策的失误将导致丧失政权。在这次选举中社会党内部的矛盾暴露得极为明显。

大选后的形势

总统选举已告结束，保社会党不得不接受这一严酷的现实。

社会党主席兼政府总理维德诺夫承认选举的结果，对斯托扬诺夫获胜表示"祝贺"，并希望新总统能"深刻理解"现政府所"面临的巨大困难"，给予"支持"，共同使国家"摆脱经济危机"。这说明保社会党承认选举失败，愿为现政府的诸多政策失误承担责任。社会党决定召开一次特别代表大会，总结这次选举的经验教训，向广大党员和人民作出解释，并研究今后的工作。

新任总统斯托扬诺夫在取胜后宣布，他退出民盟全国协调委员会、民盟议会党团和民主全国俱乐部，即脱离原来的党派，为"保加利亚民族利益"而工作。他表示要"在宪法的范围内努力促进各权力机构之间的合作"，以便把保加利亚建设成一个"经济上富裕、政治上独立的国家"。同时他还宣布，就任后将成立一个"全国拯救委员会"，把保加利亚从经济危机中拯救出来。

这次选举有可能影响社会党政府的继续执政。尽管该政府的任期到下届议会大选还有两年时间，而且新总统也表示是否提前大选不是总统权限范围内的事，但人们普遍认为，反对派将会利用有利的形势向政府施加压力，寻找突破口，甚至不惜制造街头冲突，在议会内外造成对政府不利的局面，从而迫使提前举行议会大选，谋求重新组成反对派政府。

对现政府的冲击首先来自社会党内部。选举的失败加速了社会党的内讧和分裂。11 月 4 日，社会党部分高层领导人和 19 名议员致信社会党最高委员会和以社会党议员为主的民主左派议员团，要求近期内召开党的特别代表大会，重组社会党政府，以摆脱被动局面。5 日，社会党执行局举行会议，各种议论和批评意见激增，矛头指向维德诺夫和他的政府。

11 月 11—12 日，社会党最高委员会召开扩大会议，分析和总结党在选举中失利的原因，决定是否组织新政府。经过激烈争论，维德诺夫击败以社会党前主席利洛夫为代表的倒阁派，获得最高委员会的多数支持，现政府继续执政。据报，共有 158 人参加扩大会议，其中87人支持维德诺夫，反对在目前不利的情况下组织新政府。69人支持利洛夫等人的建议，要求重新组织左派联合政府，以避免社会党丧失政权。表决后，社会党两位副主席和一名最高委员会成员宣布自动辞职。社会党内部矛盾已经公开化。

12月18日，社会党举行特别代表大会，党内斗争白热化。维德诺夫在各方压力下，宣布辞去总理和社会党主席的职务。这意味着社会党将组织新政府。

当然，应该看到，在国家经济危机严重和问题成堆的情况下，无论社会党政府自我改组或换马，还是反对派上台，都难以在短期内使保加利亚的局势出现转机。相反，激烈的党派斗争和权力斗争只会导致政局不稳，延缓改革的进程。

估计保加利亚在总统选举后，将吸取前一时期的教训，加大改革力度，加速私有化步伐，努力发展经济，以稳定民心，改善其国内外形象。同时，还会调整对外政策，尤其是明确参加北约的态度。

（原载《欧亚社会发展动态》1997年第3期）

保加利亚政局动荡及其原因

1996年深秋以来，保加利亚的政治局势经历了一场暴风雪的袭击。11月3日，在剧变后的第二次总统选举中保社会党败北。接着，执政两年的社会党左翼政府辞职，继续组阁失败，成立了看守政府，议会解散，将提前进行大选。

社会党政府继续组阁未果

1996年10—11月，保社会党在总统选举中失败后，党内矛盾公开化。12月21日，社会党决定实行"换马术"，让·维德诺夫政府下台，想利用议会中的多数地位，渡过难关，继续执政。

但此举遭到反对派民主力量联盟的坚决抵制和抨击，经过几轮谈判，两派在重新组阁和提前大选等问题上各不相让。

社会党不同意交出组阁权，民盟则组织了长达 20 多天的游行示威和抗议集会。

1997 年 1 月 10 日，反对派策动大批抗议者强行包围和搜查议会，砸破议会大厦的门窗，烧毁小汽车，采用了近三四年已绝迹的街头暴力行动。1 月 30 日，保两大工会组织开始实行总罢工，各地工厂、公共交通、铁路、港口等都加入了罢工的行列。最后发展到全国的公路网被罢工者封锁，铁路运输部分停止，一些部门瘫痪，社会秩序混乱。

本来，早在 1 月 28 日，社会党就推举尼古拉·多布雷夫组织新政府。2 月 3 日，社会党及其盟党联席会议批准了新内阁名单。但这几乎是清一色的社会党内阁，因为盟党和社会名流不愿入阁。社会党想成立一个得到社会广泛支持的联合政府的打算失败了。2 月 4 日，社会党总理候选人和社会党新任主席珀尔瓦诺夫向总统办公厅递交政府班子名单，新总统斯托扬诺夫以该问题还需继续协商为由，没有接受。这样，社会党只好放弃组阁，并指出这是为了民族和解、理解以及国内和平而作出的妥协。

总统任命看守内阁

2 月 4 日，总统主持召开事先已计划好的国家安全协商会议。会上，议会各党派达成一项政治协议，都表示在本届议会任期内放弃组阁权，同意由总统任命临时看守内阁。总统认为，各党派的这一妥协有利于消除国内出现的紧张局势和避免国内冲突。

这样，总统于 2 月 12 日宣布成立看守内阁，并任命民盟主要领导人之一的索非亚市长斯特凡·索非扬斯基为总理，并组阁，任期 3 个月。同日，看守政府成立。总统签署了解散议会的命令，并宣布提前在 4 月 19 日举行议会大选。拖了一个多月的政府危机终于结束。

新政府的首要任务是设法扭转处于崩溃的恶劣的经济局面。具体任务是用大幅度提价解决燃料短缺问题；制止存款人到银行挤兑存款；加快国营企业的拍卖和私有化，以增加国库收入；加速同欧盟、巴黎俱乐部和欧洲投资银行等机构的会谈，争取贷款。

对此，许多政治家纷纷指出，不可能期望在两三个月或四五个月内就能解决保加利亚深刻的危机，谁也不能承诺人们的生活会在短期内好起来，因为困难会多于机遇，风险会多于许诺。

经济学家更是持悲观态度。他们认为，保加利亚是中东欧国家中改革和经济最糟糕的国家。近期外汇比价攀升了 1000 个百分点，达到 1 美元兑换 3000 列弗。而且，保币还在不断贬值。失业率去年年底为 13.7%，1997 年将达到 23%—25%。1997 年的通货膨胀率将高达 10000%—15000%。保加利亚已到了社会爆炸的边缘。为此，经济学家建议实行货币委员会制度，即让保币同美元或马克直接挂钩，固定外汇比价，外汇空缺部分可以得到世界银行的补充。据称，实施这种办法就能稳定外汇市场，稳定居民的实际收入，降低通货膨胀和银行利率，也就有利于向生产企业增加贷款。学者们称，只有实行严格的货币管制，才是当前摆脱危机的最好措施。

局势激变的原因

以保社会党为主的左翼力量在权力机构中的失利已成定局，反对派势力在权力斗争中又不断得手。人们不禁要问：保加利亚政局为什么会发生这种急剧的变化呢？

首先，从内部原因来看，这种局面是社会党自己造成的。以维德诺夫为总理的民主左派联合政府在两年的执政过程中，未能有效地推进经济改革，思想保守，措施不力，既未扭转糟糕的经济形势，也未改变混乱的治安状况。结果，出现银行倒闭，物价飞涨，人民的贫困化到了无法忍受的地步。保职工的月平均工资不足五六美元，退休金只有两三美元，居民的生活水平仅为 4 年前的 1/10。

国家外汇储备已减少到 3 亿美元，而每年却要支付 10 多亿美元的外债本息，国内债务已超过 3 万亿列弗。保加利亚陷入 1991 年以来最严重的经济危机和金融危机。经济全面崩溃，人心丧失殆尽。

与此同时，保社会党内部意见不一，发生分裂。在总统选举和重新组阁问题上，存在严重分歧，并失去友党的的信任和支持。

其次，从国际条件来看，这种局面的出现也受到外部因素的影响。最近几个月来，巴尔干地区形势动荡不稳。保加利亚的邻国，原社会主义国家南斯拉夫、罗马尼亚、阿尔巴尼亚在选举过程中，左、右翼力量对峙，出现了 1992 年以来已经消失的游行示威、打砸抢和街头暴力行动。另外两个邻国——希腊和土耳其，尽管都是北约成员国，却在塞浦路斯和爱琴海问题上争吵不休，互不相让。从该地区的发展趋势看，右翼力量重新抬头，连连得手，而左翼力量再次受挫，步步退却。

从西方国家的态度来看，它们近几年比较注重波、捷、匈和斯洛伐克等社会较稳定和经济复苏较快的国家，而不大重视巴尔干原社会主义国家。后者为执行国际社会对南联盟的制裁措施，遭受了几十亿或上百亿美元的经济损失，至今没有得到任何补偿。在吸收西方和国际组织的投资贷款方面，这些国家处于不利的地位。西方大国虽然默认巴尔干左翼势力在过去议会选举中的胜利，但千方百计扶植和支持巴尔干地区的右翼势力，这是有目共睹的事实。

4 月 19 日，保加利亚的议会大选已临近，左右两派面临新一轮的较量。从目前情况看，形势对右翼民盟有利。但是，以社会党为代表的左翼仍有一定势力，若能成功地联合其他中左力量，还存在取胜的一线希望。

（原载《欧亚社会发展动态》1997 年第 11 期）

2000 年保加利亚经济和外交透析

2000 年保加利亚经济的发展与世界范围内的经济发展是分不开的。全球性的特别是欧洲的经济高涨，主要原材料和燃料的涨价，欧元对美元的贬值都对保产生了有利或不利的影响。保经济取得了一定的进步，但仍令人堪忧。参加北约和欧盟是保对外政策的既定目标，然而任重道远。

经济发展慢悠悠

保加利亚民主力量联盟 1997 年初上台执政后，曾发誓要加快经济改革步伐，把经济搞上去，提高人民的生活水平。2000 年是关键性的一年，因为 2001 年 6 月面临议会大选。为此，民盟政府对这一年的社会经济从宏观管理方面提出了三个基本要求：（1）保持宏观经济的稳定，降低通货膨胀率和维持财政收支的适量赤字，主要办法是保持低预算赤字；（2）维持和刺激经济的稳定增长，主要手段是挖掘潜力，吸引外资和完善税收政策；（3）进一步实行部门结构改革，像养老金和医疗体制改革等。

在这一目标下，民盟政府加强了私有化过程中的透明度，调整了投资政策，增加了出口贸易，并强调了国内需求（家庭消费）。

保加利亚的私有化政策过去由于暗箱操作，曾受到社会舆论的尖锐批评，同时也滋生了腐败现象。民盟政府提出要加强透明度，重视私有化过程中的干部作用和私有化后的监督管理。结构改革的一项重要内容是搞好大型国家垄断企业的私有化问题，但出售股份的速度相当缓慢。保经济学家认为其客观原因有：出售私有化股的程序复杂，股的数量分散且众多，所在企业的职工享有优惠股，需要做好认真的准备工作和组织工作，等等。

到2000年底，保国有经济部门已有70%实现了私有化。私有经济成分已占国内生产总值的近70%。可以说，保经济已基本建立在私有制和市场经济的基础上。

民盟政府确定2000年投资政策的重点是优先帮助建立技术基础设施，实施环境保护、信息系统、医疗卫生和教育等领域的结构改革。这方面的资金来源主要靠国家预算、欧盟的无偿援助、国家从多方面获得的贷款等。

1999年外国在保的直接投资为8.06亿美元，2000年1—10月已达到8.05亿美元，估计全年将达到11亿美元，比上年增加约35%。投资结构是有利于经济发展的，因为约5.5亿美元投资直接用于建立新企业或扩大和改造现有企业。这些投资带来了新工艺、新产品和创造了新的就业机会。在保国内，2000年已实现的投资计划是45.18亿列弗（列弗与马克名义上按1：1挂钩），其中21.24亿列弗投到了公共经济部门，23.94亿列弗在私有经济部门。几年来一直争论的在多瑙河上修建保加利亚与罗马尼亚之间的第二座大桥问题已获得解决，各项准备工作已在2000年全面启动。2000—2001年将从欧盟筹措1.46亿欧元的资金，其中2000年6400万欧元、2001年8200万欧元。

2000年民盟政府在偿还内外债方面进行了重大努力。它在执政的三年多时间内，经过同一系列债权国重新谈判，解决了20世纪80年代末90年代初遗留下来的有争议的外债问题。外债从1999年底的102亿美元减少到2000年10月底的101亿美元。其中政府欠的外债为81.46亿美元，比1999年底的84.48亿美元减少了3亿美元。这样，外债占国内生产总值的比重从1996年底的243%降至2000年11月底的77.9%。到2000年底，内债从1999

年底的 29.633 亿列弗降至 17.672 亿列弗。

2000 年商品和劳务的进出口也取得了可喜的成绩。这年头 9 个月比上年同期出口增长 23.4%，进口增长 12.9%，其中工业品出口增长 29.1%。进出口商品值第一次出现平衡，出口略大于进口。

旅游业一直是保加利亚的强项，保曾是欧洲较发达的旅游地区。经过几年的衰败和巴尔干战乱，旅游业 2000 年开始恢复和发展。这一年外国旅游者入境人数较上年增加了 12.92%，旅游收入达到 5.03 亿美元，比 1999 年增长 31.8%。但与历史上年创汇十几亿美元相比仍有很大的差距。

农业也是保加利亚的优势产业。早在剧变前，保就达到人均吨粮，是"经互会"里著名的蔬菜水果园。随后，这个"上帝的后花园"却出现了粮荒。民盟政府上台后基本上解决了缺粮问题。2000 年这个拥有 850 万人口国家的食品和饲料用粮 310 万吨。全年出口小麦 51.3 万吨，其中 48.8 万吨是新粮，出口大麦 17.2 万吨、玉米 11 万吨、向日葵 1.57 万吨。1999 年的农业由于干旱歉收，比上年减产约 14%，有几种农作物比上年减产近 1/3。农业在经济中的地位继续下降。1999 年农业产值占国内生产总值的 17.6%，2000 年只占 15.2%。

总的来说，2000 年保加利亚社会稳定，经济在缓慢地恢复性增长，形势在向好的积极的方向发展。国内生产总值比上年增长 5%，其中工业生产增长 5.8%。在增长额中，私有经济成分占 68.9%。保外汇储备 1999 年为 32.07 亿欧元，2000 年达到 37.187 亿欧元，比上年增长 16%。但是，如果没有外资的大量涌入，即从外部"输血打气"，光靠自身的造"血"，这个"重病号"很难早日康复。况且，经济的初步恢复和增长还没有反映到人民生活水平的提高方面。

人民生活苦涩涩

1990 年前，凡是去过保加利亚的人都看到，这个国家美丽而宁静，百姓生活安定且比较富裕。如今，这里的基础设施年久失修，市场看上去物资较为丰富，但价格较高。居民贫富悬殊。穷人日子过得很艰难，似乎看不到尽头。退休的老年人因退休金低，生活更困难。

民盟政府在2000年曾把退休制度改革以及医疗卫生和教育改革作为重点，以改善人民的生活条件，增加未来的选票。这一年，全国240万退休人员（占总人口的28.5%）中约有209万人增加了退休金和补贴。到11月，平均月退休金达到83列弗，比1999年12月增加了17列弗。但这点钱只能买90个面包或者15公斤牛肉，或者33公斤鸡蛋，也只够交1个月的取暖费。这份退休金只相当于匈牙利退休人员月平均退休金的1/4。

2000年1月和10月两次提高了从业人员的工资。这年的名义工资较上年平均增长了14.4%，扣除物价上涨因素，实际增长约6%。凡完成了预算收入的部门，年终每人奖励1个月工资。国家全年拨款3.19亿列弗帮助180万个贫困的个人和家庭，以及有子女的母亲。到年底，全国最低月工资为79列弗，平均月工资为242列弗。尽管这样，保的工资水平在中东欧国家中也是最低的国家之一。匈牙利的月平均工资达到650马克。波兰还要高一些。这就是说，保就业人员的月平均工资约为匈牙利就业人员月平均工资的1/3。而且，保的物价甚至要比匈牙利高。

2000年12月保的通货膨胀率同比达到11.4%，失业率仍高达17.72%。政府认为，出现"两高"的主要原因是：国际市场上的石油价格攀高且不稳定，这影响国内的燃料上涨；另一个原因是美元升值，欧元贬值；还有一个原因是保遭受干旱，农业歉收，出现8—9月的食品价格上扬，冬季电力和供暖价格升高（4%以上）和国家对交通运输等部门的补贴增加。保政府认为，失业人数居高不下是结构改革的一个必然结果。所以，政府对于因结构改革而裁减下来的工人，每人一次性补助1000列弗，以鼓励自谋生计。而在社会公益部门工作的人,失业后在 5 个月内没有重新就业的,5 个月的工资照发。

生活的重担使人们对现状不满,对前景失去信心。老年人越来越怀念社会主义时期的社会福利,中年人深感怀才不遇,青年人向往西方,能出国的就走了。生活质量下降,人口在减少,社会没有安全感。

回归欧洲路茫茫

保加利亚由于各党派对参加北约和欧盟的态度不一,所以申请参加这两个组织比其他中东欧国家要晚。

1997 年 2 月,民盟政府还未正式组阁便提出参加北约的问题。民盟政府强调,加入北约将"巩固国家的整个安全体系","使保军队现代化","提高保官兵的威望与尊严"。为此,民盟领导人希望按照北约的标准和要求改组保武装力量,使保早日参加北约。北约秘书长罗伯逊和盟军最高司令部司令克拉克将军在 2000 年初都访问过保加利亚。

北约对保在巴尔干地缘政治中的作用和在 1999 年科索沃战争中的表现是满意的。根据保的倡议,2000 年 10 月在索非亚举行了北约申请国国防部部长会晤,出席的有阿尔巴尼亚、保加利亚、爱沙尼亚、拉脱维亚、立陶宛、马其顿、罗马尼亚、斯洛伐克和斯洛文尼亚等国的国防部部长。

保向波黑和科索沃派出了少量维和部队和警察,并允许维和部队的人员和物资过境。保总共参加了北约的 26 次军事演习,其中 3 次在保领土上举行。北约要求保作为"伙伴国"完成 82 项目标,保已经部分完成或正在完成的有 34 项。保已有 209 名官兵在北约国家接受培训,还销毁了全部 88.2 万枚防步兵地雷,只剩下 4000 枚不爆炸的地雷供教学用。这样,它就成了世界上有 129 个国家参加的禁止防步兵地雷公约中的第 27 个签字国。

2000 年保接待了来自北约的 10 个军事顾问小组。它签署了同包括北约成员国在内的 9 个双边军事合作协议和 4 个地区合作协议。在军事合作领域还有 17 个协议有待签订。保加利亚希望在 2004 年能够加入北约。

至于参加欧盟，保加利亚 2000 年才正式开始同欧盟谈判，主要集中在下面几个问题：（1）关于政治标准方面，欧盟要求保继续解决吉卜赛人的一体化，必须进行法院改革和同贪污腐败做斗争等问题；（2）关于经济标准方面，欧盟批评保政府的经济改革政策没有"完全按市场经济发挥作用"，但在商品、劳务和资本市场自由化方面已迈出了"重大步伐"；（3）在协调法律方面，保正在"尽量接近欧盟的进程"，履行自己的承诺。

特别是在农产品贸易自由化问题上，同欧盟的谈判是艰难的。2000 年 7 月 1 日起双方实行所谓"双零点"政策。保不仅获得像葡萄酒、蘑菇、蜂蜜、蔬菜等农副产品按配额免税出口，而且在进口欧盟国家的敏感商品（如猪肉和鸡肉）方面，欧盟将取消出口补贴。未来欧盟将对保的 600 种农副产品取消关税。对于保葡萄酒，双方承认零关税，在今后两三年内贸易的数量不限。

2000 年 12 月 18 日，保在申请入盟国中第一个同欧盟委员会签署了 2001—2006 年财政援助协议。在这 6 年中，欧盟将为保农业发展提供 5302.6 万欧元援助，以帮助保发展农副产品的生产与加工，改善农业地区的生活条件。这一计划的完成，将使保农业（私有和公共部门）到 2006 年能得到 8.06 亿欧元的投资。

2000 年 12 月 1 日在索非亚召开的欧盟国家司法与内政部部长委员会会议上，已原则上同意取消保加利亚公民去欧盟国家的签证制度，但还有诸多准备工作要做。欧盟认为保是许多"危险国家"公民利用过境而非法向欧盟移民的通道，也是有组织犯罪、走私武器和毒品、贩买人口的犯罪场所之一，必须为"欧盟未来的外部边界"把守好"大门"。为此，1999 年一年保边境就扣留了非法入境的外国人 3773 名和非法出境的保加利亚人 3258 名。

保边境还对 6593 名外国公民因违反签证制度而没有准许他们入境，并取消了 385 名外国人在保的暂住权。全年缴获毒品可卡因近 3 公斤、海洛因 2002.5 公斤、印度大麻酚 514 公斤等。

报刊称，去年开始谈判的 8 个问题已暂时告一段落。接着，轮值主席国瑞典提出了 9 个新问题进行谈判。保打算在 2002 年年底开始谈判所有其他入盟问题，而到 2004 年年底力争结束谈判。保认为这种自我评估是"现实的"，"符合实际情况"，主张对所有申请国的谈判应该"公正、透明"，不要预先设置"障碍"。欧盟则另有看法，劝保不要"急躁"，认为保在政治上已取得"进步"，但在经济上还远没有"达标"。因此，如果到 2007 年能结束同保谈判就已经不错了。

到 2001 年 6 月，民盟政府任期届满，面临议会大选，竞争异常激烈。4 年来民盟政府的威信有所下降，最大的反对党保社会党因内部分裂地位不见提高，而普遍期望的中间力量又没有联合起来。所以，第三大党"土耳其族争取权利和自由运动"的动向起着关键作用。有人预测，未来的保政府很可能是各党派组成的联合政府。若如此，这可能是一种迟到的选择，它将逐步克服各党派之间的对峙与派性，为真正实现社会稳定和经济发展打下良好的基础。

（原载《欧亚社会发展动态》2001 年第 4 期）

保加利亚前国王上台执政

2001 年 6 月 17 日，保加利亚举行剧变以来的第五届议会选举，保加利亚前国王西美昂·萨克森 - 科堡 - 哥达斯基领导的"西美昂二世全国运动"在议会选举中一举获胜，执政的民主力量联盟和最大的反对党社会党双双败北。根据官方公布的选举结果："西美昂二世全国运动"获得 43.05％的选票，在 240 个议席中占 120 席；统一民主力量获得 18.24％的选票，占 51 席；"为了保加利亚联盟"（社会党）获得 17.35％的选票，占 48 席；土耳其族"争取权利和自由运动"获得 36.75％的选票，占 21 席。全国 67％的选民参加了投票。

西美昂国王于 2001 年 4 月初回国，初次参加议会选举就获得成功，确实引起国内外不小的震动。因为他是第二次世界大战结束后原东欧国家中第一个重返政坛的君主，并以强大的攻势打破了保加利亚政坛上长期以来左、右两翼轮流坐庄的局面。西美昂两年前才获得保加利亚护照。他原本想参加 2001 年 11 月的总统选举，但因最近 5 年不在国内居住，遭到宪法法院拒绝。

这次国王取胜的一个重要原因，在于他个人及其追随者在人民心目中的形象比较好，手脚干净。国王领导的"西美昂二世全国运动"，其参加者不是那些保皇分子，而是在海外和国内有名的年轻律师、经济学家、银行家；电视节目主持人、演员和艺术家；还有一些名气不大，但同北约、欧盟和欧洲以及阿拉伯王室关系密切的人士。

其次，西美昂及其竞选班子的竞选纲领比较实在，没有廉价的承诺。这跟左翼和右翼的空洞许愿形成鲜明的对照。西美昂等人提出的主要口号有：杜绝腐败（旨在追究民盟官员在私有化过程中的受贿行为），同贪污腐败做斗争；按欧洲标准尽快加入北约和欧盟；在 800 天内明显改善人民的生活境况，实现经济的稳定增长；提供更多的就业机会，向贫困宣战。选民们越来越抛弃意识形态，变得理智和现实。

另外，经过 12 年的民主化后，多党议会民主制思想已深入人心。国王回国参加大选和上台执政是为了填补政治真空，而不是为了恢复昔日的王权和旧制度。西美昂明确宣布绝不复辟王位。

他说："在这个历史时刻，我从政的唯一原因是为全体保加利亚人的幸福而工作。"同样，绝大多数选民选择了国王，盼望自诩善于理财和精于管理的国王等人一试身手，觉得他们也许不会盗窃国家财富，不搞腐败，还能争取到大量的外国投资。

同时，由于西美昂在议会选举前后一再声明，他将"摒弃党派政治"，结束"两极模式"，人们自然对"西美昂二世全国运动"的出现分外关注，视他们为保加利亚的"最后一线希望"。

6月17日夜，在选举结果初步揭晓"西美昂二世全国运动"获胜后，西美昂在索非亚人民文化宫的大型新闻发布会上发表了讲话。他说："在今天这个选举日过去之后，我认为，保加利亚不再是老模样。我相信，我们今天将一同踏上一条我在竞选期间一再指出的道路，这是一条精神和经济发展之路。我们将一同踏上的这条道路大概不会轻松。这条道路上将有许多障碍。但是，我们将不知疲倦地勇往直前。"

7月24日，西美昂宣誓就任总理。他在国民议会上宣誓就职时说："我们翻开了历史新的一页。我有幸同大家一起书写这新的一页。"同时，他还谈到了新政府施政纲领的主要内容。他说，"西美昂二世全国运动"在国家管理方面，将承担它应尽的那份政治责任。"虽然我已经在激烈的竞选中说过一些分量很重的话，但我仍然要重申，'西美昂二世全国运动'将同所有赞成我们纲领中的基本思想的政治力量联合执政。"这些基本思想是：

1. 经济的稳定发展。

2. 迅速达到加入欧盟和北约的目标。

3. 使保加利亚摆脱腐败。

4. 提高国家政权机关中的每一个人的责任感。

5. 根据欧洲标准健全法制。同时，我们希望不仅要赞同这些思想，而且要以政治责任心实现这些思想。

西美昂政府上台，一直得到欧盟和美国的赏识与支持。对于末代国王当上政府总理，保加利亚总统斯托扬诺夫说："对我们这些政治家而言，西美昂二世步入保加利亚政坛是一个教训。"前民盟总理伊万·科斯托夫预言：西美昂起先想搞"黑色资本主义"，今后将搞"公开的社会主义"。

（原载《欧亚社会发展研究》2001 年第 13 期）

2003 年保加利亚：虽有进步但却平庸

"西美昂奇迹"并未出现

2001 年 6 月，保加利亚末代国王西美昂·萨克森 – 科堡哥达斯基二世领导的"西美昂二世全国运动"以 44% 的高得票率在议会选举中获胜。7 月 24 日，该运动（一年后改称政党）组成保剧变以来的第九届政府，发表"纲领性声明"。西美昂总理发誓："要把保加利亚带入新的 21 世纪，要在日渐联合的欧洲中占有我们应有的位置。"内阁全体成员立志"坚决反对腐败，加速经济的稳定和发展"。一位君主在王朝被推翻半个多世纪后，竟轻而易举地当上了政府总理，这在原东欧国家引起轰动，激起人们的无限惊奇和期望。

然而，时过境迁，"西美昂奇迹"只是昙花一现。到 2003 年底，这届政府已执政两年半，保社会各界纷纷向政府提出了严厉的批评。在年底的一项民意测验中，52% 的人认为今不如昔，48% 的人觉得 2003 年的社会经济状况不如 2002 年。这就是说，政府的执政能力平庸，政绩一般，人们的满意度越来越低。

最能说明这届政府政绩和威望的事例是 2003 年 10 月底和 11 月初的保加利亚地方市镇选举。结果令执政当局大吃一惊。在 100 多个政党争夺全国 262 个市镇的市长和市镇议员席位的斗争中，"西美昂二世全国运动"仅获得约11%的支持率,在全国28个大中城市里只赢得3个城市。跟"全国运动"一起联合执政的土耳其族"争取权利与自由运动"也只得到约10%的席位和一个中心城市。前执政党民主力量联盟获得了约21%的支持率和9个城市,与1999年的地方选举相比丧失了一半的地方议会席位。这次地方选举的最大赢家是保社会党,它拥有近33%的支持率,得到10个城市的席位。保社会党在1997年下台后,当时已具备东山再起的条件。但它不愿中途接"烂摊子",宁愿在2005年的正常议会选举中进行较量。

此次参加投票的人数只占选民的47%,跟上次地方选举的54%和2001年议会选举的66%相比,下降了许多。这说明现政府的支持率在锐减,不排除提前举行议会选举的可能性。

两年多来,这届政府为缓和国内紧张局势和寻求民族和解,做了不少工作,也取得了一定的成效。但总的来说,它的执政能力确实辜负了选民的期望。

"800天计划"的承诺远未落实

2001年6月5日,西美昂信誓旦旦地说:"经济措施计划和社会经济计划……将使保加利亚人在800天内改变自己的生活。"政府将刺激恢复生产,减少失业,提高工资和退休金,降低税收,遏制通胀,吸引外资,加强执政的透明度,清除腐败,打击犯罪,等等。这被称为"西美昂总理的800天计划"。

2003年10月7日,西美昂总理的许诺到期。根据政府官方公布的数字:2003年的经济增长达到4.5%,2002年为4%;通货膨胀率从2000年的10.3%降到2003年的5.8%;失业率从2001年的18.6%降到2003年的13.7%,2003年就业率增加1.5%。但如果按照这种速度发展,保加利亚的GDP恐怕要到2005年才有望达到1989年的水平。

对外贸易方面,2001年出口51亿多美元,进口将近72亿美元。到2003年11月,出口已超过68.19亿美元,进口89.27亿美元，逆差约 21 亿美元。保加利亚向欧洲出口铅锌、重化工产品、成衣制品等，其中欧盟占保出口的 50% 和进口的 60%。意大利是保最大的贸易伙伴，也是在保投资最多的国家。

外国在保的投资不断增长。据官方统计，2000 年外国投资总额为 19.44 亿美元，2001 年为 25.24 亿美元，2002 年为 35 亿美元。2003 年头三个季度新增投资近 4 亿美元。

而根据欧洲委员会的统计资料，在这两年多的时间里，保加利亚人民的收入只增长了 9.5%，即月工资仅增长了 12 欧元，达到人均 132 欧元。与此同时，所有日常生活用品的价格却大幅上涨。居民的实际收入不是增加了，而是减少了。特别是 200 多万名退休人员的待遇基本上没有改变。

目前，按人均 GDP 计算，欧盟国家比保加利亚高出 13 倍，在入盟候选国中，保加利亚这项指标处于最后一位。下表反映了这方面的情况：

	按购买力人均为欧盟 GDP 的%	人均 GDP（欧元）	月毛工资（欧元）
斯洛文尼亚	70.9	10478	981
捷克	58.4	6041	426
匈牙利	53.1	5766	425
斯洛伐克	47.9	4189	286
爱沙尼亚	44.6	4272	377
立陶宛	39.7	3619	302
波兰	39.5	5107	531
拉脱维亚	35.2	3257	274
保加利亚	29.3	1808	132
罗马尼亚	26.6	1848	163
欧盟成员国	100.0	23269	1895

资料来源：根据保加利亚《168 小时报》2002 年 12 月 20 日材料编。

与此同时，保加利亚社会贫富差距也在拉大。根据保社会民主研究所的一项调查,保目前的社会大体可以划分为:贫困阶层占 40%,"勉强维持"的阶层占 24.7%,"能够生存"的阶层占 24.5%,"成功者"阶层占 10.8%。

喜中有忧的外交政策

跟国内的社会经济政策相比,西美昂政府的对外政策获得了较为明显的成绩。它改善了同俄罗斯和阿拉伯国家的关系,在加入北约和欧盟方面有了重要进展。

2001 年 10 月,保加利亚当选为联合国安理会 2002—2003 年的非常任理事国。这对提高保的国际地位起了一定的作用。2002 年 7 月在索非亚举行了有 10 个东南欧国家参加的同恐怖主义做斗争的地区国际研讨会,保还被选为解决西巴尔干问题文件起草协调小组的成员。2003 年底,保开始成为欧洲安全与合作组织的轮值主席国。

2002 年 11 月 22 日,保加利亚被邀请参加北约。2003 年 6 月 18 日,北约确认保将于 2004 年 5 月成为该组织的正式成员。

可以说,两年多来,这届政府始终把加入欧盟作为头项任务。2002 年 10 月 9 日,欧盟委员会在布鲁塞尔承认保加利亚是"现实的市场经济国家"。10 月 25 日,欧盟宣布支持保加利亚在 2007 年加入欧盟的努力。12 月 13 日,欧盟在哥本哈根会议上许诺 2007 年保可以成为其正式成员国。保政府遂开始与欧盟谈判取得正式成员国资格前 15 亿欧元的入盟援助资金。2003 年 6 月 20 日,保与欧盟在萨洛尼卡达成协议,于 2004 年结束入盟谈判。

保政府认为,2003 年外交上的另一个最大成功,是"整个一个世纪以来保加利亚和美国双边关系进入了最好和最有前景的时期"。西美昂总理两次访美,受到布什总统的接见,进行了会谈。作为受宠若惊的回报,保答应在自己领土上向美国和北约提供两个军事基地。在美、英入侵伊拉克时,美国 B52 运输机在保频繁起落。保还向伊派出了几百名"维和部队"。据称,每名军人每天可以拿到 80 美元的薪饷，相当于保一个普通工人一个月的工资。尽管已有 5 名保士兵在伊死亡，还有 50 名士兵拒绝去伊拉克，但美国许诺的这笔军饷仍有很强的吸引力。

在对华关系方面，这届政府认为，中国是保加利亚在远东的"最大贸易伙伴和战略伙伴"，两国在安理会开展了"富有成效的合作"和"新型对话"。近两年内，双边贸易增长了 80% 以上。中国对保的"投资条件已经具备"，今后几年将会得到实现。

保当局"一边倒"的亲美政策遭到质疑。西美昂政府承认，在对外政策问题上，有时"国际因素跟民族利益发生矛盾"，不是在每个问题上都能在"利益和优先"问题上找到平衡点。这句话的诠释就是向美提供军事基地和派兵到伊拉克并出现伤亡，已引起国内群众的不满和抗议。还有，根据欧盟的要求关闭核电站的第一号和第二号机组，将使保加利亚每年蒙受几亿美元的电力出口外汇损失。

西美昂政府受到国内外舆论的压力，其执政任期再次面临考验。

（原载《欧亚社会发展动态》2004 年第 12 期）

第二节　保加利亚加入欧盟及其面临的问题

保加利亚加入欧盟：进程与问题

2007 年 1 月 1 日，保加利亚将成为欧洲联盟的正式成员国，实现 1989 年剧变以来"回归欧洲"的愿望。为达到这一目标，保加利亚同欧盟进行着漫长而又艰巨的谈判，正在为加速经济发展和融入欧洲一体化进程作出不懈的努力。

谈判进程

自 1989 年秋季开始,保加利亚同其他原社会主义国家一样,发生了改变政治制度和经济形态的巨大变化。此后,整个社会,特别是如雨后春笋般成立的政党及其代表人物,异口同声地高喊,要"回归欧洲",也就是要以西欧式的现代资本主义制度为楷模,参加北约和欧盟。

早在 1988 年 6 月 13 日,保就在布鲁塞尔以口头照会的形式,表示愿意同欧共体建立正式的关系。同年 8 月 9 日,保与欧共体建立外交关系。1990 年 3 月 5 日,保首任驻欧共体特命全权大使到布鲁塞尔上任。同年 5 月 8 日,保总理在欧共体总部签署贸易和经济合作协定。

1990 年 12 月 22 日保大国民议会通过决议,表示保愿意成为欧共体的正式成员国。1991 年 11 月 14 日,保总统访问欧共体总部。1992 年 5 月 14 日,保与欧共体开始谈判"联系国"问题。经过不到一年时间的谈判,1993 年 3 月 8 日保比较早地(仅晚于匈牙利、波兰和罗马尼亚)与欧共体签订了联系国协议。欧共体在索非亚正式设立代表处。同年 10 月,保获准成为欧共体联系国。1995 年 2 月 1 日正式生效。

1994 年 4 月 14 日,保政府发表声明,表示愿意成为欧盟的正式成员国。同年 12 月 16 日,保政府正式递交了得到议会批准的入盟申请。

1999 年 12 月 10—11 日,欧盟委员会在赫尔辛基作出决定,开始同保加利亚、立陶宛、拉脱维亚、斯洛伐克、马耳他和罗马尼亚进行入盟谈判。欧盟分别与各入盟候选国签订入盟条约。

谈判由部长或副部长级代表在政府间进行双边会谈,每个代表团有一名团长。保加利亚外交部长即谈判代表团团长,欧盟方面则是轮值主席国的外长当团长。

在确定了保加利亚入盟谈判资格后,保政府通过决议,启动欧洲一体化工作专门机构，成立了政府委员会、协调委员会和欧洲一体化秘书处。2000 年 2 月，保在议会和政府设立了欧洲一体化委员会，负责同欧盟的谈判工作。

应该指出的是，20 世纪 90 年代末，当保加利亚准备同欧盟开始入盟谈判时，国内的政治经济形式并不好，还没有摆脱危机状态。政府频繁更迭，10 年内换了 8 届政府；政党之间争斗不休，街头暴力时有发生；通货膨胀，生产下滑，这都是当时的真实写照。

据当时的有关统计资料显示，1997 年的国内生产总值仅是 1989 年的 64.2%。

1990—1997 年保加利亚 GDP 情况（1989 年 = 100%）

1990	1991	1992	1993	1994	1995	1996	1997
90.9	80.2	74.4	73.3	74.6	76.7	69.0	64.2

如果用美元来表示，1980 年的国内生产总值达到 200 亿美元，而 1998 年已下降到 100 亿美元。积累在国内生产总值中的比重从 1989 年的 33.1% 降至 1999 年的 14.8%。失业率高达 25%—30%，通货膨胀率也始终是两位数。80% 居民的实际生活水平显著下降。10 年来这个只有 890 万人口的国家减少了近 100 万，其中有 60 多万人出国谋生。1997 年末，保全国平均月工资约合 100 美元，退休金仅 30—40 美元。整个经济仍处于低迷状态。

经过剧变后 10 年的努力，保加利亚已调整了经济结构，对土地和企业进行了私有化改革。到 1994 年申请入盟时私有经济成分在保国内生产总值中所占的比重已达 70%。保已建立较为民主的政治体制，实行行政、立法和司法三权分立，并使人民享有自由选举的权利。保参照欧盟有关国家的法律，制定和建立了新的法律体系。无论执政党还是在野党都认为，跟糟糕的经济形势相比，保政治体制的改革取得了值得肯定的成就。

所以，欧盟对保加利亚的入盟申请也开始认真考虑。1996 年 4 月，欧盟对保的评价是："保加利亚正在执行哥本哈根会议提出的政治标准，但向市场经济的过渡有限，因为在继续延缓经济改革……保加利亚也无法在近期内承受联盟的竞争压力，立法水平也比较低。因此，目前很难评估保加利亚是否近期能履行作为成员的义务。"1999 年 3 月，欧盟负责对外关系的委员布鲁克在保欧混合议会委员会第八次例会上，认为保加利亚有了很大的进步：加强了边界对非法移民的管理；执行明确的海关监管措施；制定了对外国人在保居留的法律条例，并颁发了新的个人证件；保加利亚已不再对欧盟构成移民压力。

正是在这样的艰难形势下，保加利亚于 2000 年 2 月 15 日与欧盟进行了关于加入欧盟的条件谈判，并按照欧盟的规定调整自己的法律。谈判十分艰巨和曲折，还伴随着作出国家利益的某种牺牲。欧盟与每个候选国的谈判涉及 30 个领域，或称为"章节"。从保加利亚的情况看，尽管它的条件并不成熟，与入盟标准相去甚远，但是它的态度认真积极，得到欧盟的肯定和好评。

自入盟谈判开始以来，保在谈判中取得了明显的进展。2000 年 3 月开始谈判的章节有"科学与研究""教育与职业培训""对外关系""共同外交政策与安全政策""中小企业"和"文化与音像"。同年 6 月这 6 个章节基本结项。这年 10 月双方就"统计""保护消费者及其健康"和"通信与信息技术"4 个章节进行谈判。接着，"资本自由流通"和"结社权"两个章节也列入了谈判日程。

2001 年 3 月，开始谈判的章节有"渔业""自由提供服务"和"竞争政策"。5 月，谈判扩大到"商品自由流动"和"财政监督"两个章节。这年下半年谈判的章节包括"运输政策""海关联盟""司法与内务""环境保护""税收政策""人员自由流动"

"社会政策""能源""财政和预算问题""地区政策""工业政策"等。

2002 年初始，保决定加快入盟谈判进程，以进入欧盟 2002—2006 年财政框架。双方启动较困难的"农业""竞争""机构""经济与外汇联盟"等章节。到这年底，所有 30 个章节的谈判都已经涉及，到 2003 年 10 月，结束了 26 个章节的谈判。

2002 年 12 月，欧盟首脑会议在哥本哈根召开，与中东欧 10 国达成入盟协议，并确认保加利亚和罗马尼亚 2007 年 1 月 1 日可以入盟，但要"根据各自的结果作出评估"。2003 年 6 月，欧盟部长理事会在萨洛尼卡进一步明确表示，支持保加利亚在 2004 年结束全部谈判，并号召保、罗加速入盟准备工作。

截至 2004 年 6 月，保与欧盟已基本结束所有章节的谈判。欧盟对保入盟谈判总的评价是："所通过的决议表明保加利亚在成为欧洲联盟正式成员国的道路上取得了实质性进展。这些成就反映了保加利亚政府在入盟问题上所采取的决定性政策，严格执行了加速入盟的战略。保加利亚政府将坚定不移地履行自己所承担的义务，进行必要的改革，毫不动摇地实行稳定财政和国内政局以及增长经济的政策。"

谈判中最艰难的两个问题

对保加利亚来说，它有两个问题遇到来自欧盟和国内的压力。这两个谈判项目如果得不到解决，将成为决定保最终能否顺利入盟的问题。

一个是核能工业问题。1969 年 10 月至 1982 年年底，保在北部多瑙河附近先后建立了一座拥有 4 台机组的"科兹洛杜伊"核电站。总发电能力为 1760 兆瓦。这不仅是保加利亚，而且也是巴尔干半岛上的第一座核电站。1974 年第一台机组投入使用以来，保电力充足，家庭做饭取暖都用电，且便宜得只象征性收取费用。另外，保还向周邻国家输出电力，每年收入达几亿美元。在这次入盟谈判中，欧盟提出"科兹洛杜伊"电站的设备均由苏联提供，且设备陈旧、工艺已经落后，现已不符合欧盟对核电站的技术要求，存在环境和安全隐患。欧盟强烈要求在"能源"章节开谈之前保应确定关闭4个发电机组的具体时间表。1997年欧盟就事先告知保政府，该核电站必须关闭，方可同意保递交正式入盟谈判申请。在这种高压力下，保民主力量联盟政府没有听取议会内外的不同呼声，于1999年与欧盟达成原则性协议，答应2003年先停止1号、2号机组，2010年关闭3号、4号机组。欧盟则许诺给保以补偿，以减少因电力供应和执行有关电能出口合同而造成的影响。但双方就何时关闭和如何补偿问题一直讨价还价，争论不休。其间，2002年9月底，"西美昂二世全国运动"政府未经议会和其他党派充分协商，与欧盟取得谅解，保证在同年12月31日拆除1号、2号机组，并在入盟前的2006年底关掉第3号和第4号机组。欧盟对此感到满意，同意从2004年到2009年补偿保3.5亿欧元，作为弥补该核电站停运造成的损失。在双方作出让步的情况下，2002年11月中旬结束了"能源"章节的谈判。但是，自那时至今，围绕这个问题的争论仍未平息。保社会党和学术界在关闭3号、4号机组的期限、条件和修建新电站等问题上持有异议。

另一个难度最大、拖而不决的问题是"农业"章节的谈判。问题的症结在于：欧盟要求保加利亚的农业符合欧洲的标准，即通过立法的形式调整和改变农业关系，并对耕地面积和产量作一定的限制。保加利亚则希望维护国家利益，获得较高的产量定额和得到尽可能多的农业补贴。

保加利亚曾是"经互会"里著名的"果菜之国"，早在20世纪80年代就达到人均吨粮，实现粮食自给有余。剧变后，农业因私有化措施过头，致使许多粮田荒芜，农业生产遭到灾难性破坏。这个"上帝的后花园"还出现了粮荒。最近几年的粮食（主要是小麦）产量从过去的 800 万吨一直徘徊在 320 万—350 万吨。牲畜存栏头数只及过去的一半，1/4 的可耕地撂荒，农业人口明显贫困化。目前，保农业的单位面积产量只是欧盟老成员国平均产量的 1/4，农业领域的劳动生产率也仅为欧盟水平的27%。因此，保特别希望在"农业"章节谈判中，获得欧盟的优惠条件，摆脱当前的困境，迎接入盟后严峻的挑战。

2004 年 6 月初，欧盟在接纳 10 个新成员后终于在"农业"章节谈判中有了较大松动，立即"结项"。谈判规定，保的大田农作物种植面积为 2625 万狄卡尔（1 狄卡尔约合 1.5 亩），平均每狄卡尔的产量为 290 公斤，总产量将达到 761 万吨；葡萄种植园 150 万狄卡尔，2007 年以后可以扩大 1.5% 的种植面积；烟草生产每年为 4.7 万吨；牛奶产量每年约 100 万吨，其中 30 万吨由农场自己消化；给予保农户的每头绵羊或山羊补贴 18 欧元；给予每个家禽出口产品以适当补助；猪肉的价格由有关部门监督制定。保入盟后，农业地区的每个农民（农户）每年的收入可达到 5000 欧元左右。欧盟的农业补贴也令保满意。

满怀希望走向欧洲一体化

尽管保加利亚的入盟条件不是太好，但它对完全融入欧洲一体化过程充满了信心，为此付出了艰辛的努力。同时，欧盟接纳保加利亚的时间表也不会改变。

对保加利亚来说，申请和谈判入盟的过程，既是它的国家利益同欧盟利益接近和碰撞的过程，也是把入盟愿望变成具体行动的过程。保政府在欧盟的帮助下，积极参加谈判，努力调整政策和法律，得到欧盟的称赞，受到国内大多数民众的认可和赞同。这几年，保取得的主要成绩表现在：（1）保加利亚成了东南欧地区一个和平和稳定的因素。2001 年 10 月，保当选为联合国安理会 2002—2003 年间的非常任理事国。2002 年 7 月在索非亚举行了有 10 个东南欧国家参加的同恐怖主义做斗争的地区国际研讨会，保还被选为解决巴尔干问题文件起草协调小组的成员。2003 年底，保开始成为欧洲安全与合作组织的轮值主席国；（2）保加利亚达到了欧盟所要求的入盟政治标准：确立了稳定的民主制度和法律制度，保障人权和少数民族权益；（3）保加利亚已经建立起有效的市场经济。2002 年 10 月 9 日，欧盟委员会在布鲁塞尔承认保是"发挥有效作用的市场经济国家"。

保在入盟的过程中，还签署了欧洲委员会关于少数民族公约的文件，以处理好同邻国，特别是同土耳其的关系。这种正确的民族政策既是加入欧盟的基本要求，也有利于国家的稳定和发展。

2002 年 11 月 22 日在欧盟首脑布拉格会议上，保加利亚被邀请参加北约。2003 年 3 月 26 日，北约签署保加利亚等七国入约议定书，同年 6 月 18 日，北约确认保将于 2004 年 5 月 1 日成为该组织的正式成员。

最近两三年，保加利亚的经济形势也在好转。从保官方统计数字来看，保 GDP 的增长 2002 年达到 4.8%，2003 年为 4.5%；通货膨胀率由 2000 年的 10.3% 降至 2002 年的 5.8% 和 2003 年的 5.3%；失业率从 2001 年的 18.6% 降到 2003 年的 13.7%，2003 年的就业率增加了 1.5%；2002 年去保加利亚的外国旅游者上升了 9 倍，2003 年达到创纪录的 400 万人。外国投资呈不断增长趋势，2000 年总额为 19.44 亿美元，2001 年为 25.24 亿美元，2002 年达 35 亿美元，2003 年在保外国投资总额超过了 40 亿美元。欧盟老成员国已占保外资的 70%，占保出口的 50% 以上和进口的 60%。

但是，根据欧盟的有关统计资料，在最近的两年多时间里，保加利亚人民的收入只增长了 9.5%，人均月工资约 132 欧元，特别是 200 多万退休人员的待遇变化不大。而按人均 GDP 计算，欧盟成员国比保要高出十多倍，要改变这一落后面貌还要走漫长的道路。

可喜的是，2004 年 2 月初，欧盟委员会建议的给予保加利亚和罗马尼亚入盟后头 3 年的预算方案已获通过。在拨给这两国的 150 多亿欧元中，2007—2009 年保将得到 42.45 亿欧元，而到 2009 年的最后一年，保还将分到 17.85 亿欧元。保官方和学术界认为，如果这一预算拨款能够兑现，那保加利亚就是 27 个成员国中按人口平均计算获得资金较多的国家之一。

2004 年 6 月初，在入盟的第 19 轮谈判中，保与欧盟结束最艰难的"农业""地区政策与组织结构调整"和"财政与预算问题"章节谈判，签订结项协议。所以，欧盟负责扩大事务的委员京特·费尔霍伊根认为，保是 10 个中东欧国家东扩后，"在入盟谈判中表现得最优秀的国家"，由于 29 个章节的谈判已基本结束，"这对整个巴尔干地区非常重要"。随着保加利亚入盟谈判的接近尾声，保政府和人民对未来的希望更加充满信心。2004 年结束入盟谈判，2005 年初保和欧盟委员会将签订入盟条约，届时保在欧盟所有机构和工作组织里将获得观察员身份，成为准成员国。2006 年底以前条约将得到欧盟 25 个成员国议会的批准。2007 年 1 月 1 日，保将成为欧盟的正式成员国。

（原载《欧盟东扩与世界格局》研讨会文集，2004 年）

保加利亚第六届议会选举的特点

2005 年 6 月 25 日，保加利亚举行了国家制度变化以来的第六届议会选举。欧盟监督了选举全过程。朝野各党对选举都没有提出异议。外界评论说，此次选举是"民主和文明的，没有极端的对立情绪"。本届议会选举的特点是，进入议会门槛的政党多达 7 个，但没有一个党的议席超过半数，因而无法单独组阁。在国内外舆论的压力下，各党派经过明争暗斗，终于结束组阁危机，建立起剧变以来的第一个三党中左联合政府。

特点之一：政治势力重组，力图夺取政权

这次获准参加竞选的政党和联盟较多，共有22个。他们绝大多数是上届议会选举之后成立的新党，旨在争夺政权。其中较大的政党组织有：（1）"为了保加利亚联盟"，它是最大的在野党，以原共产党改名而来的保加利亚社会党为主体，还包括7个左翼小党；（2）执政的"西美昂二世全国运动"；（3）"争取权利与自由运动"，它是以土耳其族为主的少数民族政党；（4）"为了强大保加利亚民主派"党；（5）保加利亚人民联盟，它是一个以政治精英和知识分子为核心的新党；（6）"统一民主力量"，该党与"为了强大保加利亚民主派"一样，都是从民主力量联盟分裂出来的右翼党；（7）"民族团结联盟"（或称"阿塔卡"），这是一个激进民族主义组织。

此次选举的投票率为55%，比往届稍低。6月26日，保中央选举委员会公布了本届议会选举结果和超过4%议会门槛的政党在总共240个议席中的席位分布情况：（1）社会党获得31.3%选票，拥有82个席位；（2）"西美昂二世全国运动"获19.96%，占53席；（3）土族人"争取权利与自由运动"获12.14%，占34席；（4）"阿塔卡"获8%，占21席；（5）"统一民主力量"获8%，占20席；（6）"为了强大保加利亚民主派"党获6.8%，占17席；（7）保加利亚人民联盟获5.6%，占13席。

这一结果印证了人们在选举前的预测，即认为以保社会党为代表的左翼经过8年的卧薪尝胆，将战胜以前国王西美昂二世为首的中右势力，重新上台执政。但出乎人们意料的是，估计只有4—5个党能进入议会，实际上却是7个党。正是这一变化搅乱了选举结果，使哪一个党也未能赢得多数席位，组阁出现危机。

特点之二：社会党获胜，却无法组阁

以保社会党为主体的左翼联盟赢得了选举，但优势不明显，因未能夺得议会半数议席而不能单独组织政府。保总统珀尔瓦诺夫根据宪法委托社会党组织新一届政府。此时，各派政治力量进行紧张的磋商、谈判、交易和争斗，为夺取政权合纵连横。社会党最初打算按照"社会党＋西美昂二世全国运动＋争取权利与自由运动"的模式，组建三党绝对多数派（169 席）中左联合政府并按照这一方案寻求盟友和谈判。这一方案得到土族人运动的响应，但全国运动不甘心失败，提出了一些令社会党左右为难的条件，最后决定"当建设性反对派"。与此同时，社会党还以提供部长级职位为代价，成功地争取了三四位反对派议员的支持。

然而，在 7 月 25 日议会表决时，各右翼政党和全国运动经过精心策划，以一两票之差共同推翻了社会党和土族人运动的联合组阁方案。

接着，保总统宣布由刚下台的全国运动行使组阁权。全国运动深知它仅以 20% 的选票来组建第二届政府并非易事，它开始同左、中、右各派谈判组阁问题。社会党和土族人运动要么抬高谈判价码，要么称不参加政府，因为正是全国运动的不合作和偏见使它们眼看就要实现的组阁方案流了产。三个右翼政党允诺有条件地支持全国运动重新掌权，但它们的参政仍构不成议会的半数，甚至有损全国运动的中立形象。

8 月 10 日，媒体传出社会党和土族人运动一起将与保人民联盟共组政府（共 129 席）的消息。无奈之下，全国运动决定放弃组阁权。

8 月 15 日，保总统为解决这场"政治危机"，力促社会党、全国运动和土族人运动达成联合执政的谅解协议。三党在议会将占据绝对优势（共 169 席）。它们商定成立一个共同执政的联盟委员会，尽量就治理国家中有争议的问题取得最大的谅解和一致。

最后，社会党、全国运动和土族人运动按 8：5：3 的原则瓜分了内阁职位。社会党得到总理（由其领导人谢尔盖·斯塔尼舍夫担任）、1 名副总理和 8 位部长职位；"西美昂二世全国运动"得到 1 名副总理和 5 位部长职位；土族人"争取权利与自由运动"得到 1 名副总理和 3 位部长（副总理都兼部长）职位。

特点之三：大选反映保多党议会制尚不成熟

这次选举凸显保多党政治体制发育不良，政党机制欠成熟。剧变 16 年来，中左和中右两大集团轮流坐庄的局面已发生变化。如今，无论左派还是右派都难以一党执政，中间派的平衡作用越来越明显。联合政府模式已是大势所趋，是明智的选择。

保多党议会制尚不成熟，其主要表现在以下几方面：

1. 政府频繁更迭，执政缺乏连续性。这次是保进行第六届议会选举，其中有四届是提前选举，只有两届是正常选举。而且这次已是组建第十一届政府。实践证明，没有一届政府或一位政府领导人是连任的。这说明政党斗争的残酷和各政党的脆弱。

2. 这次有 7 个政党进入议会，这是保加利亚和中东欧国家从未有过的现象。这一方面说明保加利亚政党分化改组的过程还没有完结，另一方面也说明选民的意向呈多元化。他们盼望有一支新的政治力量来改变由左、右翼一党执政的局面和国家的现状。由于一些中小党派的出现，哪一个党的人数也不多，没有较固定的同情者和拥护者，更没有赢得多数选民的支持。这么多党进入议会，自然增加了组阁的难度，也妨碍执政纲领的实施。几年来共产党人（社会党人）、自由民主派、知识精英甚至从前的国王，都上台治理过国家，但都不大成功。

3. 本届选举前夕刚成立的极端民族主义政党"阿塔卡"成为一匹黑马，作为第四大党闯入议会，使舆论界大为震惊。社会学家指出，这个叫作"民族团结联盟"的政党组织，包罗了一部分极右和极左民族主义势力以及一些失落的权力狂。他们既谴责保加利亚为入盟而"牺牲了民族利益"，又攻击社会党就是前共产党，还不赞成政府对土耳其族和吉卜赛人的民族政策。极端民族主义政党在原南斯拉夫个别国家也有，但在保加利亚政党生活中却是一个新现象。议会选举本应开辟社会发展的新前景，却有可能给政坛带来不稳定因素。这种动向值得人们关注。

4. 中间力量的崛起和联合政府的建立，是中东欧多党制发展的一个趋势。如果说左派执政过于谨慎和改革不力，右派掌权盲目"西化"和脱离实际，使国家丧失了时间和发展机会，那么推行温和路线、主张各党派联合执政的中间势力，则是左右翼争夺的主要对象。他们反映了广大选民图稳定和谋发展的心态和愿望。保加利亚土耳其族"争取权利与自由运动"就先后参加了6届政府（除社会党政府外），是一支不可替代的中派政治力量，永远是议会第三大党。这次它成为社会党的盟友，在保政坛重新洗牌过程中起着举足轻重的作用。各派政治力量对立是意识形态的产物，大联合正成为发展的趋势。在中东欧国家，这种联合政府由选举中获胜但又未过半数的一党为主，联合中间派和各种民主力量而成。而且，这种联合政府在由两党或三党向多党方向发展，由单纯的左派或右派政府在沿着中左或中右执政的道路前进，还有可能出现左、中、右共治的局面。

5. 这次组阁危机暴露了多党制的游戏规则不健全，民主机制被滥用。本来，社会党首次提出的三党联合执政方案是可行的，却被全国运动拒绝。在走了近两个月弯路之后，该方案又重新得到肯定。各党都把党派利益凌驾于国家和民族利益之上，而缺乏谅解、妥协和合作的精神与机制。跟西欧国家一个党获胜，另一个党认输并祝贺对手不同，保加利亚失败的一方总是不甘示弱，非要编造各种谎言把取胜的一方搞臭撵下台不可。这反映了一个国家政党制度的弊端和民主化程度低下。

特点之四：欧美施压，新政府只好顺从

西美昂政府2001年上台以来一直得到欧盟和美国的赏识与支持。的确，上届政府在促使保加利亚参加北约和创造条件加入欧盟方面起了很大的作用，也取得了一定的成绩。2004 年政府吸引外资创造 20 亿欧元的纪录，经济增长达到 5.3％，失业率也从 18％降至 11％。但是，4 年来政府关于迅速提高人民生活水平的承诺没有兑现，"经济奇迹"并未发生。目前，人均月工资只有 160 欧元，人均国内生产总值也才 2500 欧元，这是整个欧洲最低的国家之一。另外，笼罩在西美昂国王总理头上的神秘光环也已经消失。还有，人们的健康状况恶化、退休金太低（40—60 欧元）和农业地区经济停滞不前等，都使执政党失去了选民的信任和支持。

　　同时，欧盟因遇到内部对进一步扩大的强大阻力，越来越对保加利亚的入盟努力表示不满。欧盟时不时认为保腐败盛行、司法制度改革缓慢和有组织犯罪猖獗。所以，当保选举后迟迟不能成立政府时，欧盟有关人士对社会党和全国运动频频施压，要求尽快组建包括各种政治力量的"稳定而又强有力的政府"。否则，推迟保的入盟日期是"唯一选择"。施罗德总理则明确说，保的入盟时间要延长一年，即到 2008 年 1 月 1 日。与此同时，美国军方也对保的"政治危机"，特别是社会党上台深感担忧。美国国防部领导人在会见到访的保军总参谋长时提醒说，希望保的选举结果不要影响保军的进一步"北约化"和美保军事合作。说穿了，就是要求新政府在向美军提供军事基地、购买美式武器装备和从伊拉克撤军等问题的谈判中继续上届政府的做法，作出让步。

　　新政府正是在国内外双重压力下诞生的。它提出的主要目标是实现"欧洲一体化，经济增长和执政为社会负责"。看来在短期内不会出现大的动荡。然而，三党联盟是一种新的执政模式，它面临复杂的党际关系和各自党内的摩擦，它能否保持稳定和坚持到 4 年任期届满，还存在一些变数，将引起人们的广泛注意。

（原载《国外理论动态》2005 年第 11 期）

保加利亚议会选举后政局向右转

2009 年 7 月 5 日，保加利亚举行了国家制度变化以来的第七届议会选举。19 个政党和政党联盟角逐 240 个议席。跟以往不同的是，2009 年保加利亚选民的积极性较高，参选率达到 60.2%。保中央选举委员会公布了选举最终结果：保加利亚欧洲发展公民党（简称"公民党"）获胜，得票 39.7%（占 116 席），以保加利亚社会党为首的"为了保加利亚联盟"得票 17.7%（占 40 席），土耳其族"争取权利与自由运动"得票 14.5%（占 38 席），"阿塔卡"得票 9.36%（占 21 席），"兰色联盟"得票 6.76%（占 15席），"秩序，法律与公正"党得票 4.13%（占 10 席）。

"公民党"异军突起，保加利亚政坛向右转

这次选举的第一大特点是公民党全面获胜，超出人们的想象；第二个出人意料的特点是，社会党在 31 个多数制选区没有得到一个席位，而由国王领导的全国运动党居然没有跨过议会门槛；第三个特点是境外投票率较高，有 15.3 万人参加选举。其中，在土耳其有 9 万多人投票，98% 的票投给了土耳其族"争取权利与自由运动"。

保公民党成立于 2006 年 12 月，以年轻人和独立思考的公民为主，口号是"为了保加利亚美好的未来而斗争"。它得到欧洲人民党的全力支持。现年 50 岁的鲍伊科·鲍里索夫是前共产党领导人日夫科夫和后来国王西美昂二世总理的保镖、空手道运动员教练、私人镖局的老板，后当上了内务部秘书长和首都索非亚市长，现出任总理。外界认为他是"警察""强人"和"大力士"。他的经历和行事方式在某些方面类似俄罗斯的普京总理。

社会党得票不足 75 万张，是近 15 年来最少的一次。社会党承认失败，认为原因是人们已经疲劳，对经济危机担心害怕；政府反对贪污腐败措施不力，司法改革滞后；右翼在选举前夕给社会党抹黑和攻击；在同土耳其族"争取权利与自由运动"和"西美昂二世全国运动"党联合执政时作出的迁就和让步太多，引起社会的不满情绪增长。另外，社会党执政时把国家带进了欧盟，却未能得到欧盟的支持，在2007年1月入盟后，欧盟以各种借口扣留下近10亿美元的基金不发放给保加利亚，使社会党处境非常尴尬。由于执政失败，社会党内部矛盾将进一步激化，有可能分裂成多个派别。政府总理斯塔尼舍夫近期内不会辞去党的主席职务，等待10月社会党党代会的裁决。

土耳其族"争取权利与自由运动"是保政坛上一支不可忽视的政治力量。20年来，它成为保加利亚境内100多万土耳其族和绝大部分穆斯林及吉卜赛人的政治代言人，一直是历届选举的第三大党，同左右翼政党都曾合作参政。它还是欧洲议会自由民主党的成员党。这次该党获得19年来最多的选票，在保政坛起着"平衡器"和"中间人"的作用。

极右政党"阿塔卡"的成员不少是有污点的人，欧洲议会和国际上由于该党反对欧盟的民族主义立场都不承认它。但保社会认为，"没有'阿塔卡'的参政或支持，就不可能有稳定的执政"。可见，它起的平衡作用也不能忽视。

"兰色联盟"主要是由已经解体的右翼政党民主力量联盟分裂出来的两个小党组成的。它号称绝不同黑社会势力、与内务部有牵连的党派和欧洲悲观论者合作，而实际上选民认为他们同前两种势力有较深瓜葛，是极右政党，支持率很低。

"秩序、法制与公正党"成立于2005年12月，自称是保守党，但它没有加入欧洲人民党。它提出反对贪污腐败，反对过渡时期腐朽的政治体制。

这次，"西美昂二世全国运动"党未能迈过议会4%的门槛。

该党于2001—2005年击败社会党上台执政，曾轰动一时。2006—2009年该党作为第二大党参加社会党联合政府。该党属中间派保皇党，左右翼愿意与其联合执政。国王对该党在选举中惨败感到惊讶，立即宣布辞去党的领导职务。该党的命运如何还不明朗。

保加利亚加入了欧盟，仍是最穷成员国

中东欧经济衰退已在保加利亚引起政府更迭。这是继拉脱维亚、匈牙利和捷克之后东欧第四个国际金融危机的受害者。贪污腐败、犯罪和失望笼罩着保加利亚，欧盟不信任它。社会主义制度解体20年来，保加利亚人一直在等待别人"拯救"他们。前国王西美昂二世当了一任总理没有改变保加利亚的面貌；社会党人三度执政未能使国家摆脱贫穷；欧盟多方承诺也没能拯救保加利亚。虚无主义、悲观失望、缅怀过去，反映了保今日的现实。7月初，德国《明镜》周刊发表长篇文章说，"今日保加利亚社会的悲剧根源在于各种经济的、政治的和犯罪的集团勾结在一起，交织成一张网，控制着秘密警察部门，蒙蔽了欧洲天真的政治家"。

保加利亚保持了12年的稳定发展，但过去基础差，今天仍是欧盟成员国中最穷的国家，人均月工资只有300美元，退休金只有120—130美元。据欧盟2009年6月底的统计，保加利亚人均GDP在其成员国中居最后一位，约为欧盟人均数的40%。卢森堡是人均数的253%，位于第一。稍比保加利亚好的是罗马尼亚、拉脱维亚和波兰，它们分别为欧盟平均数的46%、56%和57%。非欧盟成员国的阿尔巴尼亚仅为欧盟平均数的25%。

保加利亚2008年的外债占到GDP的102%，失业率2009年有可能攀升至20%。保经济已处于衰退之中。工业、服务业、农业的增长都有不同程度的降低。进口、出口贸易分别减少了17.4%和21%。

金融危机以来保的税收在减少，2009年1—5月国家的收入比

上年同期减少了6%，而支出却比上年同期增加了24%以上。外资进入降速，内需减少。所以，西方媒体称保加利亚是"黑海岸边的病人"。俄罗斯媒体认为，社会党政府倒台，是因为一系列的"腐败丑闻、克服经济危机不力、没有合理利用欧盟基金，使保加利亚成了欧盟中最贫穷的一个成员"。

新政府雄心勃勃，但路途布满荆棘

保政坛力量重组，左、中、右政治分野十分明显。由于公民党只有116个议席，组阁还差5票，原则上不能单独组阁。但鲍里索夫决定放弃联合政府形式，由公民党单独成立少数派政府。为使未来政府和议会的活动不受反对党制约，鲍里索夫不得不同"阿塔卡""兰色联盟"和"秩序、法制与公正党"三个右翼或极右政党分别签署备忘录，以取得三个小党的支持。这三个小党为了生存，也为了反对共同的敌人——保加利亚社会党，表示"无条件"地全力支持"公民党"执政。然而，人们对这种以达成备忘录的形式治理国家无不感到担心。"公民党"一党独大，到底能维持多久，这也是未知数。

"公民党"组阁有个特殊例外，就是该党主席茨维坦诺夫不当总理，而让该党的势力派人物鲍里索夫当总理。茨维坦诺夫担任内务部长兼任副总理。新政府提出，将建立一个"改革的政府"，许诺将复苏保经济，结束无休止的腐败，主张法制和秩序等。同时，将向国际货币基金组织申请援助，而社会党政府则主张依靠自救，克服危机。该政府像前几届政府一样信誓旦旦地宣称，将反对腐败、打击犯罪和改变保加利亚的形象。

7月22日，鲍里索夫宣布了内阁名单，建立15个部，设2个副总理，取消了国家行政部、紧急情况部、主管欧盟基金的副总理和欧洲问题部等部门。新政府宣布，为了减少经济危机的影响，政府决定精简机构，减少行政开支和冻结工资，失业率控制在9%以内。新政府还把下面9项工作列为重点：第一个月修改和取消社会党政府下台前通过的各项决议；在半年之内重新审查上届政府侦察机关所立的案例，并追究有关人员的责任；通过新的选举法和政党法；采取应对经济危机的紧急措施；采取措施尽快解除欧盟对保冻结的资金；合理设置行政和议会的组织结构；对部长会议进行结构改革和精简；同伙伴政党和公民组织合作制定管理纲领；探讨对宪法作必要的修改；等等。

保加利亚总统珀尔瓦诺夫希望公民党政府保持执政的连续性和稳定性，不要进行报复性清洗，不要制造民族间紧张局势。新政府有改革的政治意志，但能否有回天之力，能否出现"奇迹"，人们将拭目以待。如果新政府不能对内正确处理同土耳其族"争取权利与自由运动"的关系，国内将爆发严重的民族冲突；对外又暂停同俄罗斯签订的几个能源协议，2009 年冬季将遭受严冬的折磨。1989 年保加利亚政治经济转轨以来还没有一届政府连任第二个任期。这是保加利亚政党制度和民主制度不健全的一个典型例子。2011 年保加利亚面临地方选举和总统选举，新的较量还在后头。

（原载《欧亚社会发展动态》2009 年第 22 期）

评保加利亚 2011 年总统选举

选前的预测基本准确

2011 年 10 月，保加利亚举行了国家社会政治制度变革以来的第五届总统选举，由全体选民对总统候选人进行直接选举。到 9 月 17 日，保加利亚中央选举委员会共收到 11 个政党、1 个竞选联盟和 6 个倡议委员会递交的文件，即有 18 对总统候选人和副总统候选人参加竞选。其中，舆论普遍看好的候选人有现执政党欧洲发展公民党（以下简称"公民党"）的罗森·普列夫内利耶夫和玛利加里塔·波波娃，以及以保加利亚社会党为首的反对派竞选联盟"为了保加利亚联盟"的伊瓦洛·卡尔芬（上届社会党政府的副总理兼外交部部长）和斯特凡·丹纳伊洛夫。现任总统珀尔瓦诺夫从 2001 年当选至今已经两任届满，不得参加竞选。

　　对于这次选举，9 月中旬的民意调查显示，只有 14% 的人确信选举会是诚实的，35% 的人不相信选举会是公正的。民意调查还显示，前 3 位候选人依次将是：执政党的普列夫内利耶夫、左翼联盟的卡尔芬和公民倡议委员会的玛格列娜·库内娃。其中，29.1% 的被调查者支持普列夫内利耶夫，而 21.9% 的人支持卡尔芬，14.1% 的人支持库内娃。87% 的公民党同情者和 76.1% 的社会党同情者决定选举本党候选人。

　　在 9 月 20 日的第二次社会调查中，普列夫内利耶夫仍然处于第一位，拥有 38.5% 的支持率，卡尔芬第二，为 23.5%，库内娃第三，为 18.4%。在这次民意调查中，47% 的人认为，未来的总统不应该从执政党中产生，而应该由独立人士或无党派人士担任；58% 的人认为，如果总统属于现在的执政党，他必然会同政府总理"同流合污"。

　　竞选前夕，欧盟委员会主席巴罗佐和德国总理默克尔都会见过普列夫内利耶夫，表示坚决支持他竞选总统。9 月，普列夫内利耶夫还在索非亚会见了欧盟国家驻保加利亚大使，寻求他们的支持。同时，各大媒体都被公民党把持，全力宣传其推荐的候选人，并攻击保加利亚社会党及其政策，向社会党候选人发难。媒体大力宣传说，所有右翼势力应该"团结一致"，新总统不能由"喜欢日夫科夫（前保共领导人）的人担任"，显然矛头指向了社会党候选人。

　　9 月 20 日，保中央选举委员会确认登记的 18 对候选人符合国家法律规定，即他们最近 5 年（2006 年 10 月 23 日以来）生活在保加利亚，而且每年有一半以上的时间（183 天，个别候选人因在国外担任公职可例外）生活在国内。他们可以进入选举活动。

在竞选活动中，各候选人除提出一些老生常谈的蛊惑性口号，作出许多廉价的许诺外，也出现了一些很有意思的话题。如有的候选人提出，保加利亚应该解决"人类最重要的问题：努力发展农业，提供生态清洁食品和饮用水"。

10 月 14 日，"盖洛普"预测在第一轮选举中，普列夫内利耶夫将获得39%的选票、卡尔芬24%、库内娃11%，大约31%的人不会参加投票。在 10 月 21 日选举前一周，社会学家最后一次预测称，普列夫内利耶夫将获得 30%的选票、卡尔芬21%、库内娃8%，大约50%的人不会参加投票。

从以上数据可以看出，选前的各种预测基本上是准确的，即哪位总统候选人也没有把握和优势在第一轮选举中获胜。而且，人们感叹说，这次总统选举与 2009 年议会选举中公民党的做法"如出一辙"，"2009 年的形势又将重演"。

普列夫内利耶夫在第二轮选举中获胜

10 月 23 日，保加利亚同时举行总统选举和地方市镇选举。总统选举第一轮投票结果如下：普列夫内利耶夫获得 134.9 万张选票，占 40.11%，卡尔芬占 28%，库内娃占 14%。同时，在地方选举中，执政的公民党赢得 38%的选票，社会党联盟赢得 24%的选票，保加利亚第三大党土耳其族"争取权利和自由运动"赢得约 7%的选票。约 50%的选民参加了选举。由于没有候选人获得50%的法定选票，不得不进入第二轮较量。

政府总理鲍里索夫认为，第一轮投票结果"是对政府的信任"，"任何一个其他政党都没有取得这么大的成就"。而且，这是在欧洲债务危机的情况下取得的。与 2009 年的议会选举相比，执政党公民党减少了 25 万张选票。

从参加第一轮选举的选民分析，18—30 岁的青年人和大中学校的学生支持普列夫内利耶夫，而老年人、土耳其族人和吉卜赛人支持卡尔芬。在地方选举中，执政党在首都索非亚、布尔加斯、多布里奇、加布罗沃等大中城市获胜，而社会党只在舒门市获胜。

所以，社会党希望在第二轮选举时争取得到土耳其族"争取权利和自由运动"的支持，使选票超过公民党。但遗憾的是土耳其族"争取权利和自由运动"对总统选举的积极性不高，而十分重视少数民族聚居地区的地方选举，因为这涉及他们的切身利益。

库内娃认为倡议委员会已经取得了"很大的成绩，将在2013年成为政党，投入选举"。她不希望与其他反对派政党合作。尽管其他右翼政党推选的候选人在第一轮选举中都只有2%—3%的支持率，但他们也不会支持社会党。

10月30日进入第二轮选举，官方宣布的结果如下：代表公民党的普列夫内利耶夫得到169.8万张选票，即获得52.58%的支持率；代表社会党的卡尔芬得到153.1万张选票，即获得47.42%的支持率。全国共691万人拥有选举权，但实际参加投票的人数为333.4万人，10.4万张选票为无效票。第一轮选举后，两位候选人之间的差距是37.5万张选票。第二轮两人之间的差距已缩小到16.7万张选票。当局动用了1.5名警察维持秩序，欧洲有关组织机构观察了选举过程。

第二轮投票的实际结果证明，土族人只有70%的票投给了卡尔芬，30%的票投给了普列夫内利耶夫，而吉卜赛人投给前者60%的票，投给后者40%的票。这是社会党估计的失误，也是卡尔芬得票未能胜出的原因。

普列夫内利耶夫代表保加利亚右翼势力，得到保新老右翼党派和个人的支持，是"右翼力量联盟的胜利"。他是一位47岁的生意人，依靠自己的劳动和智慧创造了财富，在现政府任地区发展和福利部部长，据称是保加利亚腐败盛行的官员中最廉洁的部长，受到选民的青睐。相反，卡尔芬则被媒体抹黑为"前共产党人、莫斯科的奸细”。

罗森·普列夫内利耶夫将于 2012 年 1 月 22 日—2017 年 1 月 22 日出任保加利亚第四任总统。他 1964 年 5 月 14 日出生在保加利亚戈采·德尔切夫市，中学毕业后，于 1982—1984 年服兵役。1989 年毕业于索非亚技术大学计算机专业后，立即进入微机技术研究所工作。1990 年保加利亚政治体制变革起开始经商，先后成立和经营建筑、电信电脑等公司。2008—2009 年任“为了我们的孩子”基金会董事会成员，并在保加利亚的“美国贸易办事处”工作。2007—2009 年任“保加利亚劳工联盟”管理委员会成员。2009 年 7 月—2011 年 9 月任现政府地区发展和社会福利部部长。掌握德语和英语。1990 年结婚后离异，2000 年再婚，有 3 个子女。

尽管普列夫内利耶夫属于执政的公民党，但他声称，他和他的副手波波娃是独立人士，不是哪个党派的成员。他们“将为保加利亚人民、为那些捍卫保加利亚利益和进步的所有政党和政府而工作”，“我是现政府的伙伴，而不是它的第二位执行者”。普列夫内利耶夫还认为，这次选举“改写了保加利亚历史”，“这是 20 年来从未有过的选举”，“我执政是超党派的”，不会成为鲍里索夫总理手中的“木偶”。

新总统面临如何摆脱欧洲债务的困境，如何解决保加利亚的能源问题。当选后，他宣布上任的大事之一是召回那些在社会主义时期与安全部门有牵连的保加利亚驻外大使。普列夫内利耶夫在竞选前夕称，“保加利亚决不会成为俄罗斯在欧盟的‘特洛伊木马’，相反，我们将永远是俄罗斯通向欧盟和欧洲的门户”。

随着普列夫内利耶夫当选，人们感叹，保加利亚的国家元首第一次由一个技术专家——百万富翁担任。剧变以来，第一任总统热列夫是哲学家，第二任总统斯托扬诺夫是律师，第三任（连任）总统珀尔瓦诺夫是历史学家。

这是一场存在诸多质疑的选举

实际上，这次总统选举是对右翼公民党执政两年多来的考验。选举的结果将说明选民对政府的态度。所以，现执政当局要运用一切手段争取选举的胜利。选举的结果表明，公民党和现政府已经掌控着总统府、议会的多数，大权独揽，建立起强势政府，在国内推行强人政治。

选举后，社会党认为，它在选举中取得了"道义上的胜利"，它比 2009 年议会选举多了 30 万张选票，将与公民党在两年后的议会选举中一决高低。社会党和土耳其族"争取权利和自由运动"立即表态说，这是"22 年来最不诚实、操纵最厉害的一次选举"，是"对民主的挑衅"，要求重新进行选举。而公民党回应说，选举是透明的，"不存在操纵，只存在技术问题，组织工作不力"。

土耳其族"争取权利和自由运动"还要求就执政当局的"禁选黑名单"进行调查，反对歧视。当局这次恣意将 45 万保加利亚公民列入"禁选黑名单"。目前，被列入黑名单的许多人表示将起诉国家，要求拥有自己的选举权。

参加右翼执政联盟的"阿塔卡"和另外两个右翼力量联盟小党表示，选举后，有可能不再支持政府的工作，因为在选举中它们得到了"不公正的待遇"。另一个参加政府的"秩序、法律和公正"党指出，"这很可能是整个历史上操纵最明显的一次选举"。它们都指出，执政当局"采用监视、恐吓和操纵手段"，"收买了这场选举"。这是"对民主的亵渎"。

欧洲议会和欧洲安全与合作组织的观察员认为，从整体上讲，这次选举是"积极的"，但是保加利亚亟须进行"持久的改革"，以克服买票现象，保障有独立的媒体开展选举运动。这种不痛不痒的表态，实际上没有起到"公平公正"的作用。欧洲安全与合作组织的观察员早在第一轮选举后就指出，选举的组织工作和计票方式都存在问题，并确认选举中存在"舞弊和向选民施加压力的现象，尤其是在大城市更为突出"。同时，中央选举委员会"没有就一些特别重要的问题及时采取有效的措施"，领导不力。本来，按照规定，选举3天后需要公布选举结果，但有的城市和地区拖到5天后才公布。

西方评论指出，这次选举是保加利亚这个北约和欧盟成员国"民主的倒退"，"媒体丧失了独立性"，"缺乏透明度"，"选民受到威胁"，这是近20多年来"罕见的现象"。如《德意志报》认为，这次选举是"廉价的空头支票、污辱对手、媒体受到操纵、缺乏多元化和没有任何政治上的平衡"。选举是一场口水战，一切以攻击对方为主。保加利亚媒体一边倒，十分"片面"。看来，执政党公民党"将赢得总统选举和地方选举，不会有任何反对派和对手"。有的国外媒体还指出，公民党之所以在选举中获胜，原因在于：一是进行廉价的承诺，而没有具体的纲领和战略方向；二是向对手和选民施加压力，散播保加利亚的民主发展遭到威胁的恐慌情绪。还有的外电分析说，另一个原因是，人们在欧洲主权债务危机风暴的打击下，不想让现政府垮台，加重保加利亚的危机感。因为保加利亚是欧盟成员国中最贫穷的国家，人均月工资才300欧元，失业率达到11.7%，司法不健全，腐败盛行。

社会学家强调指出，这次选举是近20年来最糟糕的一次。第一，执政当局完全"为所欲为，按照对自己有利的方式组织选举"。这一行为贯彻在从制定选举法到实施选举的整个过程之中。执政当局专门制定了新的选举法，又把总统选举和地方市镇选举同时进行，以便于操纵；第二，存在严重的制造假票、舞弊和施压现象；第三，选举秩序混乱，中央选举委员会组织工作很差，执政党则浑水摸鱼，公民党的选举监督员被安插到了每一个投票站。

选举结果还说明，近一半的中间选民对左、右翼都不感兴趣，而参加选举的人"对前共产党人的仇恨远远超过对百万富翁的仇恨"。至于公民党取得了一半地方政府的支持，是因为这些地方政府要依赖中央政府的财政支持，否则它们将遭到执政党的报复。

2011 年 11 月下旬，保加利亚上届政府总理、社会党领导人斯坦尼舍夫当选为欧洲议会的第二大党欧洲社会党党团主席。外界评论说，这是给现政府的"一记耳光"，他是第一位在欧洲议会担任要职的保加利亚政治家，说明保加利亚社会党仍是未来保加利亚政坛的强劲对手。

到 11 月，保加利亚国民议会收到了 71 位反对派议员要求宣布总统选举无效的申诉。该议案的发起者是保加利亚社会党，但得到土耳其族"争取权利和自由运动"和"阿塔卡"的支持。保加利亚中央选举委员会则形成了两大派：一派反对接受申诉，另一派主张研究申诉问题。12 月 1 日，保加利亚政府向宪法法院施压，要求宪法法院不予受理重新选举的诉求。事情拖而不决，看来选举结果将成为既成事实。

综合来看，这次选举反映出保加利亚政治体制不成熟，也说明其民主机制尚不健全。这一切无疑会影响新任总统今后 5 年履行其职能，兑现竞选时所作出的承诺。

（原载《欧亚形势与展望 2011》）

保加利亚为何提前举行选举

提前选举及其原因

保加利亚博伊科·鲍里索夫右翼政府于 2009 年 7 月上台执政，任期 4 年，议会选举在即。但人们早就希望结束这届既腐败又缺乏执政能力的右翼极权主义政府。西方媒体也尖锐地指出，在保加利亚，人们已经变得麻木不仁，国家变得动荡不稳，社会进入死胡同。保加利亚人民、欧盟都要求实行真正的变革，改变现状。

2013 年 2 月 19 日，保连续爆发了最近 15 年来最大规模的游行示威，各地数万人游行，抗议电力公司的垄断行为和高价电费，呼吁政府将电力公司重新国有化。目前，保加利亚的供电市场由来自捷克和奥地利的三家电力公司占据主要份额。抗议者要求总理辞职，并与警察发生冲突，导致 14 人受伤，另有 20 多人被逮捕。2 月 20 日，鲍里索夫总理向保议会递交辞呈，迫于压力宣布解散政府，将举行提前选举。自 3 月 1 日起，保加利亚的电费被迫下调了 8%。

其实，导致鲍里索夫政府下台和提前选举的根本原因是，保是欧洲最贫穷的国家之一，其民众在诸多方面对政府不满，包括电费太高（冬季每月的电费超过全月的退休金）、能源垄断、生活水平低下和腐败等问题。2008 年金融危机以来，保加利亚前政府及其执政者一直吹嘘，保在欧洲是"财政纪律严明、宏观经济稳定"的国家，它坚持财政赤字不超过国内生产总值的 3%、外债数额不超过 GDP 60% 的财政政策。据称，保加利亚的财政赤字从 2009 年占国内生产总值的 3.9% 和 2010 年的占 3.6% 降至目前的 3%。保加利亚政府尽管严格遵守财政纪律、采取紧缩措施，不希望得到国际金融机构的帮助，而成为欧盟中最守财政纪律的国家之一，但它仍然是欧盟中最贫穷的国家。而且，历届政府都未能有效解决贫困问题，财富集中在极少数人手里。保加利亚各大媒体惊呼：国家的"希望越来越渺茫，衰退却越来越加剧"。保加利亚按世界上"失败国家"排名，2010 年排在第 126 位。它的主要问题是腐败、政府缺乏透明度和失去欧盟对它的信任。

保加利亚著名作家伊利亚·特罗扬诺夫指出，"一些人在保加利亚搞最野蛮的金融寡头政治，剥夺了人民的一切，包括他们的希望"。该作者还强调说，最近 30 年来，保加利亚的人口从近 900

万减少至 600 多万,某些农村的贫困现象跟非洲和印度毫无二致。

保总统普列夫内里耶夫 2 月 28 日发表电视讲话称:"保加利亚人希望诚实的人来管理国家,不希望领导人贪腐,不希望他们撒谎,人们希望好好地生活。"① 为了摆脱政府危机和各党派组阁的僵局,总统宣布 5 月 12 日提前举行议会大选,并成立看守政府。3 月 13 日,保总统任命前驻法国大使马林·拉伊科夫为总理的看守内阁成立,并开始履行临时管理国家的使命。看守政府的职能是稳定国内局势,制止动乱,为提前举行"自由和民主选举"创造条件。进入看守政府的人选都是技术专家,没有政党领袖人物。

保加利亚各党派势均力敌,难分伯仲

舆论普遍认为,近 20 年来,保加利亚第一次出现了在选举前没有一个政党有获胜把握并无法预测选举结果的局面。直到 5 月 10 日,国际舆论对保加利亚的选举还琢磨不定,认为"腐败、丧失信心和混乱局面"笼罩着保加利亚,人们对选举、对国家充满了疑虑。

5 月初,参加竞选的各党派没有像往年那样公布详细的竞选纲领和承诺,而是作出比较现实的许诺,如解决国内垄断企业问题,提供工作岗位,继续医疗卫生和教育改革,保障养老金发放,等等。5 月 9 日保加利亚《日记报》公布的一项社会调查认为,有 4 个党可以进入新一届议会,它们是:执政的争取欧洲发展公民党(可能得到 33% 的支持率)、社会党(28%)、土耳其族"争取权利和自由运动"(10%)和"阿塔卡"(7.5%),其他党派难以越过 4% 的议会门槛。从 2001 年以来,连续三届议会选举都没有新的政党进入议会,政治力量相对稳定。

还在选举前夕,各派政治力量就认为,鲍里索夫政府的倒台

---

① 《抗议活动改变了议事日程》,2013 年 2 月 28 日 Mediapool. bg 网站。

是"没有能力解决国内的现实问题","没有履行选举前的承诺",它很难东山再起；保社会党指出，政府崩溃的原因是"个人专权和垄断的结果"；土耳其族"争取权利和自由运动"则强调，政府垮台是"只注意媒体宣传形象，而忽视了财政问题"①。中左翼还认为，人们呼吁"保加利亚开始新的过渡"，"采取更加激进的改革措施"。保加利亚本来应该在 2011 年同罗马尼亚一起参加申根区，但至今一直未被接受。2 月 21 日的社会调查显示，50%的人支持鲍里索夫下台，47%的人称不应该下台，3%的人不持立场。89%的接受调查的人认为，这届政府提早下台是"权力垄断和低收入造成的"②。保加利亚舆论认为，保加利亚跟邻国希腊、罗马尼亚和塞尔维亚不同的是，采取了严厉的经济措施，而没有要求获得国际救助。

　　在竞选过程中，保加利亚丑闻不断，原政府的内务部门给反对派政党安装窃听器，看守内阁多印制了 35 万张选票等，保加利亚民主显然还很不成熟。4 月 29 日的民意调查显示，在保加利亚，52.4%的公民支持选举后成立联合政府，有 69%的被调查者主张建立非党派专家政府。5 月 1 日，有的社会学家预测，保社会党有可能在选举中获胜。

　　选举不出所料，中左翼上台执政

　　2013 年 5 月 12 日，保加利亚提前举行议会选举。次日，保加利亚中央选举委员会公布了统计结果：公民党获得全国 31.27%的选票，将在议会占 97 个席位；社会党获得 27.13%的选票，将在议会占 87 个席位；土耳其族"争取权利和自由运动"获得 8.87%的选票，占 33 个席位；"阿塔卡"获得 7.48%的选票，占 23 个席位。其他党派的得票率没有超过 4%的议会限额，无法进

---

　　① 《各派政治力量谈鲍里索夫政府下台》，2013 年 2 月 22 日 Mediapool. bg 网站。
　　② 《保加利亚的教训：政府下台是增长的标志》，2013 年 2 月 23 日 Mediapool. bg 网站。

入议会。从以上数据可以看出，得票率占头两位的政党都无法单独组阁，需要联合一个政党，共同组建政府。公民党一党独大的局面已经结束，从党派属性来看，它可以争取的对象只有"阿塔卡"；社会党的合作党只有土耳其族"争取权利和自由运动"。但无论前面两个中右政党还是后面的两个中左政党，它们的议席加在一起都刚好120席，没有达到121席的简单多数。因此，组建政府的工作陷入危机。选举后，进攻党对公民党持保留态度，而社会党和土耳其族政党主张建立广泛的专家政府，欢迎进攻党参加。进攻党表示可以同有关党派合作，前提是就电力降价、进行国有化、驱逐外国公司等问题达成一致。

　　国际观察人员承认选举结果合法，但同时指出存在"购买选票和其他违规现象"[①]。他们希望保加利亚继续调查选举中的欺诈行为，对保一些机构的办事能力表示怀疑。另外，此次选举对有些党派不公平，没有给它们提供平等的参选机会，所以未来议会的合法性将遭到质疑。正因为这样，欧盟议会联盟的负责人称，"不能说这次选举是百分之百自由的和透明的"，"许多公民因为不相信政府部门，所以没有参加选举"。欧洲安全和合作组织的观察员认为，不理解保加利亚为什么多印制了35万张选票，购票现象也屡禁不止，还存在"严重的违规事件"[②]。

　　在组阁出现危机的情况下，5月21日普列夫内里耶夫总统表示，希望各政党负起责任，尽早组织起政府，使国家的"经济危机、社会政治危机和议会危机一个一个克服，而不是让它们加深"。为此，"无论组织左派政府，还是组织右派政府抑或中派政府并不重要"，问题在于这个政府是"有效的、满足人们的要求的"。总统首先把组阁权交给了公民党，该党由于得不到其他政党

---

　　① 《国外观察家：未来议会的合法性将受到损害》，2013年5月13日Mediapool. bg网站。

　　② 同上。

的支持，成为孤家寡人，无法组阁。于是，第二大得票党社会党获得了组阁权。社会党决定同土耳其族"争取权利和自由运动"共同组建内阁，但两党加起来也只获得议会240个议席中的120席，尚差一票。它们由于得到了"阿塔卡"决定性的一票才得以组织政府。两党决定物色一个大家都能接受的较为中立的人士任总理，这个人就是普拉门·奥雷沙尔斯基。

5月29日，保国民议会举行特别会议，选举奥雷沙尔斯基为新一届政府总理，并通过了新内阁名单，从而结束了保加利亚自2013年2月以来的政治僵局。奥雷沙尔斯基现年53岁，是一位财政问题专家，无党派人士，生于1960年2月，1985年毕业于卡尔·马克思高等经济学院，1992年获经济学博士学位。他曾赴美国和英国进修，曾代表保加利亚政府同一些债权国谈判解决保加利亚的债务问题，在中右和中左政府担任过财政部副部长和部长，是一位讲究实效的人。

新政府除总理外，司法部部长兼任副总理，另有内务部、外交部、财政部、国防部、经济和能源部、社会政策部、投资计划部、农业和食品部、地区政策部、交通运输和信息技术部、环境保护部、卫生部、教育部、文化部、青年体育部15位部长。这是一届比较精悍的政府。

鲍里索夫政府留下的是一个烂摊子，现在披露的材料说明该政府对社会隐瞒了负债累累的情况。奥雷沙尔斯基在组阁时表示，他将尽最大努力，"首先要获得政治上的信任，其次要得到人们的信任，以便进行必要的改革"。同时，要"促进社会的更加团结，反对任何形式的社会对立"。新任总理还表示，政府将致力于恢复保加利亚的经济，同腐败现象做斗争，关注公民的权利和自由，同公民和社会团体开展对话。

奥雷沙尔斯基政府能否兑现其承诺，还有待观察，因为保加利亚社会严重分化，政局一时也难以稳定，没有一个强有力的政党能够得到一半甚至40%的人民的支持。欧盟曾建议保加利亚模仿德国模式，右翼和左翼联合组阁。但在保加利亚的政治环境下，左、右翼不可能在这个问题上妥协，达成谅解。所以，奥雷沙尔斯基政府只能在艰难中前行，很难扭转乾坤。

近日，德国和奥地利的媒体也纷纷指出，保加利亚人自己感到对国家及其前途无能为力，在等待出现某个新的"救星"或外国人来拯救他们。保加利亚政治家们过去指望苏联，剧变后指望美国，现在又指望欧盟。他们就是没有看到，真正能挽救他们的，是要依靠保加利亚人民。

（原载《欧亚社会发展动态》2013年第16期）

第三节　罗马尼亚政治经济转轨

罗马尼亚社民党在大选中丧失执政地位

2004年11月28日和12月12日，罗马尼亚举行了社会改制以来的第五次议会和总统选举。结果罗马尼亚社会民主党（简称社民党）执政地位丢失，反对派政党联盟获得胜利。这说明乌克兰冲击波已到罗马尼亚，北约和欧盟正向高加索和中亚地区步步推进。

第一轮选举：社民党仅以微弱优势获胜

在11月28日的选举中，罗全国1800万选民中65%的选民参加了议会和总统选举投票，有24个政党和12位总统候选人参加角逐。罗马尼亚的议会选举和总统选举同时进行，选民将总统、参议院和众议院三种不同颜色的票一次投完。鉴于现任总统伊列埃斯库已担任两届不能再竞选连任，普遍看好的两名总统候选人，即代表社民党的现任总理阿德里安·讷斯塔塞和代表反对党联盟的布加勒斯特市长特拉扬·伯塞斯库的得票率又都没有达到51%，而且得票率非常接近，所以出现了选举危机。这预示着社民党的执政能力和地位已严重动摇，面临丧失的危险。

据罗中央选举委员会12月1日正式公布的选举结果，在争夺众议院和参议院席位的选举中，社民党赢得36.6%的选票，而反对党联盟获得31.3%的选票，共有4个党进入"议会党"。在竞争总统职位的选举中，讷斯塔塞获得40.9%的选票，而伯塞斯库获得33.9%。其他选票大都落在民族主义政党和匈牙利族民主联盟的手里。这一情况对社民党在第二轮选举中的处境十分不利。

当选举结果出来后，主要反对党候选人伯塞斯库认为在选举和计票过程中存在"舞弊现象"，要求宣布选举结果无效，重新举行大选；中间派在野党称有"电子舞弊"行为，要求取消带有"欺骗性质"的第一轮选举；媒体也披露选举有"违规"事例，如用汽车搞选民"旅游"。

与此同时，欧安组织和欧盟尽管派代表观察了选举，但也表示选举多少存在一些问题，尤其怀疑一个2200万人口的国家怎么会有1800万选民。它们要求罗当局慎重调查反对党联盟提出的"舞弊"问题。

第二轮选举：反对派联盟翻盘获胜

12月12日，两位总统候选人再次较量。结果，投票刚一结束，伯塞斯库便提前宣布自己竞选获胜，并举行群众集会，欢庆胜利。与此同时，讷斯塔塞亦宣布他自己是此轮选举的胜利者，其支持者也组织了庆祝会。

然而，严酷的现实显示，据99%的选票统计，伯塞斯库获得了胜利，赢得51.23%的支持率，得选票480多万张。讷斯塔塞获得48.77%的支持率。

第二轮选举的结果说明有几十万选民的意向发生了较大的变

化。现任总统伊利埃斯库改变原来亲社民党的态度，向竞选优胜者表示祝贺。讷斯塔塞总理承认失败，表示尊重"人民的决定"，并电话祝贺伯塞斯库。剧变15年来，伊利埃斯库已担任11年的总统，准备交权。罗马尼亚总统的权力有限，但根据宪法总统有权任命政府总理。

与此同时，新的议会也已产生：执政的社民党和罗马尼亚人道党获得众议院332个席位中的132席，自由和民主联盟获得112席，大罗马尼亚党获得48席，匈牙利族民主联盟获得22席，其他18席由罗其他少数民族的代表获得。147个参议院的席位分配如下：社民党和人道党57席，自由和民主联盟49席，大罗马尼亚党21席，匈牙利族民主联盟10席。

新当选的总统53岁，也是前共产党人，当市长前曾两次担任运输部部长。他表示上任后的主要任务是：首先要加快改革，使罗马尼亚能在2007年顺利加入欧盟；其次要大力发展经济，铲除"黑色经济"、降低税收、改善人民生活、提倡竞争；再次要坚决清除贪污腐败。看来，新总统、新议会和新政府要完成这些任务，还有许多艰巨的工作要做。

社民党丧失执政地位的原因

最近两三年来，中东欧地区出现了中右翼政党战胜中左翼政党，纷纷上台执政的现象。这既是多党议会制的正常运作规则，也是右翼势力回潮的反映。罗马尼亚的情况也不例外。社民党在大选中败北，有如下几个方面的原因。

1. 经济改革力度不够，经济发展缓慢，国内生产总值至今尚未恢复到1989年以前的水平。尽管近两三年经济明显回升，但通货膨胀率仍达14%以上，失业率也超过7%。反对派认为"社会主义的阴影"还没有消失，人民的生活"今不如昔"，"贫困无处不在"。

2. 贪污腐败成了执政党和全社会的顽症，像"鼠疫"一样到处扩散。私有化暗箱操作、偷税漏税、地下经济猖獗，这些问题往往使执政党成为集中攻击的目标。在 2004 年年中的地方选举中，社民党便失去了部分阵地，已敲响了警钟。

3. 欧盟已决定 2007 年接纳罗马尼亚为其成员国，但近来却频频指责罗当局结构改革停滞不前、腐败、人权记录糟糕和新闻不自由、法制不健全等。欧盟甚至威胁要推迟罗的入盟时间。虽说上述社会经济问题不是社民党一党造成的，但这些指责正好成为反对党射向执政党的炮弹。

4. 乌克兰大选危机无疑也给罗马尼亚选举起了推波助澜的作用。尽管罗马尼亚不是乌克兰，美国、欧盟和俄罗斯的直接干预不太明显，但乌克兰冲击波确实存在。反对派政党在第一轮选举失利后，纷纷举行和平集会，喊出要"彻底告别过去""跟罪恶的共产主义决裂"等口号，矛头直指社民党执政当局。

（原载《中国社会科学院院报》2005 年 1 月 4 日第 3 版）

总统选举折射罗马尼亚 20 年政治经济转轨步履艰难

时任总统伯塞斯库以微弱优势获胜

罗马尼亚于 2009 年 11 月 22 日举行例行总统选举，这是 2007 年 1 月罗马尼亚加入欧盟以来的首次总统大选。竞选的两位主要人物是：得到右翼民主自由党支持的时任总统特拉扬·伯塞斯库，他寻求第二个任期；左翼社会民主党主席、前外交部部长和驻美国大使、现参议长米尔恰·杰瓦讷。罗马尼亚中央选举办公室公布的统计显示，总统选举投票率为 50%。伯塞斯库和杰瓦讷分别以 32.44% 和 31.15% 的得票率领先其他几名候选人，国家自由党主席安东内斯库以 21.8% 的得票率名列第三。由于在第一轮投票中 12 名候选人无一人得票率过半数，因此得票最多的伯塞斯库和杰瓦讷将于 12 月 6 日举行的第二轮投票中决一胜负。两位总统候选人都宣称，他们决心使罗马尼亚摆脱转轨 20 年来最深重的政治危机和经济危机，铲除困扰社会的腐败现象，并重建人民对国家和政党的信任。舆论一度普遍预测，社民党领袖杰瓦讷有可能获胜。

罗马尼亚于 2003 年修改宪法，决定将总统任期从 4 年延长至 5 年。伯塞斯库在 2004 年底举行的总统选举中战胜时任总理的社民党总统候选人讷斯塔塞而当选为总统。

与此次总统选举同时举行的还有涉及议会体制改革的全民公决。由伯塞斯库提议的全民公决内容包括：是否同意将两院制议会改成一院制以及是否同意议员人数不超过 300 名。罗最近一届议会是 2008 年 12 月产生的，由参、众两院组成，总计 471 名议员，由 137 名参议员和 334 名众议员组成，任期 4 年。社民党主席杰瓦讷当选为参议院议长，民主自由党全国常委会执行书记罗伯塔·阿纳斯塔塞当选为众议院议长，阿纳斯塔塞不仅是罗马尼亚首位女性议长，也是有史以来最年轻的议长（当选时 32 岁）。伯塞斯库总统提议改革议会，旨在减少社民党的议员人数和使杰瓦讷参议院议长落选。尽管关于改革议会的全民公决的投票率达到了 46.4%，但公决没有法律效力，需要以后修改宪法才能确定议会改革是否有效。人们最关心的是本届总统选举。

在 12 月 6 日的第二轮投票中，有近 58% 的选民参加了投票，结果伯塞斯库的得票率为 50.33%，以微弱优势战胜杰瓦讷，赢得连任。杰瓦讷的得票率为 49.66%，落后于伯塞斯库不到一个百分点。据报刊透露，社民党领导人杰瓦纳在罗马尼亚受到尊敬，又有丰富的工作经验，很可能由于没有彻底改变前罗马尼亚共产党的路线而落选。

社民党对选举结果提出质疑

社会民主党以掌握大量的选举舞弊证据为由拒绝接受选举结

果。该党秘书长德拉格内亚已于 12 月 8 日向宪法法院提交诉讼，要求法院裁定选举结果无效，并重新举行投票。12 月 14 日，杰瓦讷对媒体说，重新统计废票只是社民党向宪法法院提出诉求的其中一项，该党还要求议会成立特别调查委员会，对总统选举第二轮投票的舞弊行为进行调查。根据罗马尼亚法律，总统选举结果须经宪法法院确认后才能生效。12 月下旬，宪法法院已作出选举有效的裁定。

但是，罗政坛支持和反对伯塞斯库两股势力的角力远没有结束。首先，伯塞斯库和杰瓦讷的得票率非常接近，而社民党又声称本次大选存在舞弊行为，这导致选举结果被蒙上了"缺乏合法性"的阴影。其次，海外选民在选举中发挥了决定性作用。据罗媒体报道，在 14.77 万参加投票的海外选民中，伯塞斯库获得 78.39% 的得票率，这是他最终锁定胜局的主要原因。杰瓦讷仅获得 3 万多张海外选票。最后，社民党指出本次选举废票太多，其数量相当于投票总数的 1.3%，是两人得票之差的两倍。同时，存在大量"旅游投票"，出现一票多投。因此，社民党将在议会内外开展必要的斗争。

执政当局则千方百计要继续削弱社民党的影响，并把矛头指向了杰瓦讷。早在选举前杰瓦讷就几次遭到调查，称他有经济问题，说他 2008 年的支出高出收入两倍，很可能收受了贿赂。选举失利后，当局再次威胁要没收他的财产，将他投入监牢。

罗的两党联合政府执政仅仅 9 个月就解体了，该政府正处于经济危机的全面爆发时期，政府未能制止经济衰退，反而导致出现了政府危机。这说明，在巴尔干国家，在罗马尼亚，代表左翼和右翼的两个最大政党联合执政是非常困难的，且不说是不可能的，而这种现象在西欧国家（如德国）却是现实可能的。

2009 年 12 月 22 日，罗议会批准已下台的前总理埃米尔·博克组织的以民主自由党和匈牙利少数民族党以及独立人士组成的新政府。议会中 276 人投票支持，135 人投票反对。总理博克和副总理、匈牙利少数民族党领袖马尔科·贝拉感激大多数议员对他们的支持，称经过一系列的国内动荡之后，"选举前的争斗已经结束，可以开始工作了。政府将会有两年半没有选举的时间内，为罗马尼亚的利益而认真地工作"。

新政府的第一次会议的主要内容是讨论 2010 年的预算，这是国际货币基金组织等向罗提供 200 亿欧元贷款的条件之一。没有这笔钱，罗难以克服世界经济危机造成的严重后果。

罗马尼亚政治经济转轨艰难滞后

第一，在经过 20 年的政治经济转轨后，罗政治体制尚不成熟，政党斗争十分激烈且不遵守游戏规则。2009 年 10 月，罗发生了近 20 年来规模最大的有 80 万人参加的抗议性游行示威，要求增加工资。工会代表提出，2010 年的最低工资要达到 740 列伊，约合 173 欧元。有媒体称，这是罗 80 年来的一次较大规模的罢工。大罢工使罗陷入深刻的政治危机。同年 10 月，由民主自由党和社民党组建的博克联合政府因社民党内务部部长遭到解雇该党退出政府而下台后，国内就没有正常的政府，政局一直不稳定。民自党和社民党处于严重对立状态。政党斗争和政局混乱又加重了经济危机。罗经济在经过前几年的快速发展后，面临本国货币贬值、银行体制不稳定、国民经济严重衰退、大量企业倒闭、失业率不断攀升、街头示威频繁等问题，社会矛盾大有一触即发之势。

第二，这次总统选举发生在政治敏感时刻，对结束政治混乱特别重要。根据罗宪法，总统有权提名总理，在组阁中起着关键作用。新政府在确定政府成员和纲领后，议会再对政府投信任票。只有组建了新政府，才能早日使国家摆脱严重的经济危机和政治混乱，才能获得国际组织的贷款。这是前提条件。

第三，受 2008 年下半年开始的世界经济危机的沉重打击，罗马尼亚需要国际货币基金组织的大量贷款，国家才能正常运作。

罗是继匈牙利和拉脱维亚之后，正式向国际货币基金组织和欧盟申请紧急援助贷款的第三个欧盟国家。国际货币基金组织和欧盟在等待罗结束政治危机，以实施约 200 亿欧元的一揽子援助计划，以帮助复苏这个欧盟新成员的经济。

第四，欧盟认为，罗马尼亚入盟 3 年来的一个主要问题仍然是腐败问题。欧盟委员会在 2009 年 7 月 22 日关于罗马尼亚的报告中认为，鉴于罗在司法改革、同贪污腐败和有组织犯罪做斗争方面进展缓慢，2009 年以后，欧盟会继续加强监督机制，采取包括扣留欧盟基金在内的一些限制措施。目前，欧盟仍扣留了 1.9 亿欧元农业补贴没有发放给罗马尼亚。欧盟指出，罗 1/3 的国内生产总值是灰色经济，2008 年灰色经济占 GDP 的 33%，在欧洲处于爱沙尼亚、克罗地亚，保加利亚和拉脱维亚等国之后，居第五位。

目前，伯塞斯库总统和博克新政府能否争取到各党派支持，提振经济并缓和社会矛盾，给人民创造一个安定的生活环境，仍需拭目以待。

（原载《欧亚社会发展动态》2010 年第 5 期）

罗马尼亚组建新政府

博克政府迫于抗议游行辞职

2012 年 2 月 6 日，罗马尼亚总理博克被迫宣布辞职。他说，之所以作出这种选择是为了缓和国内的政治和社会矛盾，维护来之不易的稳定。但导致他下台的直接原因是该国连续几周来示威游行不断，抗议者反对政府 2010 年起实施的财政紧缩政策。这次大规模游行始于 2012 年 1 月 12 日，成千上万的人聚集在首都市中心的大学广场，开始只是对政府的医疗改革方案不满，持续几天后，因足球流氓的加入，出现混乱。示威群众同防暴警察发生冲突，50 多人被捕，暴力冲突已造成人员伤亡。同时，罗马尼亚其他城市也发生了示威活动。于是，和平集会游行发展到反对政府，要求总统和总理下台。

据当时的一项民意调查显示，罗国内有 2/3 的人支持示威游行，27% 的人认为伯塞斯库总统应该对当前的局势负责，23% 的人认为政府应该承担责任，37% 的人觉得只有总统和总理辞职才能解决危机。1 月 23 日，罗马尼亚外交部部长巴科斯基因在自己的博客中发表了对示威游行者不敬的言辞，遭到解职，政府开始动摇。

游行示威得到了反对派社会民主党和民族自由党的支持。社会民主党人说，人们为什么游行，因为他们没有工作，退休金很少，感到没有尊严。游行者反对腐败，谴责政府无能。反对党要求提前举行议会选举，克服无政府状态。

有的学者指出，罗马尼亚示威游行不断的一个间接原因是罗政府最近按欧盟的要求签订了《反盗版贸易协定》。如果该协定在议会通过，那些盗版商品、药品和互联网上的侵犯著作权现象都得被禁止。同时，人们在互联网上的言论自由也会在一定程度上受到限制。这也引起社会上一部分人的不满。

其实，导致博克政府不能继续执政还有更为深刻的原因。博克总理作为执政的中派民主自由党首脑是 2008 年 12 月上任的。他担任总理 3 个月后，罗马尼亚受金融危机影响，不得不向国际货币基金组织、欧盟和世界银行申请 200 亿欧元的财政援助，以克服经济危机。但为了获得贷款，罗必须采取严格的财政政策，减少公共开支，减少工作岗位，压缩工资。2008 年金融经济危机以来，"诺基亚"率先撤出罗马尼亚，西欧资本流入减少，罗同西欧的外贸 2011 年下降了约 3%，本国货币列伊对欧元贬值。另外，希腊银行收缩业务给罗经济发展也带来一定的压力，国内需求下降，2010 年政府还出台政策冻结了本来就很低的退休金，人们的购买力普遍减弱。欧盟统计部门指出，罗居民的购买力在 27 个成员国中处于倒数第二位，仅好于保加利亚。2011 年的物价比往年提高了 30%。罗是欧盟成员国中第二个较为贫困的国家。这一切导致人民的生活水平下降，青年人和老年人走上街头，抗议活动不断。这些措施就像在希腊、西班牙等国发生的情况一样，引起大规模的游行示威和抗议活动。这样，人们对执政的民主自由党的支持率从 2011 年 12 月的 21% 降至 2012 年 2 月初的 15%。

博克总理提出与抗议者对话，指出暴力不能解决问题。他说，"在目前这个危机时刻，政治稳定至关重要"。博克还认为，他本人和他的政府尽管"作出了一些艰难的决定，但那是为罗马尼亚的未来着想"。接着，罗总统特拉扬·伯塞斯库接受博克总理的辞呈。

温古雷亚努成立新政府

2012 年 2 月 6 日，罗马尼亚总统伯塞斯库任命米哈伊·温古雷亚努成立新政府，新总理是原国外侦察局局长。在目前社会动荡和人民不满情绪爆发的情况下，新总理保留了前政府的绝大部分部长。总统在任命新政府的电视讲话中表示，新政府当务之急是恢复人民的生活水平。新总理则表示，"政府的首要任务是恢复公民的信任，稳定国家的经济和政治"。同时，新总理提醒人们期望值不要太高。2 月 9 日温古雷亚努在议会发言中说："在目前这个困难时刻，我不能作出不现实的承诺。繁荣的时代不可能始于明天。现政府既要有远见，又要负责任。提高工资和养老金要看是否有这种可能性。"为此，将制订全国计划，通过财政资助，鼓励就业，对公务员实行劳动报酬"责任表"制度。

2 月 14 日，温古雷亚努新政府公布了新的经济计划，重点是提高工资和养老金。新总理表示，如果政府新的经济计划能够得到议会批准和实施，人民的生活水平将得到提升。新经济计划预计将减少社会保障，提高富人的税收。通过吸收和消化欧盟 29%的基金，即 60 亿欧元的欧盟基金实行刺激经济增长和增加就业的政策。另一项增收措施是，温古雷亚努号召在今后两个月内对酿酒企业和农业生产企业的偷税漏税行为进行严厉处罚。据称，这可以为国家增加 20 亿欧元的收入。

有关专家在解读政府的经济计划时指出，人民期待的是政府的具体措施，而不是计划中空洞的言辞，现在需要将决议付诸行动，赶快利用欧盟的基金改善环境和发展基础设施。不发展生产，就无法提高居民的收入。他们强调说，新政府面临两大任务：第一，应该彻底贯彻同国际货币基金组织达成的协议，因为它是罗经济政策的基本框架；第二，要看到这届政府是短命的，仅仅是一个过渡性政府，因为 2012 年 11 月将举行议会大选，政府的措施很难有具体结果。

新政府面临的挑战

有关分析人士认为，政府更换给社会带来了希望，但也面临诸多困难。

第一，欧洲整个经济环境对罗不利。罗的经济恢复在很大程度上取决于外部环境。当前欧洲债务危机难以在短期内解决，欧洲经济摆脱危机尚需时日。所以他们表示怀疑，"在阴云密布的欧洲和世界经济不景气情况下，罗马尼亚能否显露一线曙光"。

第二，罗马尼亚近两年来经济状况处于不景气时期。自 2010年年中以来，罗实行严格的经济紧缩政策，仅公务员的工资就降低了 25%，退休金已经冻结，增值税增加了 5%，工作岗位在减少。2012 年 2 月 6 日，国际货币基金组织降低了罗马尼亚 2012 年经济增长的预期，即从原先的 1.8%—2.3% 降至 1.5%—2%，认为一个重要原因是罗对其主要贸易伙伴西欧的出口在减少。

第三，罗马尼亚和保加利亚加入申根协议受阻，致使 100 多万名想进入西欧劳动力市场谋生的人失望。欧盟承诺在 2011 年 3 月吸收罗、保加入欧盟之间人员自由流动的申根区。欧盟绝大多数成员国认为，罗、保履行了申根区所要求的技术指标，但以荷兰为首的几个成员国反对罗、保加入，故至今它们的愿望没有实现。欧盟委员会在 2012 年 2 月 8 日的报告中，要求罗加速通过刑法、改善诉讼程序，加强反腐败斗争，及时审判贪腐高官，加强同有组织犯罪的斗争，以使其法律符合欧盟的标准。

第四，最近几个月来，罗马尼亚政局动荡，人心涣散，政府更替，不利于实行较严格的经济政策。2012 年 2 月中下旬罗遭受了近年来少见的暴风雪，交通运输瘫痪，农作物遭灾，发生人畜伤亡，使以农业为基础的罗马尼亚经济雪上加霜。

2012 年是罗马尼亚的选举年。7 月罗将举行地方选举。据预测，以罗社会民主党为首的左翼联盟（社会自由联盟）有可能在 2012 年底的议会选举中获得 50% 选民的支持。社民党人是否会东山再起，引人关注。

（原载《欧亚社会发展动态》2012 年第 15 期）

第三篇

南斯拉夫解体和科索沃"独立"

对于南斯拉夫这个国家和南共联盟这个党，人们还记忆犹新：南斯拉夫共产党人创新马克思主义学说，成立了多民族联邦制国家；顶住外来压力，创建了自治社会主义制度，执行不结盟外交政策。当然，这一切已经成为历史和美好的回忆。严酷的现实是，如今，一个联邦的、自治的和不结盟的南斯拉夫已经消失，它已分崩离析，落得"七马分尸"。这是值得人们深思的现象。

南斯拉夫联邦崩溃是原东欧社会主义制度解体和国内各种矛盾总爆发的结果。导致南斯拉夫解体的原因是多方面的。不少学者认为，民族问题始终是困扰南斯拉夫联邦发展的锁链。尽管前南斯拉夫联邦制定了宽松的民族政策，但民族主义因素对联邦崩溃的影响仍然令人深思。

前南斯拉夫联邦除斯洛文尼亚和克罗地亚加入了北约和欧盟外，其他国家的入盟道路仍然遥远。黑山已经开始入盟谈判。马其顿与巴尔干地区的其他多数国家一样，民族矛盾是国家稳定和安全局势中十分敏感的因素，尤其是马其顿族与阿尔巴尼亚族之间的矛盾，不时表现得十分尖锐，可谓"内忧"。这个国家由于其宪法将国名定为"马其顿共和国"，而遭到邻国希腊的强烈反对，可谓"外患"。正是因为存在这些"内忧外患"，马其顿至今仍徘徊在北约和欧盟的大门之外，使其"加盟入约"的基本国策和终极目标迄今难以实现。波黑仍是巴尔干地区最不稳定的国家。塞族与穆克联邦之间的种族冲突依然存在，国家的经济形势严峻，至今没有行之有效的行政机构，司法不健全，没有正常的经济活动，是前南斯拉夫地区最落后的国家。欧盟表示，绝不会接纳分裂的波黑加入其组织。

在西巴尔干国家中，塞尔维亚是一体化进程中最困难和复杂的案例之一。在经历了北约轰炸、黑山独立、科索沃单方面宣布独立等一系列重大事件之后，塞尔维亚是最晚开始入盟进程的西巴尔干国家，尤其是同科索沃的关系问题成为塞尔维亚入盟不可回避的关键因素。塞尔维亚要想入盟，还有很长的路要走。

20世纪90年代初，南斯拉夫联邦解体时，科索沃的阿尔巴尼亚族要求独立，科索沃危机全面爆发。科索沃问题从一个国内问题变成巴尔干地区问题和国际问题。1999年以美国为首的北约发动科索沃战争后，联合国托管科索沃，美国控制着科索沃问题的发展和走向。

2008年2月，科索沃在美国和欧盟的授意和支持下单方面宣布成为"独立主权国家"，脱离塞尔维亚。科索沃议会立即通过了《科索沃独立宣言》。接着，美国和欧盟中的几个大国带头承认科索沃独立，引起世界舆论的高度关注。科索沃的目标是获得完全意义上的独立，取得联合国席位，而塞尔维亚的底线则是"永远不承认科索沃独立"，双方在原则问题上互不相让，没有妥协的余地，未来塞、科关系的走向仍然扑朔迷离。

第五章

南斯拉夫联邦解体及其后

第一节　南斯拉夫联邦解体与波黑内战

南斯拉夫危机浅析

南斯拉夫联邦是巴尔干半岛上最大的国家。早在 20 世纪 50 年代初，南斯拉夫联邦就实行工人自治制度，走上了改革道路，在铁托领导下执行独特的对内对外政策，令世人瞩目。近两年来，东欧发生剧变，南斯拉夫联邦深受影响，直至爆发了兄弟残杀的内战。这在几个月前还是不可思议的事，如今竟然发生了。这场危机有着深刻的内部和外部原因，它的发展将对南斯拉夫联邦本身和欧洲产生难以估量的后果。

南斯拉夫联邦建立在复杂的民族矛盾的基础之上

南斯拉夫作为一个统一的国家建立于 1918 年 12 月，当时称作塞尔维亚人—克罗地亚人—斯洛文尼亚人王国。1929 年改名为南斯拉夫王国。王国时期，塞尔维亚大民族主义在王室、军队占据统治地位，它不尊重其他民族的权利，甚至不承认黑山、马其顿、阿尔巴尼亚等民族的存在。所以，南斯拉夫从成立之日起便存在深刻的民族矛盾。

当 1941 年希特勒德国入侵和肢解南斯拉夫时，在斯洛文尼亚和克罗地亚成立了傀儡政权，跟德国人合作。保加利亚王国军队趁机占领了马其顿。只有铁托领导的游击队坚持武装斗争，打败了侵略者和伪军，在"兄弟团结"的基础上建立了南斯拉夫联邦。

根据 1974 年宪法，南联邦由 6 个共和国组成：塞尔维亚、克罗地亚、斯洛文尼亚、黑山、马其顿、波斯尼亚与黑塞哥维那。塞尔维亚包括两个自治省：伏伊伏丁那和科索沃。南斯拉夫的面积 25.6 万平方公里，1991 年的人口为 2370 万。各共和国居民构成如下：

塞尔维亚共和国：970 万人。其中，伏伊伏丁那 210 万，由塞尔维亚人、匈牙利人、罗马尼亚人、斯洛伐克人、黑山人、克罗地亚人、保加利亚人等组成；科索沃 180 万，分别由阿尔巴尼亚人和塞尔维亚人组成。

克罗地亚共和国：470 万人，其中约有 60 万塞尔维亚人。

斯洛文尼亚共和国：190 万斯洛文尼亚人。

波斯尼亚与黑塞哥维那：470 万人，其中塞尔维亚人占 32%，克罗地亚人占 18%，穆斯林占 40%。

马其顿共和国：200 万人，其中约有 1/4 的阿尔巴尼亚人。

黑山共和国：60 万人，基本都是黑山人。

上述资料说明，南斯拉夫联邦是一个没有"南斯拉夫人"的国家。在这个国家里，只有 120 万人承认自己是南斯拉夫人，他们是父母分别属于两个民族的人，还有人民军军官和外交官，以及少数穆斯林等。

第二次世界大战结束后，南斯拉夫联邦在经济、外交和民族政策方面均作出了大胆的试验，取得了可喜的成绩。但是，由于西北部的克罗地亚和斯洛文尼亚的经济发展水平远远高于东南部的塞尔维亚、波斯尼亚与黑塞哥维那、黑山和马其顿，又由于天主教（斯洛文尼亚和克罗地亚）、东正教（塞尔维亚、马其顿、黑山）和伊斯兰教（波斯尼亚与黑塞哥维那）的对立，民族矛盾并未得到合理的解决。

产生危机的原因

南斯拉夫联邦目前的危机是中欧和东南欧社会主义制度解体和国内各种矛盾总爆发的结果。导致这场危机的原因是多方面的。

长期以来，民族问题始终是困扰南斯拉夫联邦发展的锁链。从20世纪60年代中期起，克罗地亚、斯洛文尼亚、马其顿等地就先后发难，新老民族主义势力抬头，引起南共联盟内部清洗。铁托去世后，科索沃自治省阿族人的动乱从未停息，要求获得共和国地位。

与此同时，围绕联邦和邦联、中央集权和地方自治等问题的斗争，也一直没有停止。所以，南联邦各民族人民表面上生活在一个共同的国家里，而实际上各有各的打算。

近几年来，南联邦经济不景气，处于衰退之中，自治的政治和经济体制因缺乏民主机制而贯彻不力。近一年多来，国内反对派组织和民族分裂主义分子在国内外势力支持下猖狂活动；东欧社会主义国家的剧变，特别是巴尔干地区的政局动荡，使南联邦经济走向崩溃。另外，尽管南联邦早已"进入"欧洲，但西方始终认为它在巴尔干半岛处于特殊的地位，仍是"社会主义"阵地，必须最后拔掉这面旗帜。

斯洛文尼亚和克罗地亚首先宣布退出联邦。他们宣称：45年来南联邦"先天不足"，它的解体是以塞尔维亚和黑山为代表的"共产主义制度"的垮台，是大塞尔维亚"霸权主义"的告终。在他们看来，军队必须中立化和非政治化，偏向塞尔维亚的政策必须"停止"，目前的南联邦必须"摧毁"。攻击的矛头对准了塞尔维亚，因为它在南联邦社会生活中起着主宰作用。据统计，在克罗地亚，67%的警察是塞族人；在克罗地亚共盟里，19.4%的盟员是塞族人。这样，当克罗地亚要求独立并脱离南联邦时，克境内的60万塞族人必然进行反抗，要求自治，归并到塞尔维亚。

南联邦民族问题是多层次的，这使解决危机的办法复杂化。南斯拉夫作为联邦制国家，同周边邻国意、奥、匈、罗、保、希、阿七国几乎都不同程度地存在民族纠葛。在联邦内部，不仅各共和国之间不同民族共居，而且在共和国内，甚至自治省内同样存在不同民族混居，矛盾较深。

国内民族矛盾尖锐化也严重影响了南联邦的对外地位。尽管南联邦同意、奥、匈、捷一起，愿意加强中欧多瑙河五国的合作，但它已失去前些年在东西欧之间的平衡地位。现在，德、美、法和欧共体国家更感兴趣的是捷、匈、波等国。

欧美大国的态度

当然，我们不得不看到，南联邦危机是继海湾战争之后的重大国际性事件，引起了国际社会和舆论的广泛关注。

西方大国为了自身的利益和欧洲的安全，对南联邦事态的发展十分关切。它们看到，南联邦发生危机后，将影响《赫尔辛基条约》的执行，南联邦内部边界的调整将在巴尔干国家以及欧洲其他国家引起连锁反应。这必然导致巴尔干的历史遗留问题死灰复燃，加速欧洲局势的紧张，从而为外国对南联邦内部事务的干预提供契机。

东欧发生巨变后，美国力图支持南联邦境内外的激进势力，改变南联邦独立于西欧和东欧的铁托时代的传统。美国唆使南联邦的反对派组织攻击以塞尔维亚为代表的南共联盟和社会主义自治制度。美国像其他西欧国家一样，打的旗号是建立多党制、市场经济、维护人权和民主自由等。

美国从地缘政治因素出发，不希望欧洲的边界发生变动，不愿意西欧的一体化进程因南联邦事件而受阻，既担心南联邦的邻国向它提出领土要求，又害怕南联邦解体在欧洲大陆引起强烈反响，还对南联邦民族主义泛滥可能牵制中东欧的民主化进程感到不安。一个统一的南斯拉夫对欧洲来说是不可忽视的。因此，南斯拉夫危机初起时，美国和西欧国家公开宣布，支持南联邦的统一和领土完整。

但是，当南联邦人民军队对斯洛文尼亚采取军事行动后，欧美大国开始改变立场。它们提出，南联邦的统一不能靠坦克和军队来维持，南联邦军队的强硬立场导致了流血事件，国际社会应该通过外交和政治途径制裁南联邦，逼它就范。于是，它们由支持一个统一的南联邦的立场转而怂恿斯洛文尼亚和克罗地亚独立。

在这方面，德国的表演最为明显和突出。它表示支持一切愿意从南联邦分裂出去的共和国，甚至想组织欧共体军队出面干预。

奥地利和意大利对南联邦事态的发展明喜暗忧。他们一方面希望看到南联邦瓦解，以便填补"真空"；另一方面又对强大的德国感到恐惧，愿意南联邦成为一支平衡力量。它们还担心受到南联邦难民浪潮的冲击。所以，奥、意建议在原奥匈帝国的范围内建立新的中欧区域联盟。

苏联考虑到本国的民族矛盾尖锐和战后的既得利益，强调尊重南联邦的统一、边界不可变动和政权的联邦结构。戈尔巴乔夫企图出面调停，施加影响。法国、西班牙亦持类似的立场。英国则在等待时机，重返巴尔干地区。

巴尔干国家的态度

南斯拉夫危机产生后，巴尔干国家之间的关系日趋复杂，有可能出现新的政治联盟。首先，塞尔维亚和希腊加强了联系与合作。希腊当局主张南联邦继续存在，哪怕是一个松散的联邦。希反对分裂南联邦，主要是担心出现一个独立的马其顿国家，将来向希提出领土要求（爱琴海马其顿问题）。在1912—1913年的巴尔干战争中和第一次世界大战时，塞、希有过良好的合作。当1991年9月8日马其顿通过公民投票宣布为独立的主权国家后，塞、希在马其顿问题上达成政治妥协的可能性增大了。

马其顿害怕成为"南部塞尔维亚"，力求在未来的南邦联中拥有更大的自主权，开始同巴尔干军事上最强大的土耳其打交道。土指望削弱南，加剧保同南、希的矛盾，离间保、希反土同盟。同时，土早就对波斯尼亚—黑塞哥维那和马其顿境内的穆斯林感兴趣，不希望出现一个强大的塞尔维亚成为自己的竞争对手。土一直宣称要保卫境外的土耳其少数民族权利。但是，土考虑到它同欧共体的利益，同南的正常关系，以及同保、希的矛盾，不会在马其顿问题上公开表明态度，而是对南危机持克制的谨慎立场。

保加利亚对南危机的态度最积极。它一方面声称将尊重南联邦各族人民的自决权，另一方面又盼望南联邦尽快解体。它率先承认斯洛文尼亚和克罗地亚独立，继而又承认马其顿是一个主权国家，但不承认存在"马其顿民族"。保始终坚持在马其顿有100多万保加利亚人的说法，做着一个民族两个国家或统一马其顿的美梦。

阿尔巴尼亚力图利用南联邦的混乱局势，促使早日成立科索沃共和国，最后实现"大阿尔巴尼亚"计划。所以，它表示承认马其顿独立，但要求马保证境内几十万阿族人实行自治，然后并入科索沃共和国。在这点上，保、阿未来接近的可能性较大。

罗马尼亚同塞尔维亚保持着传统的友好关系，对南联邦境内事态的发展持静观态度，不大可能跟保结盟反对塞。

巴尔干国家对南危机的态度反映了它们不同的利益。但应该看到，巴尔干问题对全欧来说历来是一个十分重要的问题。其中，马其顿问题又一直是巴尔干国家的"不和之因"和大国在巴尔干问题上讨价还价的"筹码"。马其顿的独立和南危机的发展可能诱发巴尔干其他国家的民族矛盾。

危机发展的前景

第二次世界大战后，南斯拉夫联邦有三个强大的因素保障社会安定和国家发展：一是有一个强有力的领导人；二是只存在一个唯一的政党；三是有一支团结的军队。1980年铁托逝世，近一年多来南共联盟又告解体，现在只剩下人民军队这一支柱了。南联邦人民军由各民族的指战员组成，约30万人。其中，正规军18万人，地方防御部队12万人。塞尔维亚人在军队中起着决定性的作用，他们约占人民军中下级军官的2/3。南联邦之所以形式上还存在，主要是靠这支军队。一旦军队出现分裂，南危机将进一步复杂化。

一般认为，近期内这场危机不会有乐观的前景。斯洛文尼亚的独立已成定局。塞、克之间的战火难以熄灭。目前，塞尔维亚的主要目标是打出一条通向亚得里亚海的通道，取得出海口，为未来摆脱孤立和同西欧联系做好准备。随着马其顿、黑山和波斯尼亚—黑塞哥维那宣告独立，不排除塞尔维亚为保护这些地区的塞族人而采取"惩罚"行动，或提出建立自治区的问题。那时，内战的火焰有可能向其他地区蔓延。

因此，要对这场危机作出预测是非常困难的。大致有这样三种可能：一种可能是，在南联邦人民军的干预下，今后各主权共和国在新的基础上组成松散的邦联；另一种可能是，塞尔维亚和黑山结为联邦，甚至再包括一两个共和国；还有一种可能是，内战扩大引起欧共体国家或联合国的干涉，派驻维持和平部队，甚至武力干预。

无论出现哪一种情况，南斯拉夫联邦都已无法维持危机前的地位和作用，这是确定无疑的。不排除南斯拉夫危机进一步扩大、国际化。

（原载《世界社会主义研究》1991年第29期）

南斯拉夫在"独立"狂潮中解体

翻开世界地图，我们可以看到欧洲东南部的亚得里亚海、爱琴海和黑海之间，有一片呈葡萄串形状的土地，这就是巴尔干半岛。这里群山迭起，纵横交错，资源丰富。在风云变幻的历史岁月里，巴尔干地区作为世界文明的中心之一，自然成了历来兵家必争之地。

南斯拉夫位于半岛的中部和西部，是该地区领土最大、人口最多的一个国家。前南斯拉夫社会主义联邦共和国由 6 个共和国组成：波斯尼亚—黑塞哥维那、黑山、克罗地亚、马其顿、斯洛文尼亚和塞尔维亚。其中，塞尔维亚共和国又包括两个自治省：科索沃和伏伊伏丁那。南斯拉夫的面积约 25.6 万平方公里，同我国广西省的大小差不多；人口近 3300 万，接近于我国吉林省的人口。

南斯拉夫国家是英雄的国家。南斯拉夫人民是英雄的人民。南斯拉夫的革命是独特的，它的社会主义道路也是独特的。南斯拉夫朋友在向来访者介绍战后南斯拉夫时，常常爱用数字"1—8"来表述，即：

1 个国家（南斯拉夫联邦）、1 个政党（南共联盟）和 1 个领袖（铁托）；

2 种文字：基里尔字母和拉丁字母；

3 种宗教：东正教、天主教和伊斯兰教；

4 种语言：塞尔维亚—克罗地亚语或克罗地亚—塞尔维亚语、斯洛文尼亚语、马其顿语和阿尔巴尼亚语；

5 个主体民族：塞尔维亚族、克罗地亚族、斯洛尼亚族、马其顿族和黑山族；

6 个共和国：塞尔维亚、克罗地亚、斯洛文尼亚、马其顿、波黑和黑山；

7 个邻国：罗马尼亚、保加利亚、希腊、阿尔巴尼亚、意大利、奥地利和匈牙利；

8 个联邦单位：即 6 个共和国加上塞尔维亚境内的科索沃和伏

伊伏丁那两个自治省。

这一组数字真实地反映了南斯拉夫联邦境内复杂的人种、宗教和文化情况，也便于人们记忆。然而，在这一组政治数字的背后却隐藏着无穷尽的灾难。据说，7个邻国国名第一个字母的微妙排列组合，就组成"麻烦"一词，而8个"联邦政治实体"的巧妙组合，又可以出现"找麻烦"这一词组。这是这个国家命中注定还是一种天象？已很难考证。

不过，人们看到，铁托在世时，国家繁荣，民族和睦，南斯拉夫是原东欧地区的一块乐土。1989年，席卷原东欧的多党政治体制和"民主化"拉开了南斯拉夫民族冲突和解体的帷幕。南斯拉夫在"独立"狂潮中开始解体。

实际上，对贝尔格莱德的不满情绪最早是从南共联盟内部产生的。一批年轻的激进民族主义共产党人反对党在社会生活中的引导作用，反对南斯拉夫联邦较为民主的民族政策。1990年1月，南共联盟在内外压力下召开第十四次非常代表大会。在会上，克罗地亚和洛斯文尼亚的代表提出南共联盟不应该成为一个强大的中央集权的政党，而应该成为独立的共和国共盟的联盟，即曾经一度提出的"共盟联邦化"，按联邦的原则，南共联盟不应成为全南斯拉夫的统一力量，而应成为"自治协商"机构。这实际上是要求南斯拉夫成为各独立的主权国家的邦联。当时的塞尔维亚、黑山和马其顿反对这一主张。于是，斯洛文尼亚和克罗地亚的共盟代表宣布无限期退出代表大会。这意味着南共联盟和南斯拉夫联邦开始解体。

1990年4月，反复协商和一再妥协均宣告无效。在各共和国和自治省成立了各种各样的政党和组织。它们宣布反对南共联盟的一党垄断，主张立即举行多党制议会选举，要求立法、行政和司法三权分立，号召军队和警察非政治化，拒绝实行中央集权国家经济和社会主义自治制度。斯洛文尼亚"德莫斯"反对派联盟和克罗地亚民族主义民主共同体分别在选举中取胜，南共联盟在这两个共和国的领导被推翻。

斯洛文尼亚和克罗地亚的行动对其他共和国产生了很大的影响。1990年7月5日，科索沃的阿族宣布要成立独立于塞尔维亚的共和国。在另外4个共和国和2个自治省也相继出现了民族主义的或反共的政党和组织。有的地区原共盟的力量占优势，有的地区反对派占主导地位。重新建立一个全南斯拉夫政党和维护国家统一的种种努力遭到失败，南斯拉夫像一艘超负荷的巨轮在民族主义的汪洋大海中慢慢沉没。

11月，波斯尼亚—黑塞哥维那的穆斯林族民主行动党、塞尔维亚族民主党和克罗地亚族民主共同体三大政党在选举中获胜，基本上按照3个民族的多寡分配了议会的席位。

11—12月的马其顿大选使共产党人处于不利地位。在新产生的议会里各党议席分配情况如下：马其顿人民统一民主党37席，马其顿共盟（民主改革党）31席，其他席位被阿族民主进步党、马其顿改革力量联盟和社会党瓜分。

在12月的塞尔维亚和黑山选举中，塞尔维亚社会党（前共盟）和黑山共盟取得绝对优势。黑山共盟是唯一没有改变自己名称的政党。它们在这两个共和国仍是执政党。

整个1991年，世界各国都在关注着南斯拉夫联邦事态的发展。6个共和国之间的矛盾无法通过和平谈判解决，以塞尔维亚为一方，以斯洛文尼亚和克罗地亚为另一方，民族间矛盾越来越深，严重对立。于是，举行了6个共和国总统和南斯拉夫联邦主席团成员的7轮高级会谈以及各共和国领导人之间的一系列会晤。出现了两种截然不同的意见：斯洛文尼亚和克罗地亚主张南斯拉夫联邦的未来体制应仿效欧共体模式，即成为各独立主权国家联盟；塞尔维亚和黑山则坚持南斯拉夫联邦的整体性，维护独立国家而非主权国家联邦。波黑和马其顿则倾向于走自己的独立道路。

1991年3月初，在克罗地亚境内的60万塞族人成立"塞族克拉伊纳自治区"。这是塞尔维亚族和克罗地亚族冲突的开始。接着，在波斯尼亚的100多万塞族宣布建立"波斯尼亚克拉伊纳"。两地的塞族采取联合行动，要求继续留在南斯拉夫联邦。从塞尔维亚方面讲，强调中央集权，甚至提出恢复塞尔维亚国家的"历史边界"，主张"所有塞尔维亚人统一于一个国家"的口号，这也是一种民族主义。因为塞族分布在各共和国和自治省，如果这些在其他共和国是"少数民族"的塞族都同"塞尔维亚—母国"联合，就意味着改变行政边界，重新按种族划分国界，兼并他人的领土。统计材料表明，自古至今塞尔维亚是南斯拉夫领土范围最大的国家。除塞尔维亚外，塞族分布在其他共和国和自治省的情况如下：占克罗地亚人口的11.6%，波黑的31.5%，斯洛文尼亚的2.1%，伏伊伏丁那的57%，科索沃的2%，马其顿的2.3%，黑山的3.6%。

在塞族咄咄逼人的情况下，5月12日克罗地亚进行全民公决，宣告成立独立的主权国家。这一举动说明克罗地亚实际上已脱离南斯拉夫联邦。6月25日，斯洛文尼亚和克罗地亚同时宣布独立。

南斯拉夫危机进一步加剧。克罗地亚境内塞族同克族的军事冲突不断升级。6月底至7月4日，在斯洛文尼亚和塞尔维亚之间爆发了"8日独立战争"。9月8日，马其顿共和国全民公决，宣布成为独立的主权国家。

最后一个独立出来的共和国是波斯尼亚—黑塞哥维那。1992年2月29日至3月1日，波黑举行全民投票，99%以上的人赞成独立。据1991年3月该共和国人口统计，波黑的面积为51129平方公里，共435万多人。其中，穆斯林约190万（占43.7%），塞尔维亚人约136万（占31.3%），克罗地亚人约75万（占17.3%），还有一些"南斯拉夫人"等。波黑3个民族在如何组成统一国家的问题上产生了严重分歧，互不妥协，爆发了旷日持久的战争。

1992 年 4 月 27 日，南斯拉夫联邦剩下的两个共和国塞尔维亚和黑山宣布组成南斯拉夫联盟共和国，作为大大缩小了的前南斯拉夫的继承者。

这样，一个联邦的、自治的和不结盟的南斯拉夫已不复存在，它的瓦解已成为国际社会承认的事实。

（原载《贵州文史天地》1998 年增刊，节录）

成也南共联盟，败也南共联盟
——南斯拉夫解体原因之一

南共曾是一个学习型政党，勇于创新

据南斯拉夫学者统计，南斯拉夫共产主义者联盟（简称南共联盟）的人数从 1950 年的 60 万、1970 年的 105 万和 1980 年的 200 万增加到 1986 年的 217 万，占当时全国总人口 2230 万的 9% 以上。另一项统计称，1945—1971 年，每 100 名国家职工中有 85 名南共联盟盟员，而在南就业人员总数中每 4 个人中就有 1 名南共联盟盟员。

正是这个党，1948 年在与以苏联共产党为首的欧洲共产党和工人党情报局发生冲突时获得了胜利。1949 年，南斯拉夫却被开除出"社会主义阵营"。从此，勇于创新的南斯拉夫共产党人在党内掀起了学习和重新领会马克思主义理论的运动，反思自己所走过的道路。他们认为，在马克思主义学说中就有关于工人自治思想的论述；马克思在《国际工人协会共同章程》里开宗明义就指出，"工人阶级的解放应该由工人阶级自己去争取"①。

---

① 《马克思恩格斯选集》第 2 卷，人民出版社 1972 年版，第 136 页。

于是，1949 年底南斯拉夫关于成立工人委员会的第一个正式文件获得议会通过。1950 年年中，南联邦议会公布了《关于劳动集体管理国营经济企业和高级经济联合组织的基本法》，即通常所说的《工人自治法》。铁托在议会通过该法时强调："今天，我们在自己的国家里建设社会主义，我们不用抄袭任何刻板公式，而是要考虑到我国的特殊条件，遵照马克思主义科学和思想来走自己的道路。"①《工人自治法》的诞生，标志着南斯拉夫自治社会主义制度的开始。

南斯拉夫共产党人一向以改革著称。据他们自己统计，从1945 年到 1988 年的 40 多年间，南联邦政府共进行了 60 次各种改革，其中宪法改革 5 次、经济体制改革 13 次、经济政策改革 12次、教育改革 5 次，等等。这些改革的一项主要内容是促使南斯拉夫经济转变为市场经济，以转变联邦政府的职能，巩固自治社会主义制度。

南共早在 20 世纪 40 年代末 50 年代初就开始摆脱斯大林社会主义模式，进行了艰难的"南斯拉夫试验"，探索了符合自己国情的"南斯拉夫道路"。南共在 1952 年的第六次代表大会上就改名为南斯拉夫共产主义者联盟，认为这个名称最接近马克思的共产主义者同盟。所以，南斯拉夫的革命是独特的，它的社会主义建设道路也是独特的。南斯拉夫是英雄的国家，铁托是铁。南共联盟经受了战斗的洗礼，无愧是战后初期南斯拉夫建设和改革过程中的积极倡导者和领导者。

南共主动放弃领导地位，自我孤立

然而，与同一时期其他东欧国家执政党相比，南共联盟并没有通过宪法形式确定它在国家社会生活中的领导作用，而是使用了一种新的提法，即"党的引导作用"。南共在"六大"通过的

① 转引自［南］布·佩特拉诺维奇、切·什特尔巴茨《社会主义南斯拉夫史》第2 卷，贝尔格莱德：工人出版社 1977 年版，第 324 页。

新党章第一次提出党政分开，强调要将南共联盟的"领导作用"改成"引导作用"。大会的决议在讲到共盟的直接任务时，只是"对群众进行政治思想教育"，称共盟在自己的工作中，"不是也不可能是经济生活、国家生活和社会生活的直接有效的领导者和发号施令者"，而是通过说服的办法，使共盟的"路线和观点，或者它的个别成员的观点被采纳"①。决议还主张党的工作公开化，非党员可以监督党组织。

我们说，尽管这些愿望是好的，是使党和社会生活民主化和非官僚主义化的一次大胆尝试，有利于当时提出的党政分开和实行政治体制改革。但是，在当时的国内、国际条件下，大会过早地提出党和国家的消亡问题，宣传解释工作又没有跟上，反而起了消极作用，致使一些盟员曲解大会的决议，从而一度出现了纪律涣散和思想混乱的现象。

这一新提法出现后，南共联盟领导核心日趋"联邦化"，使国家丧失了维护统一的领导核心和凝聚力。"六大"后，南共联盟中央与各共和国、自治区（省）南共联盟之间不再是上下级关系而是三者平行的关系；由"协商一致"取代了"民主集中制"原则。实践证明，这种理论导致南共联盟大权旁落，自毁长城，为自身的削弱和瓦解撕开了裂口。

结果，党内不同政见者应运而生。1954 年，南共中央书记米洛万·吉拉斯在批判斯大林专制独裁和发扬民主自由的借口下，公开要求实行西方的多党制度，取代一党领导。吉拉斯是南共的一位马克思主义理论家。他在抵制欧洲共产党情报局控制的斗争中，始终支持铁托的立场，是反对斯大林官僚主义和教条主义的勇士。但吉拉斯从批判斯大林的错误发展到怀疑马克思列宁主义、怀疑南共的政策、直到否定列宁主义的党和社会主义制度。这就

① 《南共第六次代表大会关于南斯拉夫共产主义者联盟的任务和作用的决议》，《战斗报》1952 年 11 月 8 日。

是西方人常说的，在倒洗澡水时，连盆里的孩子也倒掉了。铁托没有别的选择，只能消灭这种对他的挑战和威胁。于是，南共联盟立即举行非常全会，决定将吉拉斯开除出中央委员会，解除党内外一切职务。后来吉拉斯又被清除出党，并两次被判刑入狱。

甚至西方学者当时也认为，南共联盟这种理论和实践，"具有思想上的狂热性和空想主义色彩……同时它也推动吉拉斯走得过快、过远，他公开提出了立刻解散党，使党消融在广泛的群众阵线组织——社会主义者同盟中的观点"[①]。

接着，1966年南联邦副总统、仅次于铁托的"第二号人物"、南联邦安全和情报首脑亚历山大·兰科维奇也被铁托解除党内外一切职务。当时，苏东社会主义国家指出，兰科维奇的下台将使南斯拉夫的社会和经济生活开始"全面自由化"，将催生民族分裂主义。西方国家兴高采烈，也认为南斯拉夫将"取消党对社会生活的垄断"。

南斯拉夫各共和国则认为制造"兰科维奇事件"是"摧毁了一个统一国家的强力部门"，将导致党发生分裂，出现"自由化"，将使民族冲突开始升级。更为严重的是，兰科维奇下台加速了南斯拉夫的"邦联化"，为它的瓦解创造了条件。

铁托失去吉拉斯和兰科维奇两位左辅右弼之后，党心、人心受到沉重打击，社会不断动荡。与此同时，南共联盟也遭到了以苏联党为首的原社会主义各国共产党的围攻、谩骂，甚至武力威胁，被无辜扣上"修正主义""帝国主义奸细"的帽子，长时间被"妖魔化"，受到无端攻击。铁托本人虽说在内外压力下没有变成孤家寡人，却也只好拖着染病的身躯，带领一帮"志同道合者"，继续哼着自治社会主义的小调，顽强举着不断改革和"不结盟"的旗帜，漫不经心地沿着一条理想主义的小道前行。

---

① ［英］阿波利尔·卡特尔：《南斯拉夫的政治改革》，范琦勇等译，春秋出版社1988年版，第2页。

南共联盟改革过头，惹来亡党亡国之祸

从 20 世纪 60 年代中期起，南斯拉夫在政治体制改革方面提出了"非国家主义""非政治化"等口号，即减少党和国家对经济事务的控制和干预。其中，一个重要方面是改革党政干部政策，采取了 4 项主要措施，即轮换制、非职业化、职务单一化和通过削减专职的政治干部和增加工人、妇女以及青年人在干部队伍中的比例，改善党委会的社会成员构成等。

1980 年 5 月 4 日，领导南斯拉夫党和国家近 40 年的铁托逝世，给南联邦造成了重大损失。铁托在世时，以他个人的智慧和威望，缓解和处理了国内出现的种种社会问题。他死后，许多问题和矛盾立即暴露出来，南共联盟面临严峻的考验。为此，南共联盟决定取消党和国家领导人的终身制，实行集体领导和定期轮换制。联邦主席团行使国家集体元首和武装部队统帅的职能，同时确定联邦主席团委员按各共和国和自治省字母次序轮流履行一年一期的主席团主席的职务。6 月，南共联盟中央全会决定取消南共联盟中央委员会主席职务。南共联盟中央主席团执行主席改为主席团主席，也是一年轮换一次。也就是说，联邦主席团由 6 个共和国和 2 个自治省各 1 人加南共联盟 1 人共 9 人组成，"轮流执政"。南共联盟只是最高领导层的 1/9。同样，南共联盟中央主席团则由 6 个共和国和 2 个自治省各 1 人加上军队 1 人共 9 人组成。

这时的南共联盟已很难代表全联邦发挥作用，整个南联邦像一个多党制国家，共和国和自治省加起来有 8 个党，军队里还有 1 个党。这样，党已经开始"联邦化"，入党和退党成了司空见惯的现象。在 20 世纪 70—80 年代的 20 年内，南共联盟共吸收了约 200 万名新成员，却有近 100 万人离开了党。这种情况在东欧国家别的执政党里很少发生。

1982 年 6 月，南共联盟举行了第十二次代表大会，号称是一

次继往开来的大会。到 1981 年底，南共联盟共有 211 万盟员，人数达到该党历史上的最高峰。盟员占全国人口的 9.5%，占全国就业人口的近 1/4。盟员中 1/3 是 27 岁以下的青年。但到 80 年代末，各共和国和自治省的南共联盟越来越站在民族主义立场上，成了分离主义的代言人。各地南共联盟对南共联盟中央的决议、纲领和政策采取阳奉阴违的实用主义态度，在各地民族主义和地方主义的煽动下，向中央发难。1988 年，南共联盟召开了一次全国代表大会，通过了经济改革、政治体制改革和南共联盟改革三个改革方案，目的在于摆脱已经出现的社会经济危机，但为时已晚！

此时，南共联盟和联邦国家的集体领导由于年年轮换，不分共和国大小和领导人能力强弱搞绝对平等，反而使领导层变得软弱无力，流于形式。南联邦和南共联盟的代表轮流在同一舞台上演戏，像走马灯，你方唱罢我登台。到头来，没等到南共联盟的代表第二次登场，一场席卷原东欧的多党政治体制和"民主化"拉开了南斯拉夫民族冲突和崩溃的序幕，南斯拉夫在独立狂潮中开始解体。共产党人苦心设计的"轮流坐庄制"已经无人问津，人去台空，演员一个个扬长而去，观众四处离散，留下一个空旷而又略带斑斑血迹（由于连年内战）的荒废舞台。这就是今日我们所看到的前南斯拉夫的魔影！这就是南共联盟的死亡证书！

南斯拉夫是原东欧地区改革开放的典范、人们津津乐道的一块乐土。如果说战后南斯拉夫的迅速发展和民族团结归功于三个主要因素，即一个强有力的领导人、存在一个唯一的政党和一支统一的军队，那么在 1989—1990 年的苏东剧变中上述三个稳定因素已不复存在了。

南共联盟成败和南联邦解体带来的教训是深刻的，对人们的警示颇多：警示之一，马克思主义要发展、要创新，不能僵化理解、机械运用，但对一些重大理论问题不能随意"本土化"或盲目"修正";警示之二,执政党内部存在反对派(往往以改革派面貌出现)是客观存在,应该高度重视,但在对他们的处理上要慎之又慎,需要经得起历史的检验;警示之三,社会主义政治制度应该优于资本主义的政治制度,但社会主义社会需要而且能够进行改革,这种改革不能过激、过头;警示之四,社会主义经济和政治体制改革需要由执政党和杰出的领导人推动和领导,要照顾到党心、民心;警示之五,妥善正确处理社会主义国家中的民族矛盾问题,防止外部敌对势力利用民族问题激化矛盾,使之政治化和国际化。

(原载《紫光阁》2012 年第 12 期)

波黑内战透析

波黑内战自 1992 年 3 月爆发以来持续了 40 个月,成为第二次世界大战结束后欧洲持续时间最长和规模最大的战争,约 20 万人死于战乱,近 200 万人流离失所。战争给前南地区和巴尔干邻国造成数百亿美元的经济损失,人们期盼这场骨肉相煎的战争早日结束。1995 年 12 月,解决波黑危机的《波黑和平协议》在巴黎正式签字。和平之神在波黑大地降临。

然而,波黑冲突三方的矛盾错综复杂,内战的风云变幻莫测。和平来之不易,化干戈为玉帛,还需波黑冲突各方和国际社会作出极大的努力。

新旧矛盾交织,内战烽火蔓延

波黑内战的直接导火线是一场婚礼。1992 年 2 月 29 日—3 月 1 日,波黑举行全民公决,决定是否脱离南斯拉夫联邦独立。全民投票结果是:63.4% 的选民参加投票,其中近 63% 的人赞成独立。穆斯林族民主行动党和克罗地亚族民主共同体获胜，而塞尔维亚族民主党抵制公决，塞族没有参加投票。

在投票处于高潮的 3 月 1 日，一对塞族夫妇在萨拉热窝东正教堂为儿子举行婚礼时，据称遭穆族袭击，新郎父亲当场丧命，塞族旗帜被焚毁。这一消息引起塞族的愤怒。当晚，塞族和穆族武装居民在萨市互筑街垒，设置路障。3 月 5 日，两族居民发生冲突，造成数十人伤亡。26 日，原南人民军驻波黑部队出面干预，穆族武装同其交火，再次出现伤亡。4 月 5 日，波黑进行总动员，指控南人民军"侵略"波黑，并邀请克罗地亚正规军支援。克族武装站在穆族一边向塞族发起进攻。从此，武装冲突蔓延开，成为一场以争夺领土为目标的内战。

波黑暴力事件演变为武装冲突，又迅速升级为旷日持久的内战，是诸多因素造成的，既有历史积怨，也有现实矛盾；既有内部原因，也有外部影响。

1. 民族和宗教矛盾是波黑发生内战的根本原因。

波黑面积 5.1 万多平方公里，是一个多民族国家，据 1991 年的最后一次人口普查，全国共有 435 万人。其中，穆族 190 万（占 43.7%），塞族 136 万（占 31.3%），克族 75 万（占 17.3%），还有若干其他民族。

穆族是 15 世纪以来被伊斯兰化了的斯拉夫人，他们讲塞尔维亚－克罗地亚语；塞族信仰东正教；克族信奉天主教。在历史上，穆、克、塞三族居民都先后遭受奥斯曼帝国、奥匈帝国和南斯拉夫王国的统治，他们依次既当过"优等民族"，又沦为过"二等公民"，又同是外来势力的受害者。5 个多世纪的共居和恩怨，历史为这三个不同宗教信仰的民族留下了深刻的矛盾。三族争论的实质是"波黑的归属问题"。

塞族认为，"波黑早就是塞尔维亚国家不可分割的组成部分"。在波黑居住的本来是塞族，后来被人为地分裂为塞族、克族和穆族。这个地区的居民历来就表示愿跟塞尔维亚合并。

克族则强调，自古以来"波黑就是克罗地亚的一部分"。波黑境内的斯拉夫人就是克罗地亚人，并称这可以从波黑行政设置的名称和出土的考古文物得到证明。

穆族则认为，既然塞族和克族都有自己的"母国"，那么穆族作为波黑的主要居民，也有权建立自己的国家。

2. 波黑独立问题是引发战争的直接原因。

波黑三族在关于波黑独立问题上的观点和立场根本对立。1990 年底，南斯拉夫联邦开始解体。1991 年随着斯洛文尼亚、克罗地亚和马其顿宣告独立，脱离联邦，波黑三族及其政党就独立问题举行了多次会谈，展开了激烈的争论。

塞族因担心波黑独立后会沦为少数民族而受制于穆族，因而主张波黑由 3 个彼此主权独立的小国结成邦联，或者留在南斯拉夫，同塞尔维亚一起组成新南斯拉夫。克族基本上同意维持现存地域的三族邦联，但担心受控于穆族和塞族，更反对加入新南斯拉夫，故倾向于独立。穆族对事态的发展起着决定性的影响，它的战略目标是建立一个伊斯兰国家，由"穆斯林民族"起主导作用，于 1992 年 2 月底就独立问题强行举行全民公决，宣布脱离南斯拉夫联邦。

塞族抵制全民公决。为了牵制和反对穆、克两族的独立活动，遂宣布建立自己的议会和波黑境内各塞族聚居区实行自治。接着，又成立了"波黑塞族共和国"，占据 60% 的地域；克族也组建了"赫尔采格—波斯尼亚克族共同体"，拥有 20% 以上的土地；穆族控制各大城市，占地 15% 左右。这样，独立后的波黑实际上处于"三分天下"、三族鼎立的局面。三族都采取武力手段抢占和固守地盘，内战进一步扩大。

3. 外部干预给内战起了火上浇油的作用。

波黑位于前南心脏地区，战略地位十分重要。这里是前南主要军工基地，有许多军事设施。波黑邻国塞尔维亚和克罗地亚首先卷入波黑的内战。前南解体时，塞、克都力图把波黑境内的塞族和克族聚居区分别纳入自己的版图。塞总统米洛舍维奇曾提出，前南境内"所有塞族人有权生活在一个塞尔维亚国度里"。克总统图季曼则声称，瓜分波黑是"解决前南危机的最佳方案"。为此，原南人民军从波黑撤军后，波黑塞族士兵就地改编成波黑塞族共和国正规军。克罗地亚为帮助波黑克族人作战，派出了数万名正规部队。穆族政府军则得到伊斯兰世界"圣战者"和西方军火商的支持。这种外界的干预为三族进行内战提供了物质基础。

西方大国承认克罗地亚、斯洛文尼亚和马其顿后，波黑三族在独立问题上的争吵越来越激烈。正当波黑三族谈判取得了某些进展而尚无结果时，欧共体和美国建议波黑就独立问题举行全民公决，并于4月6—7日相继匆忙承认波黑为独立主权国家。被此举激怒的塞族决心加速军事行动，以实现自己的政治目标。所以，西方国家的直接插手对内战推波助澜，以致蔓延至波黑全境。

国际社会调解，多种方案未果

波黑内战爆发后，为了防止战火波及被称为"火药桶"的巴尔干其他地区，进而威胁欧洲安全与和平，以联合国为代表的国际社会进行了大量的调解工作，提出了一个又一个解决波黑冲突的和平方案，但都没有收到明显的效果。

一是欧洲共同体（欧洲联盟）方案。

1992年3月，欧共体调停人、葡萄牙外交官库蒂莱罗提出解决波黑冲突的第一项和平方案。该方案的实质是将波黑按民族分成三大区域，依瑞士模式组成新的邦联式国家。塞族和克族表示同意，但穆族感到"三国分治"模式对它不利，主张维护波黑领土的完整性。"三驾马车"南辕北辙使欧共体方案搁浅。

同年10月，前南问题国际会议两主席万斯（代表联合国）和欧文（代表欧共体）提出了解决波黑危机的"一揽子计划"，即著名的"万斯－欧文计划"。该计划预计使波黑成为一个统一的分权制国家，各省高度自治。其版图划分为 10 个省，其中 3 个省划归穆族，占波黑总面积的 27%；3 个省为塞族管辖区，占 43%；2 个省为克族控制省，占 15%。此外，第十省为穆、克共管区，第七省首都萨拉热窝为非军事区，由三方共管。经过几个月的讨价还价，穆、克两族接受这项计划，但塞族认为已控制全国 70% 的领土，让出的地盘太多，以全民公决的形式拒绝了和平计划。于是，该计划功亏一篑。

1993 年 8 月，欧文和斯托尔滕贝格（是年 4 月取代万斯）就波黑问题又制订了一个新的解决方案，即"三分模式"方案。该计划的主要内容是波黑按民族划分为 3 个"共和国"，具有独立的立法和司法权，但不具有国际法地位，3 个实体组成共和国联盟。波黑版图也按民族一分为三，塞族占 52%，穆族占 31%，克族占 17%。实际上新方案是根据塞总统米洛舍维奇和克总统图季曼联合提出的"三分方案"制订的，所以，经过两个月的反复谈判，塞族和克族接受了欧文－斯托尔滕贝格计划。但是穆族因 40% 以上的领土要求未得到满足而拒绝了该计划。国际调停再次受挫。

为了打破波黑三方和谈的僵局，欧盟于 11 月底又提出分阶段解决波黑冲突办法。第一阶段，通过逐步解除对南斯拉夫制裁，换取波黑塞族对穆族作出领土让步，以达成版图划分协议；第二阶段，召开前南问题国际和平会议，采取国际监督措施和制定前南地区安全机制，以保证协议实施。在欧盟的压力下，波黑冲突三方在日内瓦恢复谈判。塞、克两方向穆族作出让步，同意穆族可拥有波黑 1/3 的领土，并获得亚得里亚海出海口。但穆族要求再增加 1% 的领土，遭到塞、克两族拒绝。

二是五国和平计划。

早在 1993 年 5 月，在俄罗斯的推动下，美、俄、英、法、西班牙五国推出了以建立穆斯林安全区为主要内容的"联合行动计划"。该计划意在"扑灭波斯尼亚战火",而未触及波黑制宪原则和版图划分等实质问题,它只能是一个治标不治本的权宜之计,没有引起国际社会重视。

1994年4月,美、俄、欧盟和联合国四方的代表在伦敦协调在波黑问题上的立场。这种做法是波黑危机爆发以来的第一次。5月中旬,美、俄、英、法、德五国倡议成立了关于波黑问题国际联络小组,并就政治解决达成如下共识:(1)要求波黑交战各方停火4个月;(2)波黑版图应以欧盟的计划为基础,即穆、克两族将获得全国领土的51%,而塞族将得到49%的领土。12月,5国联络小组对和平方案又作了修改,增加了以下内容:尊重波黑主权和领土完整;允许波黑塞族将来同塞尔维亚组建邦联;波黑边界和领土划分比例不变,但在自愿的基础上可以相互交换领土。塞族对此持赞成态度,但穆族反对修改和平计划,强调只有塞族接受五国和平计划才能恢复谈判。

1995年2月初,征得五国联络小组同意,法国提议波黑、克罗地亚和塞尔维亚三国总统会晤,以讨论下面4个基本问题:(1)前南各共和国在国际承认的边界范围内相互承认;(2)三国首脑确认接受由五国联络小组提出的波黑和平计划;(3)讨论解决克罗地亚境内克拉伊纳塞族控制区问题;(4)取消对塞尔维亚和黑山的国际经济制裁问题。图季曼总统表示了积极的态度,但伊泽特贝戈维奇总统和米洛舍维奇总统则表示要对此建议进行研究,采取拖延战术。

三是美国方案。

两年多来,国际上政治解决波黑危机的主张占据主导地位。美国对波黑的军事干预主张遭到欧洲盟国和国际社会的抵制后,开始调整政策,推出了"联邦+邦联方案"。1995年3月18日,波黑穆、克两族领导人在美国的威胁和撮合下在华盛顿正式签署"联邦+邦联"协议。该协议规定,穆、克两族结成联邦,然后该联邦再与克罗地亚组成邦联，意在孤立打击塞族。两族分区而治，混居区建立联合政权。中央政府负责国防、外交、金融等活动。地方政府主管经济、文化、社会治安和市政建设。联邦总统和总理由联邦议会选举产生，穆、克两族轮流担任。波黑政府军和克族民兵将建立联合指挥部。美要求波黑塞族加入穆克联邦，塞族表示反对，提出将同塞尔维亚实现"完全统一"。

美国态度的变化对加速解决波黑危机产生了一定的影响。1994年12月18—21日，美国前总统卡特出访前南地区，促使波黑塞族和穆克联邦签署了一项在波黑全境停火4个月的协议。此后，波黑交战三方又接受了美国关于从1995年10月10日起停止军事行动60天的建议。10月31日，波黑冲突三方领导人米洛舍维奇、图季曼和伊泽特贝戈维奇在美国俄亥俄州代顿会谈，讨论签署波黑和平协议事宜。经过三周的讨价还价，11月21日和谈落下帷幕。代顿和平协议的主要内容有：波黑共和国作为得到国际承认的主权国家，将由穆－克联邦和塞族共和国两部分组成，分别控制51%和49%的领土；中央政权机构包括选举产生的、由上下两院组成的议会和由3人组成的总统委员会；首都萨拉热窝将在穆－克联邦之内并保持统一；国际法庭指控的战犯不得担任任何职务；联合国安理会将解除对波黑的武器禁运和对南联盟的经济制裁。12月14日，解决波黑冲突的《波黑和平协议》正式在巴黎签字。饱经战争创伤的波黑土地初露和平的曙光。国际社会普遍欢迎前南地区三方签署波黑和平协议。

如果波黑三族真能捐弃前嫌，大国真能致力于波黑和平，那么和平之神降临波黑便有一线希望。国际社会对波黑局势的发展仍只抱谨慎的乐观态度。

国际调解收效甚微，波黑冲突久拖不决的原因

国际社会为解决波黑危机和实现和平而提出的方案，一个接一个遭到拒绝，危机日益加深。波黑三族针锋相对，互不相让，往往协议墨迹未干，又开始厮杀。同时，欧美大国在波黑问题上的矛盾和斗争也增加了解决波黑问题的难度和复杂性。

1. 波黑三个民族混居复杂，很难按地域和人种划分界线。

在波黑这张"斑豹皮"般人种分布图上，居住着三个主要民族。他们各有自己的宗教、政党和武装力量，还有各自的后台老板，早已形成三分天下的局面。同时，三个民族的分布又不是按各自的民族聚居，而是严重混居，呈现"你中有我，我中有你"的局面。

所以，无论三个小共和国的方案还是 10 个省计划，都难以公正地彻底解决三族之间的地域和种族界线，再合理的方案也难以把每个民族的居民都包括进它的管辖区。

2. 三个民族出尔反尔，欲壑难填。

据统计，尽管波黑穆族人数最多，但因多生活在大中城市，所占面积不到全国总面积的 30%，而只占 31.3% 人口的塞族却占有 50% 以上的面积，克族占地面积跟他们 17% 左右的人口比例基本一致。但是，三个民族在对待国际调解的态度上，主要还是争论领土问题。谈判中，谁都想攫取更多的土地，可谓"寸步不让"，谁都盼望把自己的居住区连成一片。即使达成了某种协议，不久又以土地比例、居民、土质和资源等问题为由加以拒绝。这种现象屡见不鲜。

3. 西方国家解决波黑问题采用双重标准，存在分歧。

波黑危机产生时，西方国家为了彻底消灭南斯拉夫这个"欧洲最后一个共产主义堡垒"，德、美带头匆忙承认了波黑为独立的主权国家，但没有提出解决波黑复杂的民族问题的后继措施。接着，便动用欧共体、欧安会、北约等组织，以及联合国安理会，通过了一系列决议，对南联盟实行政治孤立、经济和外交封锁。特别是德国，企图通过克罗地亚南下巴尔干地区，进而抛弃战后禁止它向海外派兵的国际协定。法、英在巴尔干地区有着传统的利益关系，竭力阻止德国和俄国"重温旧梦"。

俄罗斯积极介入，利用波黑冲突重返巴尔干地区，以恢复前苏联在那里的影响和作用。对俄来说，在东欧已丧失了昔日的影响，丢失巴尔干地区，也就是丢失整个中东欧地区。俄这么做也是国内政策的需要。在北约1994年2月和1995年9月两次大规模空袭塞族阵地时，都是在关键时刻由俄出面干预，才使一触即发的紧张局势得以缓和。

在如何处理波黑危机问题上，美国同欧洲盟国存在某种分歧。欧洲国家试图通过自己提出的方案显示冷战后独立解决国际问题的能力，美国则想从实力地位出发单独掌握解决国际问题的主宰权。欧盟关心各自在波黑地面部队的安全，又担心波黑难民潮冲击其社会稳定，力主政治解决；美国起先持"隔岸观火"态度，一再拒绝派地面部队去波黑执行维和任务。美主张以军事干预为主，并先后提出波黑禁飞区、解除对穆族的武器禁运、空袭塞族军事目标等建议。但是，出于意识形态的考虑，欧美国家在调停中往往又偏袒穆、克两族，向塞族施压。直到1994年，美认为单枪匹马解决波黑问题时机已到，决心担负起"领导责任"。先是促成穆、克建立联邦，随后又劝说三方达成代顿和平协议。美又一次抢走了国际社会解决波黑危机的主动权，因而大出风头，表示愿派两万多名地面部队进入波黑执行维和任务。

波黑问题复杂多变，制约因素颇多，对发展前景很难按常规进行预测

实际上，这是一场"奇怪的战争"。交战三方没有固定的战场和对手。穆、塞、克三族互相敌视，有时又存在某种形式的合作。内战初期，穆、克联手共同反对塞族，后又反目为仇。两族虽说凑合成联邦，但这是"没有爱情的婚姻"，同床异梦，最终会发生离异。塞、克两族严重对立，但又几次在"三分模式"和领土比例等问题上达成"君子协定"。

波黑和平协议签署后，塞、克两族实际上控制了波黑 2/3 的领土，其中，塞族因丧失谈判时机，失去了一部分土地，真正受益的是克族。穆族尽管占有 1/3 的地盘，但政权基础很不稳固，且内部存在矛盾。如果穆－克联邦同克罗地亚结成邦联，而塞族共和国同塞尔维亚组成邦联，那波黑共和国连同穆族也就名存实亡了。波黑面临塞、克瓜分的危险依然存在。

同时，波黑人民是否会铺着红地毯欢迎北约荷枪实弹的 6 万多名维和部队？欧美大国真的能放弃各自的利益为波黑谋求和平吗？人们也将拭目以待。

（原载《世界历史》1996 年第 3 期）

黑山独立及其可能的影响

2006 年 5 月 21 日，在黑山独立问题全民公决中，以米洛·久卡诺维奇为首的"支持独立派"以 55.5% 的选票击败以普雷德拉格·布拉托维奇为代表的"支持联合派"（44.5%），赢得胜利。公决的投票率高达 86% 以上，即近 48.5 万人参加了投票。这对一个面积仅 1.38 万平方公里，人口约 65 万的小国来说，是绝无仅有的现象。6 月 3 日，黑山共和国议会通过了黑山独立决议以及独立宣言，这标志着欧洲地图上又多了一个新主权国家。[①]

黑山是前南斯拉夫继马其顿之后，在平静的气氛中同塞尔维亚"离异"的。黑山的独立被认为是前南斯拉夫多民族国家一分为六过程的最终完结。

---

① Черна гора—новата държава на картата на Европа，见 www.mediapool.bg 网，2006 年 5 月 23 日。

黑山独立是意料之中的事

黑山独立并不令人意外，甚至是情理之中的事。在历史上，黑山 1878—1918 年是独立国家。在奥斯曼帝国 4 个多世纪的统治下，黑山人民以骁勇善战闻名于巴尔干半岛。第一次世界大战后，黑山在南斯拉夫大家庭里生存了 88 年，是与塞尔维亚相依为命时间最长的国家。

1992 年 4 月 27 日，当其他前南斯拉夫国家斯洛文尼亚、克罗地亚、马其顿和波黑决定离开联邦时，黑山毅然同塞尔维亚站在一起，组成南斯拉夫联盟共和国。其后，黑山反对派政党崛起，主张黑山同塞尔维亚分道扬镳，恢复为主权独立国家。在 1997 年和 1998 年的总统和议会选举中，久卡诺维奇的独立派支持者曾以微弱优势战胜贝尔格莱德支持的布拉托维奇一派。黑山在许多方面"冻结"了同米洛舍维奇领导的塞尔维亚政府的关系。1999 年 8 月 5 日，在北约发动"科索沃战争"后，黑山建议取消南联盟，与塞尔维亚建立一种松散的关系。2000 年 6 月 25 日，黑山正式向联合国提出，不愿继续留在南联盟内。2000 年 11 月 10 日，米洛舍维奇下台后不久，久卡诺维奇发出警告，如果塞、黑共同国家不解散，黑山将就独立问题举行全民公决。2002 年 3 月 14 日，塞、黑开始谈判改组南联盟。同年 10 月 20 日，久卡诺维奇在黑山议会选举中获得 75 个议席中的 39 席。2003 年 2 月 4 日，南联盟改组为塞尔维亚和黑山国家共同体，并规定黑山有权在 3 年后通过全民公决选择独立。2005 年 2 月 22 日，黑山提议与塞尔维亚和平"分离"，塞拒绝这一建议。2006 年 1 月，欧盟派特使同黑山当局谈判如何组织全民公决事宜，并设置 55% 赞成票高门槛。2006 年 3 月 2 日，黑山议会决定 5 月 21 日就独立问题进行全民公决。从上述资料可以看出，在南联邦解体后黑山为实现主权独立进行了不懈的努力，走过了一段艰难的道路。严格地讲，黑山是"恢复"其独立地位，是"合乎情理"的必然结果。

黑山独立后国内面临诸多困难

其实，包括欧盟在内的国际社会，并不愿意黑山在这个时候脱离塞尔维亚，而希望塞尔维亚和黑山国家共同体作为一个整体加入欧盟。为此，欧盟在 2006 年初规定黑山独立要有 55% 的赞成票才有效。这次，来自 35 个国家的 365 名观察员监督公决，认为投票过程"公正、透明"①。所以，公决后欧盟表示尊重投票结果，并建议黑山和塞尔维亚就进一步发展相互关系举行会谈。

公决获胜后，久卡诺维奇说："根据黑山大多数公民的决定，我们的独立得到了恢复。我们已经拥有自己的国家。"他同时表示，公决没有胜利者和失败者，塞尔维亚也是独立国家了，祝愿两个睦邻国家友好相处，共同发展。

塞尔维亚总统塔迪奇称，根据 2003 年达成的 3 年后各自有权决定离合的条约，塞尔维亚人民接受黑山人民独立的现实，两国人民是血肉兄弟。他向黑山人民表示祝贺。

前南各共和国对黑山的选择表示欢迎，认为"人造南斯拉夫"已寿终正寝，这是件好事。这也"更有利于塞尔维亚走上欧洲一体化道路"。

科索沃总理切库对黑山独立更是欢欣鼓舞。他强调黑山为科索沃独立作出了"榜样"，提供了机会，科索沃不久就会成为一个新国家。

黑山虽然独立了，但它在短期内难以摆脱社会经济方面的困境。独立带来了一系列棘手的问题。首先，黑山面临的主要任务是同塞尔维亚坐下来，共同协商"分家"的许多具体问题。塞、黑两个民族人种、文化、语言、历史、宗教和习俗相同，有着牢固的、千丝万缕的联系。此前，尽管两国各有自己的边界、海关、货币等，但仍留下诸多有争议的问题，如国籍、行政、税收、卫

---

① Черна гора протласи своята независимост，见 www.dnevnik.bg 网，2006 年 5 月 22 日。

生、教育、亚得里亚海上的共同舰队等。这一切都需要双方通过民主、和平的方式解决双方所有悬而未决的问题。同时，黑山还需要建立自己的国防部、内务部、外交部等一系列国家行政机关，这需要一笔不小的财政开支。其次，黑山如何得到国际社会普遍承认和参加国际组织，特别是加入北约和欧盟都还面临着许多问题。欧盟则需要重新启动黑山申请入盟的程序。再次，黑山没有自己的经济基础和外国投资，多年来主要靠走私维持社会运作。黑山有组织的犯罪和贪污腐败问题严重。该地区是巴尔干地区有名的走私烟草、贩卖人口、洗钱和偷盗汽车的场所。另外，黑山同样存在少数民族问题。境内塞族占人口的1/3，而且是政治上和经济上的强者，还有波斯尼亚穆斯林、阿尔巴尼亚人、克罗地亚人等。这对于弱小的黑山来说也潜伏着分裂的危机。

黑山独立有可能产生一些负面影响

黑山独立引起巴尔干问题专家和欧洲学者对前南地区局势的关注和忧虑。有的学者认为黑山给其他地区的分离主义运动"开创了不良先例"，它们有可能步黑山的后尘；有的分析人士称，黑山的行动"不可能对地区稳定产生重大影响"。纵观前南斯拉夫解体的过程，下面几个问题值得我们跟踪关注。

1. 科索沃会加速实现独立的步伐。尽管科索沃从来不是一个共和国，其情况和黑山没有可比性，但欧美大国有条件地支持科索沃脱离塞尔维亚的立场已越来越明显。

2. 塞尔维亚前自治省伏伊伏丁那匈牙利族要求自治的愿望将更加强烈。匈族约占当地人口的35%，继黑山和科索沃之后，他们会主张获得更多的权利，甚至自治，向贝尔格莱德发难，制造麻烦。

3. 塞黑交界桑贾克地区的波斯尼亚穆斯林早在20世纪90年代就要求成立"文化自治区"，以离开塞尔维亚并入波黑。黑山一领跑，他们也跃跃欲试。

4. 巴尔干和欧洲其他地区的少数民族有可能借黑山发力，提出新的要求。塞族在波黑有一个塞族共和国，在克罗地亚和黑山居住集中，人口不少，他们都主张连人带土地回到"母国"塞尔维亚。所以，饱受创伤和屈辱的塞族很可能起事；在波黑的克罗地亚族想加入克罗地亚的一体化进程；在马其顿的阿尔巴尼亚族占马人口的1/4，其语言已成为马官方语之一，跟科索沃阿族关系极为密切，他们早就要求"自治"。上述地区的民族主义运动代表人物近日纷纷表示，在巴尔干多民族地区，"所有的人民都有权按照（黑山）同样的方式来决定自己的命运"。

俄罗斯政治学家甚至认为，黑山公决将在阿布哈兹、南奥塞梯和德涅斯特河沿岸，以及西班牙的巴斯克和加泰罗尼亚地区引起"政治反响"。

目前，欧盟已明确表示，上述少数民族多事地区无权进行公决。但是，现实要比想象复杂得多。如果这些少数民族都坚持通过脱离他们世代生活的土地来解决问题，实现自治和独立，那么在巴尔干地区就会出现混乱。受到黑山连锁反应的不光是前南地区，还可能殃及整个巴尔干和全欧洲。可以预计，黑山之后是科索沃，科索沃之后很可能是波黑或马其顿。多民族国家南联邦和南联盟都已经解体了，因此同样是多种族多文化多宗教的波黑和马其顿难能安然无恙。近16年来，巴尔干地区的民族矛盾和冲突不仅阻碍着这个或那个国家社会经济的发展，而且成为动荡和战乱之源，人们对此记忆犹新。对黑山独立可能产生的某些负面影响，国际社会应给予足够的重视。

（原载《中国社会科学院院报》2006年7月4日第3版）

第二节　塞尔维亚社会党与民主派的较量

对米洛舍维奇被引渡的几点看法

2001 年 6 月 28 日，南联盟政府中的某些人屈服于美国的压力，通过不正当手段将米洛舍维奇引渡给联合国设在海牙的前南战犯法庭。这一举动满足了西方大国的欲望，却在国内引发了政府危机。人们对这一事件提出了种种不同的看法。

1. 南政府为 10 多亿美元"出卖"米洛舍维奇，是"人为刀俎，我为鱼肉"。米氏被送到海牙法庭受审，这对塞尔维亚国家和民族来说是一大耻辱。到 2001 年 6 月底之前，科什图尼察总统和南联盟一些领导人都表示，即使审讯米氏，也要在南国内进行，而不是在海牙，并坚持应把北约轰炸南期间的反人类和反国际法的严重刑事罪犯一并送上法庭。这种维护国家主权和民族尊严的原则立场曾受到国内舆论的普遍赞扬。

然而，最近的事态发展却引起国际社会的严重关注。6 月 23 日，南政府通过一项法令，为绕开宪法法院向海牙法庭移交战犯敞开了大门。这时，欧美大国威逼说，6 月 29 日在布鲁塞尔举行对南捐助国大会，若此前不把米氏交到海牙，就不能兑现十几亿美元的经济援助和贷款。南"出卖"米氏正是为了咬住这个诱饵。对此，科什图尼察总统指出："引渡前南斯拉夫总统米洛舍维奇不能被认为是合法的和符合宪法的。塞尔维亚政府的行动将给国家的宪法程序造成严重危害。"塞尔维亚政府总理佐兰·金吉奇则诡称："请你们理解这一决定，这是目前唯一可能的选择。塞尔维亚政府被迫要维护塞尔维亚的利益，因为中断同海牙法庭的合作将对我们国家的未来产生不可估量的消极后果。"说穿了，就是抛弃一个米氏，能换来这么多的外汇，值得，同时，也是出于无奈。

米氏被"出卖"的消息一传出，立即引起成千上万贝尔格莱德群众的抗议集会，他们纷纷谴责这种"背叛"。预计，群众性示威游行还会时断时续，但不会威胁到推翻政府。这是因为，一方面，米氏在10年执政中确实犯有种种错误，又未在1999年科索沃战争后作为"民族英雄"急流勇退。另一方面，人们看重的是现实利益，不会为一个失势的政党和领袖奔走呼号。米氏的时代已成为过去。

2. 塞尔维亚民主反对派联盟由十几个小党组成，在引渡米氏问题上意见不完全一致，内部矛盾有可能加深，但不会因此事而破裂。2000年9月塞尔维亚民主反对派联盟在选举中获胜，主要得力于西方大国的全力支持。它的继续存在仍然要依靠欧美的经济援助和道义上的扶植。南在经历了10年的战争、制裁、国际孤立和经济毁灭后，最需要的是恢复和发展经济，走民主化道路。各反对派政党反对和推翻米氏及其社会党的目标是一致的，它们之间在与海牙法庭合作的方式上有分歧，但不至于将这个党派联合体摧垮。再者，强极一时的塞社会党已丧失战斗力，目前难以利用时局提前大选，东山再起。

值得注意的是，南联盟政府已出现危机：政府总理佐兰·日日奇和其他几位来自黑山社会主义人民党的部长宣布辞职，原因是他们的党拒绝接受对引渡米氏作出的"仓促而不顾后果"的决定。同时，以科什图尼察为首的塞尔维亚民主党亦在此问题上表现犹豫。看来，改组联盟政府甚至塞尔维亚政府势在必行，但在西方的压力和撮合下，可能会产生更强硬的亲西方政府。

3. 黑山和科索沃会利用米洛舍维奇受审大做文章，趁机加剧分裂和独立活动，但在西方的导演和监控下尚不会让南联盟立即解体。科什图尼察就任总统后，西方为支持新政权和集中力量打击米氏及其政党，先后表示，希望黑山问题在南联盟范围内解决，并不支持黑山分裂出去。在科索沃问题上也在阿族和塞族之间搞一些平衡，如 2001 年 2 月北约已同意让南联盟的安全部队返回科索沃与塞尔维亚南部和马其顿之间的边界"安全区"进行巡逻；5月，北约又促使塞尔维亚南部阿族聚居区的阿族解放军放下武器，成立多种族警察在该地区维持秩序。所以，在当前形势下，西方暂时会抑制黑、科独立倾向的发展。

4. 西方大国强行将米洛舍维奇押送海牙受审，其主要目的是掩盖它们肢解南联邦的真相，特别要洗刷它们在科索沃战争中的罪行，并警告那些敢于跟它们的霸权行径抗争的人。米氏引渡到海牙后，海牙法庭首席检察官卡拉·德尔蓬特称，这是他们的一次重大胜利，"这仅仅是漫长审判过程的开始，而不是它的结束"。布什威胁说："给巴尔干带来如此悲剧和不幸的所有人都会有这样的下场。美国准备帮助南斯拉夫人民为实现进行民主和经济改革而迈出艰难的步伐。"国务卿鲍威尔则毫不隐讳地承认："我非常满意，美国的压力发挥了关键作用。"北约秘书长罗伯逊表示："我祝贺贝尔格莱德当局作出了明智和勇敢的决定。我期待审判能结束过去，使南斯拉夫回到欧洲国家的大家庭中来。"所有这些表白都是为了把北约对南的轰炸变为正义行动，给他们破坏国际法、粗暴践踏南主权的阴谋穿上合法的外衣，把责任推到米氏身上，并为把更多的所谓"战犯"送到海牙做准备。一句话，西方急于抓住米氏做"替罪羊"，是为了给自己辩护和为他们以后进一步干涉南内部事务提供借口。

5. 审讯米洛舍维奇也给了他一个自我辩护和控诉的机会。7 月 3 日米氏第一次出庭受审。如果米氏是一位真正的社会党人，就应该以 20 世纪 30 年代初巴尔干共产党人季米特洛夫在希特勒法西斯法庭上的表现为榜样，以法庭作讲坛，揭露西方颠覆南联邦和在巴尔干地区制造种族流血冲突的事实，控告以美国为首的北约的滔天罪行，戳穿海牙法庭的虚伪本质，让历史证明自己无罪。近日，一个庞大的国际律师声援团已开赴海牙，为米氏助威辩护。今后，南怎样提供证人和证据，米氏如何变被告为原告，海牙法庭又是否会搬起石头砸自己的脚，都令世人瞩目。

（原载《欧亚社会发展动态》2001 年第 17 期）

塞尔维亚新政府成立及其内外政策走向

2007 年 5 月 15 日，塞尔维亚议会在经过 90 天的讨论后，最终通过了民主党、塞尔维亚民主党和 G17 + 集团（名人党）组阁方案。塞尔维亚新政府正式成立。5 月 23 日，塞尔维亚议会选举民主党人奥利维尔·杜利奇为议长和属于其他党派的 3 位副议长。美国、欧盟和塞尔维亚邻国纷纷祝贺"民主的、亲欧洲的改革派政府"诞生，认为塞为融入欧洲一体化进程迈出了一大步。

西方认为塞经济改革好于政治改革

塞尔维亚共和国是前南斯拉夫联邦中最大的国家。2006 年 5 月 21 日黑山独立，塞尔维亚和黑山国家共同体解体。塞于同年 6 月 6 日正式宣布为主权国家，它继承了前南在联合国的席位，并承担了前南在国际上的义务和责任。

西方认为，2001 年以米洛舍维奇为领导的塞尔维亚社会党丧失执政地位以来，塞尔维亚政治民主化仍然滞后，没有跟西方全面"合作"，但在经济改革上却有一定的进步。据有关统计，2005 年塞尔维亚 GDP 增长达到 6.8%。2006 年塞尔维亚的外贸出口达到 53.6 亿欧元，比 2005 年增长 11%；进口 104 亿欧元，比前一年增长 24%。2006 年通过企业和银行私有化吸收外资超过 40 亿美元，而以往每年大约只有 15 亿美元。2006 年平均月工资超过 300 欧元，而 2000 年月均只有 50 欧元。通货膨胀率从 2005 年的

8.8% 降至 2006 年底的 7.5%。就工资和生活水平而言，塞尔维亚
比已入盟的保加利亚和罗马尼亚都强。所以，世界银行把塞尔维
亚评为 2004 年的"改革领先国家"。2005 年欧洲复兴和开发银行
认为塞尔维亚的改革是"西巴尔干改革的领头羊"，其速度比
"该地区其他国家快"。

塞尔维亚已逐渐从饱受战争的创伤中恢复过来，开始在政治、
法律、经济等各方面实行改革，加速私有化进程，并努力吸引外
资，创建一个良好的投资环境。塞尔维亚还输出各种劳动力、咨
询和服务资源。它拥有较高素质的劳动力和技术人才，过去经济
基础较好。一旦政治关系理顺，塞的经济会获得较快的发展。

新政府成立得到西方认可

早在 2007 年 1 月 21 日，塞尔维亚就举行了前南斯拉夫联邦
解体以来的第七届多党议会选举（前六届依次为 1990 年、1992
年、1993 年、1997 年、2000 年和 2003 年）。塞选举法规定每 4 年
进行一次正常议会选举，议会设有 250 个议席。凡参加议会选举
的政党或政党联盟，若获得 5% 的选票便可进入议会。

2007 年共有 20 个政党角逐竞选。其中 6 个为少数民族政党，
它们进入议会的门槛较低，只要拥有 1.5 万张选票就能得到 1 个
席位。1 月 25 日，共和国选举委员会公布了选举结果。全国有
665.3 万人有选举权，参选人数 402.9 万（约 100 多万科索沃阿族
人拒绝参加），参选率为 60.56%。塞尔维亚激进党得票 28.59%，
占议会 81 席；民主党（以现总统塔迪奇为首）得票 22.71%，占
64 席；塞尔维亚民主党（由现总理科什图尼察领导）和新塞尔维
亚联盟得票 16.55%，占 47 席；"G17＋集团"（名人党）得票
6.82%，占 19 席；塞尔维亚社会党得票 5.64%，占 16 席。自由
民主党、塞尔维亚公民联盟、社会民主同盟和伏伊伏丁那社会民
主主义者同盟的多党大联盟赢得 5.33%，占 15 个席位。另外，还
有 5 个少数民族政党组织也进入了议会：伏伊伏丁那匈族联盟 3

席、桑贾克联盟 2 席、塞尔维亚罗姆人（吉卜赛人）同盟 1 席、普雷舍沃阿族联盟和罗姆人党各 1 席。

塞激进党尽管得票最多，但因票数未过半，不能单独组阁。而且，该党前领导人舍舍尔正在海牙国际法庭的监牢里服刑，其他党派不愿跟它联合执政。获准进入议会的各党经过反复商量和讨价还价，终于达成组阁协议。民主党领袖塔迪奇仍然是总统，塞尔维亚民主党领导人科什图尼察继续担任总理职务。民主党获得内务、国防、外交、财政、司法、农业、信息、劳动与社会政策、国家管理与地方自治、环境保护、文化、侨民和不管部 13 个部长的职位。塞尔维亚民主党担任贸易、能源、宗教信仰、教育和科索沃 5 个部的部长。"G17＋集团"得到经济和地区发展、卫生、体育和科学 4 个部长的职位。新塞尔维亚党分到基础设施部长一职。

这届新政府的产生是美国和欧盟施加压力的结果，它的组成完全符合欧美大国的愿望和要求。从选举到组阁的整个过程中，欧美都发出强烈信号，指出塞尔维亚必须组建以民主党为首的新政府，才会有"欧洲前景"，才会有"塞尔维亚在欧洲的立足之地"。为此，欧盟还立即向塞尔维亚抛出胡萝卜和大棒，称只要塞尔维亚在科索沃问题上作出"明智让步"，并同海牙国际法庭"积极合作"，欧盟将向它敞开大门。与此同时，海牙国际法庭就1995 年的波黑斯雷布雷尼察大屠杀事件为塞尔维亚洗脱了种族灭绝罪名。欧盟许诺 2007 年同塞尔维亚签订稳定与联系公约，塞2008 年可望成为入盟候选国，2011 年可望加入欧盟。显然，这是一种廉价的承诺和一枝美丽的橄榄枝。

新政府面临内外压力考验

塔迪奇总统就新政府成立和塞尔维亚的内外政策发表了重要讲话。他特别强调了塞尔维亚反对科索沃独立和参加欧洲一体化的原则立场。他指出新政府面临四大任务：为人民创造更加美好的生活、成为欧盟正式成员国、完成同海牙国际法庭的合作、争取更好的经济。

科什图尼察总理在谈到新政府今后 4 年的施政纲领时指出：在对外政策方面，塞尔维亚将捍卫得到国际承认的国家主权，解决科索沃问题的任何方案不得损害国家的领土完整；优先发展同前南斯拉夫各共和国的关系，继续加强同俄罗斯、美国、中国和印度的关系；加入欧洲一体化进程，并最后成为欧盟的正式成员国。在对内政策方面，新政府将努力建立有效的司法制度，反对腐败，改革社会保障体制，改组国营企业，鼓励就业，节约行政开支，提高人民的生活质量。同时，积极吸引外资，加强同地区和国际组织的合作，保障国家经济平稳过渡。

舆论普遍认为，新政府确实面临融入欧洲一体化进程和科索沃最终地位问题的严峻考验。塞尔维亚坚决反对科索沃独立，主张就科索沃问题继续谈判，给予科索沃"在国际监督下的实质性自治"。新政府许诺同海牙国际法庭"努力合作"，交出被通缉的战犯，但不同意设置"期限"和"条件"。总理科什图尼察重申，绝不放弃塞尔维亚的一寸土地，也绝不会拿科索沃作交易。总统塔迪奇也发表了类似的声明。为此，新政府还专门成立了以斯洛鲍丹·萨马尔吉奇为首的科索沃和梅托希亚部。但在国内外强大压力下新政府能否渡过难关，在"欧洲和科索沃"之间作出明智抉择，特别引人关注。

（原载《欧亚社会发展动态》2007 年第 27 期）

塞尔维亚议会大选和新政府成立

为何提前举行议会选举

2008 年 1 月 20 日，塞尔维亚举行总统选举，结果亲俄的、在科索沃独立问题上持强硬立场的塞尔维亚激进党领导人尼科利奇领先，而亲西方的民主党领袖、时任总统鲍里斯·塔迪奇稍微落后于前者。由于两人所获选票没有超过法定的50%，故在2月3日进行了第二轮较量。在西方的帮助下，塔迪奇以微弱多数勉强击败尼科利奇，获得连任。欧盟和美国对此欢欣鼓舞，认为"这是民主派的胜利和极端民族主义势力的失败"，会"加速塞尔维亚的入盟进程，将有助于科索沃很快实现独立"。

果然，2月17日，科索沃在欧美的全力支持下单方面宣布独立，脱离了塞尔维亚。塞各党和政治力量表示反对科索沃独立，但欧美大国带头承认科索沃独立，并许诺将立即同塞尔维亚签订"稳定与联系协议"，他们之间的分歧凸显。以塞民主党领袖沃伊斯拉夫·科什图尼察为首的联合政府处于严重的危机之中。3月8日，科什图尼察总理因"政府缺乏统一政策已无法运作"宣布辞职。13日，塔迪奇总统宣布解散议会并于5月11日举行大选。

在选举前夕，亲西方派和亲塞尔维亚派（或称民族主义派）的争论始终围绕科索沃和加入欧盟这两个问题进行。亲西方派称，他们也反对科索沃独立，但主张搁置该问题，先解决塞的"欧洲前景"（即"入盟"）问题。民族主义政党强调，当务之急是拒绝同策划和率先承认科索沃独立的欧盟合作。它们主张加强同俄罗斯和其他国家的联系。

在这两大力量交锋的情况下，欧美大国坚决地站在亲西方派一边，号召塞尔维亚人民抛弃"民族主义的过去"，支持塔迪奇的"欧洲取向"，在科索沃问题和海牙法庭问题上同欧盟"全面合作"。为了给塞亲欧派撑腰和争取选票，欧盟在塞大选前夕向塞民主派赠送了三个"大礼包"：一是4月29日欧盟匆忙同塞签订了"稳定与联系协议"，为塞早日成为欧盟成员国开了绿灯；二是欧盟向塞许诺将尽快取消"签证壁垒"，给塞公民实行免签证；三是欧盟同塞签订了临时经贸合作协定，并答应帮助塞加入世贸组织。意大利的"菲亚特"汽车公司也立即同塞已停产的"旗帜"汽车厂进行合资生产，预计将有 7 亿欧元的投资和解决几千人就业。

选举前夕，塞亲欧派则一再鼓吹，只要选择"欧洲道路"，2009 年下半年就会同欧盟开始入盟谈判，2012 年将成为欧盟正式成员国，将获得几十亿欧元的投资和几十万年轻人出国谋生；中小企业将起死回生；等等。亲欧派还断言，到 2015 年前塞入盟时，人均 GDP 将达到 6300 欧元，月收入将达到 550 欧元。

显然，这些橄榄枝是诱惑剂，吸引了一部分选民，尤其是青年人的选票，从而影响了选情，起到了转移大选视线的作用。在金钱的诱惑下，选民们更愿意投民主党的票。这正是塔迪奇竞选联盟胜选的一个重要原因。

民主党胜选靠打"入盟牌"

5 月 11 日，塞如期举行议会和地方立法机构选举。5 月 21 日，塞选举委员会公布了正式选举结果："支持欧洲的塞尔维亚—塔迪奇"竞选联盟获得 159 万张选票（38.75%），占议会 250 个议席中的 102 席；塞尔维亚激进党获 123 万张选票（约30%），占 78 席；"民主党—新塞尔维亚"竞选联盟获 48 万张选票，占 30 席；"塞尔维亚社会党—塞尔维亚联合退休者党—统一塞尔维亚"竞选联盟获 31.3 万张选票，占 20 席；自由民主党获 21.7 万张选票，占 13 席。另外，塞尔维亚少数民族政党也获得 7 席，即波斯尼亚人联盟获 2 席，匈牙利族人联盟获 4 席，普雷舍沃地区阿尔巴尼亚人联盟获 1 席。

塔迪奇总统领导的"支持欧洲的塞尔维亚"竞选联盟包括：民主党、"G17＋集团"、塞尔维亚复兴运动、伏伊伏丁那社会民主主义者同盟和桑贾克民主党。这是一个亲西方的民主派别联合体。塔迪奇称，选举结果表明"选择进入欧盟的思想"获得了"伟大的胜利"，是一次"全民入盟公投"。欧盟主席发表声明说，这是"亲欧洲力量"的"明显胜利"，希望尽快成立"民主的、亲北约和亲欧盟的政府"。否则，塞尔维亚将倒退到米洛舍维奇时代。

科什图尼察的塞尔维亚民主党和尼科利奇领导的塞尔维亚激进党则对上述言论进行了反击，认为在没有确认科索沃是塞尔维亚一个省的地位之前，不能向西方妥协。于是，各党为了获得议会126席多数组阁权展开了合纵连横的激烈较量。双方都把目光投向了塞尔维亚社会党竞选联盟。

如果塔迪奇的民主党能争取到社会党的20票，再加上几个小党的支持，就可以获得组织新政府的权利。同样，如果塞激进党和塞民主党联合，并赢得社会党的加入，则三党的票数已超过议会半数，组建新政府不成问题。可见，社会党的倒向起着至关重要的作用。从常理来说，社会党于2000年底被民主党击败后便一蹶不振，它不会轻易站到民主党一边。但分析人士认为，社会党在国内外舆论的压力下，为了表示同米洛舍维奇时代"一刀两断"，也可能"选择欧洲前景"，以改善形象，不惜同亲美欧的民主派站到同一战壕里。

塞尔维亚组阁一时陷入僵局。塞舆论界普遍认为，这次组阁之争不会像2007年上半年的组阁一样，拖到法定的90天后才进行，而是会提早实现。塞需要建立民族和解政府，需要解决眼前的许多迫切问题，没有时间再拖延下去。

关键时刻，塞尔维亚社会党首领伊维察·达契奇宣布参加亲欧洲的塔迪奇总统的竞选联盟，称他们"克服了彼此间的分歧，期待尽快组织新政府"。社会党人的这一举动使激进党和塞民主党争取社会党一起组阁的努力失败。

新政府执政任重而道远

7月7日，塞尔维亚组成以米尔科·茨韦特科维奇为总理的新政府。茨韦特科维奇生于1950年，毕业于贝尔格莱德大学经济系，是一位经济学家，在上届政府中任财政部部长。他是倾向民主党的无党派人士。他的当选受到国内外的普遍欢迎和肯定。这届联合政府在议会 250 个议席中占有 127 席。

新政府的副总理和部长职位由几个主要政党瓜分：民主党人占有 12 个部长，"G17 + 集团"有 6 个部长，塞社会党有 4 个部长。塞社会党主席达契奇任第一副总理兼内务部长，民主党人博日达尔·迪耶里奇任副总理兼科学技术发展部部长，"G17 + 集团"首领姆拉迪扬·丁基奇任副总理兼经济和地区发展部部长，塞尔维亚联合退休者党主席约万·克尔科巴比奇任副总理。

新一届政府面临的主要任务是：（1）全力以赴加入欧盟，期望 2008 年底或 2009 年初获得入盟候选国地位。塞尔维亚议会将尽快批准与欧盟的稳定与联系协议。在本届政府任期结束时，力争加入欧盟。（2）发展经济，加速经济改革，加强对基础设施的投资，发展同东西方贸易，许诺塞尔维亚 GDP 的年增长率要达到7%。（3）主张社会公正，建立减少贫困的机制，关注经济转轨带来的后果，实行社会公平和改善社会、医疗及教育等保障体系。（4）继续反对腐败和打击有组织犯罪活动。（5）继续同海牙法庭合作，动用"一切外交、政治和法律手段"捍卫主权和领土完整，反对科索沃独立。（6）在对外政策方面，同巴尔干邻国建立睦邻友好关系；重视和加强同欧盟、俄罗斯和美国的政治经济关系；发展同中国、印度和印尼的关系。显然，新政府已把同中国的关系放在第三类国家的首位。

然而，塞尔维亚国内外舆论普遍认为，这届政府的任务非常艰巨，能否执政到任期届满还有疑问。

第一，塞新政府最大的困难是如何发展经济，真正把经济融入欧洲一体化。到 2008 年，塞的外债已高达 179.6 亿欧元，占国内生产总值的 58.5%。据称，其中短期债务只占 6%，长期债务占 94%。从 2001 年以来，塞共吸收外国直接投资约 100 亿欧元，

2006 年曾达到 33 亿欧元。在未来 4 年内，新政府期待每年能吸收 30 亿—50 亿欧元的国外直接投资。外贸情况也不好。今年上半年出口 29.7 亿欧元，进口 63.9 亿欧元，外贸赤字 34 亿欧元。外贸逆差 2001 年为 28 亿欧元，2007 年高达 69 亿欧元。

第二，这是一届由"自由民主派和社会主义者组成的联合政府"。塞社会党人 8 年后重返政坛，如何与前政敌民主党合作和实现"民族和解"，令人关注。

第三，新政府如何坚持对科索沃拥有主权和保护在科索沃的塞族人利益。2008 年 6 月 15 日，科索沃通过的新宪法生效，向建立正式国家迈出了重要一步。宪法规定，将行政权力由联合国转交给阿族人政府。目前，欧盟正在设法接管联合国机构在科索沃的权力。科索沃越来越成为独立国家，已获世界上 40 多个国家承认。欧盟将在没有联合国安理会授权的情况下取代联合国监管科索沃。塞尔维亚越来越失去了对科索沃的控制权，已"无可奈何花落去"。

第四，欧盟真的会在今后四五年内吸收塞入盟吗？亲西方派认为，只要塞向欧盟靠拢并最终成为其成员，塞就会获得大量的投资和欧盟的基金，就能增加就业机会，人民就像其他欧洲国家一样过上更加美好的生活。但如果到时塞入不了盟又丢掉了科索沃，新政府将怎么办？欧盟在向塞描绘入盟"路线图"美好前景的同时，从来没有忘记向塞施压，要求塞领导人在海牙法庭和科索沃问题上"积极合作"，采取"切实的现实步骤"。面对这种严峻形势，亲欧美政府很可能难以赢得其他政党和选民的支持，保持长期执政。

（原载《欧亚社会发展动态》2008 年 7 月 31 日第 29 期）

第三节　马其顿内外交困

巴尔干地区另一个潜在危机点——马其顿

马其顿共和国自 1991 年 9 月 8 日宣布为独立主权国家以来，艰难地走在荆棘丛生的道路上。经过和平的民主选举后，马其顿建立了多党制的议会，原共产主义者联盟的成员掌握着国家主要领导权。南联邦人民军和平撤出了马其顿。但是两年多来，马经济状况不断恶化，生产下降幅度每年都在 20% 左右，外债达到 13 亿美元，失业人数已逾 20 万，国际上对南联盟共和国的制裁又使马蒙受十几亿美元的损失。从独立之日起，这个贫困而又毫无安全保障的国家，由于国际上存在争议，很难获得国际社会特别是巴尔干国家的普遍承认，而其内部种族冲突和社会矛盾又时时威胁着它的生存。这样，继波黑内战之后，马其顿有可能是巴尔干地区的又一个冲突焦点。

据 1991 年 3 月的人口普查，马其顿全国共有 2033964 人，其中马其顿族 1314283 人（占 64.62%），阿尔巴尼亚族 427313 人（占 21.01%），土耳其族 97416 人（占 4.79%），吉卜赛族 55575 人（占 2.73%），塞尔维亚族 44159 人（占 2.17%），穆斯林 51833 人（占 2.55%），瓦拉几亚族 8129 人（占 0.4%），其他民族 35256 人（占 1.73%）。这些民族主要信奉东正教和伊斯兰教。随着南斯拉夫联邦的解体，其境内的民族冲突和宗教冲突日益激化，使民族成分复杂和宗教信仰各异的各共和国陷入困境。

在马其顿已出现了 30 多个政党和组织。有的政党具有浓厚的种族和宗教色彩，且得到外部势力的支持。阿尔巴尼亚、塞尔维亚、希腊、土耳其和保加利亚，在马其顿都有自己的代言人。

马其顿境内最大的少数民族为阿尔巴尼亚人。据 1953 年的统计，阿族只有 16.3 万，但到 1981 年已增长到 37.3 万，而目前已占马全国人口的 21% 以上。阿族人自称有 100 万，占全国人口的一半。他们的代表在联合国宣布，阿族人至少占马人口的 40%。这一统计可能把生活在马境内的土耳其族人和穆斯林都包括在内。由于阿族的人口自然增长率极高，若干年后阿族人一旦超过半数，就将在马其顿占据主导地位，阿语将成为官方语言，东正教将让位于伊斯兰教。

阿族人有两个政党：民主繁荣党和人民民主党。在马其顿议会 120 个席位中，1994 年两党分别占 22 席和 1 席；在本届马其顿政府的 22 个部中，有 5 位部长和 4 位副部长。另外，西部马其顿的城乡市政领导人绝大多数为阿族人。社会调查表明，72% 的阿族人支持民主繁荣党的纲领和主张。阿族政党的领导人在各种场合公开说，阿族人在马其顿属 "下等公民"，他们应获得与马其顿人 "完全平等的权利"，在马其顿平等地使用阿语和马语，实行政治和地域自治，建立 "阿尔巴尼亚人、马其顿人和其他平等民族的联邦国家"，只有这样，"巴尔干半岛上的诸多问题才能获得长期的解决"。巴尔干问题研究专家认为，阿族人的这一主张实际上是要将马其顿一分为二。

马其顿的塞族人并不多，官方统计只有 4.4 万人。他们主要是在两次世界大战之间移居马其顿的，还有一部分是前南斯拉夫人民军的退役军官及其家属。贝尔格莱德强调说，在马其顿有 25 万—30 万塞尔维亚人。马其顿的塞尔维亚人和黑山人结成联盟，主张进行全民公决，使马其顿加入塞尔维亚－黑山联盟。

官方统计的瓦拉几亚人有 8000 多人，但他们自称有 18.5 万人。瓦拉几亚人联盟的领导人认为，马其顿的瓦拉几亚人是 "文化种族灭绝的牺牲品"。希腊当局称这些人是 "在前南斯拉夫马其顿共和国境内的希腊少数民族"，他们的人数达到 25 万；有一个组织叫作"在前南斯拉夫马其顿共和国希腊少数民族组织"。他们要求希腊少数民族的权利"得到国际保护"。

土耳其族人在马其顿据说有 12 万。他们建立的政党叫土耳其民主党，在政府里有 1 位部长。马其顿土耳其族人跟马其顿穆斯林关系密切，他们大都居住在生活条件较差的农村，共同要求改变"歧视政策"和生活状况，要求学习土耳其语。最近 10 年里已有 4000 名土族人离开马其顿，主要定居于土耳其。目前还有许多土族人准备移居土耳其，寻找"新的生活"。

至于马其顿穆斯林，土耳其民主党认为他们是土族人，因为他们信仰伊斯兰教。波斯尼亚穆斯林的民主行动党则称他们是"穆斯林民族的一部分"。

最复杂的是马其顿的保加利亚人。马其顿和保加利亚两国都不承认在自己境内有对方的少数民族存在。马其顿历届人口普查中，"保加利亚人"一栏不超过几千人。保加利亚西南部同马其顿接壤地区的一些组织和政党，同马其顿在朝和在野的党派关系密切。保官方强调 100 多万马其顿人都是保加利亚人，其语言为"保加利亚方言"。

马其顿是个小国，经济力量薄弱，几乎没有国防，民族构成复杂，极易受周围邻国和外界的影响。巴尔干诸国基于历史的、经济的和战略的考虑，在承认马其顿的问题上态度不一。

保加利亚第一个承认马其顿为主权国家，但不承认马其顿民族。马其顿不允许保加利亚的报刊和宣传品入境。两国之间常有争论和摩擦。保加利亚与马其顿关系的好坏，将是决定马其顿国内是否安定的一个重要因素。

阿尔巴尼亚对马其顿国家持保留态度。两国之间虽然没有历史恩怨，却存在现实的民族、宗教甚至领土纠纷。马其顿境内有许多阿族人，他们在促使科索沃独立中是一支不可忽视的力量。

希腊坚决反对使用"马其顿"这个名称。因为在希腊的历史上有过"马其顿王亚历山大",当时马其顿帝国的活动中心就在今日希腊北部重镇萨洛尼卡地区。希最担心种族冲突和宗教冲突从波斯尼亚蔓延到马其顿,引发军事行动,也担心马其顿有朝一日强大后会向它提出领土要求。

塞尔维亚似乎跟希腊有默契,暂不承认马其顿。近一个世纪以来,塞尔维亚在马其顿投入了大量资金和力量,影响很深。大部分马其顿领导人对塞尔维亚都有一种特殊的感情。塞尔维亚认为解决马其顿问题的最佳方案,是马其顿作为独立的主权国家参加南斯拉夫联盟共和国。

土耳其在南斯拉夫联邦崩溃后希望在巴尔干半岛发挥更大的作用。它积极支持波黑和马其顿境内的穆斯林和土族人,承认马其顿独立,以此促使马其顿对希腊和保加利亚持较强硬态度。

在这种复杂的情况下,政治家们为今后马其顿的出路提出了两种设想。

1. 马其顿作为一个主权国家生存下来,不管它得到多少国家承认。这就需要吸取波黑内战的教训,克服内部种族冲突和宗教冲突造成的紧张局势,尤其是马其顿族和阿族之间要有充分的谅解,共同建设新独立的国家;改善同邻国的关系,通过谈判解决各种争端。同时,巴尔干各国也要给予马其顿真诚的援助、支持和进行合作。

2. 马其顿可能发生内战。首先是阿族人借科索沃事件爆发而分裂马其顿,其次是塞尔维亚民族主义极右势力采取冒险行动。

不管出现何种情况,有一点是可以预见的,即假如波黑战争在马其顿重演,其后果将更加复杂和严重。因为波黑冲突仍局限在前南斯拉夫的范围内,而马其顿一旦发生冲突势必会把许多巴尔干国家卷进去,内战的爆发会引起外部势力的干涉。因此,马其顿局势将如何发展,已越来越为世人所瞩目。

（原载《欧亚社会发展研究》1994 年第 2 期）

马其顿阿尔巴尼亚族人问题

20世纪90年代初，当南斯拉夫危机加剧和马其顿宣布独立时，在马其顿的阿尔巴尼亚族人建立政党，力图使马其顿"科索沃化"。阿族是马其顿共和国人数最多和民族主义情绪最强烈的少数民族。马其顿阿族人问题解决得好坏直接关系到马其顿和巴尔干地区的安全与稳定。

马其顿境内阿族人的形成与发展

从1990年11月至1992年11月，马其顿进行了两次人口普查。阿尔巴尼亚族均采取抵制态度，不予合作。据马其顿官方公布的数字，阿族有近43万人，占全国总人口的20%以上。马其顿有的政界人士和学者认为，阿族人口达到28%—33%，将近60万。阿族政党不同意这些统计数字，称马其顿阿族人有80万—100万，占总人口的40%，或将近一半。

阿族人在马其顿到底有多少？这是一个说法不一很难准确回答的问题。出现这种情况，有三方面原因：第一，马其顿第一次单独进行人口普查时，对居民的生活地域和流动情况缺乏统计资料；第二，马其顿阿族人的出生率非常高，达到34‰，是马其顿人的4倍，在欧洲是最高的，可以和某些非洲国家媲美；第三，阿族人从西北部的科索沃、从西部的阿尔巴尼亚大量涌入马其顿，人为地迅猛增长。有资料称，在前南危机最紧张的1990—1991年，有时每月进入马其顿的阿族人达1万—1.2万人。仅科索沃实行戒严时，就有5万—10万人闯进马其顿。

这样，马其顿土生土长的阿族人加上迅速增加的外来阿族人，使马其顿的民族成分和人口结构发生了不利于马其顿人的变化。马其顿西北部同阿尔巴尼亚和科索沃交界，阿族人最多。奥赫里德、斯特鲁加、戈斯蒂瓦尔、泰托沃等城市和地区，早已成为阿族人的天下，阿族人占据 80% 的优势，而马其顿人就像塞尔维亚人在科索沃一样处于少数。在马其顿其他地区，"阿尔巴尼亚化"和"科索沃化"的现象亦很明显。如在马其顿东部的库马诺沃市和首都斯科普里，阿族人也是呈迅猛增长的趋势，占 30%—50% 不等。

从历史和人口学角度来看，阿族人在马其顿只有 200 年的历史。18 世纪末，第一批阿尔巴尼亚人 1500 个家庭渴望改变贫困生活，穿越高山险谷，从阿尔巴尼亚进入马其顿西部平原地区。他们在那里繁衍生息，建立了最初的 30 个村庄。19 世纪中期，又有 5 万多阿尔巴尼亚人来到马其顿。到了 20 世纪初，阿族人在马其顿地区总人口中的比重约为 5%，达到 10.5 万人。

第二次世界大战后，阿族人由于出生率高，在马其顿全国人口中的比例越来越大，要求参政的意识越来越强。特别是 20 世纪 80 年代初科索沃阿族人起事后，马其顿阿族人也提出了种种要求。80 年代末 90 年代初，随着前南斯拉夫解体，阿族人同马其顿族人的矛盾进一步加深，阿尔巴尼亚少数民族问题提上了马其顿议事日程。

阿族政党及其活动

1990 年 11—12 月第一次多党制选举结果显示，阿族的两个政党民主繁荣党和民主党在马其顿议会 120 个议席中获得 23 席。随后，在 1992 年 9 月组成的第一届联合政府里，阿族代表在 22 名政府部长中有 4 名，另外还有 4 名副部长和 1 名副总理。西马其顿的城乡市政领导人绝大多数为阿族人。阿族在马其顿社会政治生活中的地位空前提高。

1990 年 4 月阿族政党成立后，立即同科索沃选择党和科索沃民主联盟建立了密切的联系，并采取共同行动。科索沃阿族民族主义领导人几乎都转移到了西马其顿，在那里煽动和策划分离主义活动。

与此同时，阿族民族主义者利用伊斯兰宗教和文化将马其顿的土耳其族人、马其顿穆斯林和吉卜赛人联合在一起，提出了许多超越宪法权利的要求。例如，民主繁荣党领导人在各种场合宣称，阿族在马其顿属"下等公民"，但他们不是"少数民族"，而是"主体民族"，应获得与马其顿人"完全平等的权利"。因此，马其顿应该成为马族和阿族的"联邦国家"，或"两个平等民族的国家"。

阿族中的极少数民族主义者还要求"尊重阿族人在马其顿的一切民族权利"，承认阿族是马其顿的一个民族，实行政治和区域自治，阿语和马语同属官方语言，开办阿族人自己的中学和大学，在社会生活中使用阿族人的民族标志和旗帜，等等。他们提出要改变教学计划和提纲，讲授阿尔巴尼亚历史、语言和文化。

这些言论和行动立即产生了效应。1992 年 1 月，在泰托沃召开了阿族"政治和领土自治大会"，就阿族自治问题组织各地阿族人签名和投票。同年 4 月，阿族在马其顿西北部聚居区戈斯蒂瓦尔宣告成立"伊利里达"自治共和国，因为阿尔巴尼亚人认为他们的祖先是伊利里亚人。这个"共和国"类似阿族想在塞尔维亚建立的"科索沃共和国"，有朝一日两地合并成为一个国家，或同时并入阿尔巴尼亚。同年 11 月 6 日晚，成千上万阿族人"进军"首都斯科普里，发生大规模武装骚乱。

此后不久，阿族领导人不顾政府的反对，在泰托沃的一个山村成立了一所"大学"，只招收阿族学生入学。这所学校是非法的，官方拒不承认，但它仍继续存在。

马其顿对阿族的政策

历史上，阿族和马族为反对共同敌人奥斯曼土耳其和德意法西斯占领者，共同斗争，结下了深厚的友谊，留下了美好的回忆。第二次世界大战后，他们又在民族平等的大家庭里和睦相处，为建设新马其顿作出了不懈的努力。

只是到了 1986 年底，马其顿官方才提到阿尔巴尼亚民族主义问题。在这年 11 月马其顿共产主义者联盟中央全会指出，一段时间以来，阿尔巴尼亚民族主义者和分离主义者使用在科索沃的同样"形式和方法"，在马其顿"进行扩张"。接着，1987 年秋，马其顿采取措施在阿族小学高年级取消阿语授课，要求一律使用马其顿语。1988 年初，在阿族居住集中的县（区）对生 4 胎以上的阿族家庭实行经济制裁。

随着东欧剧变和南斯拉夫解体，近些年来，马其顿对解决境内民族问题十分重视。马其顿政府认为，尊重和保障少数民族的权利，是维护新生共和国国内和平与稳定的首要条件。这一思想充分反映在 1991 年 11 月 17 日通过的马其顿共和国新宪法中。新宪法继承过去有关民族政策的传统，保留了阿族和土耳其族用本民族语言创办报刊和广播电视节目、出版文艺书籍和宗教信仰自由的权利。同时，还根据公认的国际法，尊重少数民族的个人人权和某些集体权利。

这里，应当提到阿尔巴尼亚共和国对马其顿境内阿族的态度。阿尔巴尼亚认为，从历史上看，它是一个小国和弱国，成为独立的主权国家比其他巴尔干国家晚些，领土问题没有得到合理的解决，而民族统一问题更为严重，在境外有大量阿族同胞没有回到"祖国"。地拉那赞成马其顿独立出南斯拉夫，以削弱这个巴尔干多民族大国。但又支持马其顿阿族的一些过分要求，甚至极端行动。

解决马其顿阿族问题的前景

在当今世界，特别是在巴尔干地区，任何因种族原因而爆发的事件，都可能引发民族间的公开冲突，酿成悲剧。而且，也很容易为邻国或其他外来势力的干涉和卷入提供借口。同时，阿族同土耳其族、马其顿穆斯林、吉卜赛人在宗教信仰、婚丧习俗和政治行动上往往有许多共同点和利益上的一致性，这使处于主导地位的马其顿族惶惑不安。所以，马其顿的民主化进程和未来发展，乃至生存在很大程度上取决于怎样解决阿族问题。

前南危机中的波黑内战过去之后，阿族在马其顿社会政治生活中的地位和作用明显突出了。换言之，马其顿西部的"科索沃化"和"阿尔巴尼亚综合征"将严重威胁马其顿的命运。特别是科索沃危机全面爆发后，马其顿已成为北约的军事基地，它正面临着生死的考验。

因此，马其顿各政党都高度重视阿族问题，为明智地解决该问题提出了各种建议和设想。综合起来，目前在马其顿有三种代表性观点。

第一种观点以马其顿内部革命组织——民族统一民主党等右翼党派为代表，承认马其顿阿族为少数民族和仅给予他们少数民族应该享有的权利。它们要求严格执行马其顿公民法规定，不是所有居住在马其顿境内的人就自动获得马其顿公民权。这样的话，绝大部分不同时期从科索沃、塞尔维亚、黑山、桑贾克等地迁来的阿族人就不能被视为马其顿公民，他们应该回到原来的居住地去。经过这一整顿，真正的阿族人就不会太多了。

第二种观点以马其顿共盟——社会民主党等左翼政党为首，主张同马其顿阿族就所有问题全面对话。但是，决不同他们讨论和谈判涉及国家主权和领土完整这类问题。

第三种观点以阿族民主繁荣党等为代表，坚持马其顿是所有生活在其境内的各族人民的共同国家，应该一律平等，而不是"马其顿民族和阿族、土耳其族等少数民族的国家"。因此，国家各级领导机构都需要按比例有各族代表参加。否则，民族之间的关系将尖锐化和产生冲突，其责任不在阿族。

显然，上述三种观点很难相互妥协，互为补充。最佳方案恐怕是建立有各少数民族代表参加的议会，组成广泛的民族联合政府，抛开关于阿族问题的争论，化解民族矛盾，以实现民族和解和保持国内稳定。

要做到这一点，马其顿阿族就要放弃成立"伊利里达自治国家"和使马其顿成为联邦国家的思想。同时，阿族中的极端民族主义分子要停止伊斯兰原教旨主义活动，不再在阿族聚居地制造驱赶和排挤马其顿族居民的事件。鉴于马其顿的稳定还受到科索沃危机的直接影响，故马其顿阿族政党应中止同科索沃民族主义政党的联系，制止两地阿族居民的串联和所谓"相互声援"活动。另外，马其顿右翼政府也不应该在科索沃问题上充当北约的走卒，引狼入室。

200 多年来，阿族在马其顿土地上劳动生息，同主要居民马其顿族结下了生死与共的情谊。今天，在前南地区政局动荡和民族主义泛滥的环境下，他们更应该忠于自己的祖国马其顿，有义务维护国家的独立、主权和领土完整。同马其顿族和其他兄弟民族一起，排除外来干扰，以和平的方式和善意的态度，共同解决这个和他们自己有切身利益关系的问题。

同时，合理解决阿族问题还需要阿尔巴尼亚共和国作出真诚的努力。1990 年以来，马其顿和阿尔巴尼亚两国领导人举行过多次会晤，表达了加强和改善双边关系的愿望，不干涉内部事务和按照欧洲标准来解决有关人权和少数民族问题。

最后，解决马其顿阿族人问题还取决于美欧大国在科索沃问题上的立场。如果它们继续袒护阿族的分离主义活动，支持阿族的极端主义分子在科索沃搞"独立"，那么马其顿阿族脱离马其顿也就指日可待了。

（原载《欧亚社会发展动态》1999 年第 36 期）

关注马其顿危机

马其顿是个不足 2.6 万平方公里土地和只有 200 万人口的小国，民族成分却相当复杂。阿尔巴尼亚族是马其顿人数最多和民族主义情绪最强烈的少数民族。最近阿族极端分子制造的动乱既是内部种族冲突，又是北约在科索沃维和失败的直接结果。阿族的目的是企图建立包括科索沃、塞尔维亚南部和马其顿西北部在内的"大科索沃"。继波黑内战和科索沃战争之后，现在马其顿危机又成为巴尔干地区人们关注的焦点。

北约自酿恶果

1999 年 6 月，以北约为主导的维和部队进驻科索沃以来，已快两年了。科索沃非但没有像欧美大国所宣称的那样建立起"多种族的民主社会"，反而变成了一个"毒品泛滥和黑手党横行的社会"。

以美国为首的北约部队没有认真执行联合国安理会关于科索沃问题的 1244 号决议，而是建立了一套以西方军政人员为主的驻科索沃行政机构，完全取代了南联盟在科索沃的主权和管辖权。1999 年 7 月底欧美大国制定了《东南欧稳定公约》，把南联盟排除在援助计划之外。西方为了推翻米洛舍维奇政权和进一步肢解南联盟，采取种种措施从政治、经济和军事上接管了科索沃的一切权力，按自己的意图成立了吸收阿族参加的权力机构，打着联合国旗号的西方文职人员执行疏远塞族和偏袒阿族的政策。

特别是在对待阿族少数极端分子的态度上，西方起了姑息养奸的作用。"科索沃解放军"只是象征性地部分解除了武装，其中大多数人摇身一变成了"科索沃保安团"，其领导人和骨干分子还进入了"科索沃临时政府"。这个半军事组织得到科索沃临时行政当局和北约维和部队的默认和支持，在科索沃大搞种族清洗，将20多万非阿族居民（主要是塞尔维亚人、黑山人和吉卜赛人）赶出科索沃。这里的塞尔维亚文化古迹和东正教堂也遭到毁坏。阿族的目的是妄图建立单一民族的独立国家。

更有甚者，少数阿族极端分子不仅有时在科索沃袭击联合国维和部队的巡逻队和车队，而且不断越过"安全区"向塞尔维亚南部和马其顿西北部的阿族聚居区提供武器，训练武装暴乱分子，煽动闹事。2000年以来，在塞尔维亚南部布亚诺瓦茨、普雷舍沃和梅德韦贾三地的十多万阿族人频频进攻南联盟的军队和警察，公开提出了自治的要求。至今他们仍在"坚持斗争"。

2000年10月，南联盟新政府上台后，科什图尼察总统明确宣布决不放弃科索沃。他谴责北约在科索沃的偏袒政策，号召20多万沦为难民的原科索沃非阿族居民返回科索沃。他拒绝承认上年10月科索沃阿族单方面举行地方市政选举后成立的政权。2001年2月中旬，南联盟和马其顿正式签订了两国边界协议。这意味着马其顿承认南联盟对科索沃的领土主权，还意味着在科索沃、塞尔维亚和马其顿等地的阿族将不能自由流动，进行"串联"。

可是近两年来，在北约的"保护伞"下，科索沃因生产凋敝和经济崩溃，变成了巴尔干地区有组织犯罪、走私武器和毒品、贩卖人口的犯罪场所，成了少数阿族极端主义和民族分裂主义活动的温床。所以，最近马其顿危机的出现是科索沃危机的延续，是北约短视和利己政策造成的恶果。

阿族伺机发难

当然，马其顿阿族挑起武装冲突也有其内部原因。南、马两国签订边界协议只是导火线。把国内民族间的矛盾和冲突扩大，使之国际化，这是马其顿阿族的基本策略。

1991年的马其顿新宪法规定："马其顿是马其顿人民的民族国家，它保证马其顿人民同居住在马其顿共和国境内的阿尔巴尼亚人、土耳其人、瓦拉几亚人、吉卜赛人和其他少数民族完全平等和共存。"但阿族人要求修改宪法，认为阿族不是"少数民族"，而是"主体民族"。因此要求成立"阿尔巴尼亚人和马其顿人的联邦国家"，阿族在社会生活各个领域应获得与马其顿族"完全平等的权利"。同时，阿语和马语应同属官方语言，在议会和法院中通用，开办阿族人自己的大学，其毕业证书具有同等效力（阿族在泰托沃已办起了"大学"，但马政府不予承认，暗示至多只能成为一所私立大学）。

马其顿的阿族人认为，既然在科索沃的同胞闹独立而北约维和部队"荷枪静观"，在塞尔维亚南部的"兄弟"搞自治而南联盟军警慑于北约压力不敢动手，那么他们在马其顿争联邦，数量极少的马政府军又能怎样？于是，阿族极端分子的胆子越来越大，把暴力冲突从小小的塔努舍夫齐村扩大到了拥有四五万阿族人的泰托沃市，与政府军形成对峙。

美国和其他北约国家的部队缩在科索沃，脚踩塞南部和马北部两颗地雷，胆战心惊。它们害怕自己的士兵遭遇伤亡而引起国内舆论反对。在万般无奈的情况下它们想起了1244号决议中还有北约应允许南联盟在科索沃保留一定数量的警察部队，参与边界巡逻，保护塞尔维亚古迹的条款。于是便请南联盟军警在没有直升机和坦克掩护的情况下，到与南交界的"安全区"部分地段看管边界，不让阿族非法武装渗透。对南联盟来说，它也希望早日恢复对科索沃行使合法管辖权，及早取消所谓的"安全区"，故表示同意。

马其顿阿族极端分子的挑衅行动已引起国际社会的极度关切，如果他们不悬崖勒马，很可能搬起石头砸自己的脚。

马其顿当局的态度逐渐强硬

马其顿危机仍在发展中。倘若北约维和部队不采取有效措施打击和摧毁这个危险的策源地，那么冲突的进一步升级有可能使马其顿分裂，恶化它与周邻国家的关系，影响巴尔干地区的稳定和发展，威胁欧洲的和平与安全。

首先，马其顿阿族武装分子不会善罢甘休。他们早就声称需要一个"代顿协议—2"来解决这场危机。既然波黑可以在美国的策划下"三分天下"，为何在马其顿不能两族平分秋色？波黑三族的人种相同、语言接近，只是宗教异样，而阿族与马族在人种、语言和宗教方面都迥然不同。阿族的最低纲领是在科索沃实现独立、在塞南部争取自治、在马其顿建立联邦。他们的最高纲领是在巴尔干半岛成立一个单一民族国家。第一步先将科索沃和塞尔维亚南部的阿族自治区同马其顿西北部的阿族联邦单位连成一片，组成"大科索沃"；第二步由阿尔巴尼亚与"大科索沃"合并成"大阿尔巴尼亚"。当前，建立"大科索沃"是现实的危险，而实现"大阿尔巴尼亚"则非常困难，争论的焦点是将以地拉那还是以普里什蒂纳为中心。在马其顿，阿族已经有了自己的政党，又有了自己的武装，必然要从瓜分政权进而建立自己的政权。

其次，目前的马其顿政府是独立以来最脆弱的一届政府。1998年上台的右翼政府推行向西方"一边倒"的外交政策，寻求北约的"全面保护"。1999年马右翼分子居然断绝了同我国的外交关系。在随后的科索沃战争中，马政府同意北约"快速反应部队"驻扎在马领土上，为北约侵南提供军事基地。今天在马其顿仍留有三四千美军和北约部队，为驻科索沃的维和部队保障军需后勤供应。然而，当阿族极端分子在马西北部挑起冲突时，北约官兵却持观望态度。他们担心阿族的炮火对准自己的兵营和武器库。

马其顿政府对渗入的阿族武装，一开始态度并不十分坚决。因为这届政府是由右翼的争取马其顿民族统一的民主党和阿族民主党组成的。如果对阿族非法武装严厉镇压，可能会引起阿族民主党的不满，导致联合政府解散。而在当前动荡的政局下提前进行议会大选，可能使左翼的社会民主党等获胜。这是马当前的执政者所不愿看到的。

阿族极端分子在泰托沃地区则步步进逼，不断进行武装挑畔。马政府的态度逐渐强硬，一方面要求科索沃的北约部队采取有效行动制止阿族武装的渗透，另一方面对境内的阿族分裂主义分子提出最后通牒，勒令其投降或撤出。由于阿族武装没有作出正面答复，马政府军出动坦克、装甲车和直升机展开了猛烈进攻，夺取了关键性阵地。马军方宣布已取得了第一阶段的胜利，并将开展第二阶段的战斗。

总之，当前马其顿战局的发展还有待观察，阿族极端分子的挑畔活动，由于受到国际上爱好和平人士的谴责和马政府军的打击，可能会暂时有所收敛。这场危机眼下还不至于演变成波黑和科索沃那样的悲剧。美国和北约在这场危机中由于对阿族极端分子姑息养奸，显然要失分。俄罗斯由于一贯支持马其顿将继续得分。这场危机对马中复交也许利大于弊。

（原载《欧亚社会发展动态》2001年第6期）

马其顿社会民主联盟在议会选举中获胜

2002年9月15日，马其顿共和国举行了1991年9月独立以来的第四届议会选举。9月18日，国家选举委员会公布了选举的结果：以马其顿社会民主联盟（简称社民联）为代表的"为了马其顿"竞选联盟（自由民主党也站在社民联一边参选）获得了38万多张选票，在拥有120个议席的议会中占据60席。于是，马其顿左翼力量再次上台执政。

右翼失败在意料之中

在这次选举中，原执政的马其顿内部革命组织——民族统一民主党和自由党联合参加竞选，但仅获得23.2万张选票，在议会占33席，成了议会的反对党。出人意料的是，这次阿尔巴尼亚族选民的票比较集中地投给了以阿族原民族解放军首领阿里·阿赫梅蒂为首的阿族一体化民主联盟。它在选举中名列第三，拥有近10万张选票，在议会占有16席。另外，以阿尔本·贾费里为首的阿族民主党作为上届政府的参政党获得了7席，以阿布杜拉赫曼·阿里蒂为领导的阿族民主繁荣党仅获得2席，而以卡斯特里奥特·哈吉雷贾为代表的阿族极右民族民主党得到1席，社会党人也占到1席。

应该指出的是，这次马其顿有70%以上的选民参加了投票，这在中东欧国家中是少见的，说明该国选民的积极性较其他国家高，也表明许多人希望改变前政府的执政状况。

选举后，马社民联主席布兰科·茨尔文科夫斯基表示："今天的选举说明我们是一个成熟的人民。我们庆祝胜利，但未来艰难而又责任重大的工作在等待我们去完成。"前总理马其顿民族统一民主党首领留布乔·格奥尔吉耶夫斯基则承认："选举是诚实的和民主的。我党将成为强大的反对党。只要马其顿需要，我们随时又会回来。"路透社评论说："民族主义分子被赶出了马其顿政权，温和的左翼被推上了马其顿政坛。"

对于民族统一民主党的失败，报刊舆论认为有如下几方面的原因。

第一，这届政府是马其顿独立以来最脆弱和最不稳定的一届政府。1998年组阁时，它在120个议席中仅获得63席。到2000年12月的地方议会选举中它丧失了部分选票，不得不改组政府，让社民联代表补充进政府（如任外长等）。执政联盟内部也发生分裂，以瓦·图普尔科夫斯基为首的右翼民主选择党退出议会和政府。

第二，格奥尔吉耶夫斯基政府在美国的压力下同意阿族激进派民主党入阁。联合政府没有共同的利益，陷入深刻的矛盾之中。1999 年科索沃战争结束以来，马境内阿族成立了民族解放军，实行武装割据，使马其顿危机不断。政府被迫步步退让，引起社会的广泛不满。

第三，推行糟糕的私有化政策。报刊披露的材料批评政府把马其顿大型国有企业和银行"无偿"卖给了外国人，或者说"处理"给了外商，私有化"没有透明度"。一些部门和高官则利用私有化贪污受贿和大肆敛财。个别部长一任下来竟在国外有几百万马克的存款。

第四，在外交政策方面存在严重失误。该政府盲目向西方"一边倒"，寻求北约的"全面保护"，1999 年居然断绝了同我国的外交关系。舆论还指责政府与东边的邻居保加利亚"过于妥协""让步太多"。

此外，还应该看到，马民族统一民主党下台的一个重要原因是经历了同阿族的一系列冲突，并为此付出了代价。

"阿族综合征"依然存在

"阿族综合征"严重困扰马其顿的发展。阿族问题始终是马其顿历届政府最棘手的问题。从最近 10 年来阿族各政党的参政情况看，单纯依靠它们自己的力量无法在选举中击败马其顿族的政党，更不可能单独组织政府。但是，西方一直偏袒阿族，要求每届政府都有阿族政党参加，分享选举成果。只有让阿族政党入阁，西方才承认马新政府的合法性。这样，在美国和欧盟的施压和撮合下，阿族政党轮换参加了历届政府，并一步一步提出了一些不合理的要求，使执政的马族政党进退两难。

在 1992 年 1 月的第一届联合政府里，阿族当时的最大政党民主繁荣党参加了政府。阿族在议会中获得 23 席，阿族代表在 22 名政府部长中有 4 名部长、4 名副部长和 1 名副总理。这时阿族人配合科索沃阿族行动，宣布成立"伊利里达"自治共和国，要求马其顿成为马族和阿族的"联邦国家"。

1994 年提前举行议会选举，以马其顿社会民主联盟为首的"马其顿联盟"获胜，作为议会多数党组成联合政府。阿族各政党在议会中拥有 19 席，在政府的 19 个部长中占有 5 个部长职位。这时，阿族政党及其议员强烈要求实现阿族"地方自治""按民族原则瓜分国家主权以成立联邦国家"，创办阿族人大学，等等。阿族人的分裂主义活动严重损害了左翼政府的地位和形象。

在 1998 年 10 月的议会大选中，以马其顿内部革命组织——民族统一民主党为代表的右翼"民主选择"竞选联盟获得 63 席，阿族各政党获得 24 席。阿族民主党入阁，获得 5 个部长职位。此时，马其顿阿族建立了自己的武装，不断进行武装挑衅，制造事端。这届政府在阿族的强大压力下，同意修改宪法，承认阿尔巴尼亚语与马其顿语一样同属官方语言。

新政府任重道远

2002 年 9 月下旬，马其顿组成了以布·茨尔文科夫斯基为首的新一届政府。茨尔文科夫斯基 1962 年 10 月 12 日出生，1988 年毕业于斯科普里大学信息和电子技术专业。两年后，成为马其顿社会民主联盟的领导成员之一，1991 年被选为该联盟主席至今。从 1990 年起，他便是马其顿议会的议员。1992 年 10 月—1998 年 11 月曾任马其顿政府总理。

本届政府由马社会民主联盟、自由民主党和阿族一体化民主联盟三党组成，各党有一名副总理。在 17 位部长中，社民联担任外交、国防、内务、经济、地方自治、文化、不管 7 个部长；自由民主党拥有财政、农林水利、劳动与社会政策、生活环境与领土规划、不管 5 个部长；阿族一体化民主联盟得到司法、卫生、教育与科技、交通运输、不管 5 个部长。

阿族政党再次参加政府，共同执政，一方面说明马族政党以国家利益为重，宽容大度，另一方面也是欧美大国的要求。

新政府公布了 2002—2006 年执政的主要任务和目标：恢复国内和平，保障公民的个人和财产安全；建立法制国家，尊重宪法和法律；为消除国内深刻的经济危机和促进经济新的发展创造条件；为实现成为北约和欧盟的正式成员而努力；使 2001 年军事冲突中逃离的居民尽快返回家园，恢复他们的生活和经济；在国内各民族之间建立信任，反对民族歧视和仇恨；保障人权和自由，实现各民族之间的真正平等。

为此，政府将采取如下措施：（1）努力扩大就业，切实减少贫困人口，保证国内生产总值的年增长率不低于 6%；（2）加速教育体制改革，彻底消灭文盲，鼓励私人在中等和高等教育中办学；（3）发展文化和保护文化遗产；（4）同贪污腐败现象做坚决斗争；（5）使国内局势保持长期稳定，使每一个公民的安全得到保障；（6）执行维护和平和国家安全的外交政策，以促进经济增长和民主化进程的发展；等等。

舆论普遍认为，马社民联上台执政，将为稳定国内局势和发展经济带来一线希望。

（原载《欧亚社会发展动态》2002 年第 30 期）

第 六 章

科索沃宣布独立

第一节　科索沃问题的由来与发展

科索沃：血泪呼唤——科索沃问题的来龙去脉

科索沃是南斯拉夫领土的一部分

科索沃位于塞尔维亚西南部和阿尔巴尼亚东北部的交界地区。面积 10877 平方公里，分别为塞尔维亚和阿尔巴尼亚面积的12.3%和37%。目前人口近 200 万，占塞尔维亚人口的 20%强，相当于阿尔巴尼亚人口的 60%。科索沃和梅托希亚是两个地区，一般叫作科索沃。科索沃多为平原，梅托希亚意为"教会属地"，是多山地区。

科索沃的绝大部分居民是阿尔巴尼亚人。他们同今日阿尔巴尼亚共和国境内的阿族人的共同祖先是伊利里亚人。公元前 3 世纪末起科索沃被罗马帝国统治。西罗马帝国倾覆后，科索沃隶属于拜占庭帝国。

公元 7 世纪起，塞尔维亚人定居巴尔干半岛的科索沃等地，一些伊利里亚人开始斯拉夫化。9 世纪中期，科索沃成为第一保加利亚国家的一部分。11 世纪初，保加利亚被拜占庭打败，科索沃再次落入拜占庭手中。

12 世纪，科索沃是第一个塞尔维亚国家拉什卡的中心地带。14 世纪 30 年代，斯蒂芬·杜尚（1331—1355）建立强大的中世纪塞尔维亚帝国，他被加冕为"塞尔维亚人与希腊人、保加利亚人与阿尔巴尼亚人的皇帝"，定都科索沃的普里兹伦，在佩奇设立塞尔维亚东正教大主教区。显然，这时的科索沃是塞尔维亚国家的政治经济和宗教文化中心。迄今在科索沃还保留着中世纪塞尔维亚的许多宗教圣迹和文化遗址。

到了 14 世纪，科索沃已扬名欧洲，四处传颂。1389 年，奥斯曼土耳其人入侵科索沃地区。6 月 15 日，塞尔维亚的拉扎尔大公联合巴尔干地区其他反奥斯曼土耳其人的军队，同奥斯曼土耳其军队在科索沃平原决战。当双方酣战时，一位塞尔维亚贵族潜入苏丹穆拉德的帐篷，称有重要情报告诉他，后乘机杀死了穆拉德。于是，奥斯曼土耳其的军队指挥权落到穆拉德的儿子绰号叫"闪电"的巴耶济德手里，后者宣布自己为苏丹，率部击溃了拉扎尔的同盟军。拉扎尔大公也负伤被俘，巴耶济德命令把他剁成肉块撒在穆拉德的尸体上，以报杀父之仇。

"科索沃战役"是巴尔干各国人民联合反抗奥斯曼土耳其征服者的一次伟大尝试。从此，该战役成了塞尔维亚人民的骄傲和东正教的圣地。而后，塞尔维亚在每年的 6 月 28 日都纪念科索沃战役，至今未断。所以，塞尔维亚人认为，科索沃是他们的"摇篮"和"心脏"，是他们神圣领土的一部分。

1459 年，塞尔维亚被奥斯曼帝国军队完全占领，科索沃也纳入奥斯曼帝国的版图，由此开始了长达四五个世纪的伊斯兰化过程。信奉东正教的塞尔维亚人不愿意改信伊斯兰教而离开科索沃移居别处，阿尔巴尼亚人则大量进入该地区。据记载，到 19 世纪中期，科索沃的民族成分、宗教信仰和语言结构都发生了不利于斯拉夫人的变化。而到 20 世纪初，科索沃的穆斯林已经占该地总人口的 72%。

在 1912 年的巴尔干战争中，奥斯曼土耳其帝国彻底失败，被迫放弃包括科索沃在内的最后几块巴尔干属地。塞尔维亚和黑山军队占领了科索沃。同年 11 月，阿尔巴尼亚作为独立国家出现在巴尔干半岛，进而要求它的疆界包括整个科索沃、马其顿的大部以及希腊北部等阿族居住的地区。1913 年的"伦敦和会"宣布承认阿尔巴尼亚独立，但不允许它变动领土范围。

第一次世界大战时，科索沃被奥地利和保加利亚军队占领。战争结束阶段，塞尔维亚重新收回科索沃。1919 年的《凡尔赛和约》再次确认科索沃归还 1918 年底成立的塞尔维亚—克罗地亚—斯洛文尼亚王国（1929 年改称南斯拉夫王国）。从历史角度看，科索沃是塞尔维亚领土的一部分。

科索沃获得新生

1945 年 2 月，科索沃的大部分地区从德、意法西斯的占领下获得解放。同年 7 月，科索沃成为南联邦塞尔维亚共和国的一个自治单位（区）。1969 年起科索沃自治区升级为自治省。

科索沃是一个富庶的产粮区，自然资源比较丰富。其中，铅、锌、镍、褐煤的储量占了前南斯拉夫的一半。但是，第二次世界大战前科索沃是经济、文化、教育和卫生都十分落后的地区，80% 的人口从事农业，工矿企业寥寥无几。战后，在南联邦政府的大力帮助下，科索沃已建立起一批现代化的工矿企业。工业总产值已占自治省总收入的一半以上。

南联邦政府对国内欠发达地区一向高度重视，并在投资和拨款方面给予优惠。公正地说，科索沃是这些政策的最大受益者。从 1961 年到 1981 年，科索沃的社会总产值增长了 2.9 倍（整个南斯拉夫增长了 2.3 倍）。工业生产总值增长了 17 倍，农业生产总值增长了 2 倍，就业人数增加了 3.7 倍，农业人口从占人口总数的 80% 下降到 36%。科索沃的文教卫生科学等事业亦获得蓬勃发展。战后头几年，阿族文盲占其人口的90%。20世纪80年代初，科索沃人口的1/3在校学习。1969年创立了普里什蒂纳大学，1978年科索沃科学与艺术院成立。高校的阿族学生人数在其总人口中所占的比重是全国最高的，超过全国的平均水平。阿族学生从小学到大学全部享受免费教育，教育经费的98%由塞尔维亚政府承担。但总的来说，科索沃跟联邦发达地区的经济收入和生活水平的差距仍很大。不过，即便这样，科索沃的生活水平还是远高于阿尔巴尼亚。

在战后几十年中，阿族人从科索沃迁走的不多，而塞尔维亚人和黑山人却成倍地往外迁移。20世纪60年代至90年代，至少有25万塞族和黑山族居民外迁。

从1931年到1991年，科索沃地区的民族构成发生了如下的变化：第一，1931—1961年的头30年，科索沃阿族同塞族和黑山族的比例一直是稳定的，即（60—67）：27；第二，1961年以后这种平衡比例完全被打破了，20世纪90年代初变为82：11，目前的比例则为90：10；第三，学者们预言，按照这种趋势发展下去，到2020年，科索沃的总人口将达到330万人，而塞族和黑山族在科索沃居民中所占的比例会低于5%。

科索沃阿族人口的急剧增加主要同他们的高出生率分不开。统计资料显示，1961—1991年塞族人口的增长速度为6.4‰，而科索沃阿族人口的增长速度却高达28.4‰，最高时达到29‰—34‰。随着阿族人口的急剧膨胀，他们几乎分布在科索沃的所有城市和乡村，形成了阿族穆斯林占优势的社会，而塞族人口占多数的居民点则越来越少。科索沃民族单一化趋向越来越明显。

科索沃阿族要求成立"共和国"

20世纪60年代末，科索沃阿族的分离主义活动越来越明显。

1968年11月，科索沃阿族的大学生和群众举行示威游行，喊出"打倒殖民主义统治""实现民族自决"，要求该省成为"共和国"等口号。阿族认为，在科索沃的阿族人加上在马其顿和黑山等地的阿族人，其数量不比马其顿人少，也不比斯洛文尼亚人少，更比黑山人多。因此，他们强调阿族应该是一个主体民族，而不是"少数民族"，应该有权享受共和国而不是自治省待遇。

1974 年的南斯拉夫宪法确立了 6 个共和国和 2 个自治省平等参加联邦机构的原则。科索沃阿族利用宪法所赋予的权利进行分裂活动。1980 年铁托去世后，科索沃的情况变得更加混乱。1981 年 3—4 月，阿族的示威浪潮演变成为席卷整个科索沃的骚乱。示威者提出了"我们需要共和国""科索沃成为共和国"，以及改善经济状况、言论自由、民族平等、释放全部政治犯等要求，骚乱已带有明显的政治色彩。

1988 年 10 月，阿族在科索沃的许多城市举行示威，反对塞尔维亚民族主义。塞尔维亚则宣布对科索沃实行军事管制。1989 年 2 月，阿族矿工连日游行罢工，抗议科索沃阿族政治领导人被撤职。塞尔维亚宣布修改共和国宪法，取消了科索沃自治省地位。这时克罗地亚和斯洛文尼亚的反对派政党领导人也纷纷在集会上发表言论，表示支持科索沃的独立要求。于是，南联邦的基础开始动摇。

北约加剧科索沃危机

1990 年初始，随着中东欧剧变，科索沃的独立倾向日益加剧。1 月，4 万名阿族大学生和群众示威游行，要求解除紧急状态。2 月，由于阿族游行示威逐步升级，科索沃被宣布实行宵禁。4 月，塞尔维亚内务部宣布接管科索沃的公安和国家安全的全部事务。7 月，科索沃宣布为"共和国"，成为南联邦的独立单位，从塞尔维亚分离出去。与此同时，塞尔维亚议会决定解散科索沃自治省议会和政府，并派出大批塞族官员和军警到科索沃各地接管政权。这是造成阿族和塞族对立的一个重要原因。9 月，塞尔维亚议会通过塞尔维亚共和国新宪法，科索沃和伏伊伏丁那两个自治省被降级为普通的地区，不再享有任何特权。

1991 年 9 月，阿族举行"全民公决"，宣布科索沃为"独立的自由国家"。1992 年，阿族又秘密选举出了所谓的"科索沃共和国"阿族议会和政府，易卜拉欣·鲁戈瓦当选为"总统"。在科索沃实际上形成了双重政权并存的局面。

1996 年，所谓"科索沃解放军"在外来势力的支持下公开活动，强调用武力解决科索沃危机。阿族领导人认为，既然波黑的穆斯林在欧美大国的扶植下可以建立自己的国家，那么人口占科索沃多数的阿族也可以独立出来。而且，必须由国际社会出面解决这个问题，使科索沃继波黑之后成为国际社会关注的一个热点。为了实现这一目标，科索沃阿族领导人采取了和平谈判和武装斗争两种策略。

科索沃危机是继波黑内战之后又一引世人注目的问题。1998 年新年伊始，科索沃危机加深，西方加强对南联盟施压。9 月 30 日，在美、英、法等国操纵下，联合国安理会通过了第 1199 号决议，把科索沃出现的一切灾难归罪于南联盟政府，而对阿族的分裂活动表示同情和支持。这一决议的出台为北约对南联盟实施空袭起了推波助澜的作用。

1999 年初，科索沃危机全面爆发，北约加紧策划动武。原南斯拉夫问题国际联络小组 1 月发表声明，敦促科索沃冲突各方必须于 2 月 6 日前重开谈判，否则将面临北约的军事打击。2 月 6 日，解决科索沃问题的和平谈判在法国巴黎附近的朗布依埃城堡举行。塞尔维亚和科索沃双方都不妥协，和谈未果。3 月 15 日，关于第二轮科索沃和平谈判继续进行。19 日，主持和谈的两主席——英法外长急不可待地宣布谈判破裂，且把责任全部推给了南联盟政府。3 月 24 日夜，以美国为首的北约以维护"和平"和"人权"为名，出动飞机，发射导弹，对一个主权国家南联盟狂轰滥炸，犯下严重罪行。

战争爆发后，科索沃问题开始沿着不利于南联盟而有利于阿族的方向发展。科索沃当时面临三种选择：高度自治、作为共和国参加南联盟和独立。美国则在进一步操纵科索沃的走向。

应该说，科索沃问题的产生和发展固然有科索沃阿族分离主义势力活动和西方大国粗暴干涉等原因，但是塞尔维亚在科索沃问题上也有失误。第一，塞尔维亚在打击阿族少数极端分离主义分子的同时，实行戒严和取消自治省地位等措施，伤害了大多数阿族的感情，造成民族情绪严重对立；第二，塞尔维亚在同阿族的和平谈判中，坚持了原则性，却缺少灵活性，错过了合理解决科索沃危机的时间和机会；第三，科索沃由一个国内的民族问题变成了国际热点问题，这为美欧大国的干涉提供了借口和机会，而塞尔维亚自己则失去了解决该问题的主动权。这不能不说是个沉痛的教训。

（原载《贵州文史天地》1999 年增刊节录）

科索沃的现状、各方态度及我原则立场

根据 1999 年科索沃战争后通过的联合国安理会 1244 号决议，科索沃名义上属塞尔维亚版图，实际上由联合国特派团托管，其最终地位也将由联合国在 2005 年确定。2001 年和 2004 年科索沃进行了省和地方两届选举，成立了科索沃临时自治政府。但塞族和其他族群抵制选举，没有参加科索沃议会和政府的工作。

不少科索沃问题专家指出，目前科索沃的主要问题是阿族和塞族之间的民族矛盾尖锐，彼此缺乏信任。阿族占主导地位，一心闹独立；塞族感到孤立和没有安全感，拒绝参加科索沃地方政府的工作；联合国特派团 6 年前提出建立一个"稳定的、民主的

和多种族科索沃"的任务并未实现。科索沃目前仍然是恐怖活动以及黑社会势力贩卖人口、走私武器毒品等有组织犯罪的"黑洞"和"灰色地带",还没有建立和维护正常的社会秩序。此外,财政困难,高失业率和外国投资奇少,联合国提出的八项"达标"任务任重道远,稳定基础极其脆弱,一有风吹草动,就有可能发生暴力冲突。

有关国家立场大相径庭

在科索沃地位问题上,塞尔维亚的坚定立场很重要,它是直接当事国;其次,阿尔巴尼亚的表态值得注意,间接当事国马其顿和希腊的担忧不无道理。这些国家的基本立场是:

塞尔维亚强调,科索沃是其领土的一部分,其主权应当回归,反对任何形式的独立。塞尔维亚政府要求在解决科索沃地位问题之前,在该境内划出几个塞族聚居的县区,实行自治。塞族将在自治地区建立自己的地方政府及警察、司法和税收机构等。一旦科索沃独立,这些地区将成为"国中之国"。塞尔维亚官方认为,解决科索沃最终地位应当满足阿族人和塞族人双方的权利。为保证塞族的权利,科索沃应按民族划分成县区,科索沃的地位应当是"多于自治而少于独立"。2005 年 4 月,塞黑政府又重申可以接受"折中方案",但决不同意独立。塞黑希望在联合国安理会1244 号决议的基础上早日解决科索沃问题,以集中精力加速改革,发展经济,融入欧洲一体化进程。

阿尔巴尼亚表面上主张执行 1244 号决议,欢迎联合国和国际社会提出的科索沃必须达到几个标准的要求,但实际上是支持科境内的阿族独立。认为科索沃问题不能久拖不决,不能忽视占绝对优势的阿族人要求独立的权利,"独立是唯一选择,阿族应拥有自决权,成为主权独立国家"。阿还强调,所谓"大阿尔巴尼亚"的说法和"改变边界现状"的担心只是一种炒作,解决科索沃问题的办法要得到国际社会的赞同。

马其顿认为，科索沃问题是前南地区目前最主要的问题。阿族极端民族主义分子和恐怖主义分子挑起事端，企图建立"大阿尔巴尼亚"，把马其顿、黑山，甚至希腊的阿族人聚居区都包括进去。他们自认为有美国做后台，是按他们的方式解决科索沃问题的时候了。但是，科索沃问题十分复杂。如果科索沃不能满足国际社会提出的条件，匆忙解决，很可能事与愿违，适得其反，爆发内战。马其顿支持国际社会的观点和决定，尊重欧盟提出的"地位前标准"，支持贝尔格莱德和普里什蒂纳平等对话。

希腊认为，在科索沃"达标"之前通过任何有关最终地位问题的专门决议，都是仓促的、不恰当的。相反，国际社会应为科索沃制定一些基本原则和规定：如科索沃最终地位应有利于地区稳定和消除不稳定因素；任何一项决议应符合《联合国宪章》和赫尔辛基文件的精神；要有贝尔格莱德的积极参与并照顾各方的利益。科索沃应该成为多民族社会，分裂、被吞并或同该地区某一个国家合并只会成为危险的动乱之源。因此，科索沃应明确规定未来的欧洲前景，确保实行西方和欧洲的原则与文明。同时还必须与塞尔维亚未来的欧洲前景紧密联系起来。

保加利亚认为，科索沃既不可能回到塞尔维亚，也不可能强行独立。保《资本报》2005年4月提出解决科索沃问题可分四阶段举行：一是完全脱离塞尔维亚，由联合国托管；二是把托管权逐步从联合国转交给欧盟；三是开始申请加入欧盟谈判；四是作为有主权实体加入欧盟。

国际社会态度不一

目前，在科索沃最终地位问题上，国际上有关各方的立场、想法和打算存在很大分歧。争论的核心仍是"独立"问题。由于欧美大国提出的解决方案没有尊重当事双方的利益，更多的是只考虑自己在该地区的利益，所以往往实行"双重标准"，有时照顾了一方，却压制了另一方，难以使对立的各方和解。

联合国的态度。根据 1999 年科索沃战争后联合国安理会通过的 1244 号决议，科索沃最终地位问题将在 2005 年年中进行谈判确定。最近，联合国安理会认为，科索沃在改革达标方面未取得预期的进展之前，将不会对其最终地位作出决定。联合国主张国际社会应抑制阿族的极端民族主义活动，为阿族与塞族对话创造条件。联合国将在 2005 年评估科索沃是否达标，也可能同各方进行多边协商，召开国际会议，提出看法，但不会支持科索沃独立。

美国的态度。美国是使科索沃问题国际化和侵略前南联盟的罪魁祸首。近几年，美国国会和研究机构曾就科索沃地位问题提出了若干方案，主张科索沃"有条件独立"。至今，美国国会中仍有少数人和院外集团勾结，支持科索沃阿族的独立要求。由于美深陷伊拉克等问题难以自拔，所以美国务院称目前解决科索沃问题"为时尚早"，但一旦美国认为时机成熟，它会同意科索沃独立。所以，国际社会和欧盟担心美国采取"单边主义"行动，率先承认科索沃独立。

欧盟的态度。欧盟实现东扩后，越来越想在解决科索沃问题上发挥更主动积极的作用，一是因为前几年在处理前南危机问题上受制于美国；二是科索沃是欧洲的一部分。意大利、西班牙、法国等成员国也有少数民族问题，欧盟不希望它们仿效，也不愿意在东南欧出现一个信奉伊斯兰教的阿尔巴尼亚人国家。因此，欧盟主张科索沃应先达到联合国的"地位前标准"，然后再谈地位问题。欧盟更希望在欧洲一体化过程中解决科索沃问题。

俄罗斯的态度。俄罗斯作为前南联盟的传统盟友，反对科索沃独立和将问题国际化。俄自己有南奥塞梯、车臣等问题，不会对科索沃独立问题不闻不问。2005 年初，俄表示，目前科索沃的局势仍然具有"爆炸性"，极不稳定，认为在这种背景下仓促对科索沃的未来机制和前景作出结论是"不合时宜"的，但也有人认为，俄到时在美欧的说服和压力下也许会软化甚至改变立场。

中国的原则立场

中国作为安理会常任理事国和一个负责任的大国，面临"台独"势力的兴风作浪，在参与处理科索沃最终地位问题时，应充分考虑如下因素。

1. 国家和民族安全因素。我国从科索沃地位问题上可以吸取的经验教训有：第一，科索沃问题的产生和恶化与前南联邦和南联盟民族政策上的软弱和失误不无关系，在处理类似问题时既要慎重又要及时果断；第二，科索沃搞分裂和闹独立演变到今天这种艰难地步，造成难以挽救的危害，对中国反对"台独"的斗争也是重要启示；第三，民族问题往往涉及领土主权问题，涉及跨界民族和同邻国的关系问题，捍卫国家安全和民族利益是首要问题。

2. 直接当事国塞尔维亚和间接当事国阿尔巴尼亚、马其顿和希腊因素。中国历来坚持各国主权平等，相互尊重，不干涉别国内政的原则。科索沃问题首先是塞尔维亚内部事务，应该尊重本国的立场和选择；同样，科索沃境内各民族的合法权益应该得到保护，有关当事国应遵守公认的国际法准则，通过协商的方式解决问题。

3. 中美和中欧关系因素。科索沃问题之所以扩大化，从一个国内问题演变成为地区和国际问题，这与美欧大国的"双重标准"和肆意干涉是分不开的。鉴于美国和欧盟对科索沃的现状与未来走向发挥着决定性作用，而中国的影响非常有限，所以我们应从中美、中欧关系的大局着眼，采取灵活态度，不能因此而影响中国同美欧的关系。

鉴于此，中国在科索沃地位问题上的原则立场拟可以概括为：（1）充分理解和尊重塞尔维亚维护领土完整和主权的要求，科索沃问题对其至关重要；（2）科索沃问题的解决应有利于不同民族、不同文化和宗教信仰民族的和谐共处，反对成立单一民族政府；

（3）在解决科索沃地位问题时，国际社会应体现民主、公正、公平的原则，放弃双重标准和任何单边行动；（4）考虑到科索沃地位问题的复杂性和阿塞两族双方的严重对立情绪，应力促科索沃当局与塞尔维亚对话谈判，用和平手段解决问题。

因此，中国拟积极参与由联合国主持的解决科索沃问题的各项活动，以了解科索沃的实际情况，作出相应的对策。

三种可能的前景

1. 科索沃继续维持现状，即所谓的"高度自治"。科索沃既不可能恢复到1999年之前的地位，也不可能马上独立。在目前的国际条件下，美欧大国尚未做好在科索沃问题上摊牌的准备。联合国安理会也认为科索沃要先"达标"，然后再谈地位问题。所以，在最近的两三年内，科索沃的地位问题很可能不会轻易解决。如果这种状况能持续到塞黑开始同欧盟进行入盟谈判直到入盟，那科索沃地位问题则可寻找更加合适的方式解决。

2. 科索沃宣布独立。从长远看这种可能性是存在的。科索沃阿族始终追求早日成为独立国家；美国和阿尔巴尼亚一直支持这种独立活动；近15年来塞尔维亚实际上已完全丧失了对科索沃的控制权；国际社会对科索沃的独立倾向亦听之任之。长此下去，独立只是时间问题。尽管独立后科索沃既不属于塞尔维亚，也不与阿尔巴尼亚和其他周边国家（如马其顿）的阿族聚居区合并，但此举有可能导致地区紧张，甚至引发多米诺骨牌效应。

3. 科索沃出现分裂。一旦科索沃实现独立，塞族和塞尔维亚将要求在梅托希亚的塞族人居住较集中的几个县区实行自治，成为"国中之国"；而且，塞族地区未来可能并入塞尔维亚，阿族地区则可能与阿尔巴尼亚合并，巴尔干地区又将成为冲突之源，再度动荡。

（原载《欧亚社会发展研究》2005年第19期）

鲁戈瓦之后的科索沃

塞迪乌平稳接班

2006 年 1 月 21 日，塞尔维亚和黑山的科索沃总统易卜拉欣·鲁戈瓦病逝。自 20 世纪 90 年代初科索沃要求独立以来，鲁戈瓦就是领导这一运动的关键人物。但他主张采用和平方式寻求独立，所以他在国际上以温和派著称。他的去世，使原定于 1 月 25 日举行的科索沃最终地位问题谈判被迫推迟，也使人们担心在鲁戈瓦接班人问题上可能出现权力之争。

这种担忧不无道理，因为在科索沃阿族内部一直存在温和派和强硬派之间的激烈斗争。这次总统之争尽管没有像国际社会预测的那样尖锐，但有几位候选人立即受到舆论的关注。比如鲁戈瓦创建的科索沃民主联盟领导人之一、议长内扎特·达奇和总理巴伊拉姆·科苏米，反对党科索沃民主党的领导人哈希姆·萨奇和法特米尔·利马伊，他们属前科索沃解放军指挥官、激进派人物。国际社会希望选举一位政治稳健派人物，能在国际上同有关方面合作，为科索沃独立进行"明智的、合理的斗争"。

经过各方面的努力，2 月 10 日科议会选举 54 岁的法特米尔·塞迪乌为科索沃总统。塞迪乌是鲁戈瓦的战友，科民主联盟秘书长和议会党团主席。塞迪乌是法学博士，曾留学法国和美国。他在当选后表示，他将尽最大的努力，使谈判在 2006 年年底结束。他称，"科索沃的独立不容谈判，应该得到国际承认"。他还认为，实现独立"是近期的事"。

谈判顺利启动

2 月 20 日，人们期待已久的关于科索沃最终地位谈判在奥地利首都维也纳举行。联合国特使、芬兰前总统马尔蒂·阿赫蒂萨里主持谈判。这次塞尔维亚代表团和科索沃代表团是第一次面对面在同一张桌子旁谈判。这跟 1999 年 2 月的朗布依埃和平谈判不同,那次是南联盟政府与阿族代表分别坐在两个会议室背靠背秘密谈判。

科索沃联络小组的成员国英、法、德、意、俄和美的代表和联合国特使事先确定会谈的内容是一些需要解决的具体问题,最后再谈最终地位问题。具体问题包括科索沃政府非集权化、难民返回家园和明确财产所有权,以及警察、学校、文化宗教设施、塞族和其他少数民族参与政治生活等问题。

据有关人士透露,这次会谈进行了不到两个小时,集中讨论如何保障科索沃塞族的地位和权力问题。主持人称,第一次谈判"不可能达到完全一致,但应该说,在寻找共同点方面取得了成绩"。

会谈后,双方代表向外界进一步阐明了各自关于科索沃问题的观点和立场。

塞方表示,谈判结果"不是很令人满意,但也不令人失望"。塞尔维亚总统塔迪奇说,可以给予科索沃更多的自治权,但应该在塞尔维亚范围之内,而不是主权独立。他主张科索沃问题的最终解决不应操之过急。他指出,在巴尔干各国都存在少数民族,各少数民族都应享有平等的权利。塞反对改变边界现状,反对改变塞黑边界,反对分割波黑领土,反对分割马其顿领土,所以反对科索沃独立。塞尔维亚外长德拉什科维奇强调说,科索沃是塞尔维亚领土的一部分。"我们的观点是:更多自治,更少独立。这有两层意思:第一,保护科索沃和梅托希亚地区塞尔维亚少数民族和他们的东正教堂,使之符合欧洲的标准;第二,维持目前塞尔维亚同阿尔巴尼亚和马其顿的边界现状。"

出席谈判的科索沃代表团认为,谈判是在"建设性的气氛中进行的"。科索沃新任总统塞迪乌称:"我欢迎联合国安理会所有成员国的观点,即科索沃独立已成为一种现实。"他指出,2006

年是科索沃决定性的一年，科索沃的未来属于欧洲。科总理科苏米表示，谈判是成功的。他认为，科索沃事实上已获得独立的地位，所有的斗争和谈判都将围绕承认科索沃的主权进行。科将保证所有少数民族的权利，共同生活在独立的科索沃境内。

国际社会，特别是美国和欧盟强调，科索沃将逐步走向有条件的独立，让科继续成为塞尔维亚的一部分是不现实的。最终，塞尔维亚不得不接受科索沃独立这一事实。

从目前的情况来看，科索沃走向独立已是无法回避的趋势。问题是，科索沃以什么形式独立，同塞尔维亚建立一种什么关系，而塞尔维亚又在什么条件下愿意接受这种由欧美大国作出的安排。

科索沃"独立"之路仍然艰难

国际舆论普遍认为，目前解决前南斯拉夫遗留问题的时机已经成熟。斯洛文尼亚已加盟入约，克罗地亚开始了入盟谈判，马其顿获得了入盟候选国资格，波黑和塞黑在谈判签订成为欧盟联系国协议问题。还有，海牙国际法庭指控犯有所谓"战争罪"的主要人物大都在受审。前南地区 20 世纪 90 年代由于冲突和内战造成的经济衰退正在恢复之中。

所以，国际社会全力推动科索沃地位问题谈判，希望到 2006 年年底能解决这个难题。然而，要使塞尔维亚和科索沃阿族消释前嫌，达成一项双方都能接受的协议绝非易事。当前，国际社会明确指出，科索沃的局势仍然不是很稳定，法律基础差，经济形势非常糟糕。据国际货币基金组织的资料，科索沃存在普遍的贪污腐败和灰色经济，经济结构比例严重失调，完全依赖外国的援助。2004 年的失业率达到 50%，通货膨胀率为 5%。美国、欧盟和土耳其等国的投资商认为"科索沃是投资的沙漠地带"，外资逐年呈减少趋势。2000 年进入科索沃的外资为 9.59 亿美元，2001 年为 9.46 亿美元，2002 年为 8.71 亿美元，2003 年为 7.06 亿美元。科索沃工商会承认，近年来外资在纷纷撤出科索沃，其原因在于：一是科索沃的政治地位未定，不大适宜投资；二是所有制的归属问题。科索沃的许多矿山和企业归塞尔维亚国家或企业主所有，联合国临时行政当局无法将这些企业私有化。

另外，还有诸多因素影响着谈判的进程与结果。第一，科索沃强硬派正在政府里占据优势。3月1日，刚刚参加第一次谈判的科政府总理科苏米宣布辞职，接替他的是前科索沃军团司令阿吉姆·切库。接着，议长达奇也被解职。第二，3月11日前南联盟总统米洛舍维奇突然在海牙狱中去世，在塞尔维亚朝野引起震动，塞黑是否继续同海牙法庭合作存在疑问。第三，5月黑山欲举行是否同塞尔维亚分离的全民公决。再加上其他突发事件，谈判将如何进行下去，尚需密切关注。

事实上，在3月17日的第二次谈判中，双方的观点立场已尖锐对立。这次讨论塞尔维亚少数民族应该达到何种程度的自治和他们同塞尔维亚应该是一种什么样的"特殊关系"。塞尔维亚主张在科索沃境内建立塞族单独的行政单位，而科索沃当局认为，科索沃不能出现塞族自治地区，塞族也不能同贝尔格莱德建立特别关系。显然，越往后谈判将越困难。在联合国和美欧强制下的谈判不可能很顺利。

（原载《欧亚社会发展动态》2006年第14期）

第二节　科索沃宣布独立

科索沃"独立"　世界瞩目

2008年2月17日，科索沃在美国和欧盟的授意和支持下单方面宣布成为"独立主权国家"，脱离塞尔维亚。科索沃议会立即通过了《科索沃独立宣言》。据称,现已有 20 多个国家表示将承认科索沃为"独立国家"。美国和欧盟中的几个大国已带头承认科索沃独立,引起世界舆论的高度关注。

人们还清楚地记得,在此之前,科索沃一直是塞尔维亚领土的一个组成部分。1945 年 7 月,科索沃根据该地区居民自由表达的愿望,已成为塞尔维亚共和国范围内的一个自治单位(区)。1968 年科索沃由塞尔维亚的自治区升格为自治省。1974 年的南斯拉夫宪法确立了共和国和自治省平等参加联邦机构的原则,赋予科索沃自治省和伏伊伏丁那自治省很多跟其他共和国同样的权利,它们名义上归塞尔维亚管辖,实际上却获得了准国家地位。

从 20 世纪 80 年代初开始,科索沃就坚持要由塞尔维亚的自治省成为南斯拉夫联邦的共和国。90 年代初南联邦解体时,科索沃擅自宣布"独立",并选举产生了"科索沃共和国"的议会和政府,要求像其他前南斯拉夫共和国一样成为独立的主权共和国,致使塞尔维亚不得不在科索沃实施戒严。于是,1998 年 2 月科索沃危机全面爆发。科索沃从国内的民族问题被美欧大国国际化,成为一个国际热点问题。科索沃问题既是西方大国向塞尔维亚施压的武器,又是美欧同俄罗斯在巴尔干地区较量的一张牌。

1999 年 3 月,以美国为首的北约发动科索沃战争以来,科索沃遵照联合国安理会 1244 号决议,由联合国实行托管。但这八年多来塞尔维亚失去了对科索沃的控制,而科索沃则处于"事实上独立"阶段。2007 年初,联合国负责科索沃未来地位谈判的特使阿赫蒂萨里向安理会提交了《解决科索沃地位问题综合建议》,即阿赫蒂萨里计划,实际上这是美国在科索沃战争后就一直所主张的科索沃"有监督的独立"方案的翻版和具体化。它囊括了科索沃独立的基本框架,勾画了它建国的蓝图。

所以,科索沃方面强调,这次正式宣布独立正是对阿赫蒂萨里计划的承诺,也是对美国方案的落实,是合乎逻辑的结果。

塞尔维亚拒不承认科索沃为独立国家，重申科索沃和梅托希亚是塞尔维亚领土不可分割的一部分，塞的主权和领土完整得到塞宪法、《联合国宪章》和《赫尔辛基最后文件》、联合国安理会1244号决议的保障。塞尔维亚将动用一个主权和独立国家所拥有的一切外交和法律手段捍卫国家主权和领土完整，决不会放弃科索沃以换取尽快加入欧洲联盟。

俄罗斯坚定地支持塞尔维亚的立场，反对科索沃独立。俄认为，科独立违背了国际法和《联合国宪章》，是"违法行为"。单方面承认科索沃独立，将使巴尔干陷入新的危机，为世界各地的分裂主义运动开创先例。

对于科索沃独立，阿尔巴尼亚第一个表示祝贺和承认，这是可以理解的，因为阿尔巴尼亚历来认为它是科索沃的"母国"。美国在西方国家中率先承认科索沃为独立国家也在意料之中，因为正是美国一手导演了科索沃独立进程。

人们难以明白的是，为什么欧洲联盟中的几个大国也迫不及待地予以承认。但是，仔细一看，欧盟27个成员国在"承认"问题上内部分歧严重，出现了三种情况：（1）以德、英、法、意等西欧老成员国和波罗的海三个新成员国等十来个国家第一批表示承认科索沃独立；（2）有十来个新老成员国在观望等待，处于犹豫徘徊之中。它们一是要看科索沃的未来走向，二是国内或多或少也有类似的民族问题；（3）西班牙、罗马尼亚、斯洛伐克、塞浦路斯、希腊等五六个国家拒绝承认，因为它们担心国内的民族问题爆发，产生多米诺骨牌效应。西欧大国带头承认意在向中小成员国，尤其是向中东欧新入盟的国家施加影响和压力，以证明欧盟在重大国际问题上是团结一致的。然而，恰恰相反，这说明欧盟的所谓"共同外交政策"因为执行"双重标准"，已陷入困境。欧盟成员国利益不同，强弱不一，观点很难统一，强制的结果将引起欧盟分裂。欧盟在伊拉克战争问题上让美国钉入楔子曾出现了新老欧洲之争，这次在科索沃独立问题上对欧盟的命运会产生什么后果，人们正拭目以待。

在承认科索沃独立问题上，前南斯拉夫地区和巴尔干地区国家都十分小心谨慎，都不愿成为第一波中的"弄潮儿"。马其顿和波黑甚至提心吊胆，乞求美欧的承诺和保护。巴尔干乱，则欧洲乱。连日来，美国和欧洲各大媒体都在关注科索沃独立问题，质疑美欧支持和承认科索沃独立的举动，担心在今后几年的欧洲，特别是在巴尔干地区会"开创一个危险的先例"。

科索沃问题实际上牵涉的是各大国和大国集团的利益。如果说问题的起因是前南联邦和南联盟的内部历史遗留问题的话，那么今天问题的发展和解决路径则涉及的是全球地缘战略关系。在科索沃问题上，现代国际关系准则面临严峻的挑战。实际上，科索沃问题不过是美国和其他地缘政治势力全球战略棋局上的一个棋子而已。

科索沃独立及其走向引起世界的严重关注。俗话说，"项庄舞剑，意在沛公"。国际问题专家认为，科索沃独立后果难以预料。它的影响可能波及世界其他地区。人们最担心的是，传统的巴尔干火药桶可能再度点燃，科索沃可能成为巴尔干地区的一个"黑洞"。

（原载《中国社会科学院院报》2008 年 3 月 6 日第 3 版）

科索沃"独立"不是美欧最后的"试验田"

科索沃"独立"：国际社会反响不一

2008 年 2 月 17 日，科索沃议会通过了《科索沃独立宣言》，宣布科索沃成为"独立主权国家"。实际上，科索沃阿族当局在美国和欧盟授意下单方面宣布的"共和国",是欧盟监督下的"有限主权国家"。科索沃独立宣言正是对"阿赫蒂萨里计划"的承诺,对美国方案的落实。现阶段,科索沃被允许其行使自我管理,但不享有"完整的主权"。法律上它仍由联合国托管,存在联合国维和警察和北约领导的国际维和部队。联合国的权力将转交给欧盟,交接期为 120 天。但欧盟的警察和行政官员没有得到联合国安理会授权,故没有任何国际法或联合国决议的法律依据。这在国际上、在欧盟内部都是有争议的问题。科索沃的这种地位有可能持续几年。

西方媒体也承认,美国策动科索沃独立意在为 1999 年的战争行为辩解,为了控制科索沃的丰富资源;欧盟支持科索沃独立是为了挽回在前南问题上的丢分,也是一个"面子工程"。

科索沃方面强调,科索沃宣布独立是合乎逻辑的结果,是前南联邦解体过程的最后阶段。随着南斯拉夫消亡,原来就享有自治地位的科索沃自然也要像斯洛文尼亚、克罗地亚、马其顿、波黑和黑山一样,成为独立的一国。

塞尔维亚拒不承认科索沃为独立国家,称它是"儿皇帝""伪国家""傀儡"。塞尔维亚重申,科索沃和梅托希亚是塞尔维亚领土不可分割的一部分,塞的主权和领土完整得到塞宪法、《联合国宪章》和《赫尔辛基最后文件》、联合国安理会 1244 号决议的保障。塞尔维亚将动用一个主权和独立国家所拥有的一切外交和法律手段捍卫国家主权和领土完整,决不会放弃科索沃。塞尔维亚朝野各政党都不会接受科索沃独立的现实,它们强调,既然科索沃能够独立,为什么波黑的塞尔维亚共和国不能独立?为什么科索沃北部的塞族不能独立?塞尔维亚肯定会采取进一步的行动,为民族尊严和国家独立而战斗。

俄罗斯坚定地支持塞尔维亚的立场,反对科索沃独立。俄认为,科索沃独立违背了国际法和《联合国宪章》,是"违法行为"。单方面承认科独立，将使巴尔干陷入新的危机，为世界各地的分裂主义运动开创先例。科独立将改变欧洲地图，使分裂主义运动"遍地开花"。欧洲许多国家将仿效科索沃先例，老欧洲将出现更多的新国家。俄警告说，既然科索沃独立，那么国际社会就很难阻止阿布哈兹、南奥塞梯等地的独立活动。近日，普京总统严厉谴责西方说，"科索沃是个可怕的先例"，"它将带来一连串不可预见的后果"，这一事件将鼓舞全球的分离主义活动。

美欧博弈：真正的考验还在后面

国际舆论普遍认为，美国顽固支持和率先承认科索沃独立，有如下战略考虑：一是在欧洲建立一个"亲美爱美"的科索沃伊斯兰国家，以改善美国在伊斯兰世界的恶劣形象；二是把科索沃变成美国和北约的军事基地，彻底将俄罗斯排挤出巴尔干地区；三是继续挑战国际法和《联合国宪章》及安理会决议，推行"单边主义"政策和"双重标准"，并在美大选前做出"成绩"，以减轻美深陷阿富汗和伊拉克所造成的压力；四是把科独立作为分裂主权国家的新模式，为今后在世界其他地区干预和肢解多民族国家制造借口和依据；五是把科索沃重建的沉重经济包袱和潜在的动乱推给欧盟，以牵制欧洲的一体化进程，防止出现一个统一的强大的欧洲。

欧盟各成员国在承认科索沃独立问题上的立场并不完全一致。欧盟几个大国带头表态支持和承认独立，但实际上不是统一立场，目前只有约 10 个国家支持，其他 17 个国家要么是不支持，要么是保持沉默，仍在观望。反对的国家有罗马尼亚、斯洛伐克、西班牙、希腊、塞浦路斯等国，它们都有本国的民族问题。其他成员国没有明确主张。总之，欧盟 27 个国家利益不同，强弱不一，无法制定"共同立场"，推行"共同的外交政策"。欧盟不顾内部分歧，一味按照美国的节拍起舞，很可能是自食其果，引火烧身，为自身的统一和发展付出代价。

国际分析人士谈到，美国人可以在科索沃独立上获得政治盈利。同以往类似做法相似，美国将科索沃问题点燃之后留给欧洲处理。科索沃独立后的重建和与此相关的"善后"处理均由欧盟承担，美国人则在大西洋的另一边"隔岸观火"。美国曾经因不同的目的培育过"塔利班""基地组织"等，如今美国支持的"科索沃独立国"有可能在10年后成为欧洲的"麻烦基地"，成为美国直接插手欧洲事务的平台，这就是美国支持科索沃独立的真实目的。科索沃独立及其引发的相关地区问题有可能在相当长的一段时间内困扰欧洲，美国将因此获得影响和控制欧洲事务和发展的可能性。美国在伊拉克是为了经济利益，而在科索沃是为了政治利益。他们还指出，对欧洲来说，科索沃不是重要问题，最重要的是穆斯林问题。欧洲的人口在不断减少，而穆斯林却在迅速增加。欧洲过去只有100多万穆斯林，现在有4000多万，预计20年后将达到6000多万，穆斯林问题将成为非常大的问题，这对欧洲的稳定非常重要。欧盟内部失去了统一性，欧盟的前景将遭遇严重挑战。从现在看很难说欧盟在科索沃问题上占了"便宜"，严峻的考验还在后头。欧盟为科索沃独立煽风点火，很可能掉入自己挖的陷阱。

慎对民族自决权：科索沃的未来仍存在变数

国际分析人士认为，目前国际法中存在两个鲜明对立的概念：其一，每个民族拥有"自决权"；其二，第二次世界大战后欧洲现有国家的边界不容变更。在同一地区，同一时间，这两个"原则"不能同时实现。《联合国宪章》、有关国际法和《欧安组织最后文件》都承认上述权利，但都没有准确界定在什么情况下可以优先使用哪种权利。所以，美欧大国就以实用主义和利己主义的"双重标准"对有关法规和联合国决议进行随意诠释，采取单边行动。

在21世纪的今天，我们对民族自决权应谨慎对待。第一，民族自决权的提出有特定的历史条件，是被压迫民族反对压迫民族、殖民地人民反对殖民主义统治的正义行动。第二，民族自决权的实施有严格的范围，是民族拥有自决权，而不是少数民族。今日世界上的国家几乎不存在单一民族国家，如果都滥用这种权利或单方面鼓励支持这种行动，那世界就永无宁日。主权民族国家，尤其是多民族国家就无法稳定和谐，更谈不上和平、发展与繁荣。

科索沃独立及其走向引起世界的关注。人们关心的几个主要问题是：科索沃独立后是否真正能建立一个多元文化、多种族的社会；科索沃独立究竟是"个案""唯一的例外"，还是会打开民族分裂主义的"潘多拉盒子"、成为美欧干涉其他国家的"前例"和"惯例"；欧盟东扩和北约东扩的界限到底在哪里，全力支持科索沃独立是福还是祸；科索沃会成为西方民主化的试验田还是巴尔干地区的一个动乱之源；如果欧洲的穆斯林势力全面崛起，欧洲的一体化进程又将如何推进，等等。这些都是非常现实的问题，用不着预言家们的睿智，我们将是目击者和见证人。

国际问题专家几乎一致认为，科索沃独立后果难以预料。它的影响可能波及全球，它会动摇冷战后的世界秩序，加剧俄美紧张关系。科索沃独立未必能给巴尔干地区和欧洲带来和平与稳定。人们最担心的是，传统的巴尔干火药桶可能再度点燃。科索沃的未来仍存在变数。

（原载《中国民族报》2008 年 2 月 29 日）

科索沃"独立"在巴尔干国家中的反应

在美欧挑拨下塞尔维亚内部开始分裂

科索沃独立后，塞尔维亚拒不承认科索沃为独立国家，称它是"伪国家"和"傀儡"。随着事态的发展，塞尔维亚政府同议会、总理与总统、朝野各党派之间在加入欧盟和如何对待科索沃独立的问题上分歧凸显，导致出现政府危机。此前，尽管塞尔维亚朝野各政党都不接受科索沃独立的现实，表示坚决反对，但面对美国欧盟许诺塞尔维亚将加速参加欧盟和北约的诱惑，塞内部分裂已经开始。塞尔维亚民主党和亲俄罗斯的塞激进党都认为，塞尔维亚入盟是同科索沃一起进入，在同欧盟签订"稳定与联系协议"之前，欧盟应发表书面声明保证尊重塞的主权和领土完整，否则，当务之急不是讨论入盟的时候。而亲西方的现任总统塔迪奇和由他领导的民主党控制的议会，不同意设"先决条件"，认为塞的前途在加入欧盟。双方观点很难达成一致，科什图尼察总理遂于3月8日宣布辞职。塞尔维亚即将提前举行议会选举，以重组各派政治力量。

由此引发的争论还有：塞尔维亚要不要制裁和封锁科索沃、科索沃应不应该自己承担前南12亿美元的债务（总理主张塞政府负责缴纳，表明科仍是塞的自治省，但经济部部长不同意，称这笔外债应由科自己支付）。另外，塞对凡承认科索沃的国家就撤回大使以及对袭击美国、斯洛文尼亚、克罗地亚驻塞大使馆的做法，各派也有不同意见。

前南各共和国还没有统一的承认时间表

在承认科索沃独立问题上，前南斯拉夫各共和国的态度各异是正常现象。除塞尔维亚外的5个共和国有大有小，经济上有强有弱，境内的阿族人有多有少，同塞尔维亚的经济关系有松有紧。所以，它们对科索沃单方面宣布独立有不同的看法，承认科索沃独立的时间表肯定会有先后。

斯洛文尼亚作为欧盟轮值主席国，于3月4日率先承认科索沃独立，成为第13个承认科的欧盟成员国。斯称，决定承认科独立，这是"尊重人民的自决权愿望"，是为了"地区的稳定"，也是为了落实2008年2月欧盟外长会议的决议。这不是反对塞尔维亚，斯愿同塞保持良好关系。

克罗地亚政府表示，在大多数欧盟国家承认科后，克也会承认。他们坦言，克"受到来自各方面要求尽快承认的压力"，但克要"考虑自己的利益，特别是经济利益"。克、塞年贸易额约 10 亿美元，其中克出口为 6.65 亿美元，克在塞的投资达 4 亿欧元。另外，在克境内有几十万塞族人，他们在 1991—1995 年曾建立"克拉伊纳塞族共和国"，直到 1998 年克才结束内战，实现统一。克既要承认科索沃独立，又要重温 90 年代初内战的历史，这是可以理解的。

马其顿的态度特别令人关注。该国 200 万人口中有 40 万—50 万阿族人，他们在阿尔巴尼亚和科索沃的支持下从未停止过同马其顿族分庭抗礼的斗争。马其顿同塞尔维亚 2001 年 2 月就签订了边界协议，但科索沃不予承认，称塞无权决定它的边界。同时，希腊近日重提不承认"马其顿共和国"国名，将在 4 月布加勒斯特北约峰会上阻止马加入北约。面对美国、欧盟和邻国的高压，马国家领导人反复声明，只要科索沃当局承认两国边界划界，马将承认科独立。科则要求马其顿先承认其独立，然后两国在国际代表主持下解决边界勘界问题。马总统茨尔文科夫斯基 2 月 27 日在布鲁塞尔说："马其顿的国家利益是同所有邻国和睦相处，是同塞尔维亚和科索沃建立良好的关系。"他希望美国和欧盟帮助解决马同科、希的矛盾。

波黑在第一波承认潮中处境尴尬。波黑本来就是一个由三个民族组成的脆弱联邦，至今中央政权也不稳固。波黑北边的塞族共和国称科索沃独立是"危险的先例"，"我们也有权举行全民公决，确定自己的立场"。言下之意，若波黑中央政府承认科索沃，他们也会谋求独立，脱离联邦。波黑在这个问题上左右为难。

在这个问题上，黑山官方的立场是：既不会抢先，也不会落后。黑山总统武亚诺维奇一再强调，黑山最关心国内的稳定，因

为境内生活着大量塞尔维亚人（约 12 万人）和阿尔巴尼亚人（约
5 万人）。一旦承认科独立，可能对塞族产生严重后果。他表示，
黑山希望同塞、科成为好邻居好朋友，"我们同塞尔维亚有世世代
代的友好关系"。当然，在处理该问题时，"我们也会考虑同欧盟
的关系"。届时，黑山会"谨慎地和明智地宣布自己的立场"。

从上我们可以预测，克罗地亚和马其顿可能在美欧的强大压
力下，于 4 月布加勒斯特北约首脑会议之前承认科独立，因为会
上将解决克、马的入约问题。波黑也有可能冒险承认科独立，估
计黑山暂不会承认。

其他巴尔干国家态度不一

在承认科问题上，巴尔干国家有的支持，有的反对，有的暂
时保持沉默。表示反对的国家如罗马尼亚、希腊、塞浦路斯等国，
都有本国的民族问题。保加利亚实际上也担心本国的土耳其族
问题。

阿尔巴尼亚第一个承认科独立属情理之中。因为阿历来认为
它是科索沃阿族和境外所有阿族人的"母国"，是科争取独立斗争
的坚强后盾和大后方。早在 2007 年底，阿新任总统托皮就说，
"阿尔巴尼亚所有机构和全体阿尔巴尼亚人民支持科索沃早日获得
独立地位"。2008 年 2 月 23 日，托皮总统在接见美国和北约代表
团时称，科独立后，"西巴尔干将告别动乱和极端民族主义势力，
而成为伟大的北大西洋家庭的一部分"。他特别感谢美国在科最困
难时刻的支持和承认。

土耳其承认科独立是为 1975 年成立的"塞浦路斯土耳其共和
国"合法化做准备。与此同时，土又出动上万人的部队进入伊拉
克北部，围剿"库尔德分裂主义分子"。库尔德人分布在土耳其、
伊朗、伊拉克和叙利亚四国，总人数超过 2000 万。他们进行了几
十年争取独立的斗争。在这个问题上，美欧大国和土耳其都在执
行"双重标准"。

罗马尼亚议会于 2 月 19 日通过了罗政府不承认科独立的决议。众、参两院的 357 名议员对决议投了赞成票，27 名罗马尼亚匈牙利族民主联盟的议员投了反对票，他们要求政府承认科独立，认为这给"匈族人聚居地区的区域自治树立了一个很好的榜样"。罗政府总理特里恰努和总统伯塞斯库都强调，罗不承认"没有同贝尔格莱德达成协议、没有联合国安理会决议和绕开国际法与联合国宪章而单方面宣布的独立"。他们指出，科独立是一个危险的先例，可能使联合国解体。罗关闭了在普里什蒂纳的办事处。罗政府决议称，罗并不持"亲塞尔维亚和反科索沃"的立场，罗反对"违反国际法原则"的单方面宣布独立。罗愿意成为塞加盟入约的桥梁。

希腊是欧盟老成员国中反对科独立的国家之一。希腊既关注国内的阿族人又考虑到塞浦路斯的土族人的情况，主张科最终地位问题的解决"应该通过对话和谈判，并得到安理会的通过，以符合双方的利益"。

塞浦路斯认为科独立"破坏了塞尔维亚的领土完整和主权"，"违背了国际法"。塞浦路斯指出，国际问题的解决"需要符合联合国宪章和安理会决议"。

保加利亚承受着欧盟和塞尔维亚的压力，尚未承认科独立。保政府表示，会紧跟欧盟承认科，但"考虑到地区稳定"，还需要观察科下一步的表现。

（原载《欧亚社会发展动态》2008 年第 8 期）

第四篇

中东欧民族主义与未来社会主义

20 世纪初以来，巴尔干半岛所发生的重大历史事件，都间接或直接同民族主义有关。各种民族主义是 20 世纪巴尔干历史的一个特点和不稳定因素。

第二次世界大战后，巴尔干国家都在民族构成问题上采取双重标准和执行双重政策，即不承认自己境内存在少数民族，却又要求在邻国的"同胞"享受少数民族的地位和权利，以致在巴尔干地区政局动荡和经济衰退的情况下，少数民族问题凸显，一度变得紧张而又复杂。随着巴尔干国家加速融入欧洲一体化的步伐，这个问题得到缓解。

在巴尔干地区还存在复杂的库尔德问题和吉卜赛人的地位问题。巴尔干国家进入欧盟之前或之后，这都是令欧盟和巴尔干国家头痛的老大难问题。

库尔德人主要分布在土耳其、伊拉克、伊朗和叙利亚四国的交界地区，是中东人口占第四位的民族，也是当今世界上最大的少数民族之一。库尔德人问题是长期困扰西亚四国的民族冲突问题，而土耳其的库尔德人问题则是这个热点问题中的重点。

关于吉卜赛人的起源、风俗习惯、生活、宗教和文化有着各种各样的说法，甚至成见。同时，吉卜赛人问题又是许多欧洲国家至今仍然被忽视的一个民族和社会问题。这在巴尔干半岛尤其如此。吉卜赛人问题已成为各住在国的一个不稳定因素。

从目前中东欧各国共产党的纲领章程、建党理论及其实践活动来看，它们具有自身的特点，其发展趋势和前景值得关注。尽管中东欧各国共产党组织小、人数少，但他们依然在逆境中合法存在。中东欧各国共产党在艰难的条件下，以各种方式开展活动，顽强宣传社会主义思想和理想。这是一个不容忽视的基本事实。各国共产党仍然坚持以马克思列宁主义学说作为党的指导思想，但主张同本国革命传统和具体条件以及国际共产主义运动经验相结合。

捷克斯洛伐克共产党的后继党捷克和摩拉维亚共产党在中东欧独树一帜，不但成为唯一一个继续使用共产主义名称的政党，而且在多党议会竞争中长年占有一席之地，具有明显的左派传统。

苏联、东欧发生社会制度剧变后，中东欧国家的左翼政治家和学者著书立说，反思和探讨未来社会主义问题。他们的观点与中东欧国家共产党人的观点不尽相同。他们认为，现实社会主义作为一种制度在原苏东地区确实失败了，不复存在。但这仅是作为一种制度的斯大林模式的社会主义不存在了，而作为一种思想的社会主义始终是存在的。他们主张把民主社会主义作为自己的奋斗目标。面对新的情况，他们在重新学习马克思主义，认为解决当代社会问题离不开马克思及其学说。

第 七 章

巴尔干地区的民族问题

第一节　巴尔干国家的民族问题和民族政策

巴尔干国家的民族政策及其问题

巴尔干国家的少数民族问题，以及与此相关的边界、语言、文化、历史、宗教、领土等一系列问题，历来都是影响巴尔干地区政治稳定和经济发展乃至欧洲安全的不可忽视的因素。

纪元脱换，世界巨变，问题依然存在。尽管随着巴尔干国家"回归欧洲"进程的加快，巴尔干国家的少数民族问题趋于缓解，但它仍是巴尔干"火药桶"里一根危险的导火线。

巴尔干国家多民族格局的形成和发展

巴尔干半岛的一个最大特点是，在相对较小的面积上（约50万平方公里）居住着众多的民族人口（5000多万）。生活在这里的希腊人、塞尔维亚人、保加利亚人、马其顿人、克罗地亚人、斯洛文尼亚人、黑山人、罗马尼亚人、阿尔巴尼亚人、土耳其人、吉卜赛人和穆斯林等民族，有的是世居居民，有的是先后到来的外来移民。但在漫长的历史长河中，他们长期共处、交融和同化，逐渐形成了该地区至今多民族杂居的局面。

巴尔干国家多民族格局的出现和形成，大体与19世纪末至20

世纪 20 年代奥斯曼帝国和奥匈帝国的瓦解崩溃是分不开的。在奥斯曼帝国称雄巴尔干半岛的 5 个多世纪（14 世纪末至 20 世纪初）中，其以火和剑强迫当地居民改信伊斯兰教，并从小亚细亚向该地移民，使得巴尔干半岛的民族成分和宗教信仰发生了显著变化。在当今巴尔干国家信教的居民中，伊斯兰教徒占 46.5%，东正教徒占 38.2%，天主教徒占 15.3%。[①] 几乎在所有巴尔干国家中，三种宗教都同时共存。以阿尔巴尼亚为例，据 1995 年的统计，14.8% 的居民信奉天主教，18% 的居民信仰东正教，伊斯兰信徒占 65% 以上。[②] 1867—1918 年，奥匈帝国统治巴尔干半岛半个世纪，在半岛上留下了大量的匈牙利人和德意志人，使该地区的民族成分更加复杂。特别是一战前后，伴随战乱和边界变动，巴尔干国家的多民族格局已经形成。例如，据 1921 年的人口普查，塞尔维亚—克罗地亚—斯洛文尼亚王国（1929 年改称南斯拉夫王国）的人口约 1200 万。其中，少数民族有 200 万人。他们是阿尔巴尼亚人、匈牙利人、德国人、罗马尼亚人、斯洛伐克人、俄罗斯人、土耳其人、意大利人、波兰人、保加利亚人、吉卜赛人等。又如，1922 年在罗马尼亚的 1650 多万居民中有 74% 为罗马尼亚人，26% 为少数民族：匈牙利人占 8.4%、犹太人占 5%、德意志人占 4.3%、俄罗斯人和乌克兰人共占 3.3%、保加利亚人占 2%、土耳其人和塞尔维亚人等其他民族占 3%。[③] 同时，在巴尔干国家间也形成了"你中有我、我中有你"的复杂民族分布局面。一个民族集中分布或居住在与母国相邻的国家的现象比比皆是。例如，土耳其人生活在所有巴尔干国家和塞浦路斯北部，希腊人集中居

---

① Национални проблеми на Балканите—история и съвременост, София, 1992, с. 65.

② Албания и албанските идентичности, изследвания, София, 2000, с. 112 – 113.

③ 参见 Проблеми на политиката на балканските комунистически партии по националния въпрос, Сб. Студии. София, 1987, с. 129。

住在塞浦路斯和阿尔巴尼亚南部，阿尔巴尼亚人集中生活在科索沃和马其顿西北部，等等。

需要指出的是，在因奥斯曼和奥匈两个帝国衰败而出现大量领土和居民变动后，巴尔干各国的少数民族同所在国主体民族共同生活的时间不长。他们一般尚未融入所在国的社会生活，而是同相邻的"母国"保持着千丝万缕的联系。有些少数民族（如德意志人、匈牙利人、土耳其人等）在第一次世界大战前都是所在国的掌权者，战后则反而受所在国主体民族的统治，这就使他们产生了不满情绪，甚至策划反对新兴国家的活动。同时，由于在列强的干预、操纵下巴尔干国家的领土一再被重新划分，造成了巴尔干各国之间普遍存在边界争端和领土纠纷。在这些因素相互作用下，巴尔干各民族间的民族与宗教矛盾就越发显得敏感和具有连锁性、爆炸性。

第一次世界大战结束后，由于巴尔干地区的民族边界和国家疆界不一致，因而出现了移民或难民问题。在这种情况下，南斯拉夫、罗马尼亚、保加利亚、希腊、土耳其和阿尔巴尼亚等国都在20世纪20年代前后彼此签订过关于少数民族和边界问题的公约以及交换居民的协定。于是，几十万保加利亚人从马其顿、色雷斯和多布罗查来到保加利亚，被土耳其驱赶的100多万希腊人从小亚细亚涌入希腊，几十万土耳其人从巴尔干各地流向安纳托利亚。"交换"居民只缓解了某些矛盾，但少数民族问题仍是巴尔干沉重的"历史包袱"，甚至成为这些国家的"纷争之源"。

第二次世界大战后，巴尔干国家之间的领土又有了一些调整，少数民族问题仍然存在于各国内部和邻国之间。南斯拉夫同意大利、奥地利、希腊和阿尔巴尼亚，阿尔巴尼亚同希腊，希腊同土耳其，保加利亚同罗马尼亚，以及罗马尼亚同匈牙利等都对对方境内的少数民族和某些地区提出了不同的解释和争议。它们相互间虽经多次谈判达成过有关协议，但也未从根本上解决问题。

冷战期间，在巴尔干社会主义国家提出建立"社会主义单一民族"口号和人为的压制下，少数民族问题被暂时搁置一边。但一些少数民族要求政治上自由、经济上平等和文化上独立的斗争从未停止过。这一时期，巴尔干社会主义国家在人口普查时都有意让一些少数民族，尤其是其中的受教育者在"族属"一栏中填写为"社会主义新民族"。这样，除阿尔巴尼亚人、穆斯林和吉卜赛人外，这些国家的其他少数民族的人口数量都呈减少趋势。

巴尔干国家的少数民族政策

面对"你中有我、我中有你"的复杂民族分布格局，在对待"少数民族"的问题上，巴尔干国家的通常做法是：一方面不承认自己境内有"少数民族"存在，另一方面却要求邻国承认其境内存在"少数民族"。

早在两次世界大战期间，巴尔干国家中的少数民族地位和少数民族政策问题就被提出来了。当时，除土耳其为共和制国家外，其他巴尔干国家多为君主制国家。为了维护统治政权，每个巴尔干国家的执政者在少数民族问题上几乎都采取了同一种政策和手段，即"母国"对邻国土地上的"同胞"宣称要坚决"保护"，而对本国境内的"异族"（或异教）居民进行驱赶或同化。例如，1912 年，在土耳其的保加利亚人和希腊人各有 150 万人左右，但到 1923 年，这两族居民差不多都被驱逐出土耳其。同期，希腊也从自己国土上"清洗"了 42 万以土耳其人、被伊斯兰化了的保加利亚人为主的穆斯林居民。[①] 第一次世界大战后，作为新兴的巴尔干多民族大国的南斯拉夫和保加利亚，它们对境内的少数民族主要推行同化政策。

两次世界大战之间，巴尔干各国的共产主义者在苏联和共产国际的影响下，曾提出了一系列解决少数民族问题的具体要求，

① 参见 Кръстю Манчев, История на балканските народи 1918 – 1945, "Парадигма" София, 2000, с. 170 – 173。

如承认每个民族有权自主地决定自己的命运，居住在各国的不同民族拥有完全平等的权利，捍卫少数民族参加国家和地方政府的权利，以及享有在学校和文化机构使用自己语言的权利，等等。他们还提出了巴尔干各国建立平等和自由的联邦国家，以实现各大小民族一律平等的思想。但由于巴尔干各国都存在地区大国和大民族主义思想，执政者都只想利用少数民族和少数民族问题进行争夺而不可能想真正维护和实现少数民族的利益与权利。在这种情况下，共产主义者的设想和要求是无法变成现实的。

第二次世界大战后，在巴尔干半岛上建立了阿尔巴尼亚、保加利亚、罗马尼亚和南斯拉夫 4 个人民民主国家，它们在向社会主义过渡。希腊和土耳其则保留了原来的资本主义制度，并越来越靠近西方世界。应该说，这种政治格局的变化，为合理解决巴尔干国家的少数民族问题创造了条件，开辟了前景。

回顾第二次世界大战后以来 60 年的历史，巴尔干原社会主义国家在少数民族问题上走过了一条从否认到承认、从专断到理智的道路，其少数民族政策大体经历了三个阶段：（1）第二次世界大战结束至 20 世纪 50 年代中期，各国遵守战后和约裁定的边界现状，承认境内有少数民族，并在经济发展和文化教育等方面给予他们平等的权利；（2）20 世纪 50 年代中期至 80 年代末，在"冷战"年代无论巴尔干原社会主义国家还是希腊和土耳其，都鼓吹建立单一民族国家，坚持"冷战"立场，对各自境内的少数民族采取不承认主义，实行限制和同化政策，造成民族摩擦和冲突；（3）20 世纪 80 年代末至今，原社会主义国家及其执政党解体，少数民族问题从一度凸显到趋向缓和。

当然，巴尔干各国因历史条件、传统和解决民族之间关系的方式以及保障少数民族权利的程度不同，而在少数民族政策上又表现出一定的差异性。例如，保加利亚共产党 1944 年 9 月取得全国政权后，开始摒弃战前的大保加利亚民族主义思想。1951 年，

保共中央以决议的形式第一次承认国内存在"少数民族"。该决议
强调，为了进行人民民主建设，需要在政治、社会经济和文化领
域动员所有的"少数民族"参加，并给予他们一系列权利，包括
在他们的聚居区实行"相应的民族教育"的权利。该决议还特别
指出，当时占全国人口9%的土耳其人属于"少数民族"范畴。
这样，在政府的重视下，包括土耳其人在内的保加利亚各少数民
族有了受教育的权利。1944年，在保加利亚只有424所土耳其语
私立学校，有871名老师和37335名学生。到1953年，已有1156
所土耳其语公立小学，在校生达10.5万人，还有6337名中学生
和1420名中等师范学校学生。至1957年，还建立了3所培养土
耳其族人教师的师范学院和1所土耳其族人中学，在国立索非亚
大学还开设了土耳其族人大学生班；全国共有3种全国性和4种
地方性土耳其文报纸、1种土耳其文杂志；在全国有各类土耳其
族人文艺团体400个，广播电台还设有土耳其语广播节目。① 此
外，在土耳其族人为主的地区，保国政府还拨款修桥筑路，增加
社会服务设施，在发展少数民族经济方面做了大量的工作。

　　1952年，希腊和土耳其参加了北大西洋公约组织（北约）。
1955年保加利亚、阿尔巴尼亚和罗马尼亚等国加入华沙条约组织
（华约）。在军事集团和"冷战"对峙加剧的同时，保加利亚与土
耳其和希腊的关系出现紧张，少数民族问题被利用为相互攻击的
工具。1958年，保加利亚共产党作出决定，宣布停止执行对境内
少数民族土耳其人的政策，禁止境外土耳其人来保加利亚从事宗
教和教学活动，严格限制一切穆斯林宗教团体的活动，并取缔了
亲土耳其的民族主义组织。到20世纪50年代末和60年代，甚至
连土族人服兵役都受到歧视，他们只能当工程兵。保加利亚当局
还号召保加利亚人同土耳其人通婚，强迫土耳其人改名换姓，或

---

① 参见 Страници от бъл及жарската история-събития размисли личности Ⅱ,
"Просвета"，София，1993，c. 213。

让他们迁往土耳其，以减少土耳其人在保加利亚的数量。

自此后，保加利亚官方和学术界便不承认在其境内存在"少数民族"或"少数民族问题"。其主要理由有：（1）在第二次世界大战后的保加利亚领土边界内，没有任何外国领土，而且也没有迁移进来的非保加利亚人族源的古老土著迁入；（2）在保加利亚已不存在生活上和公民权上受到宪法歧视的族群；（3）保加利亚从摆脱奥斯曼帝国奴役后，从未签订过任何一个承认有"少数民族"存在的国际的、多边的或双边的条约；（4）在西方发达国家，民族问题和与此相连的个人权利问题是通过现代的理智方式解决的，即强调个人的权利，而不是强调"少数民族"的集体权利。①

保加利亚政府指出，第二次世界大战后初期承认境内有"少数民族"是迫于签订战败和约及苏联的压力。这样，人数众多的保加利亚土耳其人、吉卜赛人和保加利亚穆斯林，以及保加利亚马其顿人，都被说成"保加利亚人"，或者说，他们的"根"和"源"都在斯拉夫保加利亚人之中。实际上，保加利亚政府这样做主要是出于担心：一旦承认境内存在有少数民族，随之而来会产生宗教狂热、民族分离主义和自治运动，而这些少数民族的"母国"就会插手保加利亚民族事务和内政问题；少数民族出生率高，人口增长迅速，未来的非斯拉夫保加利亚人在数量上会超过斯拉夫保加利亚人，将对保加利亚主体民族的地位构成威胁。

还可以举罗马尼亚的例子。罗马尼亚境内少数民族的一个特点是居住相对集中：匈牙利人生活在特兰西瓦尼亚，德意志人聚居在特兰西瓦尼亚和巴纳特，吉卜赛人也主要分布在上述两个地区。

---

① 参见 Бойко Мизов，Демографската политика на България，сп.《Демография》1，1991，с. 37。

可以说，从 1944 年建立人民政权到 50 年代中期，罗马尼亚的少数民族政策以民族平等为出发点是符合本国国情的。1948 年颁布的宪法和教育改革法，强调各族人民在政治、经济和文化生活方面完全平等。教育改革法规定，不管少数民族人数的多寡，在各级教育单位除必须学习罗马尼亚语外，都可以用母语进行教学。于是，该国人数最多的少数民族匈牙利人在克鲁日市成立了匈牙利大学，在特尔吉穆列什和亚什两地设立了匈牙利语言文学系。据统计，1954 年在罗马尼亚有 2200 多所（个）少数民族语言学校和班级。其中，匈牙利语的为 1597 所（个），德语 325 所（个），俄语和乌克兰语 137 所（个），鞑靼语 56 所（个），塞尔维亚语 48 所（个），斯洛伐克语 28 所（个），土耳其语 16 所（个），等等。[①] 另外，克罗地亚人、捷克人、希腊人、亚美尼亚人、保加利亚人、犹太人等也都拥有各自的语言学校或班级。这一政策受到少数民族的欢迎。

但从 20 世纪 50 年代后期起，罗马尼亚也像东欧其他社会主义国家一样，宣称已完成了从资本主义向社会主义的过渡，进入"全面发展的社会主义社会"的条件已经成熟。罗马尼亚共产党领导人强调民族问题在罗马尼亚已经解决。该国学术界和出版物大力宣传：所有的罗马尼亚公民，不管其出身何种族，都是罗马尼亚人；至于匈牙利人和德意志人，他们也只是讲匈牙利语和讲德语的罗马尼亚人。这一观点跟保加利亚对境内土耳其人、土耳其对境内库尔德人、希腊对境内斯拉夫人的观点如出一辙。

特别是自 1965 年起，罗马尼亚称境内非罗马尼亚族人为"共同的共居民族"，用这一概念代替"少数民族""少数民族族群""种族"等习惯用语。同时，罗马尼亚受到当时社会主义"大家庭"关于建立"社会主义新民族"思想的影响，提出了"维护民

---

① 参见 История Румънии 1918 – 1970, Москва, 1971, с. 499。

族统一和祖国主权""一个单一民族国家"的主张。所以，罗马尼亚官方认为，在国内已不存在民族问题，这个问题已经解决了，如果有这方面的问题，那也是内部问题，反对任何国家借口少数民族问题干涉其内政。在这种思想的指导下，少数民族的平等权利遭到了破坏，不仅少数民族语言的学校或班级纷纷关闭，其学生被强行并入罗马尼亚语学校，而且少数民族参加中央政权机关的代表名额亦呈减少趋势。以大国民议会的议员数为例，1946 年有少数民族议员 77 人（约占总数的 20%），1957 年少数民族代表占 67 个议席（占 15.35%），而到了 1980 年少数民族代表仅剩下 36 个议席（只占 9.7%）。[①]

可以说，直到"冷战"结束，几乎所有巴尔干国家，不管它们实行何种社会制度，在少数民族政策问题上都持双重标准和政策：一方面，对邻国或别国生活在本国境内的"同胞"实行限制政策，不承认他们是单独的民族共同体，有意或无意地同化他们，剥夺他们使用本民族语言和宗教信仰的权利，逐渐使他们丧失其民族属性和认同性；另一方面，对本国生活在邻国的"同胞"则表示同情和支持，号召他们回到"母国"来，甚至煽动他们提出"民族自治"和"分离主义"的要求。

冷战结束后巴尔干国家少数民族问题凸显的原因

20 世纪 90 年代，面对多党议会民主制的突然到来，原巴尔干社会主义国家尚未做好社会变革的动员和准备。这就为民族主义思潮的泛滥、过去各种被压抑的和潜在的矛盾的爆发提供了客观环境。在这种社会形势下，要求解决少数民族问题和实现民族平等的呼声日高，出现了地区性的不稳定。

1989—1990 年东欧剧变的早期阶段，巴尔干原社会主义国家一些新成立的反对派政党及组织有意利用本国少数民族同主体民

---

① 参见 Проблеми на политиката на балканските комунистически партии по националния въпрос, Сб. Студии., София, 1987, с. 195。

族的矛盾，争取同情者和选票，而不顾其后果。于是，在反对共产党和反对社会主义的前提下，在巴尔干原社会主义国家无一例外地都建立了民族主义政党和组织。例如，仅罗马尼亚就成立了如下少数民族政党组织：罗马尼亚匈牙利人民主联盟、匈牙利人独立党、罗马尼亚匈牙利雇主党、匈牙利基督教民主党；罗马尼亚德国人民主论坛；罗马尼亚希腊人联盟；罗马尼亚土耳其穆斯林民主联盟、罗马尼亚土耳其少数民族联盟；罗马尼亚俄罗斯—利波万人共同体；罗马尼亚乌克兰人联盟；罗马尼亚塞尔维亚民主联盟；罗马尼亚斯洛伐克人和捷克人民主联盟；罗马尼亚波兰人联盟"波兰之家"；罗马尼亚亚美尼亚人联盟；罗马尼亚吉卜赛人（罗姆人）基督民主党、自由吉卜赛人（罗姆人）民主党、吉卜赛人联合民主党、罗马尼亚吉卜赛人党、罗马尼亚吉卜赛人自由民主联盟；巴纳特保加利亚人联盟、布加勒斯特保加利亚人文化协会；像阿尔巴尼亚人、鞑靼人等人数非常少的群体也成立了各自的组织。这些政党和组织都声称代表"少数民族"或种族的利益。此外，有的政党、组织除带有鲜明的民族主义色彩外，还具有强烈的宗教倾向。例如，穆斯林政党等就是其中之一。

允许少数民族成立带有民族主义性质的政党、组织，实际上为解决巴尔干国家中的少数民族问题又增加了新的障碍。一些民族分离主义者借机大肆宣传极端民族主义思想，要求脱离所在国以建立本民族国家实体或与母国结为一体，并把过去所遭受的不公待遇归罪于主体民族，这不仅加剧了少数民族与主体民族之间已有的矛盾，而且也使得第二次世界大战结束以来巴尔干国家间的民族矛盾和领土纠纷重新燃起（这种情况在前南斯拉夫地区表现得最为明显和激烈）。

在这样一种社会氛围下，新旧民族主义情绪和成见在巴尔干国家的报刊上经常可以见到。归纳起来，有如下几种：第一，认为在周邻国家生活着几十万甚至成百万自己的"同胞"，"母国"

有权关心和保护他们；第二，认为邻国在对待"少数民族"问题上负有一定的责任，不利于双边关系的发展；第三，寻找煽动少数民族情绪的新因素，如提出有关民族的语言发展、学校建设、宗教信仰、人权保障甚至成立政党和"自治区""共和国"等问题；第四，单方面公布和解释历史上已签订的条约，重新提出领土归属问题（阿尔巴尼亚对科索沃和马其顿阿族的态度是最典型的例子）。

在巴尔干国家转轨、生产下降、社会出现贫困化和两极分化的情况下，社会下层群众的利益，尤其是欠发达的少数民族地区的大多数居民的利益受到的冲击最大。没有生活依靠、高于其他民族地区的失业率和人身安全没有保障等的现实，加重了这些少数民族居民的心理压力，加剧了他们的反抗行为。他们纷纷提出集体人权和个人的人权问题。而当人权问题同集体权利问题搅在一起时，少数民族问题便更加复杂了。而且，有的少数民族代表人物思想激进，要求"立即和彻底"解决长期积压下来的问题。他们不作出让步，甚至不参加谈判，而希望把事态扩大，以让"母国"和欧美大国借机插手，从而将国内问题地区化乃至国际化。

在"保护少数民族"和"反对种族灭绝"的口号下，忽视巴尔干国家少数民族问题的历史和领土变动情况乃至违反国际条约规定的外部干预，必然引发巴尔干国家间的双边矛盾或国际冲突（如波黑战争、科索沃战争和马其顿危机）。正如有的学者所指出的，巴尔干地区的种族或民族之间的冲突是"外来干涉，特别是邻国干涉的结果"[1]。事实上，外来因素渗入民族冲突和宗教争端后并不能使问题得到真正解决，而是往往使其进一步冲突复杂化和久拖不决。

---

① Весник 24 часа, 1994 年 1 月 5 日。

因此，20 世纪末巴尔干地区少数民族问题凸显的原因，一方面是源于这些国家偏激的少数民族政策，另一方面则是外部势力进行干预的结果。

解决少数民族问题的途径

东欧剧变以来，巴尔干国家表现出两大特征：一是"回归欧洲"的国家转轨；二是民族主义情绪狂热爆发。这就自然使少数民族问题成为巴尔干国家政府关注的焦点之一，也决定了相应国家在对待少数民族政策问题上处于"十字路口"：既要维护和保持国家领土与主权的完整性，又要在民主化和自由化浪潮冲击下实施和保障少数民族提出的种种权利。

总体而言，在保证少数民族权利问题方面，巴尔干国家既有共同点，也有两种截然不同的理解和做法。

共同点是：绝大多数巴尔干国家都通过了少数民族法，成立了处理少数民族事务和解决少数民族问题的专门机构。特别是近年来，巴尔干转轨国家为加入北约和欧盟，都同邻国签订了睦邻条约，声明相互尊重少数民族权利和维护边界现状（这是入约、加盟的先决条件之一）。在这方面，1992 年 6 月欧洲委员会通过的《关于地区和少数民族语言欧洲宪章》、1993 年 10 月欧洲委员会 32 个成员国签订的《维也纳声明》以及 1994 年 11 月欧洲委员会通过的《关于保护少数民族框架公约》及其一系列对该公约的解释发挥了重要作用。

差异之处是：首先，为了补偿过去对少数民族的歧视或同化政策而给他们造成的伤害，现在给予少数民族以集体的权利。例如，允许他们成立政党，平等地参加社会政治和经济活动。前南联盟的科索沃阿尔巴尼亚人、马其顿的阿尔巴尼亚人、保加利亚的土耳其人和罗马尼亚的匈牙利人等，都实现了这种权利。他们的政党在议会选举中保持着较稳定的得票率和席位。这些国家在各自的宪法中宣布公民不论其民族和种族归属一律平等，拥有学习和使用本民族的语言文字以及发展本民族文化等权利。在保加利亚和阿尔巴尼亚禁止以种族和宗教为基础建立政党，但实践中是很难做到的。在科索沃和马其顿的阿尔巴尼亚人还拥有自己的武装力量，走向了极端。其次，基于少数民族已经成为各自国家民族大家庭中的一员或组成部分这样一种认识，只承认所有公民的个人权利和自由，而不承认少数民族有比主体民族更多的特权，如在种族、宗教信仰、语言、新闻、教育、生育诸方面的特殊权利。而建立少数民族的政党则是被明令禁止的，如在土耳其，库尔德人的政党被认为是非法组织；在希腊，不允许穆斯林建立自己的政党组织。

可以说，尽管欧洲和国际社会为稳定和发展巴尔干地区付出了努力，也取得了一定效果，但巴尔干地区仍存在许多公开的或潜在的少数民族冲突源却是不争的现实。由北往南，巴尔干地区的种族和领土争论问题有：罗马尼亚与匈牙利之间的特兰西瓦尼亚问题，罗马尼亚与乌克兰之间的北布科维纳问题，塞尔维亚伏伊伏丁那匈牙利人地位问题，塞尔维亚人在克罗地亚境内东斯拉沃尼亚的地位问题，波黑境内的塞尔维亚人问题，塞尔维亚科索沃自治省和桑贾克地区的地位问题，马其顿的阿尔巴尼亚人及其政党的分裂活动问题，希腊和土耳其之间关于塞浦路斯及海域、领空和爱琴海岛屿的争论问题，等等。上述诸多问题都涉及关于少数民族的地位与权利。这些悬而未决的问题既是根深蒂固的历史遗留问题，又是今天的政治和经济利益问题。它们在一定的国内外气候条件下随时都有可能爆发，导致危机、冲突甚至战争。

巴尔干学者对解决少数民族问题的出路也提出了自己的看法。保加利亚战略问题研究中心主任亚历山大·利洛夫教授认为，主动解决巴尔干少数民族问题的途径涉及四个方面：（1）作为整个地区的巴尔干国家实现技术和基础设施的现代化；（2）摆脱经济落后状态；（3）实现巴尔干国家和社会的民主化；（4）融入欧洲结构。罗马尼亚学者在东南欧国际学术讨论会上提出，巴尔干其他国家在解决少数民族问题时，可以考虑罗马尼亚的做法。近年来，罗马尼亚对少数民族的政策可以概括为下列四个方面：第一，同所有国家执行睦邻政策；第二，在人权方面，包括少数民族权利方面，加强国际合作；第三，尊重并贯彻实施有关少数民族权利（如种族、宗教、语言等）的协议；第四，促使从罗马尼亚被迫侨居到异国的居民忠于他们所生活的国家，同时要求所在国尊重世界上其他国家的民族利益。[①] 还有的学者指出，为了解决巴尔干国家的少数民族问题需要加强巴尔干国家的双边和多边合作、使巴尔干地区加速融入欧洲一体化和文明进程，以及欧洲安全机构向巴尔干国家提供安全与稳定保障。[②] 另外，巴尔干少数民族问题的出路不在于少数民族建立属于自己的政党，更不在于他们成立武装组织。在目前巴尔干国家政局不稳和经济不景气的情况下，重要的是努力发展边远地区少数民族居住区的经济，改变其落后面貌；提高他们的文化水平和教育水平，抛弃其陈规陋习和宗教狂热；积极改革国家和政府在少数民族地区的职能和决策。这些都是切实有效的措施。同时，也要对少数民族进行宣传和教育，使他们尊重主体民族的地位和作用，维护民族大家庭的团结。

显然，由于受到欧洲一体化进程的积极影响，今天的巴尔干少数民族问题与剧变初期相比，已发生某些良性变化：从种族仇视和冲突开始走向各民族和睦共处与共同发展。但是，鉴于民族问题的长期性、复杂性、不可预见性和难以控制，该问题在近期内还不可能得到彻底解决，还可能由此引发新的冲突。因此，处于加速民主化进程中的巴尔干国家正确处理少数民族问题的做法

---

① 参见 Предотвратяване на военни конфликти в Югоизточна Европа——международна конференция, София, 1995, c. 107。

② 参见 Европейско политическо сътрудничество и интеграция: перспективите на България, София, 2000, c. 173 – 174。

是：在承认历史、正视现实、睦邻共处和融入欧洲一体化的思想主导下，根据本国的具体情况制定旨在使各民族共同发展的民族政策；同时，欧美大国应在放弃唯利益原则基础上，以维护地区稳定与发展为出发点，推动巴尔干国家妥善处理有关少数民族问题的纷争。只有这样，巴尔干国家的民族政策才能步入良性发展轨道，才能防止类似波黑冲突和科索沃危机的悲剧重演。

（原载《世界民族》2004 年第 4 期）

对前南斯拉夫解体中民族主义因素的思考

在写作《南斯拉夫兴亡》（社会科学文献出版社 2010 年版）的时候，我深深感到民族问题和民族主义在前南斯拉夫联邦解体过程中占有重要地位，产生了不可忽视的作用。前南斯拉夫是个多民族国家，在它 2230 万人口中包括近 20 个民族、少数民族和族群。它的民族问题表现在多层次和多方面。前南斯拉夫作为联邦制国家，同周边 7 个邻国几乎都不同程度地存在民族纠葛。在联邦内部，不仅各共和国之间不同民族混居，而且共和国内，甚至自治省内同样不同民族混居，而且宗教和文化差异较大，历史积怨甚多，矛盾较深。尽管前南斯拉夫联邦制定了宽松的民族政策，但民族主义因素对联邦崩溃的影响仍然令人深思。

关注民族问题，采取了若干积极措施

第二次世界大战后，南联邦在铁托的领导下，比较注重民族问题，采取了一系列有自己特色的措施，防止民族主义泛滥。例如：

第一，实行联邦制，通过宪法确保了境内各民族之间的平等、团结和友爱。第二次世界大战后，没有同意将境内的阿尔巴尼亚族都集中到科索沃，避免了后来出现一个大科索沃国家。

第二，从 20 世纪 50 年代起，扩大了各共和国和自治省的权力，各族居民的生活得到改善，使政局保持稳定，民族关系比较融洽。

第三，为了帮助落后地区发展经济和文化，缩小各民族之间的差距，南共联盟和联邦政府于 1965 年建立了联邦发展经济不发达的共和国和地区的信贷基金，1971 年通过了《对经济不够发达的共和国和科索沃自治省提供贷款的联邦基金法》，投资支持落后地区的重点项目建设；建立联邦信贷基金，发放无息或低息贷款；以社会总产值的 0.93% 作为无偿补助经费，支援不发达地区的文教卫生事业；不发达地区优先使用外国贷款；鼓励不发达地区与发达地区联合办企业，共同投资，共同承担风险，共同分配收益。这些措施有力地促进了不发达地区经济的发展。

南共联盟和联邦政府制定的民族政策在解决民族问题方面作出了巨大的努力，积累了一定的经验，取得了不少的成绩，并在一定程度上缓解了复杂的民族矛盾，使南斯拉夫联邦国家得以保持 45 年的统一和发展。但是，南共联盟和南联邦政府在民族政策的理论和实践方面也确实存在一些重大的失误，使民族矛盾没有根本解决，并为后来的南联邦解体和内战埋下了祸根。

民族问题出现失误，导致联邦解体

失误之一是，南共联盟和联邦政府所提出的民族理论概念混乱和错误。例如，1968 年承认波黑的穆斯林为一个单独的民族，当时就遭到了塞尔维亚人和克罗地亚人的强烈反对。这成为后来波黑脱离联邦的一个重要理由。

失误之二是，片面理解和实行民族平等的原则。从 20 世纪 60 年代起，南联邦在党政领导人的组成上，从联邦、共和国和自治省直至基层单位，都贯彻等额民族代表原则。同时，这一绝对平均主义原则还落实到群众组织和民间团体，以及外交人员派出和出国组团，乃至南斯拉夫人民军军官团的组成以及高级将领的任命方面，都一味强调各民族不论大小一律"机会均等"和"轮流坐庄"。这使各共和国的权限和独立性无限膨胀，联邦实际上已处于无权地位。

失误之三是，削弱了塞尔维亚作为联邦最大的民族应有的地位和作用，尤其是南联邦宪法一再扩大了科索沃和伏伊伏丁那两个自治省的权力，实际上使塞尔维亚共和国一分为三，失去了对两个自治地区的控制。这虽然是为了防止大塞尔维亚民族主义的复活，却严重削弱了塞尔维亚共和国的地位和伤害了塞族的民族自尊心。这也是南联邦解体和各共和国之间发生流血冲突的一个重要因素。

失误之四是，放弃了南共联盟对各共和国和自治省的领导作用。南联邦到后期已经形成为 8 个独立的经济实体和政治实体，各自拥有自己的党中央和国家机构，没有一个能够统一领导和指挥全南斯拉夫的政党。

失误之五是，没有及时遏制和打击形形色色的民族主义。在这个由多民族组成的联邦国家，既有塞尔维亚和克罗地亚的大民族主义，也有斯洛文尼亚的"经济民族主义"、波斯尼亚的"文化民族主义"和马其顿的"地方民族主义"，还有科索沃的"民族分裂主义"等。20 世纪 60 年代，克罗地亚和科索沃民族主义开始抬头，1966 年铁托解除了前南"第二号人物"、负责内务和安全部门工作的兰科维奇的职务，而兰科维奇正是当时打击克罗地亚族和阿尔巴尼亚族民族分裂主义的铁腕人物。后来事实证明，南斯拉夫是在各民族、各共和国和各地区的民族主义思潮、民族主义、分裂主义和恐怖主义的打击下陨落的。

对前南斯拉夫民族问题经验教训的几点思考

一要认识民族问题的长期性、复杂性和反复性。铁托在世时，由于南共联盟执行较为宽松的民族政策和铁托的个人威望，那时的民族关系趋于平静和稳定。由此，南共联盟中一些领导人便错误地认为民族问题已经"彻底解决"，在巴尔干地区"树立了榜样"，从而忽视了解决民族问题的长期性和艰巨性，造成民族政策上接连失误。在一个多民族国家中，各民族地区的经济和文化发展是不平衡的，要实现各民族间和各地区的经济协调发展是一件非常困难的事情，要缩小和克服各民族地区经济发展水平和结构方面历史遗留下来的差别，需要经过几代人长期艰苦的努力。所以，民族差别在相当长的历史时期内不会迅速消失。但是，中央政府要十分重视不发达地区的社会经济和文化教育事业发展，采取有力措施去缩小差距，一旦差距越拉越大，就会成为诱发不发达地区动乱的原因。

二要反对片面理解和实行民族间绝对平等的原则。所谓大小民族一律平等，这主要是指政治上和权利上的平等。在一个多民族国家，总得有一个主要的民族来担负起保卫国家主权和领土完整，在建设国家中发挥最大的作用，在抵御外敌中作出最大的牺牲等重要任务。人为地、机械地实行各民族的"绝对平等"而不惜削弱主体民族发挥正常的实力，必然造成新的民族不平等，产生新的矛盾和不满情绪。

三要对待民族分裂主义活动不能手软，处理时既要慎重又要果断。在当今世界，不分青红皂白地同情和支持弱势民族，谴责强势民族，已成为西方国家在民族问题上推行双重标准的一个重要借口。对少数民族中存在的分裂主义活动和外来干预不可忽视，不能丧失警惕。民族分裂主义势力一般在国内没有土壤，他们往往寻求邻国和大国的保护与仲裁，而外来干涉又给民族安全和国家主权带来难以预料的后果。对民族分裂主义活动，应依法采取有力措施，毫不手软地及时打击，包括不得已情况下的武力解决。这样才能保护广大无辜的群众，才能威慑一小撮极端分裂主义分子和恐怖主义分子。在处理这类问题的过程中，要做大量细致的宣传解释工作，千万要防止使国内问题越出边界，形成"地区化"或"国际化"，决不给国外插手和干预的机会。前南斯拉夫的科索沃最终走向独立就是一个深刻的教训。

四要警惕民族分裂主义者把宗教信仰同民族属性混为一谈，煽动宗教和民族情绪。坚决不允许成立带有民族主义倾向和宗教色彩的非政府组织或政党，更要及时取缔准军事组织。波黑的穆斯林民主党、科索沃阿族民主联盟和科索沃解放军就是这类政党和组织，他们打着民族和宗教的旗号，勾结国外非政府组织，成为摧毁前南斯拉夫的急先锋。

（原载《俄罗斯研究信息》2010 年第 5 期）

保加利亚的土耳其人问题

据 1992 年 12 月保加利亚人口普查资料，当时全国共有约 847.3 万人。按民族属性、语言和宗教信仰分类，保加利亚人 727.2 万，占总人口的 85.8%；土耳其人 82.2 万，占 9.7%；吉卜赛人 28.8 万，占 3.4%；其他种族群体 9.1 万，占 1.1%。因此，土耳其人是保加利亚最大的少数民族。

但是，从 19 世纪后半期以来，保加利亚历届政府在处理和解决土耳其人问题方面采取了不承认少数民族地位和强迫同化的政策，引起这部分居民的严重不满，并造成保、土两国关系紧张。本文拟就土耳其人在保加利亚的形成和发展，以及保、土两国政府对这个问题的态度作一回顾和介绍。

土耳其人在保加利亚的形成和发展

土耳其人在保加利亚的形成比较复杂，所以对他们有各种不同的叫法，如"土耳其化的保加利亚人""保加利亚土耳其人"

"使用突厥语的居民""保籍土耳其人""土耳其少数民族",等等。这部分居民信仰伊期兰教,讲土耳其语,也稍懂保加利亚语。

14—19世纪,保加利亚处于奥斯曼土耳其帝国的统治之下,保加利亚土耳其人的起源跟奥斯曼土耳其人的入侵是分不开的。奥斯曼帝国对其臣民不是按民族,而是按宗教信仰划分的。所以,它也不是将帝国的其他民族直接土耳其化,而是通过伊斯兰化以达到土耳其化的目的。征服者在以暴力手段强制推行《古兰经》的同时,还采取给穆斯林减免税收和安排一官半职的方式吸引保加利亚的东正教徒,并鼓励异族通婚,促使一部分保加利亚东正教居民皈依伊斯兰教,使其逐步丧失保加利亚民族意识而认同于土耳其人。这些业已伊斯兰化的保加利亚斯拉夫人,操保加利亚语,也稍懂土耳其语,保加利亚学者称他们为"波玛齐人"或"保加利亚穆斯林"。

另一部分保加利亚土耳其人来自今土耳其本土和小亚细亚地区,他们在保加利亚一直滞留到1878年以后。移民政策是奥斯曼帝国侵略政策的一部分,这对巩固帝国在被征服土地上的政权是必不可少的。当然,伴随着有组织的移民,也有自发地向巴尔干地区移民的现象。在这些移民中,有帝国的军人、行政官员、宗教人士。他们大都居住在城镇。据统计,这类移民占当时被征服地区居民总数的2%—5%。1543年,这部分人在保加利亚达到10.1万—13.5万。整个16世纪在奥斯曼帝国的巴尔干领地有23万—25万土耳其人。[①] 1878年保加利亚从土耳其奴役下解放出来后,一部分土耳其征服者留了下来。

此外,在不同的历史时期,保加利亚境内的吉卜赛人因宗教和语言的关系,一般地被划分为土耳其人。

上述"保加利亚穆斯林""保加利亚的土耳其人"和吉卜赛

---

① 参见斯·米哈伊洛夫《保加利亚的复兴过程》,索非亚,1992年,第38—39页。

人，在语言和民族意识方面存在一定的差别，但几乎都是穆斯林。在实际生活中，他们越来越接近。

　　穆斯林居民在保加利亚居民中所占的比例较大。到 17 世纪，在保加利亚东北部地区的农村，穆斯林家庭一般占到全部农户的 30%—40%。到 1877—1878 年俄土战争的前夕，在保加利亚的穆斯林已达到 250 万人，占当时总人口的 1/3 以上。1878 年以后，由于一部分穆斯林迁徙到土耳其，在保加利亚只剩下了 44.6 万土耳其人、2 万"波玛齐人"、9.8 万吉卜赛穆斯林和 0.6 万鞑靼人。到 1880 年土耳其人又增至 52.3 万人，1887 年增至 60.7 万人。土耳其学者认为，到 20 世纪 20 年代奥斯曼帝国败落时，在保加利亚有 100 万穆斯林。这期间保加利亚学者也提供了近似的统计数字。保加利亚穆斯林的数量为：1880 年 2 万人，1905 年 19373 人，1910 年 21143 人，1920 年 88399 人，1926 年 102353 人。这期间保加利亚土耳其人的数量为：1880 年 65 万人，1905 年 488010 人，1920 年 52 万人，1926 年 577555 人。[①]

　　1946 年，在保加利亚正式登记的穆斯林达 93.8 万人，其中 67.5 万为土耳其人。1956 年 6 月人口普查时，土耳其人为 65.6 万人，吉卜赛人为 19.7 万人，鞑靼人为 0.6 万人。到 1975 年，保加利亚土耳其人为 86 万左右，接近全国人口的 10%。[②] 1980 年保加利亚全国约 886 万人。其中，保加利亚人 760 万（占 85.8%），土耳其人 80.6 万（9.1%），吉卜赛人 23 万（2.6%），"马其顿人" 22 万（2.5%），"波玛齐人" 8 万，鞑靼人 1 万，其他人 2.7 万。[③] 保加利亚科学院社会学所公布了 1986 年关于居民宗教信仰的情况。在保加利亚，信奉东正教的居民所占比例：

　　① 克·曼切夫：《巴尔干国家政策中的穆斯林少数民族》，载《保加利亚人种文化状况问题》，1991 年 11 月 8—11 日国际学术讨论会论文集，索非亚，1992 年，第 23 页。
　　② 瓦·斯托扬诺夫：《保加利亚土耳其居民和官方的少数民族政策，1878—1944》，载《保加利亚历史的一页》论文集，第 2 集，索非亚，1993 年，第 193 页。
　　③ 《保加利亚历史的一页》论文集，第 206 页。

1934 年为 84.39%，1962 年为 75.25%，1968 年为 70.06%，1986 年为 67.17%；穆斯林居民：1934 年为 13.51%，1962 年为 18.88%，1968 年为 26.58%，1986 年为 27.42%。这一统计说明，50 多年间，信奉东正教的居民呈下降趋势，即从 84.39% 下降到 67.17%；而信仰伊斯兰教的居民呈上升趋势，即从 13.51% 增至 27.42%。

从以上所述可以看出，土耳其人问题是保加利亚历届政府民族政策中摆在首位的问题。总的来说，近 100 多年来，土耳其人同保加利亚人尚能友好相处，没有发生过重大的冲突。但是，由于历届政府和政党把党派利益放在民族利益之上，有时同化，有时又分化这部分居民。它们希望保加利亚土耳其人返回土耳其，使保加利亚穆斯林和吉卜赛人"保加利亚化"。结果，使土耳其人问题至今没有得到合理的解决。

保加利亚资产阶级政府对土耳其人的政策

1878 年以后，奥斯曼帝国受到沙皇俄国的沉重打击，开始失去巴尔干领地，一些巴尔干国家纷纷走上独立道路。保加利亚的大部分地区也获得"解放"。大批土耳其人因失去昔日的特权地位而返回土耳其。

在这种情况下，留下来的土耳其人为了继续生存下去，便要求改变自己的宗教信仰，改善过去的形象和修补同东正教徒的关系。也就是说，一部分土耳其人开始申请成为"保加利亚人"。但是，刚刚从土耳其的羁绊下获得自由的东正教徒，心理上接受不了土耳其人的要求。特别是新兴的资产阶级及其政府和政党，更是把宗教信仰和民族属性混为一谈，认为东正教徒就是保加利亚人，伊斯兰教徒则是土耳其人。他们自觉不自觉地把这部分人推向土耳其，造成以宗教信仰区分民族的政策导向，其影响一直延续至今。

1879 年通过的保加利亚第一部宪法中明文规定：信仰东正教

是保加利亚民族的特点。这进一步加剧了从宗教信仰出发，把所有的穆斯林都视为土耳其人的做法。资产阶级政治家们强调，穆斯林居民要想成为"保加利亚人"，首先必须放弃伊斯兰教信仰并皈依东正教；其次要改变生活习惯、服饰和姓名；还有，必须自觉自愿地、单独地向政府部门和东正教会提出书面申请。这样，在复杂的程序和苛刻的条件面前，一部分原本就属于保加利亚民族的居民不得不因宗教原因而被排挤出"保加利亚人"的范畴。

直到 1912—1913 年的巴尔干战争期间，保加利亚政府才开始重视这部分居民。政府力求通过简单的改姓运动，一蹴而就，将这部分人变成保加利亚人。据统计，这次有近 20 万穆斯林被迫接受改姓。他们主要居住在保加利亚南部的罗多彼山和皮林山地区。但此举立即遭到外界——尤其是土耳其政府的反对。

同时，资产阶级政党还利用各种空洞的许诺拉拢穆斯林居民。1913 年 7 月，自由党的拉多斯拉夫政府为了在即将举行的选举中获胜，便中止了改姓运动，让保加利亚穆斯林恢复了他们的土耳其—阿拉伯姓名。

1934 年 5 月，保加利亚政府决定将所有带土耳其名字的城市和乡村都改成保加利亚名字，但收效不大。

1937 年 5 月，在保加利亚穆斯林聚居的罗多彼地区，成立了一个叫作"祖国"的文化教育协会[①]，它以"激发具有伊斯兰教信仰的保加利亚人的民族感情为宗旨"。该协会的活动得到当地政府和政党的支持。结果，在该地区很快就有 9 万人将自己的土耳其—阿拉伯姓名更改为保加利亚姓名。显然，这部分人认为他们的"根"是保加利亚人，具有斯拉夫血统，也讲保加利亚语，只是皈依了伊斯兰教。宗教信仰并不能影响他们的民族属性，因为它不是划分民族的依据。

---

① 1944 年 9 月人民政权建立后，保加利亚共产党宣布"祖国"为法西斯组织，其领导人遭流放。至此，这次由保加利亚穆斯林自己发起的改名运动也就结束了。

　　保加利亚土耳其人主要集中在保加利亚北部和东北部地区，而"波玛齐人"聚居在靠近土耳其的南部地区。保加利亚资产阶级政府对这些地区漠不关心，使这里的经济与文化很不发达，人们狂热地信仰宗教。这些居民渐渐远离保加利亚社会和文化，久而久之，形成孤立、闭塞的穆斯林聚居区，沦为"二等公民"。他们或多或少地保留了土耳其的种族意识，总觉得不是生活在自己的"祖国"中。他们绝大部分人生活在偏远农村，从事烟草种植和农业。这一点有别于前南斯拉夫的波斯尼亚和黑塞哥维那地区的穆斯林，后者远离土耳其，却主要生活在城镇。这些居民的文盲率很高，据统计，1920 年底，他们中 6 岁以上人口中的文盲率高达 91.3%。1934 年底，他们当中男性公民的文盲率为 80.6%，女性公民为 90.6%。① 这些居民所受的有限的教育也完全是宗教性的，他们在私立学校学习《古兰经》，目的在于应付第一次世界大战后保护少数民族的国际条约。直到第二次世界大战前夕，罗多彼穆斯林中的文盲率仍高得惊人：在斯莫梁县共有 34855 名居民，其中东正教徒 16487 人（占 47.3%），其余为穆斯林，占 52.7%。全县识字人数占居民总数的 68%，其中 59% 为东正教徒，而穆斯林的识字人数仅占 9%。②

　　事实表明，在长达 70 年的时间里，保加利亚资产阶级政府没有制定正确的民族政策来解决这部分居民的问题。土耳其人不仅没有变成"保加利亚人"，反而把原本属于保加利亚人的穆斯林也推到"土耳其人"行列中去了。这使后来解决这个问题越发困难和复杂。

战后保加利亚土耳其人的地位

　　1944 年 9 月，保加利亚共产党取得全国政权后在民族问题上

① 尤·梅米舍夫：《保加利亚土耳其人参加反对资本主义和法西斯的斗争，1919—1944》，索非亚：党的出版社 1977 年版，第 11、126 页。

② 克·曼切夫：《巴尔干民族问题》，索非亚，1995 年，第 269 页。

接受了十分沉重的历史遗产。保共受传统观念的影响，仍认为保加利亚穆斯林就是土耳其人，应该让他们从居住地迁往国外，而让保加利亚人进住这些地区。为此，曾一度宣布凡愿意去土耳其的人都可以走。结果，从1950年8月到1951年年初就有15.6万人离开了保加利亚。

1951年，保共中央的决议第一次承认土耳其人属于"少数民族"的范畴，应给予他们更多的权利，在他们的聚居区实行"相应的民族教育"。在小学以土耳其语教育为主，保加利亚语为辅，而在中学高年级几乎完全用土耳其语教学。这样，到1957年，土耳其人的学校增加了两倍，建立了3所培养土耳其人教师的师范学院和1所土耳其人中学；共有3种全国性和4种地方性土耳其文报纸、1种土耳其文杂志。在全国有各类土耳其人文艺团体400个；广播电台设有土耳其语广播节目。在国立索非亚大学的物理系、数学系、历史系和语言文学系设有土耳其人大学生班。[①] 1944年在保加利亚只有424所土耳其语私立学校，有871名老师和37335名学生；到1953年已有1156所土耳其语小学，在校生达10.5万人，还有6337名中学生和1420名中等师范学校学生。[②] 在以上土耳其人为主的地区，政府还拨款修筑道路，增加社会服务设施，在发展经济方面做了大量的工作。

1958年保共在第七次代表大会上宣布保加利亚已经变成"具有发达的社会主义工业和大规模的合作化、机械化农业的社会主义工业农业国家"，同年10月又突然作出决议，停止执行对土耳其少数民族的上述政策。决议认为保加利亚土耳其人是1878年后在保加利亚土生土长的居民，根本不是土耳其民族的一部分，他们的祖国是保加利亚，而不是土耳其。这部分居民的命运同保加

---

① 奈·克勒斯特娃、鲍·阿塞诺夫：《土耳其化》，第7—8页。
② 斯·特里凡诺夫：《保加利亚国家的穆斯林政策1944—1989》，载《保加利亚历史的一页》，第213页。

利亚人民的命运历史地紧密连在一起，是"保加利亚民族的一部分"。所以，他们必须学习保加利亚语。政府下令关闭了所有土耳其语学校，不准学习土耳其语，停止播放土耳其语广播。

与此同时，保共又提出要同任何民族主义表现形式做斗争，并很快取缔了亲土耳其的民族主义组织，禁止土耳其神职人员来保加利亚从事宗教和教学活动；不允许土耳其文书籍进入保加利亚；还禁止土耳其驻保加利亚使馆开展宣传活动。同时，在国内限制穆斯林宗教团体在穆斯林居民中进行宗教活动。到20世纪50年代末60年代初，甚至土耳其人连服兵役都受到冷遇，只能当工程兵，当局还号召保加利亚人有意识、有计划地同土耳其人通婚，并允许迁居到土耳其，以减少在保加利亚的土耳其人的数量。

接着，保共又采取一系列强制措施，要求尽快实现土耳其人的"保加利亚化"。1969年，保共中央作出了《关于克服历史遗留下来的残余，使土耳其居民从思想上和政治上成为保加利亚人民一部分的决议》。决议要求几十万土耳其人和"波玛齐人"改名换姓，即把这些人的土耳其—阿拉伯姓的最后一个音节改为保加利亚人姓的"诺夫"（"诺娃"）或"耶夫"（"耶娃"）。根据保加利亚姓名的习惯，姓既反映了这个家族的祖辈，又要延续到后代。当局认为只要土耳其人的姓氏变了，这个如此复杂的问题也就迎刃而解了。名义上叫作自愿改姓，实际上从一开始就采用行政命令，个别地方还使用了武力。

这时，学者们则受命开始挨门挨户为每一个穆斯林家庭和村庄的"族籍"探源，收集了许多文物和文献资料，证明"波玛齐人"起源于保加利亚人。公开提倡建立"社会主义新民族""社会主义意识"和"社会主义生活方式"，为改变穆斯林和土耳其人的姓名大造舆论。仅1970—1973年，就有20万人改成了保加利亚人的姓，变成了"保加利亚人"。

在改姓过程中，无论是保加利亚穆斯林还是保加利亚土耳其人，都拒绝更改自己的姓名。多次出现反对强制同化政策的游行示威，同警察发生冲突，甚至造成流血事件。原东欧社会主义国家对此表示"不理解"；西方国家则认为这是对"集体人权的侵犯"。

严格地讲，被伊斯兰化和土耳其化了的保加利亚人不完全是保加利亚人，也不完全是土耳其人。就他们的起源和民族意识而言，其中一部分人有土耳其血统，讲土耳其语，信奉伊斯兰教，也具有土耳其民族意识，属"土耳其化了的穆斯林"；另一部分人有保加利亚血统，讲保加利亚语，但信仰伊斯兰教，具有保加利亚民族意识，是"保加利亚穆斯林"。毫无疑问，他们祖祖辈辈都是保加利亚人民和民族的一部分，应该给予他们以少数民族的待遇，而不应该将他们赶出国门或强制同化。

土耳其政府的态度

与保加利亚对土耳其人的态度相反，土耳其对保境内的土耳其人具有一贯的政策，这一政策充分反映了土耳其的民族主义。它体现在两个方面：一是泛土耳其主义，它宣布所有操突厥语的人是一个民族；二是泛伊斯兰主义，它宣称"所有的穆斯林是一个民族"[1]。

在"穆斯林大土耳其"的口号下，土耳其民族主义者宣称要捍卫生活在昔日奥斯曼帝国境内的所有"受奴役"的穆斯林的权利，特别是生活在保加利亚的穆斯林的权利。土耳其强调，只有它才是这些穆斯林的"祖国"；它支持穆斯林在保境内建立土耳其的"第五纵队"，直至实现民族区域自治。

土耳其政府通过1878年的《柏林条约》、1919年的《诺伊和约》和1925年的《保—土友好合作条约》，使它拥有保护保加利亚境内穆斯林的宗教利益和信仰自由的权利。自20世纪30年代

---

① 奈·克勒斯特娃、鲍·阿塞诺夫：《土耳其化》，第17页。

起，土耳其有权任免保加利亚穆斯林高级神职人员"穆夫提"，并派土耳其文教师来保加利亚培训土耳其语教员，寄来大量土耳其文图书资料，帮助土耳其人出版土耳其文报纸杂志，并在保加利亚扶植建立了亲土耳其的民族主义组织和文化教育团体，宣传穆斯林同种、同族、同宗教、同语言。

保、土两国政府于 20 世纪 30 年代正式谈判移民问题。如前所述 1878 年后由于政治的、宗教的和民族政策方面的原因，大批土耳其人开始移居土耳其。土耳其政府根据自己的需要，有时开放边界，有时又关闭边界。据保加利亚学者统计，1878—1880 年，死亡和迁移出保加利亚的穆斯林约 10 万之多。[①] 1878—1912 年，从保加利亚迁往土耳其的穆斯林多达 35 万人。[②]

第一批移民是从 19 世纪下半叶开始的。奥斯曼土耳其人被沙皇俄国军队打败后，纷纷逃回土耳其。1968 年保、土两国签署移民协议，规定在保加利亚的土耳其籍公民，他们的亲属于 1952 年前已移居土耳其的，可以从保加利亚到土耳其定居，以实现家庭团聚。结果，有 11.5 万人迁走。后几年则放慢了移民速度。

据保加利亚官方的统计，1878 年以来，从保加利亚迁往土耳其的居民总共约 175 万人。但实际数字还要大些，因为那些偷渡的人未包括在官方的统计之中。

移民浪潮时高时低，完全受政治因素即保、土两国关系的影响。土耳其政府以经常性的移民为诱饵，吸引保加利亚土耳其人，牵制保加利亚政府。保、土两国关系时好时坏，在很大程度上也是由移民问题造成的。当然，这个问题悬而未决，跟保加利亚政府没有一项正确的民族政策也是分不开的。多次强迫改名换姓，使保加利亚的土耳其人感到恐惧和不满。

保加利亚政府认为，伴随着大量移民迁往土耳其，在土耳其

---

① 《保加利亚史 1878—1903》第 7 卷，索非亚，1991 年，第 72 页。

② 《巴尔干民族问题》，第 264 页。

形成了保加利亚人"少数民族"。再加上历史上从拜占庭帝国时代起就有一部分保加利亚人留在君士坦丁堡，保加利亚人在土耳其的数目相当可观。但土耳其政府不承认在它境内存在保加利亚人"少数民族"。

近几年来，随着苏联和东欧的急剧变化，土耳其政府领导人的泛突厥主义进一步抬头。据巴尔干国家新闻媒介公布的材料[1]，1992 年土耳其公布了一幅新土耳其帝国的版图，它包括前苏联 5 个穆斯林共和国以及整个阿尔巴尼亚、波斯尼亚、马其顿的大部分、希腊东北部、罗马尼亚和摩尔多瓦的一部分，以及保加利亚黑海沿岸地区，总人口达到 1.3 亿！这幅版图实际上就是历史上的奥斯曼帝国。据土耳其报刊透露，在巴尔干半岛有 160 万—260 万名土耳其少数民族。土耳其力图把居住在科索沃、波斯尼亚、马其顿和保加利亚的穆斯林都置于自己的影响之下，以填补因前南斯拉夫联邦解体而出现的穆斯林真空。为此，土耳其专门成立了一个"世界土耳其人委员会"，负责对境外土耳其人的工作。土耳其政府号召他们联合起来，推广土耳其语，保持土耳其民族意识，同"祖国母亲——土耳其""同呼吸，共命运"。

20 世纪 80 年代初的"复兴过程"

20 世纪 80 年代初，保加利亚政府认为，土耳其通过保境内的土耳其人进行"渗透"，建立了"非法组织"，威胁着国家与民族的安全。因而，又一次提出了加速形成"单一的社会主义民族"的步伐，让土耳其人完全"融合"到保加利亚民族之中。这次的办法仍然是更换土耳其人的姓名。作为突破口，首先选择了那些与保加利亚人有姻缘关系的混合家庭，即有一半保加利亚血统的家庭。这样，1982—1984 年，仅在土耳其人较集中的克尔贾利州就有 3 万"混合家庭"。

---

① 保加利亚《马其顿报》1992 年 5 月 1 日。

这种同化政策的高峰是所谓的"复兴过程"①。据称，1984 年 12 月，土耳其人和"波玛齐人"聚居区克尔贾利州的党政部门向保共中央政治局打报告，倡议开展一场大规模的改名运动。在得到中央支持后，开始了闪电式的突击运动。国家武装力量将这个州全面包围，封锁了它跟国内外的一切联系，实际上等于军事管制，进入"战时状态"，搞得人心惶惶。这种行动立即扩展到保加利亚其他土耳其人居住区。对于任何反抗行动都采取镇压措施。一时间，恐怖气氛笼罩全国各地。在短短的一个多月时间里，保加利亚全国各地总共约有 85 万人到身份登记处登记，改成了保加利亚人的姓名。② 那些被土耳其化和伊斯兰化了的保加利亚人后代从此变成了"纯保加利亚人"，获得了新的身份证和护照。

1985 年 1 月 28 日，保共中央开会庆祝"胜利"，认为全国性更改土耳其—阿拉伯姓名的运动大功告成，从而开始了一个持续的"复兴过程"，即恢复和巩固那些业已改姓和加入保加利亚民族的土耳其人的保加利亚民族意识。这些人后来被称为"恢复了姓名的保加利亚人"。

随后，保加利亚的宣传舆论工具为"复兴过程"大唱赞歌，说什么改姓运动得到了全体土耳其人的"衷心拥护"，是"自觉自愿"的行动。土耳其人在公共场所不许讲土耳其语，必须讲保加利亚语，否则就要被惩罚。不懂保加利亚语的人必须学会讲保加利亚语。禁止举行伊斯兰宗教仪式，规定必须举行非宗教仪式的婚礼。每个有工作的土耳其人都要挂胸牌，写上他（她）的保加利亚新姓名，旁人也不得再叫他（她）原来的名字。

---

① "复兴过程"系沿袭 18 世纪末 19 世纪初保加利亚反奥斯曼土耳其奴役的民族"复兴运动"。当时的目的在于提高保加利亚人民的民族意识，获得民族解放。保加利亚学术界认为土耳其人原本就是保加利亚人，但现在必须改变他们的姓名，以恢复本来面目，重新唤起他们的民族意识。所以，改名换姓运动被视为一个长期的复苏民族意识的过程。

② 《保加利亚的复兴过程》，第 92 页。

显然，这一运动无论从发起者的主观愿望还是运动造成的客观后果来看，都是错误的。这种企图在一夜之间就消除历史上形成的民族之间的语言、宗教、文化、习俗等差异的粗暴而又荒唐的做法是违背历史规律的，因而注定要失败。尽管当局用公开的和秘密的手段进行镇压，但仍遇到了个别的和集体的抵制与反抗。数月后，几十万土耳其人又重新恢复了过去的土耳其姓名，穿上了穆斯林服装，到清真寺做礼拜，举行种种宗教仪式，人人都讲土耳其语。不少地方公开集会，游行示威。各种地下组织有增无减，并同国外保持着联系。愤怒的群众散发传单、组织恐怖和破坏活动，在建筑物上悬挂土耳其国旗。一些人偷渡到土耳其。

同时，这一运动立即被世人知晓，使得保加利亚的处境非常被动。土耳其和西方国家纷纷向保加利亚施压，要求停止这一运动，保障人权。苏联、东欧国家也规劝保加利亚领导人悬崖勒马，慎重行事。这一愚蠢行动在保共领导内部也产生了争论和分歧。

到 1989 年 5 月初，土耳其人的不满情绪达到新的顶点。在这年召开维护《赫尔辛基协议》的巴黎会议前夕，土耳其人举行群众集会，游行示威和罢工、绝食，要求恢复原来的穆斯林姓名和自由迁居土耳其。抗议群众同警方发生冲突，双方均有伤亡。5 月 9 日，保加利亚国民议会不得不作出决定，允许土耳其人迁往土耳其。5 月 29 日，保加利亚党和国家主要领导人托·日夫科夫宣布开放边界，保加利亚土耳其人可以作为旅游者自由访问土耳其。于是，大批土耳其人匆忙变卖财产，拖家带口盲目涌向土耳其，把出国"旅游"变成了逃出保加利亚的最好方式。在短短的 3 个月时间里，就有 36.2 万土耳其人进入土耳其，寻求"新的生活与自由"。起初，土耳其政府像往常一样，表示愿意接收和安排所有前往土耳其的"同胞"，并许诺分配住房和工作。但面对潮水般的移民，土耳其怀疑这是保加利亚的"第五纵队"，于是在 8 月 22 日单方面禁止"旅游者"入境。

事实上，迁往土耳其的人都被安排在难民营里，生活和居住条件远不如在保加利亚。所以，这年夏天有 1/3 的移民又返回了保加利亚。这些人由于忙着出境，抛弃了工作，廉价变卖了不动产。如今回来成了失业者和"无家可归"的人，给保加利亚社会造成了很大的压力，成为社会的不稳定因素。当初大量居民出走也给保加利亚的工农业生产和社会秩序带来了严重的后果。这一切使当时正在兴起的持不同政见者和反对派组织空前活跃，为他们推翻共产党政府起到了演习的作用。另外，把土耳其人推出国门既加剧了保加利亚人同土耳其人的矛盾和冲突，又为土耳其的民族主义宣传和渗透提供了机会。

1989 年秋，东欧发生剧变，日夫科夫在"宫廷政变"中下台。保共中央 12 月全会谴责"复兴过程"是错误的。随后，检察院立专案，起诉制造改名换姓运动的主要负责人和参与者。

随后，土耳其人争取权利和自由运动成为仅次于保加利亚社会党和民主力量联盟的第三大党。保加利亚也像其他巴尔干原社会主义国家一样，出现了带有浓厚种族和宗教色彩的民族主义运动。保加利亚的土耳其人问题仍是保加利亚稳定国内形势、发展对外关系中亟待正确处理的一个问题。

（原载《世界民族》1996 年第 3 期）

第二节　库尔德问题和吉卜赛人的处境

库尔德问题

从库尔德人到库尔德问题

库尔德人是近东和中东最古老的民族之一。库尔德种族共同体产生于公元 6—7 世纪。他们是由本地土著居民和来到该地区的伊朗语系部落共同形成的。库尔德人的语言属印欧语系伊朗语族。他们的文化受到伊朗—波斯、希腊—拜占庭和阿拉伯三种古代文化的影响。

根据库尔德人居住国的不同年代统计，今天库尔德人的总数超过 2000 万，其中 1000 万—1200 万人居住在土耳其，600 多万在伊朗，约 380 万在伊拉克，100 万左右在叙利亚，还有近 50 万人生活在阿塞拜疆、亚美尼亚、格鲁吉亚、土库曼、黎巴嫩等国。在西欧国家有 60 多万库尔德侨民。近年的西方统计称，库尔德人有 2500 万—3000 万。库尔德人所在国一般都缩小自己的统计数字。

库尔德人主要分布在土耳其、伊拉克、伊朗和叙利亚四国的交界地区。他们分别占上述四国人口的比例都超过 10%。库尔德人的居住地区称为库尔德斯坦。它作为一个民族地区，其面积达 40 万—50 万平方公里。库尔德民族是一个人口众多的单独民族。他们有共同的语言和文化，有固定的领土范围、具有自己的民族意识、民族认同和风俗习惯。他们有别于伊朗人、阿拉伯人和土耳其人。然而，库尔德人是世界上唯一一个人口众多，却始终没有获得过自决权利的民族。

库尔德人在波斯（伊朗）语中意为"勇敢的人"，而据阿拉伯史料记载，则是指那些生活在广袤山区，具有军事组织性质的游牧部落。14 世纪，奥斯曼土耳其人在阿拉伯地区和巴尔干半岛兴起后，库尔德人的游牧和半游牧生活受到威胁，他们的领土被周邻民族侵占蹂躏。库尔德人作为游牧民族流动性较大，一直在中东的北部和高加索南部一带迁徙。

从公元 16 世纪起，库尔德斯坦开始被奥斯曼帝国和波斯（伊朗）帝国瓜分。这两个大国为进行侵略扩张，曾把库尔德游牧部落和宗教上层人士争取到自己一边，赐封他们高官和封建大庄园，而对广大库尔德居民则实行同化政策。

后来，库尔德斯坦成为奥斯曼帝国的一个行省，处于半自治和半独立状态。库尔德人逐渐遭到同化，或阿拉伯化，或土耳其化，并接受了伊斯兰教。绝大多数库尔德人属逊尼派穆斯林（占85%）。这一切为今天解决库尔德人问题增加了复杂性和难度。

1847 年，奥斯曼帝国消灭了最后一个库尔德埃米尔国—博赫坦。学者们认为，正是从那时起，这些"不屈服的山民"为了自由和解放，多次揭竿而起。但每次暴动的结果都是遭到大规模的屠杀和掠夺。从 19 世纪后半期起，库尔德人反抗奥斯曼土耳其统治者的斗争逐渐发展成为民族解放运动，于是也就产生了库尔德问题。

20 世纪初，随着亚洲民族解放运动的兴起，库尔德人的民族意识全面觉醒。他们开始建立社会团体和政党组织，出版书籍报刊，提出了初步的民族民主要求。例如，库尔德人要求在他们的聚居地建立自己的自治行政机构，任命自己的官员，创办自己的学校和使用自己的语言，等等。

第一次世界大战结束时，奥斯曼帝国像奥匈帝国一样彻底崩溃。库尔德人要求民族自治和独立的运动进一步高涨。但是，因为他们分布在不同的 4 个国家，各地的斗争很难形成为统一的行动，更缺乏统一的领导和组织，所以斗争往往以失败告终。

根据 1920 年的《色佛尔和约》，奥斯曼帝国被协约国肢解，库尔德人亦摆脱帝国的长期统治，他们的自治权得到国际条约承认。协约国曾打算建立一个库尔德国家。然而，根据 1923 年英国、法国、土耳其等国签订的洛桑条约，库尔德人建国的思想被埋灭。库尔德斯坦正式被土耳其、伊朗、伊拉克和叙利亚 4 国分割。土耳其攫取了 50% 以上的库尔德人的土地和居民；伊朗获得 1/4 的库尔德斯坦领土；南库尔德斯坦，即今日的伊拉克库尔德斯坦归英国管理，剩下的近 1.8 万平方公里的领土归于当时属法国殖民地的叙利亚。从此以后，库尔德人被迫遭到这些国家的同化，他们的命运被上述四国和欧美等大国操纵，处于无权的地位。第一次世界大战后，英国、法国等老牌殖民主义国家关心的是它们在中东地区的地缘政治利益和石油资源，不会通盘考虑库尔德人的民族诉求。所以，库尔德人有这样一句名言："只有大山才是库尔德人唯一的朋友。"

土耳其库尔德人的命运

库尔德人是继土耳其人之后在土耳其境内人数最多和居住最集中的一个民族。据西方学者的各种统计资料，库尔德人在今日土耳其不少于1200万，占全国人口的22%以上。库尔德人的居住区域约22.5万平方公里，即占全国领土的30%左右。他们主要生活在土耳其的东部和东南部山区。另外，在安纳托利亚中部和西部地区的城镇，以及伊斯坦布尔市也有不少库尔德人。

土耳其的库尔德斯坦自然资源十分丰富，盛产石油、铁、铬和铜等。但是，长期以来该地区却是土耳其最落后的地方，土耳其一半以上的大地主集中在这里。20世纪70年代，77%的库尔德人为文盲（男性为64%，女性为91%），而当时土耳其全国的文盲率约为40%。在库尔德斯坦，72%的居民从事农业和畜牧业，38%的农民完全没有土地。

但是，土耳其从不承认库尔德人是一个单独的民族，认为土耳其人和库尔德人具有同一族源，库尔德人跟土耳其人一样同属"突厥人"。众所周知，土耳其种族15世纪才形成，他们的语言吸收了许多库尔德语、阿拉伯语和波斯语。而库尔德种族和语言的形成要比土耳其种族和语言的形成早许多。正是由于这一点，奥斯曼帝国和土耳其执政集团的同化政策才没有取得预期的效果，库尔德人才得以保持自己的民族属性，才得以坚持长期的民族解放斗争。

第一次世界大战后的凯末尔革命早期，土耳其为反对帝国主义瓜分土耳其领土和保留奥斯曼帝国的剩余部分，曾许诺给库尔德人以较大的民族权利，甚至同意库尔德人可以获得"民族独立"。在1920年的土耳其大国民议会中曾有72名库尔德人当选为代表。但1923年后，土耳其便开始迫害库尔德人。他们的代表被赶出大国民议会，遭到审判。库尔德人的学校被关闭，禁止使用库尔德语，甚至严禁使用"库尔德"一词，更不准有人承认自己是库尔德人。

1924年土耳其共和国的第一部宪法明文规定："土耳其的全体居民，不论其宗教信仰和种族属性，从公民的角度看都是土耳其人。"这一条款实际上取消了包括库尔德人在内的所有少数民族的任何权利。土耳其当局给所有非土耳其人的出路是，要么承认同化政策，宣布自己为土耳其人，要么等待迁出土耳其或被消灭掉。正是在这时土耳其当局开始称人数较多的库尔德人为"山地土耳其人"，而把库尔德问题称为"东方问题"，库尔德斯坦称为"东方省份"。

库尔德人当然不会放弃独立存在的权利。库尔德民族组织决心走捍卫独立生存的武装斗争道路。1925年库尔德人爆发了有组织的大规模起义。土耳其政府出动一支8万人的军队镇压了起义，并绞死了塞德酋长和其他领导者。土耳其军队烧毁了206个库尔德人的村庄，摧毁了8758座房屋，打死了15206名库尔德人。残酷的迫害并没有吓倒库尔德人。1926—1928年库尔德人又多次起义。土耳其政府军又一次次镇压了起义者。1930年，土耳其政府领导人之一伊斯麦特·伊努诺在讲到库尔德人的斗争情况时说："在这个国家，只有土耳其民族才可以要求民族权利，其他人不能有这种要求。"当时的司法部部长马赫穆德·阿萨德更加露骨地宣称："在这个国家里，土耳其人才是唯一的执政者和主人。那些不属于纯正土耳其种族的人除了当佣人和奴隶外，没有任何其他的权利。我们的朋友和我们的敌人都应该懂得这一点。同样，那些

'山地人'也应该懂得这一点。"这里的所谓"山地人",正是土耳其执政集团对库尔德人的蔑称。

1934年6月,土耳其政府颁布第2510号关于少数民族,主要是库尔德人迁居的专门法令。根据该法令,库尔德人应分小组分批迁往别的省份,其人口比例不得超出当地居民的10%,迁到新居住地的库尔德人不得离开该地区而到别的地方居住。在这种同化和消灭库尔德人政策的影响下,许多库尔德人要么被迫迁走,要么逃进深山老林。结果从1935年到1940年,仅埃拉泽省、乔鲁赫省、埃尔祖鲁姆省和凡省的库尔德居民就减少了约30万人。这一政策一直持续到第二次世界大战期间。那时,马尔丁、锡尔特、迪亚巴克尔等7个省的库尔德人减少了13万多人。

这样,在两次世界大战之间,土耳其政府给库尔德人的民族运动以沉重打击,重点是强迫库尔德人迁移,削弱和消灭库尔德人的反抗。

20世纪50年代后期,土耳其库尔德民族运动在伊朗和伊拉克境内库尔德人武装斗争的影响下,成立了迪亚巴克尔"库尔德小组"。这些小组活跃在库尔德人聚居区。他们出版报刊,要求发展东部地区,主张开办学校和医院,修桥筑路。土耳其当局认为这些"小组"是企图发展成"库尔德党",于是便逮捕和流放了一批库尔德小组的领导人。

土耳其政府对库尔德人的政策

20世纪50年代,土耳其各资产阶级政党均利用库尔德问题做交易。不同政党对库尔德人所采取的态度略有不同,但都不承认库尔德人的民族生存权利。土耳其民主党曾利用库尔德人对共和人民党所积压下来的怨恨,把东部地区贫穷落后的责任全部归咎于共和人民党。

1960年5月27日,土耳其发生军事政变。当局曾采取一些安抚库尔德人的措施,如在库尔德地区修建了学校、医院和道路,库尔德人有权参加土耳其政党，有 45 位库尔德知名人士被选进了议会，有的还参加了国家管理部门。新宪法允许在报刊上自由表达思想，库尔德人甚至可以用自己的语言表示不同意见。

但是，这个时期持续很短。同年 10 月 19 日，民族团结委员会通过第 105 号法令，在 18 个主要居住着库尔德人的省里，政府强迫被认为是可疑的家庭迁移到国内其他地区。同年 10 月 24 日，当时的民族团结委员会主席杰马尔·古尔塞勒在库尔德人居住的迪亚巴克尔的一次讲话中宣称："这里没有库尔德人，所有的人都是土耳其人。""不仅在这个省，而且在东部所有各省都只有土耳其人。"11 月 16 日，这位领导人又警告说："如果死不改悔的'山里人'不安分守己"，军队"将血洗他们的城镇和乡村"。

1961 年建立的土耳其工人党支持库尔德人的事业，赞同库尔德民主党的纲领，并在库尔德斯坦拥有工人党支部。1970 年土耳其工人党在党代会上通过了一项关于库尔德问题的决议。土耳其工人党为此同当局和警察发生冲突，该党被禁止活动。

在整个 60 年代，土耳其政府颁布法令，禁止建立以民族为基础的政党团体，这主要是针对库尔德人及其政党的。1966 年政府军正式"控制"了（有人认为是"占领"）库尔德地区，将库尔德民族解放运动扼杀在摇篮里。政府当局禁止以任何形式从国外带进和散发库尔德文的材料、报刊和书籍，取缔在群众集会和文艺演唱会上用库尔德语发言和演唱。政府当局甚至不准许外国旅游者和新闻记者访问库尔德地区，以掩盖库尔德地区的真相。库尔德地区成为外国记者的"禁区"。

70 年代，库尔德人的民族意识和政治意识进一步觉醒，他们的斗争得到土耳其左派力量的同情和支持。1971—1980 年，土耳其政局动荡，军事政变时有发生，这既是针对国内民主力量的，也是针对库尔德民族运动的。这 10 年一直是抵抗和镇压的年代。一方面，库尔德民族运动不断壮大，成立了库尔德斯坦民族解放阵线，建立了库尔德斯坦人民解放军。另外，侨居法国等地的库尔德人也创建了政党社团，从经济上大力支持库尔德人的斗争。另一方面，土耳其政府在库尔德地区增加驻军和警察，建立地区宪兵队，以孤立和消灭库尔德人的政党及其领导人。

在库尔德人居住的省份经常宣布戒严，这是70年代土耳其当局对付库尔德运动的一个特点。仅1978年和1979年当局就先后在库尔德人占优势的13个省和7个省戒严。1979年4月还召开了安纳托利亚东部和东南部14个省的省长会议，制定了镇压库尔德人的军事警察措施。在省长会议召开的时候，一份《土耳其库尔德人民族抵抗运动政治委员会的号召书》在库尔德人居住区广为散发。其中指出："接二连三的迫害，恐怖和肉体上消灭，这是土耳其官方对待库尔德人同化政策的基本特点。这是一种不断灭绝种族的种族主义政策……难道土耳其可以承认在塞浦路斯10万土耳其人的民族自治，却可以取消1200万库尔德人和其他非土耳其族人的同样权利吗？"号召书呼吁联合国专门委员会派人到土耳其了解库尔德人和其他非土耳其族人的人权遭到破坏的情况，支持土耳其库尔德人自治的要求。

20世纪80年代，土耳其政府对库尔德人的政策可以分为两个阶段。第一阶段始于1980年的军事政变，结束于1984年8月库尔德人开始武装抵抗军事警察的恐怖镇压。据统计，仅政变后头6个月，就有4.5万人被捕，有1.8万人受到审判。政变4年后，被捕人数达到17.8万人，其中近8.1万人是库尔德人。土耳其被关押的政治犯1/3以上是库尔德人。从1980年9月到1983年11月，有6352人被判处死刑，其中，1330人是库尔德政党和组织的成员。第二阶段始于1984年8月，一直延续到80年代末。这一阶段以军事演习取代军事警察活动。这种以演习为名行讨伐之实的手段较为隐蔽，可以掩人耳目。

土耳其当局认为库尔德人开展的民族解放运动具有"恐怖主

义和分离主义的性质"，必须严厉打击。政府军几乎每年都发动几次围剿库尔德武装的行动。据保加利亚科学院出版的《1987年巴尔干年鉴》统计，从1984年到1987年，库尔德武装力量有177人被打死，1793人被俘，而土耳其政府军方面死伤达600人。80年代后半期，有1万多名库尔德人被投入监牢，其中183人遭杀害。

这期间，土耳其还同伊朗和伊拉克签订协议，采取共同反对库尔德人的军事行动，以切断库尔德抵抗组织之间的联系，防止库尔德人的斗争席卷到整个库尔德斯坦。土耳其在同伊朗、伊拉克和叙利亚三国接壤的边界地区建立了宽10—20公里的所谓"安全区"。土耳其当局在80年代中期还关闭了五六种库尔德报纸和刊物，禁止库尔德人学习本民族语言、播放库尔德音乐、穿着库尔德民族服装，消灭能说明土耳其存在库尔德人的任何标记。

在这种禁令影响下，不少库尔德人被迫侨居邻国或西欧。他们在那里继续从事社会政治活动和文化宣传，向世界舆论介绍库尔德问题的真相。他们的行动赢得了世界进步舆论的同情与支持。1985年4月，欧洲议会联盟通过决议，谴责土耳其对"库尔德少数民族"的屠杀政策。这迫使厄扎尔领导的文官政府对库尔德问题采取一种较为开明的态度。1987年7月，当局宣布在宾格尔、凡省、迪亚巴克尔等库尔德人聚居的8个省取消军事状态和军事戒严。同时，文官政府开始重视安纳托利亚东部和东南部的社会经济发展问题，增加了对该地区的投资。

80年代末90年代初，随着巴尔干地区和中亚地区事态的急剧发展，以及海湾战争的爆发，促使土耳其当局和政治家们意识到是调整对库尔德人政策的时候了。他们看到，苏联和南斯拉夫多民族国家解体，民族自决权被美国和欧盟广泛采用来肢解前社会主义国家。土耳其政府意识到问题的严重性，开始承认"库尔德现实"。从1991年起，土耳其政府承认境内存在库尔德人，允许他们学习自己的语言和文化，有权保留自己的风俗习惯和传统，甚至有 22 位库尔德人当上了议员。

已故总统厄扎尔在 1991 年初明确表示，靠棍棒和武力是解决不了库尔德问题的。同年 4 月，在厄扎尔的倡议下，土耳其议会通过一项专门法律，承认生活在土境内的所有少数民族和族群，其中包括库尔德人，有权享受国际法上规定的关于少数民族的权利，即有权在土耳其讲地方语和方言，播放本民族语的唱片、录音带和录像带，以及音乐；有权保留本民族的风俗习惯、文化传统。这实际上是废除了禁止使用库尔德语的法律。当然，这一切都不得违背土耳其民族的统一和国家的领土完整，不得违背土耳其的国家主权和社会秩序，并承认土耳其语为官方语。该法的通过，是土耳其共和国成立以来在民族政策问题上的一个重大突破。它意味着过去一味否认和同化非土耳其少数民族的政策是与时代精神相违背的，已经难以执行。在某种程度上讲，该法的公布和实施将有助于合理解决库尔德问题。

两伊战争刚一打响，厄扎尔总统就宣布，"在土耳其有 1000 万库尔德人，他们是土耳其人的兄弟"。他甚至建议组成"土耳其人和库尔德人联邦"，随之也松动了对库尔德人的政策。然而，随着伊拉克在战争中惨败和伊拉克北部库尔德人反对萨达姆政权武装斗争的扩大，土耳其政府害怕库尔德人取得胜利，担心其渗透到土耳其境内，又改变了初衷。土耳其得到美国的支持，多次派兵深入伊拉克，围剿库尔德工人党游击队。开了这个越境追剿的先例之后，土耳其武装部队于 1994 年 1 月、1995 年 3 月、1996 年 9 月和 2008 年 2 月，先后多次在海、陆、空军突击队配合下，越过土耳其边境，进入伊拉克境内达 40 公里，袭击库尔德工人党游击队营地，造成重大人员伤亡。

伊拉克、伊朗库尔德人的境况

在伊拉克的库尔德人主要居住在伊拉克北部的基尔库克、摩苏尔、埃尔比勒和苏莱曼尼亚地区。长期以来他们生活在与世隔绝的封闭社会里。一方面伊拉克中央政府对北部的库尔德人居住区实行封锁，伊拉克北部的石油管线都绕开库尔德斯坦；另一方面库尔德地区的两个政党互相对立，彼此人为地分割控制区。自1991 年海湾战争结束以来，在同萨达姆政权的斗争中，巴尔扎尼领导的库尔德民主党和塔拉巴尼领导的库尔德斯坦爱国联盟尽管一直控制着伊拉克北部地区，但它们就像巴勒斯坦各派系一样，总是势不两立，无法采取共同行动。

伊拉克库尔德人为获得自治地位一直同巴格达当局进行顽强的斗争。20 世纪 50 年代，伊拉克库尔德斯坦的出现曾迫使伊拉克当局同意建立"阿拉伯人和库尔德人组成的联邦共和国"。他们的民族解放运动曾影响和推动了周邻国家库尔德人的斗争。1966 年、1970 年和 1984 年库尔德人曾三次同伊拉克政府签订了自治协议。但萨达姆政权拒不履行自治条款，并加强了对库尔德地区的孤立与封锁。

在伊拉克的库尔德人从 20 世纪 80 年代起就遭到萨达姆政权的残酷镇压和迫害。据近年公布的数字，1988 年有 4000 多个库尔德人的村庄被烧毁。拥有 8 万多人口的哈拉布贾市遭到政府军化学武器的袭击，有 5000 名成年人和儿童死亡，给成千上万的人造成终身残疾。

两伊战争前后，萨达姆当局屠杀了上百万库尔德人。此事曾引起联合国和国际社会的震惊与高度关注。所以，美欧大国曾一度让伊拉克的库尔德地区获得了自治地位。于是，萨达姆政权被迫撤出该地区。但在撤出时，当局撤走了所有的医生和医疗设备、专家知识分子和国家行政人员。这使该地区经济非常困难，社会生活陷入瘫痪。库尔德地区深受两伊 8 年战争之害，村庄被毁，大批居民离乡背井。战争的恐怖长期笼罩在库尔德斯坦上空。

库尔德人在苦难和无望中挣扎。他们的一条出路是"走私石油"以维持生计；另一条出路是参加抵抗运动，当一名"自由战士"。库尔德妇女的命运更是悲惨，她们既要为摆脱伊斯兰教极端派和古老氏族社会礼教的束缚而战，又要为过一个正常人的基本生活而挣扎。在伊拉克的库尔德妇女率先穿上军装，成立了一支250多人的"妇女营"，向旧制度发起挑战。

在萨达姆统治的年代，库尔德人得不到伊拉克当局的承认，被剥夺了同邻国交往的权利，也没有得到国际社会的承认。西方记者在参观了库尔德斯坦后，认为那里有"两套管理机构，两支部队和两个政府分治着这一地区"。库尔德人是有名无实的"二等公民"，他们没有身份、没有护照，甚至没有国籍。近年，萨达姆独裁统治结束后，库尔德人的状况有了一定的改善。他们的自治权利有了某种保障，他们的领导人在巴格达政府担任要职。

与在土耳其和伊拉克的库尔德人一样，伊朗库尔德人的状况也令人担忧。在伊朗有600多万库尔德人，占全国总人口的1/10以上。

库尔德人同伊朗有着悠久的历史、语言和文化联系。许多库尔德知识分子承认他们深受伊朗文化的熏陶。但是，伊朗的伊斯兰共和国宪法不承认少数民族的存在，只承认"宗教少数派"的存在。由于这种历史的渊源，伊朗政府对库尔德人的政策有别于伊拉克和土耳其，而赋予库尔德人和库尔德斯坦省有限的自治权。例如，尽管波斯语是全国唯一的官方语言，但地方媒体可以有限使用库尔德语；尽管有不成文的规定库尔德人不能担任政府部长等高级职务，但库尔德斯坦省的省长却有时由库尔德人担任。还有，两伊战争期间，一些武装的库尔德人躲到了山区和伊拉克边境一侧，中央政府宣布只要他们返回家乡，可以不再追究他们的"刑事"责任，这也受到库尔德反政府战士的欢迎。所以，伊朗库尔德人对自己所生活的国家有某种认同感。他们说，"我们首先是伊朗人，然后才是库尔德人"。

当然，伊朗库尔德人对中央政府也存在诸多的抱怨和不满。

他们说，除库尔德斯坦省外，还有库尔德居民占多数的地区没有划归库尔德斯坦省，而是被划到了与该省相邻的克尔曼沙赫和西阿塞拜疆省；库尔德斯坦在中央政府、议会和省里任职的很少，议员更少；库尔德斯坦经济落后，人民生活水平低，没有基础设施和工业；库尔德人享受的自治权是微不足道的。但是，迄今为止，伊朗库尔德人已放弃反政府武装斗争，不再抵制选举，他们要求同政府进行对话谈判。伊朗境内的库尔德人一度提出了成立立法议会和自治政府的口号。现在他们的奋斗目标是在一个多民族的伊朗范围内实现广泛的自治，而不再谋求建立独立的库尔德斯坦国。

库尔德工人党及其活动

早在 20 世纪 60 年代中期，随着库尔德知识分子参加民族运动，受到周邻国家库尔德语广播和侨居欧洲的库尔德人的影响，以及在伊拉克库尔德人争取民族独立斗争的推动下，土耳其库尔德人就开始建立自己的政党组织。1965 年在边陲小镇西洛比成立了库尔德民主党。该党以迪亚巴克尔为活动中心。这是库尔德人第一个合法政党，它的纲领集中反映了库尔德人长期以来争取民族独立的愿望。纲领强调：在政治上，土耳其宪法应该规定这个国家由土耳其人和库尔德人组成，两族平等。库尔德人应按人口比例参加议会和政府，需要明确库尔德斯坦的边界，不得安置移民，不应改变库尔德斯坦和村镇的名称。在经济上，要求实施"库尔德斯坦优先"政策，石油、矿产应在产地提炼加工，其收益的 75% 应用于本地区。在文化上，库尔德语是库尔德人居住地区的官方语言，应创立库尔德斯坦大学，开办库尔德语广播电台和电视台，出版库尔德语书籍和报刊，等等。

从 80 年代中期起，土耳其的库尔德人就开展了游击战争。1978 年阿卜杜拉·厄贾兰秘密建立了库尔德工人党，成为领导库尔德民族解放运动的组织者和领导者。该党的目标是在土耳其东南部、伊拉克北部、叙利亚东北部和伊朗西北部四国交界的库尔德人居住区建立独立的"库尔德斯坦共和国"。支持库尔德工人党及其斗争的除广大的库尔德农民外,还有一部分库尔德知识分子和在国外的成千上万的库尔德侨民。土耳其政府内也有个别党派同情库尔德人的处境和命运。

所以,工人党成立后它的成员在增加,影响在扩大。1984 年它只有 2700 人,到 1987 年有 3400 人、1988 年有约 8000 人、1993 年有 1 万—1.5 万人。1984 年 8 月,工人党领导开展武装斗争。工人党有铁的纪律,决心向土耳其发动"全面战争",以引起土耳其有关政党和国际社会的注意。工人党的游击战士主要是库尔德农民。他们"白天拿锄头,晚上持步枪"。库尔德人把工人党视为自己的"救星",愿意帮助游击战士。

土耳其政府认为库尔德解放斗争是"恐怖主义""分裂主义"活动。政府当局决定无情打击和镇压。据统计,1983—1987 年,土耳其政府组织了对工人党的 19 起审判,1884 人受审,318 人被处死。

据土耳其官方资料,20 世纪 90 年代初,库尔德工人党在土耳其东南部 13 个省里约有 4000 名战士,而在跟土耳其接壤的叙利亚和伊拉克领土上有 6000 名战士。为对付这些游击队活动,土耳其政府多次动用数万名正规军、警察和边防军越境围剿工人党武装。据西方报刊透露,到 1993 年土耳其政府共有 15 万军队、18 万军警和其他武装力量对付库尔德工人党及其武装。到这年底,双方已死亡 1.1 万人,其中包括 4517 名游击队员、3144 名平民、2270 名政府军和警察。土耳其政府为此消耗了近 250 亿美元。

库尔德工人党在遭到残酷镇压后,被迫采取一些恐怖行动。如攻打土耳其警察所、侵袭土耳其驻外代表机构,甚至绑架外国旅游者等。这激起西方国家的不满,法国和德国决定对工人党在其领土上的活动进行限制。

20 世纪 90 年代初，库尔德工人党在进行了十多年的武装斗争后，宣布结束同土耳其政府的对立斗争，"停止军事行动"。据称，其主要原因是该党领导人厄贾兰 1999 年初被捕（现被囚禁在土耳其的一个岛上），土耳其法庭当即以叛国罪和分裂罪要求判处厄贾兰死刑。厄贾兰在受审期间号召库尔德工人党放弃暴力行动，并表示愿意充当库尔德人和土耳其人之间冲突的调停人。

首先，工人党失去领导人后，决定改变自己的斗争策略，即从武装斗争转变为在外交上获得承认的谈判伙伴，即从同政府对抗走向对话。

其次，工人党的领导层开始把目光投向欧盟。因为随着欧盟东扩，土耳其需要按照欧盟的要求正确解决境内的少数民族问题，其中库尔德人问题必须合理解决，即土耳其要坐下来同库尔德工人党谈判。

然而，解决土耳其库尔德人问题的道路是不平坦的。因为迄至今日，谁要在土耳其谈论和提出"库尔德人问题"，当局就认为这是分裂主义宣传，要追究其刑事责任。现在土耳其当局仍然拒绝同库尔德工人党接触。

库尔德问题依然是个问题

库尔德人的民族运动从来没有停止过。早期，库尔德工人党领导的库尔德民族解放运动的斗争目标是要在土耳其东南部建立自由和独立的"库尔德斯坦国家"。他们的斗争主要集中在两条战线上：一条是在土耳其国内，坚持游击战和鼓动库尔德居民举行示威和开展暴力活动；另一条是在欧洲，特别是在德国、法国等国进行反对土耳其政府的活动，广泛宣传库尔德人的斗争情况。但 20 世纪 90 年代初起，在苏联东欧发生社会制度剧变和苏联、南斯拉夫解体后，争取民族自决权的斗争出现了新的复杂情况，库尔德人不得不改变自己的战略。

库尔德人因为分布在 4 个不同的国家，这对他们联合起来开展统一行动十分不利。各有关国家都面临着本国库尔德人要求拥有民族自决权的问题。它们为了本国本民族利益和各自的政治目的，有时单独利用库尔德人，有时又联手镇压库尔德人。任何一国库尔德人的斗争如果取胜，必然会影响到邻国的社会稳定和国家安全。所以，库尔德问题在上述有关四国间经常发生矛盾和冲突，同时也造成 4 个国家里库尔德人之间和他们内部派别斗争的加剧。库尔德民族解放运动的不团结和内讧成为库尔德人斗争屡遭失败的重要原因之一。这种情形至今也没有出现令人鼓舞的变化。最明显的例子是伊拉克北部两个库尔德政党之间的无休止争斗。

人们越来越看到，土耳其的"不承认主义"和暴力镇压并不能解决境内的库尔德问题。这个问题将继续存在，并将对未来土耳其的整个发展产生影响。土耳其政府如果不真正改变以往的政策，库尔德人的斗争就不会平息。土耳其要想早日参加欧洲联盟，它就必须在库尔德问题上采取灵活务实的态度，找到妥善解决问题的办法。

长期以来，国际社会对于库尔德问题的可能前景，存在三种不同的预测：一种是，库尔德解放运动领导人坚持的关于未来的国家形式，即建立一个由土耳其、伊朗、伊拉克和叙利亚四国库尔德人组成的联邦或邦联。这就要求处于四个国家里的库尔德人先各自获得自治或解放，最后才能组成一个统一的库尔德斯坦。这一主张显然并不现实。另一种是，土耳其库尔德人将继续战斗下去，并成为四部分库尔德运动的中心。土耳其政府会逐步承认"库尔德问题是一个现实"，但绝不会给予库尔德人自治地位。还有一种是，通过库尔德人的斗争和外界施加压力，库尔德人在不久的将来有可能先后得到四国政府的承认，并在四国境内建立地方自治政府，成为所在国家的一个组成部分。许多研究库尔德问题的国际分析人士指出，库尔德问题不能用武力手段解决，但政治解决往往只是拖延时间。因此，库尔德问题会继续存在下去。

库尔德人进行了几十年争取民族自决的斗争，但没有得到国际社会应有的重视。美国和欧盟对巴尔干地区和中东地区的民族问题历来采取"双重标准"。这进一步增加了解决库尔德问题的难度。例如，2008 年 2 月，科索沃单方面宣布独立后，土耳其立即宣布承认科索沃为独立国家。舆论认为，土耳其此举是为 1975 年成立的"塞浦路斯土耳其共和国"合法化做准备。与此同时，土耳其又出动上万人的部队进入伊拉克北部，围剿"库尔德分裂主义分子"。那么，它打算对境内库尔德人执行哪种政策备受世人关注。

今天分布在四国的库尔德人已不再把独立和建国作为自己的奋斗目标，他们只希望获得少数民族地位。也就是说，库尔德人和所在国其他人一样应该享有保持自己的身份、语言和文化的权利，实现民族平等。宣布独立并不是解决民族问题的唯一手段或者最佳选择。民族自决权的解决既需要少数民族团结一致努力争取，也需要大国采取公正的态度，合理解决。

（连载《中国民族报》2008 年 4 月 3 日第 726 期、4 月 11 日第 728 期）

吉卜赛人争取联合和统一的斗争
——吉卜赛人的由来与现状

吉卜赛人的由来和分布

据称，"吉卜赛人"（Gipsies）一词是从英语"埃及人"（Egyptians）一词演变而来的。在一个多世纪前欧洲人对吉卜赛人的起源缺乏研究的情况下，误以为他们是从埃及来的。有人还称吉卜赛人为茨冈人和波希米亚人等。全世界的吉卜赛人基本上分为两大类，即西提人（Sinti）和罗姆人（Romi）。

当今，大多数学者对吉卜赛人有了较为一致的认识，他们指出吉卜赛人的语言为印地语，其祖籍在印度。我们联想到印度歌曲和电影对吉卜赛人的描述，似乎越来越相信这一认识。据大多数学者的意见，大约10世纪起，由于受到外来的袭击和侵扰，居住在印度北部的吉卜赛部落开始离乡背井，流落到小亚细亚、叙利亚和埃及等地。他们赶着带篷的大马车，拖家带口，到处流浪。在迁徙的过程中，他们仍保持着历史上沿袭下来的一种类似氏族的组织，由几个具有血缘关系的家族组成。每到一处，男的打短工或做点小生意，女的穿红着绿沿途卖艺、乞食或替人看相算命。这种生活方式千古难变，直到今日还随处可见。吉卜赛人入乡却不随俗，仍喜欢过流浪的生活。所以人们称他们为"无土地民族"。他们可能属于世界上最顽强的民族之一，往往与当地社会隔离，形成自己比较简陋和破旧的居住社区。

吉卜赛人的生存能力非常强，他们几乎遍布世界各地。13—15世纪，吉卜赛人开始定居到欧洲各国。据各种不同国家和组织的统计，全世界吉卜赛人的总数有900万—1200万。吉卜赛人自称有1500万人。国际吉卜赛人联盟认为，在世界30多个国家有1000多万吉卜赛人。这是一个非常有争议的统计数字。据2006年的资料，欧洲有700万—850万吉卜赛人，其中2/3在原东欧国家。超过4万—5万吉卜赛人的国家有：阿尔巴尼亚9万—10万，波黑4万—5万，保加利亚70万—80万，英国9万—12万，德国11万—13万，希腊16万—20万，西班牙65万—80万，意大利9万—11万，马其顿22万—26万，波兰4万—5万，葡萄牙4万—5万，罗马尼亚180万—250万，俄罗斯22万—40万，斯洛伐克48万—52万，塞尔维亚和黑山40万—45万，匈牙利55万—60万，乌克兰5万—6万，土耳其30万—50万，法国28万—34万，捷克 25 万—30 万。另外，在亚洲、非洲、美洲和大洋洲也都分布着数量不等的吉卜赛人。据不完全统计，在中东和北非有 100 万，南北美洲 190 万。在亚洲的菲律宾也可见到吉卜赛人的足迹。

13—15 世纪，吉卜赛人开始从土耳其和摩尔多瓦等地进入巴尔干半岛，并从这里向中欧和西欧迁移。这个时期，拜占庭帝国和奥斯曼帝国的文献已有吉卜赛人定居巴尔干半岛的记载。他们主要从事农业、打铁、当家奴和佣人、演乐师，过着游牧生活方式。几个世纪以来，巴尔干半岛上的吉卜赛人相对较多。所以有人称巴尔干为吉卜赛人的"第二故乡"。

在巴尔干地区的吉卜赛人，一般都统称自己为"罗姆人"。但是，由于吉卜赛人的家庭和分支很多，所以，他们在不同国家不同地区都有不同的名称。巴尔干每个国家都有吉卜赛人，尤其以罗马尼亚和保加利亚最多。

吉卜赛人的宗教与文化

不少吉卜赛学专家认为，吉卜赛人的宗教观念是有特色的：他们信神和信鬼，认为那是世上善与恶的象征。但是，他们不相信存在天堂与地狱。从这个意义上讲，吉卜赛人并不遵从严格的教规和行为准则。许多研究吉卜赛学的专家还认为，尽管吉卜赛人对宗教持一种无所谓的、不固定的态度，但他们是有神论者。他们一般都接受所在国人民的宗教信仰。一旦迁移到别的国家，他们就把那个国家的宗教视为自己的宗教。也就是说，在基督教国家他们信奉基督教，在伊斯兰国家他们信仰伊斯兰教，如果到了新教或犹太教国家他们又信仰新教或犹太教。吉卜赛人没有自己的教堂和宗教仪式。如果他们所在国家有几种宗教，他们往往选择影响最大的那一门教。

例如，在巴尔干国家，按不同宗教信仰将吉卜赛人分为两大类：保加利亚吉卜赛人——东正教徒；"土耳其吉卜赛人"——穆斯林。土耳其吉卜赛人在半岛上又有三种情况：讲吉卜赛语的吉卜赛穆斯林、讲土耳其语的吉卜赛穆斯林和讲保加利亚语（塞尔维亚语、罗马尼亚语和希腊语）的吉卜赛东正教徒。所以，"土耳其吉卜赛穆斯林"是巴尔干半岛上的一个总称，反映了对历史上宗教的回忆，也说明了现实生活中吉卜赛人的宗教信仰情况。

当然，吉卜赛人的宗教信仰和住在国居民的宗教信仰在笃信程度上是不一样的。例如，皈依伊斯兰教的吉卜赛穆斯林，在坚持伊斯兰宗教仪式和习俗的同时，又参加东正教的一些宗教节日活动，甚至在家里举行东正教宗教仪式。据统计，每个巴尔干国家的吉卜赛人都有不同的宗教信仰。据一项统计称，在 28.8 万保加利亚吉卜赛人中，信仰东正教的有 17.4 万人，占吉卜赛人的 60.4%；而信奉伊斯兰教的有 11.3 万人，占 39.2%；只有 0.1 万人信奉其他教，约占 0.3%。

像宗教一样，吉卜赛人的语言也呈多元化。吉卜赛人有自己的语言，却没有正式的语法课本和字典。所以，全世界的吉卜赛人因居住地不同，都讲的是吉卜赛语方言。而且，受到居住国语言环境的影响，吉卜赛人都懂住在国的语言，并在自己的语言中吸收了许多外来语。由于他们的语言借用了住在国的一些单词，他们的口语甚至同两三种语言混合使用。而且，又由于吉卜赛人的文化程度低，不少是文盲或半文盲，所以他们掌握的语言都不规范。

吉卜赛人一般都懂两三种语言。吉卜赛人为了生存，很快就适应和接受了住在国的宗教和语言，乃至文化。这样，他们的民族属性便开始淡化，遭到居住国同化的现象也较为严重。

吉卜赛人有着独特的文化。他们的文化表面上看类似多元文化的混合物。其实，他们的文化有两方面的内涵：一种是吉卜赛人自己的传统文化，另一种是吸纳了所在国及其周邻国家的新文化。

吉卜赛人能歌善舞，这不仅是娱乐和休息的方式，而且也是他们谋生的手段。他们的音乐舞蹈在群众文化生活中占有重要地位。在巴尔干各地，吉卜赛鼓乐手很多，击鼓奏乐成了吉卜赛人的一种艺术技能和职业。最常见的乐器有黑管、喇叭、小提琴、扬琴、手风琴、萨克斯管、唢呐、鼓等。青年一代演奏手越来越多地使用时髦的电子吉他和琴。他们演奏无拘无束，技巧娴熟，不仅能按乐谱演奏，而且能即兴编曲，喜欢边演奏边舞蹈，说明他们熟悉音乐，接近生活。吉卜赛人的乐队一般为3—5个人，主要来自同一家族。他们的演奏技艺往往是祖传的，或从同伴们那里学来的，并未受过严格的专业训练，有的甚至不识乐谱。他们同外界交往较多，还熟悉周邻国家的音乐，从而丰富了他们的演技知识。

吉卜赛乐队主要出现在乡村婚礼仪式上，演奏城乡重大宗教和民间节日庆典时的集体舞曲，有时还为博览会、乡村酒吧，甚至军队奏乐。有的吉卜赛家庭小乐队还伴随杂技团巡回演出。有些巴尔干国家的富商大户也请两三个吉卜赛乐师到家里演出。吉卜赛乐师说，哪里有人群生活，哪里就是他们的演奏场所。

吉卜赛人的音乐同他们唱歌是分不开的。在同一台节目中，有时以音乐为主，有时以唱歌为主。吉卜赛歌曲的拍子，分快节奏和慢节奏两种。过去的吉卜赛歌曲主要源于巴尔干民歌或口头流传歌曲，也常加以改编。当今的吉卜赛歌曲则以创作歌曲为主。有的吉卜赛人创作的歌曲还被制作成唱片和磁带。

吉卜赛人能歌善舞，为世人所公认。吉卜赛人跳的舞蹈大致分为两大类，即东方型土耳其"楚丘克"舞和所在国民间舞蹈。每逢节假日、命名日或生日、喜庆或家宴，他们不分男女老少，翩翩起舞，舞蹈动作优美，节奏感极强。或跳双人舞，或跳四人舞，都毫无拘束，尤以肚脐舞引人注目。

吉卜赛人的音乐舞蹈和歌曲同住在国的民间音乐和现代歌舞有着紧密的联系。文化艺术的这种相互借鉴和渗透在吉卜赛人中表现得甚为明显。

吉卜赛人争取联合和统一的斗争

吉卜赛人的生活方式随着时代的进步在不断变化。他们中越来越多的人已定居在各国，不再四处漂泊。然而，他们作为住在国的世界性少数民族，一般会受到歧视，根深蒂固的偏见使他们受到种种虐待，普遍受到不公待遇。

吉卜赛人的生存和适应能力特别强。他们生活在世界上许多国家，接受了这些国家的宗教和文化。但是，他们这种对别的民族友好相处的平静心态，却成了所在国实行民族同化的一个理由。多数欧洲国家拒不承认吉卜赛人是"少数民族"，更不承认他们是一个独特的民族。

第二次世界大战前，绝大多数欧洲国家对吉卜赛人一直推行这种政策。19世纪下半期，在一些欧洲国家先后发生过驱赶和屠杀吉卜赛人的现象，强制同化他们，让他们接受宗教"洗礼"或改名换姓，试图将他们同化成所在国民族的一部分。所以，这个时期出现了吉卜赛人的大流动，他们纷纷在各国之间迁徙。吉卜赛人遭受歧视和压迫，处于无权的地位。从这时起，"吉卜赛人""吉卜赛人的事"等词语，不光是指一个特定的群体，而且带有蔑视和贬义。

战后初期，原东欧社会主义国家比较重视吉卜赛人问题，一般通过执政党的决议，国家行政法规和社会团体等体现对这部分居民的政策。短期内吉卜赛人的遭遇稍有改善。20世纪40年代末50年代初，原东欧社会主义国家按照苏联的模式承认吉卜赛人是国内一个平等和独立的种族，吸收他们参加和建设新生活。各国成立了吉卜赛人组织，出版吉卜赛报刊，创办吉卜赛剧院等。一些国家还通过法令，要求吉卜赛人定居下来，反对他们过游牧式生活，并改善了吉卜赛人的居住条件和提高了他们的文化教育水平。

从 20 世纪 60 年代起，吉卜赛人的民族意识在日益觉醒。他们中的一些知识分子开始把世界各地的吉卜赛人组织起来，建立和推广本民族语言和文化。1965 年在巴黎正式成立国际罗姆人委员会。吉卜赛人在为掌握自己的命运而斗争。

其实，联合和统一所有吉卜赛人的思想在 19 世纪下半叶就已经产生。在众多的吉卜赛人分支和家族中，逐渐形成了一种称为"吉卜赛王"的贵族层，或者说首领人物。他们主张联合分布在各国的吉卜赛人支系，形成一个"民族"，如果可能，建立一个自己的国家。尽管吉卜赛人分散在欧洲各地，但对他们来说国界并不是障碍。吉卜赛人强调四海之内皆"兄弟"，可以独来独往，保持着彼此的联系。

20 世纪 20 年代，在波兰出现了第一个"吉卜赛王"，叫格里戈里伊·克维埃克。他是一个工厂主，在欧洲吉卜赛人中颇有影响。1930 年，由于年迈体衰，他将王冠传给自己的儿子米哈伊尔·克维埃克。正当米哈伊尔准备"登基"时，"克维埃克家族"的另一位竞争者瓦西里伊·克维埃克起来夺权，吉卜赛人发生内讧。最后，瓦西里伊被选为吉卜赛王，并成立了"吉卜赛人最高法庭"，其成员除"国王"外，还有 1 名"检察官"和 3 名"法官"。另外，还建立了一个由各分支吉卜赛人"首领"组成的大委员会。"大长官"由瓦西里伊的弟弟鲁道夫·克维埃克担任。据说鲁道夫是当时声名显赫的吉卜赛人，他周游了世界，懂 17 国语言。

1934 年，大委员会选举约瑟夫·克维埃克当国王。同时，他派代表团到国际联盟，要求在南非给吉卜赛人一片土地，在那里建立吉卜赛人国家。

1937 年，雅努什·克维埃克在华沙举行盛况空前的加冕仪式。还有一些国家元首和外交使团的代表出席了仪式。吉卜赛新国王遣使节拜见墨索里尼。这位法西斯头目答应让吉卜赛人在阿比西尼亚（埃塞俄比亚）建立国家——"罗姆国"。

第二次世界大战后，吉卜赛人争夺王位的斗争转移到了法国。巴尔干半岛的吉卜赛人积极参加了这种称"王"建国活动。1959年，罗马尼亚的吉卜赛首领列昂尼尔·罗塔鲁前往法国，自立为"吉卜赛人民的最高元首"。他向报界频频发表讲话，建立了"世界吉卜赛人共同体"组织，吸引各地吉卜赛人的代表参加，会见法国政界人士，要求在里昂市郊建立吉卜赛人定居点，向联合国申请要在索马里建一个吉卜赛人国家。他还组织"内阁"，公布"政府纲领"，甚至印发护照。

自20世纪60年代罗姆人国际委员会成立和召开代表大会以来，巴尔干国家的吉卜赛人就在国际组织和会议中起着重要的作用。例如，前南斯拉夫的吉卜赛诗人和音乐家斯洛鲍丹·贝尔贝尔斯基曾主持召开了第一届罗姆人代表大会（1971年）。在1981年第三届罗姆人代表大会上，前南斯拉夫的吉卜赛人萨伊特·巴利奇和拉伊科·杜里奇教授分别当选为罗姆人国际委员会的主席和秘书长。而在1990年的第四届罗姆人代表大会上，拉伊科·杜里奇当选为罗姆人国际委员会主席，萨伊特·巴利奇任副主席。1991年在意大利举行的世界罗姆人协商会议上，罗马尼亚吉卜赛社会学家尼科拉·格奥尔格被选为罗姆人国际委员会副主席。

1989年底东欧发生剧变后，在民族主义抬头和少数民族问题突出的情况下，吉卜赛人纷纷起来要求改变自己的处境。在多党议会制实施后，吉卜赛人不仅是众多政党争取的对象，而且他们自己也成立了政党组织，开展争取权利和自由的斗争。中东欧各国的吉卜赛人都建立了自己的政党组织。例如，在罗马尼亚成立了罗马尼亚吉卜赛人（罗姆人）基督民主党、自由吉卜赛人（罗姆人）民主党、吉卜赛人联合民主党、罗马尼亚吉卜赛人党、罗马尼亚吉卜赛人自由民主联盟；在保加利亚建立了罗姆人联盟；在马其顿有罗姆人彻底解放党，等等。这些组织在各国议会里已拥有自己的席位。据欧安组织的吉卜赛问题专家尼古拉斯·格奥尔基估计，仅在中欧各地，现有 20 多位吉卜赛人是国会议员和市长，400 多位地方议员。越来越多的吉卜赛人及其政党组织提出，他们应该被承认为欧洲的一个单独民族，并在欧洲议会拥有自己的席位。欧盟委员会里负责吉卜赛人事务的官员也认为，"吉卜赛人理应在欧洲各机构中占有一席之地"。一些著名的吉卜赛领导人称，吉卜赛人将筹建自己的议会和大学。但要实现这一目标很难，因为吉卜赛人实际上属于许多不同的宗族和部落，没有共同的语言和宗教，彼此又不团结。

这些政党组织的纲领普遍要求在民主化进程中，保障吉卜赛人同其他少数民族享有同样的平等权利，确保宗教信仰自由，解决吉卜赛人的居住问题和通信联络问题，解决青年一代吉卜赛人的就业问题，在小学实行吉卜赛语授课，在广播电视节目中开办吉卜赛语节目，用吉卜赛语出版报刊书籍和进行文艺演出，在议会和各级权力机构按比例推选吉卜赛代表，加强各国吉卜赛人的联系，等等。

在这种情况下，近年来，竞争充当"吉卜赛王"的斗争已经转移到了动荡的巴尔干地区。1992 年 9 月 8 日，在一年一度的"圣母诞生日"，保加利亚和塞尔维亚的吉卜赛东正教徒，也把每年 8 月 28 日或 8 月最后一周的星期日作为"圣母诞生日"集体庆祝。有时纪念活动持续 3 天。纪念集会上，来自罗马尼亚各地的吉卜赛人聚集在比斯特里查修道院，容·契奥巴加冕为"吉卜赛王"。几天之后，他的表弟尤里安·拉杜列斯库宣布为"罗马尼亚和全世界所有吉卜赛人的皇帝"。这当然是中东欧新的历史条件下出现的吉卜赛人争取统一的一种新思想。但事实证明这仍是"一厢情愿"，仍是一个没有国土和公民的"国王"。

目前，吉卜赛人正在推广他们语言的一种标准书写形式，他们还制定了画着一只轮子的绿旗作为吉卜赛人的旗帜。2001 年 7

月在捷克首都布拉格召开的国际吉卜赛人大会上，一位出生在斯洛伐克的律师埃米尔·什丘卡被选为国际吉卜赛人联盟的主席。

2005 年 2 月，在索非亚召开了"2005—2015 年罗姆人一体化十年"国际会议。与会者签署了《罗姆人一体化十年宣言》，纲领的四大目标是：改善罗姆人的教育、卫生、生活条件和提高就业率。

从现实的角度来看，吉卜赛人分布在世界各地，已经生活在一种新的环境当中。他们受到住在国社会和文化的熏陶与影响，其民族意识正在靠近和融合到住在国的民族意识之中。所以，要把全世界各地的吉卜赛人联合为一个整体，几乎是不可能的。

（连载《中国民族报》2008 年 11 月 21 日第 5 版、11 月 28 日第 5 版）

第八章

中东欧激进左翼和未来社会主义

第一节　中东欧激进左翼的理论与实践

中东欧各国共产党的现状

从目前中东欧各国共产党的纲领章程、建党理论及其实践活动来看，它们具有自身的特点，其发展趋势和前景值得关注。

第一，中东欧各国共产党组织小、人数少，但它们依然在逆境中合法存在。中东欧各国共产党在艰难的条件下，以各种方式开展活动，顽强宣传社会主义思想和理想。这是一个不容忽视的基本事实。苏东剧变 20 年来，中东欧国家尽管实行多党议会制，共产党也可以登记注册，但由于右翼势力不断制造种种借口，掀起反共反社会主义浪潮，共产党员仍受到排挤、打击、迫害和歧视。受右翼反共法律和宣传的影响，年轻人一般不愿也不敢加入共产党，怕找不到合适的工作。所以，各国共产党和其他具有共产主义倾向的进步团体开展活动非常困难。共产党的意识形态被右派政府严重"妖魔化"，其活动被扭曲"政治化"，社会地位也被挤压"边缘化"。同时，各国共产党的发展和组织建设不平衡，与执政当局的关系错综复杂。尽管这样，共产党由于坚持社会主义取向，赢得了那些对生活现状不满的人，特别是老年人、退休人员和失业人员等群体的支持；又因它们反对高通货膨胀率和高失业率，主张社会公正和平等，还得到一部分青年人的支持。所以，共产党在地方和议会选举中能获得一定比例的选票，有的还成为议会党或参政党。例如，捷克和摩拉维亚共产党是议会党，它在下院和上院都拥有一定的席位，保持着 12%—15% 的全国选票，而且在欧洲议会也拥有几位议员。

波兰的马克思主义者认为，他们"已经找到了新的活动和存在形式，并形成了自己的理论中心"。尽管他们现在还很弱小，但他们"正在积蓄力量、金钱和干部，并通过努力把分散的马克思主义者结合成了一个团结的整体"①。

第二，各国的共产党组织不团结，力量分散。一般来说，中东欧每个国家目前都存在两个以上的共产主义组织，多的达到五六个。它们之间为了统一曾进行了长时间的努力，但效果并不能令人满意。这些党的领导人之间除了在思想认识上和纲领表述上有分歧外，各自还有组织上和利益上的考虑，规模小的党不甘心归属于规模较大的党。一些对此表示担忧的共产党人呼吁这些"兄弟党"放弃分歧，为了共同的斗争和理想团结起来。他们指出，这些党在一些原则问题上，如忠于马克思列宁主义、反对资本主义复辟、反对美国和欧盟的扩张主义政策、主张社会公正和平等、争取社会主义社会的前景等问题上是一致的，只是在如何实现这些目标和怎样开展活动的策略和战略方面有一定的分歧。所以，各党现在应该彼此接近，团结和统一为一个政党，并同其他一切爱国力量和左翼运动合作，共同反对"美国帝国主义和西欧资本主义与殖民主义"②。

---

① ［波］哈卜·维克多：《马克思主义在波兰》，《国外理论动态》2007 年第 4 期，第 21 页。

② ［保］科斯托·安德烈耶夫：《马克思与保加利亚社会民主工党的起步 1891—1900》，索非亚，2006 年，第 15、17 页。

从 21 世纪初开始，保加利亚几个共产党组织就在讨论联合的问题，但"它们彼此之间的分歧不仅没有克服，反而有增无减，结果，这几个组织各奔东西"。它们有的投奔保加利亚社会党，有的在向亲北约的政党靠拢，有的甚至同法西斯势力持同一张议会选票。①

第三，共产党的处境仍然十分困难，斗争的道路极为艰难。近 20 年来，中东欧的所谓民主派和反共反社会主义右派十分猖獗。他们污称 1989 年以前执政期间的共产党是法西斯式政党。匈牙利、捷克、波兰、保加利亚、罗马尼亚乃至整个东欧都把共产主义、社会主义与希特勒的法西斯主义相提并论。右派政党和政府通过法令，企图禁止共产党的存在和活动。共产党正是在这样的条件和背景下向人们宣传着社会主义思想。他们的声音在社会上很小，得不到大多数人的认同。处于逆境中的中东欧共产党领导人强调指出，共产主义运动目前面临着许多挑战。另外，党员的年龄构成不合理，党员老化，发展后劲不足，资金匮乏，这些都不仅影响政党自身的活动，而且制约着它们参加选举活动和进入政坛。

在波兰，有关马克思主义的书籍杂志或者被烧毁了，或者被胡乱堆放在图书馆的地下室里。当局严格禁止宣传共产主义和纳粹主义，对新成立的社会主义和共产主义政党实行白色恐怖，如波兰共产主义无产者联盟于 2002 年被右派控制的最高法院宣判为非法，而天主教和民粹主义却被奉为法宝，畅行无阻。

匈牙利工人党在第二十二次代表大会中央报告中分析了党在 2006 年的国会和地方选举中没有进入国会的主要原因。报告称，党在大部分选区没能提出自己的候选人，许多地方组织产生了动摇情绪。经济困难迫使党的中央机关采取特别措施，不得不限制

---

① ［澳］科伊乔·佩特罗夫：《当代世界意识形态危机》，索非亚，2004 年，第 269 页。

中央的活动，解雇了大部分工作人员，党报《自由报》被暂时停刊，党员数量锐减。据工人党分析，出现这种情况的原因有：（1）匈牙利的资本主义制度巩固了，共产主义运动的社会基础发生了变化。（2）革命和共产主义运动不仅在匈牙利，而且在全世界处于低潮。社会主义制度在欧洲被推翻，社会主义思想在今天不像1917年或1945年那样具有鼓动和动员的力量。（3）资本主义企图在国际范围内清算共产主义运动。（4）工人党的政治活动余地极大地缩小了。等等。

第四，共产党开始摆脱边缘化地位和孤立状态，积极参与同国外左翼的合作与交流，并主张建立地区共产党组织和国际共产主义组织。各国共产党组织强调，它们既是本国左翼力量的一部分，又是国际共产主义运动的一部分。它们积极参与国际上所有共产党和其他进步力量的国际合作，愿同世界上所有兄弟共产主义政党和运动建立联系，发展合作。巴尔干国家的共产党是设在希腊萨洛尼卡市巴尔干共产党联盟的成员。它们建议成立新共产国际，或某种形式的国际组织，抑或共产主义基金，以协调和声援各国共产党的行动。

匈牙利工人党坚信自己是国际主义的党，是国际共产主义运动的组成部分。该党在困难的时候始终得到国际上的重要帮助，从各社会主义国家共产党那里得到不少政治上和道义上的帮助。与此同时，该党也同情和声援所有反对资本主义、争取自由和独立的人们。因此，该党在这方面的政策是：继续同社会主义国家的共产党紧密合作；同欧洲各国的共产党一起与资本主义做斗争；尽一切努力为建立新的世界共产党联盟和新的共产党人国际联盟而努力。

捷摩共积极参加世界各国共产党和左翼党的国际会议和会见。在2008年捷摩共第七次党代会上有30多个共产党和工人党的代表参加。

从南斯拉夫新共产党提供的材料来看，其日常活动比较活跃，他们每年都举行 30—40 起纪念活动和示威游行。近年该党用自己筹措的经费接待了俄罗斯、古巴、捷克、希腊、朝鲜、越南、意大利、西班牙、比利时、乌克兰、德国等国的共产党代表团。同时，南新共和南共青盟组团出席了俄罗斯、乌克兰、白俄罗斯、希腊、比利时、捷克、斯洛伐克、奥地利、摩尔多瓦、罗马尼亚、塞浦路斯、土耳其和古巴等国共产党的代表大会和国际会议。这些国内外活动有利于南新共树立在国内的形象，并扩大它在国外的影响。

（原载《学习时报》2010 年 10 月 4 日第 2 版）

中东欧共产党关于基本理论的认识

中东欧的共产党人始终把马克思列宁主义作为自己的指导思想，把实现社会主义作为自己的纲领目标。它们的纲领和章程都对党的奋斗目标、国内外重大问题，对国际共产主义运动进行了阐述，表明了原则立场。为适应科学技术进步和信息社会给社会经济所带来的重大变化，各党的纲领和章程都对马克思主义理论和未来社会主义以及国内的重大问题提出了一些新的设想，值得关注。如建立新型的代表全体劳动者利益的政党；承认多种所有制形式（包括生产资料私有制）的存在；实行新的民族政策和宗教政策，允许不同宗教信仰的群众可以入党，等等。

有的中东欧左翼学者在评价这些共产党的纲领和章程时指出，苏联东欧解体后，各国共产党在制定党纲党章时应该"放弃对历史上经典著作的高谈阔论，正视反革命复辟条件下阶级斗争的具体任务，揭示社会主义崩溃后社会主义运动的未来前景"①。这就要求共产党人起来反对私有化及其恶果，谴责贪污腐败和一切犯罪行为，同国际垄断资本做斗争。共产党人要对各国的对内对外政策表明自己的严正立场和态度。

坚持以马克思列宁主义为指导思想

各国共产党仍然坚持以马克思列宁主义学说作为党的指导思想，但主张同本国革命传统和具体条件以及国际共产主义运动经验相结合。中东欧的共产党始终把马克思列宁主义作为自己的政策和实践基础，把实现社会主义作为自己的奋斗目标。有的党提出，在新的条件下，争取社会主义的斗争要遵循马克思列宁主义的基本原则，但一定要结合本国的实际，既要反对修正主义又要反对教条主义。党要坚持以"马克思主义理论作为党的指导思想"，同时又认为"工人运动、社会主义运动、左翼运动的传统"和"历史上的先进思想"也是党的理论基础和行动的指南。因此，党要团结一切在当代民主世界中为争取社会主义而斗争的欧洲共产主义政党和社会民主主义政党、工会和新社会运动的左翼。

保加利亚共产党在其纲领和章程中指出，"马克思主义—列宁主义就其深邃的哲学实质而言，它是创造性的学说。它要求永远保持它的科学性、永久性和生命力"。同时，我们要根据社会所发生的新变化来运用和发展它。马克思主义"完全没有老化和过时"，因为它经受了真理的检验。

南斯拉夫新共产党认为，它是"工人阶级的先锋队"，遵循"马克思列宁主义、无产阶级国际主义和爱国主义"的原则。它将"国际主义同世界各国共产党人的预见和目标相结合"，把"国际主义和爱国主义辩证地结合在一起"。它是"南斯拉夫各族人民自

① Койчо Петров, Съвременната световна идеологическа криза, София, 2004, с. 268.

由、民主和革命传统的当之无愧的继承者"。

捷克和摩拉维亚共产党强调，它的纲领"源于马克思主义理论，并同国际共产主义运动、左翼运动以及新思想、新学识开展对话"。它主张各种政治力量相互尊重，实行民主多元化，进行平等对话。它愿同世界上所有左翼政党加强联系，争取加入社会党国际。

强调共产党是雇佣劳动者的党

关于党的性质，中东欧各党不再强调是工人阶级先锋队政党或无产阶级政党，而是改称工人、农民和知识分子等劳动者的群众性政党。关于党的名称，有共产党、工人党，甚至劳动者"联盟"、共产主义"协会"等不同称呼。因为一些党认为，在当今时代，"工人阶级"这个概念不仅仅指传统意义上的工人和农业无产者，还包括受雇佣的脑力劳动者，如科技知识分子、艺术和文化创作者等。所以，对党员在加入和退出党组织的条件方面也比原来的共产党更加宽松，更加符合现实情况。

南斯拉夫新共产党在其章程中开宗明义写道："南斯拉夫新共产党是工人阶级、农民和知识分子的自愿组织，它在多党制条件下进行活动。"① 南新共认为，它不是前南共联盟思想的继承者，而是前南斯拉夫土地上社会主义运动和共产主义运动中一切有价值的思想和传统的继承者和体现者。党应该吸取迄今国内外社会主义建设的积极经验和消极教训，以及世界上一切进步运动的经验。同时，党将根据当代思想和科学技术革命的成就，结合本国的悠久传统和具体情况开展活动。

保加利亚共产党人党特别声明，它"首先是城乡雇佣体力和

---

① 本文中有关南新共的所有引文均见《南新共章程和纲领》（Program Nove komunistič ke partije Jugoslavije），Beograd，1997；《南新共宣言》（Proglas NKPJ），Beograd，2004；《南新共和南共青盟五一号召书》（Prvomajski proglas NKPJ I SKOJ-a），Beograd，2007。

脑力劳动者的政治组织。无产阶级除传统的工人阶级和农业无产者外，在当今条件下还包括雇佣知识分子劳动者——科技知识分子、艺术和文化创作者"①。

捷摩共在谈到党的性质时指出："捷摩共努力将党建设成群众性政党，在集体讨论和决定、遵循自治原则和党内广泛民主的基础上开展工作。"② 捷摩共是依法开展活动的政党，是捷克共和国境内的法人代表。捷摩共致力于在当今社会中获得现代的和积极的左翼政党的地位。

匈牙利工人党认为，它是劳动人民的党，基本任务是代表靠自己劳动生活的工人、农民、知识分子、中小企业家、为社会服务的各个阶层和资本主义制度牺牲者的利益。

克罗地亚社会主义工人党认为，党代表"工人、农民和所有以劳动为生者的利益"。

以和平方式走向社会主义

绝大多数共产党认为，武装斗争不再是夺取政权的唯一道路，主张正确对待和积极参加各级选举。在中东欧多党制条件下，党拥有一批自己的选民，只要经费许可，都单独或同别的党联合参加了历次选举。有的党成为了议会党，但出于某种考虑不愿成为参政党，声称要作为"光荣的反对派"、与各种经济丑闻和政治腐败无牵连的"干净的政党"。最典型的是捷摩共，几度进入议会，却始终拒绝入阁。

南新共在 2004 年的《五一号召书》中专门表达了对当局的"选举歧视"的立场。它强调，尽管目前的所谓"欧洲民主"已经变成了"金钱民主"，党也不会为了筹集选举资金而接受帝国主

----

① 有关保共产党人党的引文均见《保加利亚共产党人党纲领与章程》（Програма и Устав на ПБК），София，2006г。

② 有关捷摩共的引文均见 2004 年 5 月 15—16 日捷摩共第六次党代会修订的《捷克和摩拉维亚共产党章程》（Stanovy Komunisticke unisticke strany Čech a Moravy）和该党的纲领（Program KSČM）。

义的经费和搜刮国家财富，但党会打破当局的歧视和阻挠，参加选举。党应该在各级政权机关有自己的代表。

保加利亚共产党人党在其《章程》的第二条中说，党要动员保加利亚公民的政治积极性，"通过选举或其他民主形式达到实现没有阶级社会的目的"。党要"参加地方、议会和总统选举，独立地或同其他政治力量结成联盟进入各级政权机构"。党认为，"根据马克思列宁主义理论和历史实践，掌握政权的道路是多种多样的，一切取决于具体条件"。

捷摩共强调在多元政治制度下的活动原则是：党开展工作应从科学认识出发，尊重公开、平等的对话和民主多元化。独立地、以联盟的形式或其他联合的方式积极参加社会政治生活，推动左翼力量团结的进程；党的各级机关同致力于实现社会民主和发展的群众团体、公民组织进行合作；积极参加各级选举。捷摩共期望通过民主的道路实现社会主义目标，拒绝限制民主、歧视、打击不同观点和个人崇拜等方式。

建立以公有制为主体、多种所有制并存的经济体制

东欧共产党从当前所有制的多样性出发，不再坚持消灭私有制是进行社会主义革命的首要条件，但反对执政当局的私有化政策和鲸吞国有资产的行径，主张公有制在社会主义经济中起主导作用。

捷摩共赞成实行社会市场经济，保卫劳动人民的利益。它还主张各种所有制在法律上一律平等，反对国家财产被侵吞或被出卖。在经济方面，它坚持社会所有制的优先和主要地位，认为这是源自马克思主义思想的长期传统的战略目标。

南新共主张多种所有制并存，即全民所有制、社会所有制、公共所有制、集体所有制、合作社所有制、私人所有制和个人所有制共存，但全民所有制、社会所有制、公共所有制、集体所有制和合作社所有制应该在所有经济体制中占主导地位；同时，党也赞成私有制，只要是劳动所得，而非通过剥削他人劳动和雇佣所得；党反对复辟资本主义的所谓改革和新殖民主义的欧洲一体化；党还坚定地反对外来资本和跨国垄断企业的入侵，要求本国经济和自然资源应由本国私人资本掌握。

尊重宗教信仰自由

共产党人反对一切形式的种族、民族和宗教歧视，主张各种族和民族之间建立和谐、友好和睦邻的关系，主张思想和宗教信仰自由。南新共认为，"宗教是每个人的私事"，党"尊重每个信教群众的感受和看法"，教会应该同国家分离，不应参与政治斗争。党需要在科学基础上广泛宣传唯物主义观点，对宗教采取宽松的态度。

保加利亚共产党人同样认为，在当代生活和活动条件下，宗教信仰自由是每个公民的权利。但党主张政教分离，神学院应从索非亚国立大学脱离；在公立学校、广播电视停止宗教宣传；无神论者需要尊重宗教信徒的宗教感情。

斯洛伐克共产党反对任何出于社会地位、政治信仰、宗教、种族、民族或性别等原因而歧视公民的做法，也反对以任何理由限制公民在教育、健康保护和文化发展等方面的权利。国家是自由选择世界观的保证，它应该是处于教会和宗教的纷争之外的社会机构。如果国家要履行这一任务，它与教会分离就不可避免，教会也应该接受国家的法律。

（原载《学习时报》2011 年 8 月 8 日第 2 版）

近两年中东欧左翼政党在
选举中失利及其原因

近两三年中东欧左翼政党纷纷丧失执政地位，右翼势力却步步为营。这既是多党议会制的正常游戏规则，也是右翼回潮的反映。造成这一结局既有左翼力量的内部原因，也有欧洲右翼势力的外部影响。

右翼逼近，左翼退却

从最近两三年中东欧国家的议会和总统选举来看，各国左翼政党获胜的机会明显小于右翼政党，出现了左翼接连败北、右翼纷纷上台执政的现象。2004 年 11 月和 12 月，罗马尼亚举行了社会改制转轨以来的第五次议会和总统选举。经过两轮较量，执政的中左力量和在野的中右势力的得票率相差不到 3%。在中右政党强大攻势下，左翼十分惋惜地退出了政坛。在议会选举中，执政的社会民主党和罗马尼亚人道党获得众议院 332 个席位中的 132 席和 147 个参议院中的 57 席，均未过半数，而其他席位则落在中右反对派政党联盟的手里。总统和总理的位置均被中右翼占据，众议院议长由社会民主党的前总理讷斯塔塞担任。即便这样，中右翼政党也不甘罢休。2006 年 2 月右翼指控前总理在布加勒斯特市中心低价购买了一块宅基地，是"严重的腐败行为"。为此，3 月 15 日讷斯塔塞被迫辞去了社民党主席、议会党团执行主席和众议院议长职务。

2004 年底，乌克兰中左翼总统和总理被右翼发动的"橙色革命"所推翻，再次上演剧变初期的街头暴力事件，人们记忆犹新。

匈牙利和捷克是中欧中左翼执政比较成功的国家。这两个国家的中左翼政党使国家第一批加入了欧盟，但紧接着它们的社会影响力开始降低，以民族主义思潮为代表的右翼力量纷纷抬头。在 2005 年 6 月的议会选举中，匈牙利社会党总统候选人西莉·卡塔琳被右翼击败。2005 年捷克社会民主党作为少数派政府经历了严重的信任危机。年初，执政仅 9 个月的社民党主席、政府总理格罗斯就因在首都布拉格购买了一套价值 18 万美元的豪华公寓而被迫辞职。接着由社民党副主席帕劳贝克组阁。总统为最大的右

翼反对党公民民主党主席克劳斯。捷克执政的社民党在本届议会 4
年任期内组建了 3 届政府。今年夏季，马其顿将举行议会选举，
保加利亚将进行总统选举，预计右翼将趁机向中左翼发起新的
攻势。

2005 年 8 月，连续执政 8 年的阿尔巴尼亚社会党下台，代表
右翼的贝里沙民主党获胜。社会党主席纳诺总理认为，本届议会
选举"不自由、也不公正"，号召进行"深刻的选举改革"。

2005 年中东欧最令人关注的选举，是波兰于这年 9—10 月进
行的议会和总统选举。选举结果，波兰的右翼政党法律与公正党
和公民纲领党取得了参众两院的胜利，后又在总统竞选中法律与
公正党的候选人卡钦斯基登上了总统宝座。这样，波兰政坛便出
现了剧变以来右翼全面恢复政权的局面：总统、总理和议长均为
右翼人士。长期执政的民主左翼联盟曾被称为"红三角"，这个时
期已经结束。波兰政坛完全由左向右转换，这在中东欧国家也十
分罕见。

在中东欧其他国家，像塞尔维亚和黑山国家共同体、马其顿、
克罗地亚、波黑等，中右势力也有很大影响，一般都是执政党或
参政党。白俄罗斯于 2006 年 3 月 19 日举行总统选举，卢卡申科
总统再度当选，但反对派在欧美等国的支持下一直在进行推翻卢
卡申科总统的活动。

尽管中东欧左右翼党派轮流坐庄已成规律，属于正常现象，
尽管各国右翼政党上台的背景不一样，但它们对左翼发起进攻的
炮弹和手法基本上是一致的，即指责左翼贪污腐败，给左翼制造
丑闻，并攻击左翼在历史上与情报部门有牵连，等等。右翼在这
一轮还普遍利用了民族主义作为煽动社会舆论和人民情绪、争取
选民的工具。如阿尔巴尼亚民主党称境外有 300 多万阿族人、匈
牙利右翼承认境外有 800 多万匈族人、波兰执政当局称要保护在
乌克兰和白俄罗斯以及波罗的海的波兰少数民族等。波兰和保加

利亚极右翼还公开反对欧洲一体化进程。

左翼力量面临的几个问题

对于中东欧左翼政党来说，按照议会民主制规则上台下台早已适应，不会对选举中的失利感到意外。但从总结经验教训的角度看，尤其是从这一轮同右翼党派博弈的结果看，有几个问题是不容忽视的。

1. 国家机关的腐败问题是窒息中东欧左、右翼执政党的绝症。私有化暗箱操作是一块肥肉，偷税漏税是致富的好办法，灰色经济到处泛滥，走私活动猖獗，这一切像瘟疫一样在左、中、右各党派中蔓延。这些问题往往使执政党成为被集中攻击的目标，左翼在台上时更是众矢之的。右翼常常非难说，左翼领导人中有社会主义年代的高官或他们的子女，似乎贪污受贿是左翼的专利。左翼人士因购买了一处宅基地或住宅或经手了某大型企业的私有化进程，就会被扣上腐败的帽子，被轰下台。其实，真正的"暴发户"是右翼当权者。他们无视国家法律和社会道德，贪婪摄取国有资产和外国给予的名目繁多的基金，以及美国的"馈赠"，一届任期就成了新贵或金融寡头。左翼对这个问题应该保持警惕，加强自律。

2. 左翼政党缺乏明确的目标和纲领。中东欧左翼党大都已经参加或申请成为社会党国际或泛欧社会党组织的成员。但它们受到历史遗留问题的影响，没有根据各自国家和社会的变化情况，制定新左翼的斗争策略和纲领。它们不敢提及马克思主义和社会主义，而是主张建立西欧式的泛民主社会和福利国家。结果，左翼党剧变初期的中立政策没有成效，在私有化过程中的谨慎态度没有留住选民，在加盟入约谈判中的妥协让步也没有得到好报。左翼在夺取政权和提高执政能力、巩固执政地位方面，确实需要汲取教训和总结经验。

3. 努力争取选民。近年来，无论在西欧还是中东欧，广大选民对政坛的斗争已深感疲惫，甚至漠不关心。投票率空前的低。据有的学者统计，2004 年 6 月 10—13 日有 6 个欧盟国家举行了议会选举，平均投票率为 44.6% 。在老成员国中稍高，为 48% ，但也没有超过选民的半数；而在新成员国中仅为 38% 。在 2005 年的波兰大选中，只有 40% 的人参加投票，创下波兰历届大选的最低投票率。如果说剧变早期，老年人和农村人口是左翼的基本选民，那现在就应该激发广大青年、知识分子和有经济实力的企业主的政治热情，努力打消民众对选举缺乏信任和对政治所产生的疲劳症以及对政党的厌恶感。

4. 欧洲的大气候对中东欧的左翼不利。2004 年，中东欧左翼政党带领波、捷、匈、斯洛伐克、斯洛文尼亚和波罗的海三国入盟后，使各国的国内生产总值保持在 4%—5% 的速度增长，对外贸易进一步扩大，预算赤字得到控制，失业率有所降低。但从 2005 年年中起，"入盟热"开始降温，欧盟内部矛盾凸显，出现了"东扩综合征"。这年年中，法国和荷兰的民众否决了《欧盟宪法条约》，英国和波兰表示要推迟表决，使得宪法条约的批准程序紧急刹车。同年 9 月，德国的右翼政党基民盟和基社盟在大选中获胜，要求暂停东扩。欧盟新老成员国在许多问题上产生分歧。石油价格的一路攀升，使欧盟的经济付出代价，增长减速，就业形势严峻。移民问题和恐怖袭击困扰着欧盟。在这种情况下，欧洲的保守势力和极右势力便利用冷战时期的意识形态工具，除在欧盟老成员国中散布欧洲悲观论、实施保护主义和煽动民族主义外，还千方百计唆使和支持中东欧各国右翼向左翼发动新一轮攻势，要求清算历史老账。特别是在选举出现势均力敌、难分伯仲局面的时候，他们就制造种种借口，说选举和计票过程中存在"舞弊现象"，或称某人有"历史问题"等直接干预选举结果。一旦左翼人士占据选票优势，极右势力便组织集会游行，喊出要"彻底告别过去""与罪恶的共产主义决裂""克格勃间谍"等口

号，进行人身攻击。左翼总统、总理、议长被迫退出竞选的事情
屡有发生。

中东欧国家政党政治的新特点

综观十五六年来中东欧国家政党分化瓦解和左右换位的变化，
可以明显看出如下新特点。

1. 传统左、右翼对峙的格局已经改变，中间势力开始崛起。
左右翼在私有化、司法改革、加盟入约等一系列重大问题上的观
点和做法越来越接近，左、右翼政党的党员人数明显减少，其斗
争策略和执政的政策也发生了很大的变化。十几年来中东欧社会
已由政党繁多的混乱局面转向逐步有秩序的议会党竞争。近五六
年来，从左右翼分化出来的一部分精英开始建立中间派政党组织，
他们的同情者和支持者在日益增多。在选举和组阁时，他们是左、
右翼争夺的对象或同盟军，参政的现象较为常见。在某些问题上
凸显左翼不"左"、右翼不"右"的情况。我们今天的确很难用
传统的"左"和"右"来衡量两个集团的性质，甚至用"新左
翼"和"新右翼"也无法解释"左"和"右"现象。但有一点是
清楚的，即右翼上台后跟欧美关系特别密切，竭力将美国式自由
民主和价值观推广到其他苏联国家，并对俄罗斯持强硬态度。新
入盟的和即将入盟的波、匈、罗和波罗的海三国中右翼政党在这
方面的表现最为明显。

2. 建立政党联盟和多党联合政府已是大势所趋，成为明智的
选择。近年来，中东欧各国议会选举时，左、中、右党派中的哪
一个党的选票也过不了半数，一般在1/3左右。于是，只有在竞
选过程中和选举后组建政党联盟才能获得组阁权。这样，由选举
中获胜但又未过半数的一党为主，联合中间派和其他属性基本相
同的党派成立的政府，就是当今的联合政府。2004年以来组成的
马其顿、罗马尼亚、捷克、阿尔巴尼亚及波兰等国政府都属于这
种类型的政府。2005年7—8月，保加利亚社会党在议会选举中得

票率最高，但只有31%，它不得不跟上届执政党西美昂二世全国运动和土耳其族争取权利与自由运动组织三党中左联合政府。但左翼建立这种政府冒着很大风险，它要将权力分给其他政党，而执政的全部责任却要由左翼党来承担。这就是说执政的基础并不牢固，容易被右翼和执政盟友利用或动摇。

3. 左翼的执政前景仍然光明。我们看到，与20世纪90年代不同的是，今日左翼失败并不意味社会舆论和选民就倒向了右翼。这一轮选举结果表明，没有哪个右翼政党的选票能超过半数。剧变初期疯狂反共反社会主义的老牌右派党都垮台了，代之成立了新的右翼党派。从这一结果，我们可以认为，中东欧左翼在这一轮较量中输给了右翼，但这并不意味左翼政党没有执政能力，也不意味它们执政的最后终结，更不意味左翼政党就没有前途了。经过战斗的洗礼，这些左翼政党依然会以新的面貌存在，它们上台单独执政或同其他政党共同参政的机会很快会到来。这些党如果坚持灵活的斗争策略，加强内部团结，赢得广大人民和中间派的支持，仍有可能在以后的选举中获胜。

（原载《国外理论动态》2006年第5期）

南斯拉夫新共产党及其纲领主张

南斯拉夫新共产党概况

1990年1月，南斯拉夫共产主义者联盟在原东欧国家已发生剧变的情况下，召开了第十四次非常代表大会。会上，克罗地亚和斯洛文尼亚的代表提出南共联盟不应该成为全南斯拉夫的统一政党，而应该成为各共和国共盟的联盟。同年4月起，各共和国和自治省纷纷成立了各种各样的组织和政党。

1990 年 7 月 17 日，塞尔维亚共盟正式改名为塞尔维亚社会党。据南斯拉夫新共产党（简称"南新共"）介绍，该党就是从社会党中分离出来的前南共联盟成员，它成立于 1990 年 7 月 30 日。后来该党和其他几个共产党经过几度分裂合并，目前拥有 1.7 万名党员，为登记注册的合法最大共产党。党的总书记是贝尔格莱德大学法学院布朗科·基塔诺维奇教授（已退休），他已出版 12 本著作。

南新共有自己的办公场所，不定期出版《新共产党人报》和《共青盟之声》，还拥有自己的网站。该党的主要成员是退休的知识分子、军人、职员、工人和农民。党的活动集中在首都等城市，设有基层党组织。

2000 年之前，南新共参加塞尔维亚社会党的选举活动。社会党往往借助共产党的选票。米洛舍维奇下台后，塞社会党丧失执政地位，成为议会里的第四、第五位党。亲西方的民主派政党执政后，规定要有 1.1 万人签名才能组织政党。同时，还规定每个政党的成员在缴纳 2 万欧元后才能参加议会选举。南新共无法筹集到 2 万欧元，所以它不得不放弃参加议会竞选的机会。

南新共 1997 年通过了《党的章程和纲领》，2004 年发表了纲领性《宣言》。在这些文件中，党对自己的建党原则和奋斗目标，对国内外重大问题和对国际共产主义运动的态度，都作了详细阐述，表明了原则立场。南新共也跟其他中东欧的共产党一样，始终把马克思列宁主义作为自己的指导思想，把实现社会主义作为自己的奋斗目标。南新共在其《纲领》的第一部分明确规定："我们的战略和策略是实现建立在马克思、恩格斯和列宁思想基础之上的科学社会主义。""我们党的最终目的是在较远的未来建立共产主义社会制度。"纲领还指出："毫无疑问，1917 年发生的伟大十月社会主义革命是我们地球上所有的无产阶级革命之母，是迄今为止人类历史上最重大的事件。它影响了世界各国人民的命运。"纲领最后深信，社会主义事业必然得到复兴，因为"未来属于社会主义"，"21 世纪是社会主义的世纪"，因为"没有社会主义就没有社会公正"。

南新共认为，党是多党制条件下工人、农民和知识分子的自愿组织。党应该吸取迄今国内外社会主义建设的积极经验和消极教训，以及世界上一切进步运动的经验。同时，党将根据当代思想和科学技术革命的成就，结合本国的悠久传统和具体情况开展活动。

南新共在《宣言》中指出，它不是前南共联盟思想的继承者，而是前南土地上社会主义运动和共产主义运动中一切有价值的思想和传统的继承者和体现者。原苏东社会主义和南斯拉夫自治社会主义确实存在一系列的缺点和错误，但它们有无可比拟和不可抹杀的优点和成绩。因为"对绝大多数普通人来说，最差的社会主义也比最好的资本主义强"。最近十五六年的情况已证明了这一点。这些年来，社会和青年人"美国化""北约化"和"欧化"，接受了当代资本主义，也就接受了刑事犯罪、腐败、吸毒、同性恋、卖淫、颓废、投降、堕落，而广大人民群众却被剥夺了生存权和工作权。

所以，南新共对全球化与加入欧盟和北约持否定态度。它认为，受到美国主宰和控制的全球化就是接受全球 500 家跨国公司的掠夺，就是"资本主义化""美国化"。北约也是美国一手操纵的一个"具有全球侵略和反动目的的组织"，是一个反对共产主义的组织，是入侵南斯拉夫的敌人。它发动了对阿富汗和伊拉克的战争。同样，欧洲联盟也是北约的一部分，是代表大资本家利益的国家集团。加入欧盟将会丧失政治、经济、外交独立和失去民族特性，成为"二等公民"，变成西方的附庸和半殖民地，是弊大于利。

南新共在国内政策方面，主张在联邦或邦联的基础上重建南斯拉夫为一个各族人民真正平等的新国家共同体，以维护社会主义成果，捍卫社会主义发展道路，反对国家遭到肢解和分裂。塞尔维亚是一个多民族国家，科索沃和伏伊伏丁那是塞领土不可分割的一部分。

南新共反对北约对科索沃的占领和联合国的托管，反对阿族分裂主义分子对科索沃塞族和非阿族的驱赶与迫害，主张给予阿族高度自治和同塞尔维亚人同等的权利。

至于海牙国际法庭，南新共认为它没有权利审判所谓前南"战犯"。塞一些民主派政党通过了同海牙国际法庭合作的法令，这是一种出卖行为。把爱国者交给侵略者审判是民族的奇耻大辱，实际上是对侵略者犯罪事实的默认。

南斯拉夫新共产党的特点

综观南新共的建党理论和实践活动，笔者觉得这个党有三大特点值得重视。

1. 青年人占南新共成员的近 30%。据介绍，1992 年成立了南斯拉夫共产主义青年联盟（简称南共青盟），主要成员是受过教育的青年和大学生，目前有 4000 多人，在贝尔格莱德有 250 人。南新共章程和纲领规定，南共青盟是党的分支组织，每个共青盟成员就是南新共的党员。凡年满 18 岁和 30 岁以下的年轻人都可以加入南共青盟，但他们必须接受南新共的纲领和章程。南共青盟经常在大学组织学术论坛和报告会，是世界民主青年联盟（左翼）的成员。近年，南共青盟派团到俄罗斯、意大利、乌克兰、古巴、阿尔及利亚、希腊访问和参加世界共产主义青年集会，接待了俄罗斯、希腊、波兰、比利时、奥地利、捷克和保加利亚等国的青年代表团。

南新共跟中东欧其他共产党不同的是，它拥有一支年轻的生力军。2007 年 5 月 21 日，在我们参加的一次座谈会上，南新共来了 10 位包括总书记在内的主要负责人，其中青年代表就有 5 人。他们发言踊跃，介绍了他们在受到当局歧视和讥讽的不公条件下开展工作的情况。

2. 南新共摆脱孤立状态，积极参与同国外左翼的合作与交流。南新共强调，它既是前南地区左翼力量的一部分，又是国际共产主义运动的一部分。它积极参与国际上所有共产党和其他进步力量的国际合作，愿同世界上所有兄弟共产主义政党和运动建立关系，发展合作。它特别希望同中国共产党取得联系。南新共是设在希腊萨洛尼卡市巴尔干共产党联盟的成员。它建议成立新共产国际，或某种形式的国际组织抑或共产主义基金，以协调和声援各国共产党的行动。

据介绍，该党近年用自己筹措的经费接待了俄罗斯、古巴、捷克、希腊、朝鲜、越南、意大利、西班牙、比利时、乌克兰、德国等国的共产党代表团。南新共和南共青盟组团还出席了俄罗斯、乌克兰、白俄罗斯、希腊、比利时、捷克、斯洛伐克、奥地利、摩尔多瓦、罗马尼亚、塞浦路斯、土耳其和古巴等国共产党的代表大会和国际会议。

3. 党的日常活动比较活跃。据南新共和南共青盟提供的材料，它们每年都举行30—40次纪念活动和示威游行。以2004年为例，这年的主要活动有：五一劳动节、"五九"反法西斯胜利日、7月7日起义纪念日、10月20日贝尔格莱德解放日、11月29日国庆节、十月社会主义革命纪念日、党的成立日，马克思、恩格斯、列宁、斯大林、图佐维奇（南共创始人）诞生日、南历史上和国际共运史上重大纪念日的活动等。抗议活动有北约入侵南联盟、科索沃阿族迫害塞族、美国入侵阿富汗和伊拉克等。他们还举行了俄罗斯、白俄罗斯、中国、越南、朝鲜、巴勒斯坦、捷克、希腊等国国庆节晚会；组织文艺演出和向烈士墓敬献花圈等。这些活动有利于南新共树立在国内的形象并扩大该党在国外的影响。

（原载《世界社会主义研究动态》2007年第66期）

保加利亚社会党左翼成立及其主张

2006 年 8 月 12 日，保加利亚社会党左翼在索非亚召开成立大会。会议讨论两项主要议程：（1）保社会党 115 年——现状、问题与前景；（2）保社会党左翼宣言。倡议委员会的 25 人，保社会党最高委员会成员、社会党国会议员、社会党左翼地方领导人等出席了会议。大会发言和宣言全文见保加利亚战略研究中心的理论刊物《星期一》（Понеделник）2006 年第 7—8 期合刊。现将主要观点摘录如下。

从大会发言看，讨论最核心的问题是：为什么保加利亚社会党左翼今天需要制定自己的方针。发言人认为，首先，社会党这届执政已一年多，需要认真分析和评价社会党为首的联合政府的政策与经验；其次，最近一些左翼和爱国组织纷纷成立，社会党内部开始"出血"，需要提出当代左翼的政策；最后，近八九年以来，社会党在日趋右倾化，需要敲响警钟，以防止遭受更大的损失。

代表们在发言和辩论中列举和批评了保社会党"右倾化"的种种表现。例如，社会党领导人在自己的讲话和思想中已不再提社会主义是其历史目标和新社会的前景；党在选举前提出左翼的口号，但在上台后却推行右翼的政策；保社会党在 1994 年和 2005 年两次选举获胜组阁，但选票显著减少，威信降低；在本届三党联合执政中，执行向右翼妥协的政策；同意美国在保加利亚建立军事基地和向伊拉克派出军队；等等。党已从一个群众性议会第一大党变成了一个选举党。党正在成为施罗德和布莱尔式的欧洲右翼社会民主党。

又如，党员人数在锐减，直接威胁到党的生存。20 世纪 90 年代初，社会党在全国约 840 万人口中拥有 80 万—100 万名党员，基本上在组织上完整地保留了原保共的党员人数。从 1997 年丧失执政地位至今，社会党的成员一直维持在 15 万—20 万名。党员人数的减少直接导致选民的大量流失，选民下降了 40%，尤其是青年人和知识分子的支持率下跌。这里的主要原因是党没有关心和保护广大劳动阶层和贫困人口的利益，失去了群众基础和社会基础。

对于这个问题，保社会党内的左翼人士早就提出了警告。他们指出，1989 年剧变前原保共的党员有 82 万，即占全国人口的十分之一。这些党员的素质比较高，他们中的大多数受过高等教育，都是各个领域的专家、工程师，党培养了一批很优秀的干部和人才。同年共产党下台的时候，只有 20 万名党员登记。新成立的社会党党员人数迅速发展，经常能领导几十万上百万群众上街游行。但是，现在社会党不仅党员人数锐减，而且成员大部分是老年人，年轻人越来越少。显然，党对此负有不可推卸的责任。

再如，早在 1994 年，社会党就制定和通过了新纲领《新时代—新保加利亚—新保加利亚社会党》。这一纲领已远远领先于一般的改革思想。建立"现代左派党"的战略同出现"新左派"这一当代重要的左翼趋向是完全一致的。令人遗憾的是，由于保社会党自身的危机，这一战略的巨大潜力迄今也未激发出来。

上述问题如果还不引起足够的重视，不及时改变政策，采取有效的措施，社会党在下次议会大选中就有可能出现危机，会再次失败。在这方面，既有匈牙利社会党的经验，也有波兰社会民主党的教训。走出这一危机的道路是有的，那就是复兴社会党，并产生新思想。

正是基于上面的考虑，保社会党中的左翼力量应该团结起来，站出来表明自己的观点和立场，并形成左翼派系。

左翼人士在发言中对党和国家表达了如下的一些基本观点：

支持保加利亚于 2007 年 1 月 1 日成为欧盟的正式成员国；主张国家推行科技、基础设施和信息现代化，使经济增长率年均达到 6%—8%；在今后 5—10 年消除贫困，提高人民的生活水平和生活质量；保护公民的人身安全和财产安全，同有组织的犯罪活动和各种腐败行为做斗争；坚决奉行亲保加利亚的、亲欧洲的和平外交政策，加强同巴尔干邻国、美国、俄罗斯和中国的合作。

一些发言人对目前保社会党越来越"私有化"表示担忧。他们说，党的领导人开始用自己的地位作为通往商界和政权的跳板。他们忘记了一个根本的道理：没有强大的社会党，就不会有强有力的执政能力和执政地位。

保社会党左翼给自己的定位是：左翼不会在组织上和政治上破坏党的统一，它将团结党内的左翼力量，使保社会党成为后工业时代的现代化政党。它的价值观和政策是左翼的，它的取向是欧洲的，它的传统和历史前景是社会主义的，而它的民族目标和利益是保加利亚的。一句话，它是劳动者的政党。

在多党制条件下，保社会党已不是唯一的政党，也不是政治生活中唯一的领导力量。左翼的出现，其根本目的是为了促使保社会党生存、改革和发展，并最终成为符合保加利亚实现条件的现代化政党。

保社会党到了"何去何从"的历史性时刻。左翼希望复兴社会主义思想，希望保社会党成为左翼政党。左翼还认为，在保加利亚目前面临的国内外条件下，社会党如果重新振作起来，向左转，是有前途的，一定会成为国内第一大党，赢得执政地位。

大会一致通过了《保加利亚社会党左翼宣言》。宣言包括"左翼的目标""我们对保加利亚今后 5—10 年的预见""我们在政策和执政基本问题上的立场""我们向保社会党提出的建议""为发展社会的和社会党内的民主而努力"等部分。

从整个宣言来看，左翼对社会党的态度可用 6 个字来概括：

支持、批评、建议。支持党的基本执政措施和理念；批评党的领导的右倾思想和行动；建议党恢复历史上的左翼党传统和纲领。左翼在"目标"部分，要求社会党"在新的条件下，捍卫和发展党的左翼社会主义党的性质"。在"建议"部分，左翼宣布："我们的历史使命是战胜资本主义，向建立具有优越生活条件和使所有的人都得到发展的公平社会过渡。"

"宣言"的结束语写道："左翼为使保加利亚社会党成为现代欧洲左翼社会党，成为社会党国际和欧洲社会主义者党当之无愧的一员而奋斗。"

（原载《国外理论动态》2007 年第 9 期）

第二节　中东欧未来社会主义

中东欧左翼学者和共产党对未来
社会主义的思考与展望

左翼学者对未来社会主义的思考

苏联、东欧发生社会制度剧变后，中东欧国家的左翼政治家和学者著书立说，反思和探讨未来社会主义问题。他们的观点与中东欧国家共产党人的观点不尽相同。他们认为，现实社会主义作为一种制度在原苏东地区确实失败了，不复存在。但这仅是作为一种制度的斯大林模式的社会主义不存在了，而作为一种思想的社会主义始终是存在的。西方报刊和右派政党大肆咒骂的"共产主义已经死亡"的论调是自欺欺人。"死亡的"不是共产主义，因为共产主义根本就未存在过。"死亡的"也不是社会主义思想，而只是斯大林模式的社会主义。所谓左派力量在历史上已结束其使命的说法，也是不符合实际的。相反，民主社会主义思想和昔日社会主义制度下的某些社会政策已深入人心，人们仍然在怀念社会主义。应该说，民主社会主义和科学社会主义思想在中东欧共产党人和左翼学者以及群众中还是有影响的。

为此，他们提出了"当代社会主义""新社会主义""21 世纪社会主义"等概念。在他们看来，未来社会主义的理论不是建立在马克思 160 多年前关于社会主义的理论之上。因为马克思建立社会主义理论时，强调的是社会的物质生产，是对 19 世纪中期社会的认识和理解。今天，人类社会已经完全变化了，应该根据当代社会的实际情况来提出新的理论。21 世纪人们追求的新社会主义将符合当代世界新的变化、新的现实、符合人民的利益，符合人类历史发展的潮流。也就是说，"关于社会主义的当代概念，不会也不可能跟我们过去老的观念、论据和信仰有任何共同之处"。这种社会"不会是由某些人事先设计好的思想或模式决定的，而是由资本主义有可能进行改革和能使社会摆脱混乱而决定的"①。

他们认为，社会主义作为一种思想，作为一种价值观和一场政治斗争，这是历史的产物。它也像任何一种其他思想一样，有它的过去、现在和将来。所以，他们坚信，整个社会主义思想体系不会泯灭。历史上，社会主义从空想变成了科学，又从科学变成了现实；如今，社会主义由成功走向失败；将来，社会主义会由失败走向胜利。

他们还强调指出，现在没有理由说社会主义已经消亡。90 年前，资本主义在俄国被推翻，随后在东欧国家也发生了类似事件，但这并不意味着资本主义消灭了。同样，经过将近一个世纪后，社会主义在苏联和东欧国家解体了，但这绝不能说社会主义就崩

---

① ［保］贝热明·瓦龙：《资本主义有选择吗?》，载《现实社会主义为何崩溃》论文集（Защо рухна реалният социализъм），ИК "Христо Ботев" София，2001，с. 95。

溃了，资本主义就胜利了。科学的认识应该是，社会主义在原苏东国家由于种种原因已经不存在了，但它留下了深深的烙印。社会主义并未消失。社会主义的思想还活着，社会主义的价值观也活着。社会主义在中国、越南、古巴、拉丁美洲和其他国家还存在。争取世界社会主义运动的斗争从未停息。一种形式的社会主义不存在了，而不是整个社会主义不存在了。

保加利亚原社会党主席亚历山大·利洛夫院士指出，社会主义具有光明的历史前景。它将不是 20 世纪的社会主义，而是 21 世纪的社会主义，即具有中国、拉丁美洲、欧洲和其他地区民族和文明特色的社会主义。回顾历史，人们会重新发现社会主义是比资本主义更加优越的社会。信息时代的社会主义将保留自己的思想价值和社会价值，它将是吸收全球大革命的成就与能力、在理论上和实践中重建起来的社会主义。①

德意志民主共和国最后一届共产党人政府总理汉斯·莫德罗指出，"现实社会主义失败了，但资本主义并没有胜利，而只是保存下来了"。今日资本主义社会矛盾紧张，充满局部战争，残酷剥削，社会不公平，国家之间以核武器相威胁和自相残杀。被视为左翼的政治力量"不仅在批判现存的状况，而且还在寻找关于未来的可行方案，社会上和世界上大多数人都在这么做"。"如果人类希望继续存在，就应该战胜现实资本主义。这不是不现实的幻想，而是理智的、可以实现的。"无论过去还是现在，"资本主义都无法解决人类存在的问题"②。

波兰著名学者亚当·沙夫指出，"国际共产主义运动出现的问题不是马克思主义的错误，而是马克思主义执行者的错误"。他指

---

① 引自［保］亚历山大·利洛夫在"苏联解体 20 周年国际学术研讨会"的发言《苏联模式社会主义解体的三个教训》。

② Ханс Модров: Перестройката Както аз я виждам（《我眼中的改革》），Издательство "Български писател"，София，2010，с. 238 – 239。

出，如果认为苏联模式社会主义的垮台就是社会主义的整体垮台，这种论点是错误的。"因为某一部分的失败，绝对不能认为是整体的失败。作为整体的马克思主义无疑是正确的。"这种模式的社会主义遭受挫折就为"建设真正的、更加美好的社会主义扫清了道路"①。

共产党人为重建社会主义而奋斗

保加利亚共产党人党在其纲领与章程中强调，今天苏东国家的劳动人民为欧洲社会主义的失败付出了沉重的代价。他们被迫为所谓"从极权主义向民主过渡"遭受了难以忍受的苦难。"因此，我们共产党人决心捍卫社会主义光辉的过去，吸取我们前任的成绩和错误……为实现党的社会主义纲领而奋斗。"但是，当代资本主义社会的发展趋势和特点要求我们对社会主义作为一种社会经济制度有新的认识。当今世界形势表明："只有建立一个新生的社会主义制度才能克服当代资本主义对人类造成的灾难。"当然，这种"新生的"或"复兴的"社会主义"不是机械地重复过去在我国存在过的社会主义，尽管它过去在国家现代化方面起过决定性作用"。复兴的社会主义是富有生命力的社会主义，它应该抛弃过去的不足，发扬其优点，并确保在当今世界条件下得到新的发展。"复兴的社会主义的经济基础是全民所有制……是进步的社会制度。"② 该党还认为，未来的社会主义将会不同于以前的社会主义，原来的社会主义取得了巨大成就，但是也存在许多问题，譬如，经济高度集中，国家垄断，由此产生了行政高度集中，进而产生了官僚主义，并最终为资本主义的复辟提供了土壤。他们主张以灵活的策略争取社会主义，建立以国有企业为主体、多种

---

① 郭增麟：《沙夫对苏东剧变的反思和关于未来社会主义的构想（上）》，《国外理论动态》2001 年第 8 期。

② 详见《保加利亚共产党人党纲领与章程》（Програма и Устав на ПБК），София，2006г。

经济成分并存的经济制度，改革计划经济，吸收市场经济中的一些有用的东西。他们认为，在保加利亚重建社会主义任重道远，但他们不放弃努力。目前这些党的主要活动是组织抗议活动，向人民宣传社会主义思想。

保加利亚共产党人称赞毛泽东和邓小平把马克思主义与本国实践相结合，把中国等社会主义国家看作重建社会主义的样板。保加利亚共产党人党在其纲领中还写道："不要忘记，社会主义之星并没有在各地泯灭。"在中国、越南、朝鲜和古巴，即便是在欧洲社会主义遭到严重破坏的情况下，它们继续寻找社会主义发展的新形式，并且取得了成功。这些国家的复兴政策给了它们社会经济蓬勃发展的新动力。我们清楚地看到了中国是怎样变成为一支全球政治和经济力量，在同所有反对帝国主义和爱好和平的力量一起共同反对所谓"新"世界秩序，并开辟了世界社会主义改革的道路。

捷克和摩拉维亚共产党是近20年来第一个对21世纪的社会主义提出具体设想的政党。它在其纲领中指出，党的长期纲领目标是社会主义。它认为，社会主义将是繁荣、社会公正、民主、政治和经济多元化、充分调动所有人的能力并共同参与管理的社会；社会主义立足于尊重和利用同社会多数人利益相协调的市场经济的规律性，利用现代科学、信息、技术和加入欧洲与世界范围内的互利的、民主的融合进程与合作；社会主义保障所有人的良好生活水平和社会安定，致力于个人与全社会的文化发展、满足民族和种族群体的利益需求、与持续稳定发展相一致的美好生活环境、安全与和平以及解决人类的全球问题。该党在其章程中又把它的纲领目标概括为："实现社会主义，即公民享有自由和平等权利的民主社会，政治和经济多元化的社会。"因此，21世纪的社会主义实质是社会公正和战略型企业、矿产和主要的工业部门的国有制。在此基础上可以出现较为公正的资源再分配、体面的社会保障和医疗保健。①

斯洛伐克共产党对 1989 年后斯洛伐克的社会发展形势表示不满。它认为，尽管在斯洛伐克建设社会主义过程中存在不足，但社会主义制度是社会更公正、更人道和更民主的制度。目前在世界上占主导地位的资本主义制度显示出很大的弊端并且已经过时。近年的世界经济危机是整个资本主义制度的危机，我们见证了道德危机和人类价值危机。如果人们不寻找资本主义制度的替代物，就可能自我毁灭。我们认为，社会主义是 21 世纪的替代社会制度。至于 21 世纪的社会主义将会是什么样的，谁也无法确切地回答。全世界的共产主义、工人阶级或马克思主义的左翼政党在寻求不同的社会发展道路。② 该党还认为，世界上还有其他形式的社会主义，如在中国、古巴和越南的社会主义。还有其他国家对社会主义有自己的设想，只是每个国家依据自己的文化和历史传统而定。这正是过去的错误所在，那时确信只有一种社会主义模式。苏联领导人没有接受捷克斯洛伐克模式，也没有接受南斯拉夫模式，还不愿意承认中国道路。每个国家始终有民族、文化和历史的特点，因此寻找统一的社会主义模式是乌托邦。

南斯拉夫新共产党在 1997 年通过的《党的章程和纲领》中指出，党将用自己的整个政治策略和战略为实现真正的社会主义而奋斗。在这种社会主义制度下，人和人的权利将得到充分的体现，绝大多数人的利益将得到保障。南新共强调，真正的共产党人永远同人民在一起。共产党人是世界上一支现实的力量，他们有能力聚集人类最进步的力量去打击帝国主义和在全球化掩护下的新殖民主义的剥削。该党认为："世界共产主义运动在永存不灭的马

---

① 参见 2004 年 5 月 15—16 日捷摩共第六次党代会修订的《捷克和摩拉维亚共产党章程》（Stanovy Komunisticke unisticke strany Čech a Moravy）和该党的纲领（Program KS ČM）。

② 见 2009 年 1 月 11 日斯洛伐克共产党在其网站上发表的文章《对捷克斯洛伐克社会主义制度和全世界社会主义制度的认识》。

克思主义—列宁主义原则基础上正在重建、发展和强大。"南新共指出："目前的反革命只是文明史上暂时的、倒行逆施的可耻阶段。"只要世界上还存在大腹便便的人和饥肠辘辘的人、自由和不公正、穷人和富人，那就存在追求社会正义的斗争。"而没有社会主义也就没有社会正义。"所以，该党在其纲领的第一部分明确规定："我们党的最终目的是在较远的未来建立共产主义社会制度。"纲领最后深信，社会主义事业必然得到复兴，因为"未来属于社会主义"。"21 世纪是社会主义和共产主义胜利的世纪。"①

塞尔维亚的共产主义者党在 2008 年 4 月 19 日通过的纲领中坚信，未来属于共产主义。它强调："共产党人走过了历史的道路，永远是先进思想的体现者。我们坚持国际主义，主张全世界的共产党和运动团结起来。历史证明我们的思想是伟大的。塞共的纲领是争取共产主义胜利的革命斗争的宣言书。社会主义是过渡到共产主义社会人类社会发展的必然阶段。目前，通往共产主义道路上遇到的停滞危机，只是暂时的，首先是主观原因造成的，而非客观原因。共产主义在我国，在世界必将到来！塞共是我国唯一的有组织的力量，用共产主义思想武装自己，并为共产主义的胜利而奋斗！"

克罗地亚社会主义工人党宣称，党的宗旨是为工人、农民和劳动者的利益奋斗，基本目标是在克罗地亚建立"21 世纪的社会主义"。该党认为，官僚主义的社会主义失败了，但社会主义思想并未失败。一个新型的、建立在自由民主、自由市场、充分的政治自由、尊重人权、公民的相互宽容和现代文明社会的多元化基础之上的社会主义时代正在到来。

2006 年 9 月 16 日通过的《匈牙利共产主义工人党党章》指出，匈工人党是马克思列宁主义、共产主义的政党，是在匈牙利

---

① 参见《南斯拉夫新共产党章程和纲领》（Program Nove komunističke partije Jugoslavije），Beograd 1997。

同资本主义剥削、同资本主义制度斗争的党。党的目标是社会主义，建立一个没有一切形式剥削的社会制度。

左翼学者论未来的社会主义

保加利亚的亚历山大·利洛夫院士认为，存在多种形式的社会主义模式，通向社会主义的道路也存在多条，也积累了不同的历史经验。今天，我们可以概括地讲，存在4种社会主义模式或方向。它们是：（1）新共产主义模式；（2）社会民主党模式；（3）中国模式；（4）欧洲现代社会主义。当然，不会只有这几种模式，也许还会出现新的模式。哪一种模式最有生命力，这要由实践和时间来验证。由此，利洛夫得出两点结论：第一，世界社会主义处于危机时期，但正在进行重建和现代化。世界已进入后工业信息时代。社会主义的未来直接取决于它向现代社会主义过渡的快慢和成功与否。现代社会主义就是信息时代的社会主义。第二，现代社会主义作为一种社会方案完全适用于信息时代。它与世界向后工业时代过渡的大趋势是同步的。它的诞生正是左翼对世界大趋势作出的选择和回答。现代社会主义已经提上信息时代的议事日程。①

原德意志民主共和国汉斯·莫德罗认为，目前的资本主义危机正处于最深刻的阶段。我们主张多种性质的所有制并存，为中小企业提供发展空间。我们还认为，国家应该关注社会公平、公正问题。我们作为左翼应该为反对资本主义、反对剥削而斗争。我们需要加强国际团结，结成广泛的联盟。尽管今天社会主义还没有提上议事日程，但是争取社会主义的斗争意识正是在斗争中产生的。我们需要走上街头，需要去实现这场斗争。今天，拉丁美洲的社会运动已经在欧洲产生了影响。我们应当"以宽容和科学的态度来就未来展开辩论，并找到能替代日益衰落的资本主义

---

① 参见［保］亚历山大·利洛夫著《文明的对话——世界地缘政治大趋势》，马细谱等译，社会科学文献出版社2007年版，第331—332页。

的办法"。对我们来说，"唯一不变的选择就叫民主社会主义"①。

波兰学者亚·沙夫断言，社会主义会以全新的面貌出现，这是社会发展的必然。随着信息社会的到来，"将不可避免地为人类重新打开通向社会主义的大门"。沙夫对"新型社会主义"提出了如下的设想：社会主义要"爱人"，人是社会主义的心脏，没有"心脏"，是不能建设社会主义的。没有"人性"的社会主义，都是违背自然本性的，不讲"人性"的社会主义要长期实行下去是不可能的。而且，没有民主，社会主义是不可能建立起来的。未来社会主义需要建立新型的左翼政党。②

阿尔巴尼亚前领导人霍查的夫人奈奇米叶·朱莉娅在狱中度过了 5 年的悲惨岁月后出狱。她于 2001 年 11 月毫不隐讳地谈到了对社会主义的认识。她说，她仍"坚持社会主义必将战胜资本主义的观点，马克思关于无产阶级是资产阶级的掘墓人、列宁关于资本主义是泥塑巨人、毛泽东关于帝国主义是纸老虎的论断始终是正确的"③。

不少中东欧左翼人士认为，时代在前进，形势在发展，过去的许多理论问题需要重新思考和创新。马克思主义的基本原则具有普遍意义，但并不是说社会主义革命和建设的实际问题都可以从中找到现成的答案。所以，共产党人要创造性地解决问题，开辟前人未走过的路。

（原载李慎明主编《历史在这里沉思——苏联解体 20 周年祭》，社会科学文献出版社 2011 年版）

---

① Ханс Модров, Перестройката Както аз я виждам, Издателство "Български писател" София, 2010, c. 248.

② 郭增麟：《沙夫对苏东剧变的反思和关于未来社会主义的构想（下）》，《国外理论动态》2001 年第 8 期。

③ 转引自王洪起《"山鹰之国"亲历》，新华出版社 2008 年版，第 150 页。

马克思又回到了保加利亚

保加利亚政治经济转轨 25 年来，各种政治势力和社会思潮起伏不定，斗争激烈。而马克思及其思想在同新自由主义的斗争中，也经历了从"休克"到"复苏"再到重新"回到"保加利亚的过程。

马克思的短暂"休克"

在东欧社会主义年代，马克思及其学说得到了广泛传播，发挥了宣传教育作用。东欧社会政治制度发生变革后，社会、政界和媒体都来了个 180 度大转弯，开始毫无根据地争论和否定马克思其人及其学说。东欧国家从非理性的肯定走向非理性的否定。

早在 1989 年 11 月索非亚第一次群众集会上就有人讥讽地举着"马克思还管用吗"的标语牌。一段时间，马克思、恩格斯的著作被从阅览室和图书馆撤下书架。如果谈论马克思和马克思主义，就有人说是要肯定过去的社会主义。保加利亚反对派政党千方百计攻击和谩骂马克思和马克思主义，甚至在 1992 年 12 月通过立法，规定曾经在大学讲授"马克思主义哲学"的教师没有权利再担任领导职务或进入院系领导班子。许多从事马克思主义研究和教学的人员失去了工作。在东欧其他国家的情况亦大同小异。1990 年，用 28 种语言文字出版的共产党和工人党机关刊物《和平和社会主义问题》在布拉格停刊。东欧各国由共产党改名而来的社会党也改变了意识形态，不再从马克思那里寻根问祖。

在保加利亚转轨的头几年，在民主化和市场经济的大潮中，几乎没有出现研究马克思的文章和专著，因为没有出版社敢于出版带有研究性质的严肃著作，只有几本从西方翻译的介绍马克思生平、故事和歪曲马克思形象的普通知识性读本。至于马克思本人的著作则进入了暂歇期，50 卷马恩全集的前 49 卷在 1989 年出版后，第 50 卷一直放在出版社无法按计划出版。

马克思主义遭遇严寒，但这只是短暂"休克"。1996 年和 1998 年，保加利亚社会党依据原文重新翻译出版了《共产党宣言》。从这时起，保加利亚中左翼出版社和报刊登载保加利亚和外国学者关于马克思和马克思主义的文章和专著明显增多。社会舆论不再把"支持"和"反对"马克思视为"支持"和"反对"过去的社会主义制度和共产党领导。西方反对马克思主义，是因为马克思的学说宣告资本主义必然灭亡，但西方并不反对马克思本人，甚至认为他是"世纪天才"。保加利亚民主派也不得不看到，尽管马克思的一些重大理论和预言还没有真正实现，但不能忽视马克思本人的魅力和生命力。

马克思及其著作开始"复苏"

10 年后上述现象开始改变。1999 年，保加利亚从德文原文重新翻译出版了《共产党宣言》。最早在 2000 年 2 月，保加利亚《社会民主》杂志组织了一次《马克思——千年思想家》圆桌讨论会，一批保加利亚知名政治家和学者参加了讨论。他们的发言主要涉及对马克思和保加利亚社会主义时期的评价。这时，西方学者特别是法国和德国学者有关马克思和马克思主义的专著在保加利亚有了一定的市场。2002 年，出版了哈拉拉姆比·帕尼齐迪斯等 3 人编辑的《马克思：20 世纪的不同解读文选》，书中收集了西方马克思主义者关于马克思重要专著和文章的摘录。

21 世纪初，当时在保加利亚发行量最大的《今日劳动报》（原《祖国阵线报》）组织了一次关于马克思的大讨论，据称"其目的是为了肃清几十年来人们心灵上的迷惑"。保加利亚知名哲学家伊萨克·帕西首先在 2005 年 7 月 5 日的《今日劳动报》上抛出了《19 世纪和 20 世纪的悔过书》一文，试图证明当时马克思的预见失灵，资本主义仍然是最好的社会选择。而经济学家迪米特尔·菲利波夫教授表示反对帕西的观点和结论，他在题为《马克思和生活的真相》（2005 年 8 月 2 日《今日劳动报》）文章中批驳说，不能根据某一项指数，如技术进步，而应该根据生活质量和广泛意义上的社会发展以及生产力和生产关系的变化来历史地评价马克思关于资本主义的论述。这场大讨论实际上最后演变成了左翼学者同民主派的争论，无果而终。

2008 年国际金融危机之后，资本主义制度危机变成了马克思"复苏"的契机，越来越多的人认为无论 20 世纪还是 21 世纪，马克思仍然是一位伟大的思想家，是对资本主义制度的伟大预言家。保加利亚学者说，也正是从这时起，"马克思又回到了保加利亚"。

保加利亚报刊开始经常登载西欧马克思主义流派的观点。2011 年《今日报》发表了《是重新思考马克思的时候了!》，文章全面论述了重新思考和评价马克思的现实性和迫切性，强调马克思对未来全球化的高瞻远瞩、对资本主义前景的精辟分析意义深远。在该报组织的对该文网络讨论中，有 286 位读者发表了意见，对该文表现出强烈的兴趣。此时，保加利亚政治反对派和广大读者对马克思的认识趋于理性。保加利亚高等院校也开始关注马克思的周年纪念活动和召开学术会议。有的大学还开设了"马克思主义史"和"马克思的社会学思想"专题讲座。这对青年学生批判认识当代社会和现实世界具有积极作用。特别是 2008 年的世界金融危机后，在保加利亚，也像在世界范围内一样，对马克思主义的研究有了新的起步。

左翼报刊上的马克思

这里，需要特别提到保加利亚社会党下属的两个理论刊物《新时代》和《星期一》。据粗略统计，从 2005 年以来《星期一》杂志刊登了 20 多篇有关马克思的文章。如鲍里斯·波皮万诺夫的《基督教、社会主义：马克思和恩格斯的宗教批判》《马克思又回来了》等。仅 2012 年和 2013 年《星期一》杂志就发表了几篇有分量的文章：《卡尔·马克思的复仇》（也称阶级斗争怎么改变了世界）《21世纪的马克思主义》《马克思的社会思想及其批评者》《最近四分之一世纪马克思和马克思主义的波折》《试论马克思的唯物主义和科学》等。

2005年11月《新时代》杂志发表了鲍里斯·波皮万诺夫和奥格扬·卡萨波夫合写的长篇文章《马克思主义对公民社会的挑战》，2009年7—8月的《新时代》合刊上登出了鲍梁娜·安格洛娃的《马克思，法兰克福学派：一种思想的历史》等。

2008年国际金融危机爆发后，保加利亚左翼期刊登载马克思的文章显著增多。这些文章力图以事实将资本主义的现实与马克思的论断相比较，说明资本主义必然走向灭亡。例如，《新时代》杂志连续发表了题为《马克思——我们所关注的和所忽略的他》《马克思的思想与21世纪》和《马克思主义与21世纪》三篇文章。他们论述了"马克思主义思想对解决当代问题的现实性"，介绍了马克思主义在保加利亚和世界的发展现状，认为"马克思的社会思想至今也没有过时"。2010年《新时代》刊登了《资本主义的历史视野》等文，指出应该"捍卫马克思的权威性"。

左翼学者撰文指出，卡尔·马克思是跨世纪的思想家和预言家。他的思想和学说已经得到了历史的检验，必将与历史共存。现在，人们越来越明白为什么1989年是"奇迹年"。除了发生了一些突然的事件之外，还有一个出人意料的惊喜：卡尔·马克思不仅没有像反对派所期待的那样被埋葬，反而获得了新生。人们对马克思的兴趣没有削弱，而是得到了加强。马克思已经不再是"现实社会主义"的包袱，而是成了可以获得重新审视和评价的人物，在解决当今社会问题时还需要马克思主义。

特别值得指出的是，2013年由贝纳德·穆缇扬、佩特尔—埃米尔·米特夫、鲍里斯·波皮万诺夫3人选编的《卡尔·马克思：人与未来》问世。这在一定程度上预示着马克思又"回到"了保加利亚。

《卡尔·马克思：人与未来》一书内容与提要

《卡尔·马克思：人与未来》一书是穆缇扬、米特夫和波皮万诺夫三位马克思主义研究专家花几年时间从马克思著作中摘录、选编的一本马克思文选集。保加利亚出版界从未推出过如此漂亮的、精装的关于马克思的书籍。书中摘录了马克思104篇著作的精彩部分，有些是在保加利亚第一次发表，过去的保文版和俄文版中都没有。这本选集也许不能完整地反映马克思的观点和思想，但它便于读者查阅和了解马克思的著作。

全书按专题和时间顺序共分为七大部分。第一部分介绍马克思研究问题的方法和他对当时哲学传统的创新。第二部分重点叙述马克思的创造性思想：寻找实现个性解放的最佳途径。第三部分分析马克思关于历史、人和社会进化的主要动力以及人在社会变革中的作用。第四部分包括马克思对他那个时代及其特点的观察分析。第五部分引证马克思对资本主义经济的运行方式、存在的问题和矛盾的论述。第六部分讲述马克思通过研究和分析法国、俄国、西班牙等国社会发展的特点和规律进而研究社会发展史。第七部分反映马克思对政治现实的理解，改变现状和追求更加公正社会的具体道路。编者的意图是想让读者集中思考马克思的下面四个现实问题：（1）分析方法；（2）全球化；（3）资本主义危机；（4）后经济社会。从这7个标题可以看出作者对马克思主义解决现实问题的兴趣，特别是看到马克思主义对后马克思时代诸多问题的借鉴意义。

作者在文选的前言中指出，他们希望向读者介绍一个真实的、活生生的马克思，而不是一个歪曲了的形象；力图纠正在接受和运用马克思主义思想时的教条主义倾向，或者把马克思神化或妖魔化。前言强调说，马克思没有像那些新自由主义者和反共斗士们预言的那样已经死亡了，而是获得了新生。今天，马克思依然活在我们心中。

对马克思的反思与重新评价

《卡尔·马克思：人与未来》一书的结尾附录了三篇论文。

第一篇是穆缇扬的长篇遗作《马克思：重新评价》（由米特夫整理）。他将马克思与那个时代杰出的物理学家和生物学家牛顿和达尔文相比较，又根据马克思的思想论述了保加利亚"现实社会主义"的性质。他在该文的结尾写道："马克思在那个社会发展阶段是强大的，对那个时代的分析也是强大的……如果盲目地否定他，那将遭到接连不断的动摇和粗鲁的失败。"

第二篇是米特夫的《马克思之谜》。他特别讲到今天经济全球化时代马克思对资本主义、全球化、公民社会、两极化、消费需求、知识、批判精神、现实历史、历史乐观主义等的定义。作者发问：面对中东欧转轨以来的现实，1989 年后世界发生了什么？这个问题包括两个方面：第一，共产主义的局限性以及它在世界某些地区的不成功已经暴露无遗；第二，自由主义的局限性凸显，它在全世界已经没有任何前景。作者在文章的结束部分强调："20世纪是全面挖掘利用这位 19 世纪思想家和革命家的世纪；21 世纪则是凸显这位千年思想家向全球化过渡理论家的作用。"今天，我们对社会的认知不能没有马克思的遗产，"国家社会主义"的命运并没有推翻马克思主义；马克思的一些科学论述和设想尽管没有实现，但也没有被驳倒；21 世纪的挑战不是针对马克思及其思想继承者的，而是针对当代科学和当代人类社会的。"千年伟人"有权笑到最后。

第三篇文章《马克思与当代保加利亚》由波皮万诺夫撰写。波皮万诺夫作为年轻的政治学学者在文中系统叙述了自己接受马克思主义之后的成长过程和思想认识变化。他全面介绍了马克思主义从 1872 年至今在保加利亚的传播和翻译出版情况。他强调说，我们继承马克思的遗产，有两个方面必须牢记：第一，马克思毫无疑问是伟大的哲学家，把德国古典哲学提到了前所未有的高度；第二，马克思是杰出的思想家，主张阶级斗争，坚持无产阶级历史使命和社会革命。在已经过去的 20 世纪所发生的社会的和政治的重大事件中，我们是高举着马克思的思想旗帜、马克思的肖像和寄语走过来的。开始是俄国和十月革命，继而是东欧和远东、非洲觉醒，再回到西欧、走进拉丁美洲。他的结论是，今天，马克思仍然活在保加利亚社会和人们的思想意识之中。马克思不仅受到对他事业崇拜者的青睐，也得到右翼人士和自由主义者的重视。在 21 世纪的保加利亚，马克思拥有自己的地位。他引用法国学者让克·德里达《马克思的幽灵》一文中的话说："不管地球上的人们喜欢不喜欢、承认不承认，在一定程度上讲，我们都是马克思和马克思主义的继承人。"

《卡尔·马克思：人与未来》出版后，立即引起保加利亚学术界和社会舆论的关注。其中，《星期一》杂志 2013 年登载了索非亚大学教授、原保加利亚科学院哲学所所长瓦西尔·普罗丹诺夫通讯院士的长篇书评《最近四分之一世纪马克思和马克思主义的波折》。作者在文中严肃批判了当今民主派对马克思主义的无知和消极态度。他指出："马克思主义一直是我国社会科学最古老和最强大的学科"，"现在和将来马克思都永远同我们在一起前进"。"马克思和马克思主义同我们的价值观、信仰、阶级搏斗、兴盛衰亡永远联系在一起，息息相关"。

（原载《光明日报》2015 年 3 月 18 日 13 版理论周刊）

后　记

在拙作获得"中国社会科学院老年科研基金资助"而付梓之际，作者怀着十分激动的心情，对下列单位和个人致以诚挚的谢忱和感激。

首先是世界历史研究所的领导和学术委员会的同事。他们在2014年炎热的夏季认真讨论和推荐了这个文集。其中，世界历史所黄立茀研究员和俄罗斯东欧中亚研究所朱晓中研究员出具了《学术出版资助著作推荐意见书》，为文集出版作出了积极的努力。

其次是中国社会科学院离退休干部工作局。他们聘请中国社会科学院资深专家审读申请出版资助的书稿，拙作获得评审通过。老干局局长刘红和学习处的工作人员主动努力，为资助出版该项目尽心尽力，为离退休人员著作的立项和出版做了全面细致的工作。

再次是国务院发展研究中心欧亚社会发展研究所。本文集的大部分稿件是在该所发表的，成绩应归功于各位同人。另外，俄罗斯东欧中亚研究所徐刚博士，他仔细通读了全部书稿，并提出了宝贵修改意见。

最后是中国社会科学出版社。社领导和编辑、校对为该书出版付出了辛勤劳动。

一个学者的著作能够得到认可和出版，这是荣幸，这是感激。

作者因此尤其高兴，倍感欣慰！

马细谱

2015 年 4 月于北京